Warten auf die Aras

Terry Glavin

Warten auf die Aras

Geschichten aus dem Zeitalter
des Verschwindens

*Aus dem Englischen
von Waltraud Götting*

Zweitausendeins

Die Übersetzung aus dem Englischen wurde mit Mitteln
des Canada Council for the Arts, Ottawa, unterstützt.
www.canadacouncil.ca/writing

Der Verlag dankt dem Canada Council for the Arts für die großzügige
Übersetzungsförderung.

Deutsche Erstausgabe. 1. Auflage, Dezember 2008.
Die der Übersetzung zugrunde liegende englische Originalausgabe
ist 2007 unter dem Titel »The Lost and Left Behind. Stories from the Age
of Extinctions« bei SAQI, London, erschienen.

Lektorat und Register der deutschen Ausgabe:
Ekkehard Kunze (Büro Z, Wiesbaden).
Korrektorat: Florian Kohl, Berlin.
Umschlaggestaltung: Johannes Paus, Dieter Kohler GmbH, Wallerstein.
Satz und Herstellung: Dieter Kohler GmbH, Wallerstein.
Druck und Einband: Freiburger Graphische Betriebe.
Printed in Germany.

Dieses Buch gibt es nur bei Zweitausendeins im Versand, Postfach,
D-60381 Frankfurt am Main, Telefon 069-420 8000, Fax 069-415 003.
Internet www.Zweitausendeins.de. E-Mail Service@Zweitausendeins.de.
Oder in den Zweitausendeins-Läden in Berlin, Düsseldorf, Frankfurt am Main,
Freiburg, 2 x in Hamburg, Hannover, Köln, Leipzig, Mannheim, München,
Nürnberg und Stuttgart.
Oder in den Zweitausendeins-Shops in Aachen, Augsburg, Bamberg,
Bochum, Bonn, Bremen, Darmstadt, Dortmund, Dresden, Düsseldorf,
Duisburg, Erfurt, Essen, Göttingen, Gütersloh, Karlsruhe, Kiel, Konstanz,
Ludwigsburg, Marburg, Münster, Neustadt an der Weinstraße, Oldenburg,
Osnabrück, Speyer, Trier, Tübingen, Ulm und Würzburg.
In der Schweiz über buch 2000, Postfach 89, CH-8910 Affoltern a. A.

ISBN 978-3-86150-894-6

Dieses Buch widme ich Vicky Husband,
Mitglied im Vorstand des Sierra Club
of British Columbia, überzeugte
Naturschützerin und liebe Freundin.
Ich widme es außerdem den Millionen
Menschen in aller Welt, die es sich
zur Aufgabe gemacht haben,
das zu erhalten und zu stärken,
was es auf der Erde noch gibt.

Inhalt

Prolog: Das Tal des schwarzen Schweins

Alles, was wir heute schreiben, ist überschattet
von dem unheimlichen Gefühl, auf einen Abgrund
zuzurasen, und obwohl wir wissen, dass wir weder
uns selbst noch einen anderen davor bewahren
können hineinzustürzen, müssen wir irgendwie
dagegen ankämpfen.
George Orwell in einem Brief an Cyril Connolly,
14. Dezember 1938

Dieses Buch handelt vom Aussterben. Es wurde im kalten
Morgengrauen einer Zeit geschrieben, die neuerdings als
sechste große Welle des Massenaussterbens bezeichnet wird.
Diese Zeit findet in den 65 Millionen Jahren, die seit dem
Ende der Kreidezeit vergangen sind, nicht ihresgleichen.

Etwa 34 000 oder 12,5 Prozent aller der Wissenschaft
bekannten Pflanzen sind vom Aussterben bedroht. Ebenso
gefährdet sind ein Achtel aller Vogelspezies, ein Viertel aller
Säugetierarten, ein Drittel aller bekannten Amphibien, zwei
Fünftel aller Meeres- und Landschildkröten und die Hälfte
aller wissenschaftlich belegten Fischspezies in den Meeren,
Seen und Flüssen dieser Welt. Von unseren Mitkreaturen
treiben vielleicht eine Million Arten wehrlos diesem endgültigen Abgrund entgegen. Alle zehn Minuten verschwindet
eine bestimmte Spezies auf diese oder jene Weise aus der
Welt.

Solche tabellarischen Aufstellungen sind nur ein äußerst
ungenaues Barometer für die Auflösung der lebendigen Welt;
Ökologen, die Aussterberaten vergleichen, räumen dies un-
umwunden ein. Tatsächlich findet das Ausbluten der biologischen Vielfalt auch auf einer Ebene statt, die weit unter dem
liegt, was Genetiker und Taxonomen als »Spezies« definieren.

Es ereignet sich weit unter dieser Kategorie. Es geschieht da, wo sich die wahre Vielfalt des Lebens manifestiert. Was verschwindet, das sind die Unterarten, die heimatlichen Populationen, das Besondere unserer näheren Umgebung, das Einzelne, das Spezifische.

Und das Aussterben betrifft nicht nur die »wilden« Arten der Welt. Auch domestizierte Arten, die das Ergebnis künstlicher Selektion sind, sterben aus. Die Zahl der Gemüsepflanzen, die im 20. Jahrhundert verschwunden sind, wird auf 30000 geschätzt, also eine Art alle sechs Stunden. Von den Tausenden von Apfelsorten beispielsweise, die es zu Beginn des 20. Jahrhunderts in Nordamerika gab, existiert nur noch ein Siebtel. Von 2683 Birnensorten ist nur wenig mehr als ein Zehntel übrig. In den 1970er Jahren waren die meisten alten Gemüsesorten Europas vom Aussterben bedroht, und sogar Nutztierarten verschwinden – im 20. Jahrhundert ist die Hälfte aller europäischen Nutztierzüchtungen ausgestorben. Und von denen, die noch existieren, sind 43 Prozent nahezu in Vergessenheit geraten.

Auch die Menschheit selbst ist vom Rückgang der Vielfalt betroffen. Obwohl die Weltbevölkerung die Sechs-Milliarden-Grenze überschritten hat, sieht es so aus, als fände eine radikale ethnische Säuberung statt. Alle zwei Wochen geht der Welt eine ganze Sprache verloren. Man rechnet damit, dass bis Mitte dieses Jahrhunderts die Hälfte der fünftausend Sprachen der Welt mit allen ihren Liedern und Geschichten vergessen sein wird. Wir verlieren Glaubens- und Denktraditionen, Schätze literarischen Schaffens und taxonomischen und arzneikundlichen Wissens, ebenso all die verschiedenen Formen des Sehens, Lernens und Seins, die den Menschen zu einer so widerstandsfähigen und erfolgreichen Spezies gemacht haben. Das ist nicht das, was wir uns von den Verheißungen der Aufklärung erhofft haben. Wir gewinnen nicht mit jeder Generation Wissen hinzu, es geht uns vielmehr verloren.

Eine dunkle Wolke der Gleichheit zieht über der Welt auf, ein Phänomen, für das die Sprache des Umweltschutzes keinen angemessenen Ausdruck hat, das sie nicht einmal annähernd beschreiben kann. Nicht, dass die Ökologie das Phänomen übertreiben würde, sie hat lediglich keine Worte dafür. Mit »Umweltschutz« meine ich die starke Bewegung von Menschen und Ideen, die sich vor allem im Zuge des euro-amerikanischen Liberalismus in den frühen 1970er Jahren herausgebildet hat. Mit der »Sprache des Umweltschutzes« meine ich nicht nur ein Erzählmuster, das überfrachtet ist mit altmodischen Vorstellungen und kulturellen Voreingenommenheiten, sondern einen Sprachgebrauch, der willkürlich zwischen »Wildnis« und dem Rest der Welt unterscheidet und die »Natur« als etwas außerhalb der Kultur begreift.

Die einfache These dieses Buches lautet, dass alle Formen des Aussterbens miteinander zusammenhängen. Ziel dieses Buches ist es, die Beziehung zwischen dem einen und dem anderen Aussterben zu erforschen; aber das ist schlichtweg nicht möglich, wenn man nur von der Perspektive des Umweltschutzes ausgeht. Als eigenständige Denkkategorie ist der ökologische Ansatz wenig brauchbar, will man das Geschehen wirklich begreifen. Welchen Namen wir dem Phänomen auch geben mögen, das Aussterben, das es insgesamt bewirkt, ist im eigentlichen Sinne das Gleiche. Die Kräfte, die die Welt bewegen, sind uns »noch unklar«, um einmal den Jargon wissenschaftlicher Publikationen zu bemühen. Fest steht aber, dass es *kulturelle* Kräfte sind.

Es trifft zu, dass sich die gegenwärtige Welle des Aussterbens insofern von den Umwälzungen unterscheidet, die Ordovizium, Devon, Perm, Trias und Kreidezeit ein Ende gesetzt haben, als sie in dieser oder jener Form zuverlässig auf eine einzige Spezies zurückgeführt werden kann: den *Homo sapiens*. Aber es ist eben keine so einfache Geschichte, in welcher der Mensch die Rolle des brutalen Schurken innehat.

Die vielen Lebewesen, die ausgestorben sind, seit der Mensch
die Bühne der Welt betreten hat, würden ein fantastisches
Bestiarium abgeben: Da gab es in Texas ein elefantengroßes
Riesenfaultier, in Sizilien einen ponygroßen Elefanten, in
Florida einen Vogel mit der Flügelspannweite einer Cessna,
in Australien einen Wombat von der Größe eines Bären. Es
ist eine lange, traurige und unendliche Geschichte, aber es ist
sicher kein ausschließlich »neuzeitliches« Phänomen. Wenn
in den letzten Jahrhunderten Menschen das Aussterben einer
Art verschuldet haben, dann geschah dies eher aus Versehen,
durch Übeltäter wie Ratten, Schweine, Ziegen und andere
»eingeschleppte« Spezies. Für nahezu jede traurige und hinlänglich dokumentierte Geschichte einer Spezies, die durch
den Menschen ausgerottet wurde, gibt es die in Vergessenheit
geratene Geschichte von Menschen, die einen verzweifelten
Kampf ums Überleben führen. Insofern übernimmt dieses
Buch im Verfahren gegen die Menschheit ihre Verteidigung.

Die direkte Ursache des Aussterbens ist oftmals recht eindeutig. Hauptschauplatz der Vernichtung »wilder« Tiere sind
die tropischen Regenwälder. Hier ist das Artensterben meist
auf eine einfache Formel zu bringen: Fällt man alle Bäume,
sterben die Tiere. Die gemäßigten Klimazonen der Welt sind
nicht mit den Tropen vergleichbar, aber es gibt im Welt-
geschehen wiederkehrende Muster, Muster, zu denen unter
anderem Armut und soziale und politische Unruhen gehören. Artensterben folgt häufig auf den Zusammenbruch der
Ordnung in menschlichen Gesellschaften. Oft kommt es zu
einem durch Menschen verursachten Artensterben, wenn
traditionelle »Feedback Loops« (Rückkopplungen) durchbro-
chen und alte Zwänge außer Kraft gesetzt werden. Rasan-
ter technischer Fortschritt, tiefgreifender politischer Macht-
wechsel und dramatische wirtschaftliche Erschütterungen
ziehen nicht selten Aussterben nach sich. Darüber hinaus besteht ein erstaunlich direkter Zusammenhang zwischen dem
Verschwinden der Vegetationsdecke – auch wenn es sich um

»kultivierte« Pflanzen handelt – und dem Aussterben von Sprachen, Kulturen und Lebensweisen.

Es stimmt nicht, dass die Menschen das Problem erst Ende der 1960er Jahre ernst zu nehmen begannen, als Astronauten die ersten Bilder von unserem wunderschönen Blauen Planeten aus dem All schickten und Senator Gaylord Nelson den »Tag der Erde« einführte. Das Problem wird vielmehr schon sehr, sehr lange ernst genommen. Tief verwurzelt im menschlichen Bewusstsein hat es schon immer den Wunsch gegeben, von einer reichen und blühenden Vielfalt an Lebensformen umgeben zu sein.

Um die Welt zu begreifen, erzählen Menschen Geschichten. »Unser Gehirn ist für das Geschichtenerzählen prädestiniert«, wie es die Schriftstellerin Doris Lessing in ihrer Autobiografie ausdrückt. Ebenso unausweichlich wie die Faszination des Menschen für die Schönheit, Zweckmäßigkeit und Vielfalt alles Lebendigen ist sein Bedürfnis, davon zu erzählen, um es sich begreifbar zu machen. Und da wir in einer Zeit leben, in der die Welt voller Bedrohungen und Zukunftsängste ist, in der die großen Meistererzählungen, auf die sich unser Verständnis der Dinge gegründet hat, um uns herum zu zerfallen drohen, spricht in meinen Augen einiges dafür, einen Streifzug durch die Berge zu unternehmen und am Ende des Tages mit einem Bericht – einer Geschichte – über das zurückzukehren, was man da draußen angetroffen hat.

Und genau das ist es, was ich mir vorgenommen habe.

Ich habe meine Wanderung in Irland begonnen, in der Gegend von Coolreagh im Bezirk Bodyke im äußersten Nordosten des County Clare inmitten einer Landschaft aus sanft geschwungenen Hügeln, Hochmooren und Wäldern. Der Name Coolreagh leitet sich vom gälischen Cúl Riabhach ab, was so viel bedeutet wie »grauer Winkel«. Schmale, von dichten Hecken gesäumte Straßen verbinden die alten Bauernhöfe miteinander, mit den umliegenden Dörfern und mit der Außenwelt. Am Ende eines solchen Sträßchens liegt der Hof meiner Familie mütterlicherseits. Am Wohnhaus fließt ein Bach vorbei, der Annamullaghaun, Mühlbach, heißt. Der Name bezieht sich auf das Haus, das früher einmal eine kleine Mühle war. Dieses Haus steht dort seit vierhundert Jahren.

Ich war zu Besuch bei meinem Onkel Tony, meiner Tante Angela, meinen Cousins Philip und Douglas, meiner Cousine Christine und dem ganzen Clan. Ich hatte vor, einige meiner Notizen zu ordnen und zu strukturieren und dann eine ausgedehnte Wanderung zu unternehmen. In einem meiner Skizzenhefte hatte ich eine Passage des Propheten Hosea aus dem Alten Testament notiert: »Darum wird das Land jämmerlich stehen, und allen Einwohnern wird's übel gehen; denn es werden auch die Tiere auf dem Felde und die Vögel unter dem Himmel und die Fische im Meer weggerafft werden.«[1] Außerdem hatte ich einen Artikel aus dem *Guardian* ausgeschnitten, der die Überschrift trug: »Wie wir im Jahr 2032 leben werden«. Darin heißt es: »In einer gestern von einer Gruppe von 1100 Wissenschaftlern veröffentlichten düsteren Prognose wird für die nächsten 30 Jahre die Zerstörung von 70 Prozent unserer natürlichen Umwelt, das Massenaussterben vieler Arten und der Zusammenbruch der menschlichen Gesellschaft in zahlreichen Ländern der Welt vorausgesagt.«[2]

Aber eine einzige Geschichte ist nicht auf das gesamte Land übertragbar. Jede Gemarkung ist ein eigener Flicken in einem Quilt. Innerhalb der Gemarkung gibt es Felder. Jedes dieser Felder zählt für sich und hat seine eigenen Geschichten.

Vom Wohnhaus in Coolreagh aus gelangt man über eine schmale Steinbrücke, die den Annamullaghaun überquert, zum Castle Field, einem Feld, das in der Gemarkung Caherhurley liegt und seinen Namen von einem verwitterten, flechtenüberzogenen Felsblock hat, der einmal zu einer Steinfestung gehörte, erbaut von Stammesführern des legendären Hochkönigs Brian Boru, der 1014 in der berühmten Schlacht von Clontarf die Wikinger besiegte. Vom Castle Field aus beginnt das Gelände sanft anzusteigen, und wenn man in diese Richtung geht und den Blackguard's Hill hinaufsteigt, erreicht man, nachdem man Ballyvaughan durchquert hat, die Gebirgslandschaft der Slieve Bernagh Mountains.

Schlägt man die entgegengesetzte Richtung ein und wandert nach Norden, so gelangt man schließlich in die Gemarkung Fossamore, wo das Gelände zu den Slieve Aughty Mountains hin ansteigt. Hier ist die Landschaft wilder. Oberhalb von Fossamore liegt Powlagower, das »Ziegenloch«, und Tabernagat, die »Katzenquelle«. Dann gibt es dort Sruthánalunacht, den »Milchbach«, in dem vor langer Zeit, wie man sich in der Gegend erzählt, frische Milch floss, die aber zu Wasser wurde, als sich eine Frau die Füße darin wusch. In Cloonusker gibt es Menschen, die behaupten, die letzte Schlacht des letzten Krieges vor dem Ende der Welt werde dort oben, oberhalb von Gortaderra im Tal des schwarzen Schweins, geschlagen werden, und am letzten Tag dieser Schlacht werde sich das Wasser im Milchbach in Blut verwandeln.

Die Geschichte, die die alten Leute von Cloonusker erzählen, handelt von dem gleichen Geschehen, das Hosea auf seine Weise vorhersagt, und sie beschreibt eine Zukunft, wie sie die 1100 Wissenschaftler auf ihre Weise im *Guardian* prognostizierten. Solche Bilder verfolgten den Dichter William Butler Yeats, und genau so, wie die Welt in seinem apokalyptischen Gedicht »Das Tal des schwarzen Schweins« von düsteren Vorahnungen erfüllt ist, stellte sie sich mir dar, als ich dieses Buch zu schreiben begann. Aber eins muss ich gleich vorwegnehmen: Am Ende meiner Reisen und nach eingehender Beschäftigung mit aussterbenden Arten und Kulturen hatte ich nicht den geringsten Beweis dafür gefunden, dass dies wirklich der Wille der Menschheit ist, und das ist, glaube ich, eine ziemlich gute Nachricht. Ich kann überdies versichern, dass nicht alle Straßen und Wege, die sich durch das Bergland im Osten der Grafschaft Clare winden, zwangsläufig von Fossamore Richtung Norden ins Tal des schwarzen Schweins führen.

Hoseas Prophezeiung bewahrheitete sich nicht, das Volk der Israeliten wurde nicht ausgelöscht, und der *Guardian*-Artikel über die Vernichtung großer Teile der natürlichen Welt und den Zusammenbruch vieler menschlicher Gesellschaften innerhalb der nächsten 30 Jahre hat nicht unser einzig mögliches und unausweichliches Schicksal beschrieben. Er informierte über den Bericht GEO-3 des Umweltprogramms der Vereinten Nationen (UNEP) zur globalen Umweltsituation, in dem vier mögliche Wege beschrieben werden.

Nur zwei dieser Wege – um im Bild zu bleiben – führen durch die Berge ins Tal des schwarzen Schweins. Der eine, der in dem Bericht als »Sicherheit zuerst« bezeichnet wird, verläuft durch eine trostlose Landschaft, die von Ungleichheit, Konflikten, Protest und Reaktion geprägt ist. Am Ende ziehen sich die Reichen und Mächtigen in geschützte Enklaven zurück, und das Gros der Armen muss sehen, wie es sich in der zerfallenden Welt außerhalb dieser Mauern am Leben hält. Der zweite Weg macht einen weiteren Bogen, mündet aber am gleichen Ort. Diesen Weg bezeichnen die UNEP-Experten als »Märkte zuerst«, weil er die Menschen zwingt, ausschließlich auf die Kräfte des Marktes, noch umfassendere Globalisierung und eine weitere Liberalisierung des Handels zu setzen. Die Menschen verlassen sich darauf, dass findige Unternehmen soziale und ökologische Probleme lösen, und überlassen es ethisch motivierten Investoren und Verbrauchergruppen, dafür Sorge zu tragen, dass der globale Kapitalismus die Grenzen des Anstands wahrt. Am Ende verfügt der Staat über keine Möglichkeiten mehr, regulierend auf das menschliche Treiben einzuwirken und die Werte zu schützen, die der Menschheit wichtig sind.

Die beiden übrigen Wege führen durch eine gänzlich andere Landschaft. Der Weg »Politik zuerst« überlässt es den Regierungen, soziale und ökologische Parameter zu definieren. Die Menschen setzen ihr Vertrauen auf koordinierte Programme gegen Umweltzerstörung und Armut, berücksichtigen bei politischen Entscheidungen soziale und ökologische Aspekte und schaffen die Voraussetzungen für Reformen auf lokaler und regionaler Ebene. Auf dem Weg »Nachhaltigkeit zuerst« tritt ein vollkommen neues Paradigma zutage. Es wird Raum geschaffen für einen radikalen Wandel des Umgangs der Menschen untereinander und mit der lebendigen, atmenden Welt. Unternehmen werden zur Verantwortung gezogen, Bürger und Interessengruppen an politischen Entscheidungen direkt beteiligt. Die Menschen schlagen sich schlecht und recht durch. Und es gibt Hoffnung in ihrem Leben.

Je genauer man hinter all die schockierenden Schlagzeilen zum globalen Geschehen blickt, umso deutlicher sieht man die praktischen Lösungen, die für all die schrecklichen Probleme, auf die in solchen Schlagzeilen hingewiesen wird, bereits gefunden wurden. In vieler Hinsicht entwickelt sich die Welt zu einem besseren Ort. Täglich muss die Erde weitere 200 000 Menschen aufnehmen, aber man geht davon aus, dass sich die Weltbevölkerung bis zum Jahr 2100 bei 10 Milliarden eingependelt hat. Die letzten gefährdeten Lebensräume von 43,8 Prozent aller Gefäßpflanzen und von mehr als einem Drittel aller Säugetiere, Vögel, Reptilien und Amphibien nehmen nur 1,5 Prozent der gesamten Erdoberfläche ein. Wenn wir mit »Wildnis« Flächen von mindestens 10 000 Quadratkilometern meinen, auf denen die ursprünglichen Ökosysteme zu etwa 70 Prozent noch intakt sind, dann trifft der Begriff auf nahezu die Hälfte unseres Planeten zu.

Dieses Buch will nicht vorhersagen, was die Zukunft für uns auf Lager hat. Wahrsagerei war schon immer ein fragwürdiges Unterfangen. Ich bin in einer Welt aufgewachsen, die in der lähmenden Angst vor der atomaren Apokalypse lebte. Dann fiel die Berliner Mauer. Und dann, als gerade eine Brücke über die tiefe Kluft zwischen Kapitalismus und Kommunismus geschlagen war, wurden zwei Passagiermaschinen in jene Zwillingstürme in New York gesteuert, und die Welt war wieder gespalten. Niemand hat die epochalen Veränderungen in fast allen unseren Lebensbereichen vorausgesehen, die Computer und Internet sozusagen über Nacht mit sich gebracht haben. Das exponentielle Wachstum der informationstechnischen Kapazitäten verläuft nicht mehr als Kurve, sondern bildet eine steil nach oben weisende Linie, und niemand weiß, wohin die Entwicklung führt. Zu Beginn dieses Jahrhunderts entpuppte sich die Volksrepublik China als staatskapitalistische Macht, die mit ihrer dynamischen Wirtschaftsentwicklung die Vereinigten Staaten in den Schatten zu stellen drohte, und die Zahl der in Westeuropa lebenden Muslime entsprach in etwa der Bevölkerung Syriens. Niemand hat diese Dinge vorhergesehen.

Auch die Bedeutung des Wortes »ausgestorben« verschwimmt. Die Natur hat immer in der Vorstellung der Menschen genauso existiert wie überall sonst, aber rasante Fortschritte in der Genforschung, bei der transgenen Manipulation und in der Biotechnologie verändern alles. Sie reißen die letzten Grenzen zwischen wilden und domestizierten Tieren und Pflanzen, zwischen Mensch und Tier, »Wildnis« und Zoo, Mensch und Maschine nieder. Die an Bedeutung ständig zunehmenden Gebiete der Roboter- und Nanotechnologie führen uns in die Hölle oder in den Himmel – aber genau scheint das keiner zu wissen.

Es gibt Menschen in der Grafschaft Leitrim, die behaupten, dass die Leute in Cloonusker die Prophezeiungen des heiligen Columban nicht richtig verstanden hätten und dass jene Senke oberhalb von Gortaderra gar nicht das wirkliche Tal des schwarzen Schweins sei. Dieses liege vielmehr in ihrer Gegend in der Nähe von Ballinamore.

Aus allen diesen Gründen fühlte ich mich, als ich von Coolreagh aus zu meiner langen Wanderung aufbrach, nicht zwangsläufig zu den Wegen hingezogen, die über Fossamore hinaus in die Berge führen. Ich schlug eine andere Richtung ein und landete im Kali-Tempel in Kalkutta. Aber besser der Reihe nach.

Ich machte mich mit meiner Cousine Christine auf den Weg, und wir wandten uns ein Stück hinter dem Hof auf der Anhöhe nach Osten, Richtung Lough Derg, dieser Verbreiterung des Flusses Shannon, die einen tiefen Schnitt durch Irland bildet. Auf unserem Weg lag das Dörfchen Tuamgraney, dessen Name einigen Deutungen zufolge »Grab der Gráinne« bedeutet und auf eine alte Sonnengöttin dieses Namens zurückgeht. Andere übersetzen den Namen als »Altar der Sonne«. Felder und Steine streiten darum, welche ihrer Geschichten die wahre und beste ist, aber in einem Punkt scheinen alle diese alten Geschichten übereinzustimmen: Gráinne war eine Frau von hoher Geburt, die untröstlich war und sich in einem kleinen See bei Feakle ertränkte, als sie erfuhr, dass sie von einem Sonnenstrahl empfangen worden war und die Welt der Sterblichen nie kennenlernen würde.

Als einfache Sterbliche finden wir, wenn wir das Geflecht unseres begrenzten Wissens um die Summe aller lebendigen Geschöpfe beiseiteschieben, immer noch die moosbewachsene Grundfeste der aristotelischen *Scala Naturae* und die verblassenden Inschriften, die der Medizinstudent Carl von Linné (Linnæus), der mit der binominalen Nomenklatur die Grundlagen der modernen Taxonomie entwickelte und ihr den Namen *Systema Naturae* gab, im 18. Jahrhundert eingemeißelt hat. Heute fällt das ganze Gebäude auseinander. Ganze Artenfamilien erheben sich, wie von Zeus heraufbeschworen, aus dem Morast, andere verschwinden für immer, wie vom Einschlag eines kreidezeitlichen Asteroiden ausgelöscht. Manchmal verschwinden sie aus der bekannten Welt, manchmal wird ihr Verschwinden nur dank der Veröffentlichung von Forschungsberichten in wissenschaftlichen Fachzeitschriften wie dem *Journal of Heredity* registriert. Aber die Welt der einfachen Sterblichen wird niemals nur aus solchen Spezies bestehen, die absolut eindeutig ihrer Gattung, Familie, Ordnung, Klasse, ihrem Stamm, ihrer Abteilung, ihrem Reich zuzuordnen sind. Das ist das Erste, das einem auffällt, wenn man durch das Bergland im Osten der Grafschaft Clare wandert.

Das kleine Feld neben dem Wohnhaus der Farm in Coolreagh heißt Carrigrua, »Roter Hang«. Auf der anderen Seite des Weges liegt Big Hollow, die »Große Senke«. Daran schließt sich Hogans Feld an, dann kommen ein Acker, die alte Melkhütte und Flanagans Feld. Jack Brians Feld ist von Weißdorn, Stechpalmen und Schlehensträuchern überwuchert. Es wird auch »Feenfeld« genannt, weil sich darauf ein Rath befindet, eines jener ringförmigen Erdwerke aus prähistorischer Zeit, in deren Nähe die Menschen in bestimmten Nächten Irrlichter zu sehen glaubten. Der heilige Brunnen in Tobar Coolan kuriert Augenleiden, der in Ballyquinbeg ist heilsam für Knochenverletzungen, und die Quelle in Saint Senan hilft bei Kopfschmerzen; und zwischen allem und jedem wachsen Brombeere, Haselnuss, Pflaume und Wildapfel.

Bei aller blühenden, prachtvollen, üppigen und komplexen Fülle des Lebens ist die Erde aber auch ein Grab, aus dem die Toten ihre Geschichten raunen. Und auch diese Geschichten verschwinden überall in der Welt, so unausweichlich wie all jene Vögel, Sprachen, Schildkröten, Lieder und Apfelsorten. Und genauso schnell. Das ist ein Problem, wenn man sich einer alten und »langsamen« Technik wie des Buchdrucks bedient, um darüber zu schreiben. Das Problem ist nicht das Ausmaß, sondern das Tempo.

Als die Stammesführer vom Clan der Dalcassians ihre Festung auf dem Castle Field hinter dem Farmhaus in Coolreagh errichteten, lebten etwa 350 Millionen Menschen auf der Erde. Ein Jahrtausend später hatte sich ihre Zahl auf etwa 1,4 Milliarden vervierfacht. Nur hundert Jahre später war die Weltbevölkerung noch einmal um das Vierfache angewachsen. Seit der Zeit, als die Hofgebäude errichtet wurden, ist der Kohlendioxidgehalt der Luft um ein Drittel gestiegen. Die weltweiten Klimamuster verändern sich schneller als in jedem anderen Zeitraum seit dem Höhepunkt der letzten Eiszeit vor über 18000 Jahren. Alle Rekorde der wärmsten Jahre seit Beginn unserer Zeitrechnung wurden nach 1990 verzeichnet, und plötzlich stehen wir vor der Tatsache, dass wir Menschen mit den Pflanzen, die wir essen, mit den Pflanzen, die wir an die Tiere, die wir essen, verfüttern, und mit den Wäldern, die wir abholzen, 40 Prozent der gesamten Primärproduktion der Erde für uns in Anspruch nehmen.

Man schätzt, dass sich die Rate des Aussterbens von Tieren und Pflanzen auf das Tausendfache des »Normalwertes« erhöht hat. Dinge verschwinden so schnell von der Erde, dass wir mit der Dokumentation all dessen, was wir verlieren, kaum nachkommen. Ein Lebewesen beispielsweise, über das ich in diesem Buch schreiben wollte, ist der Vogel Po'ouli, ein prachtvoller kleiner, auf der Hawaii-Insel Maui beheimateter Naschvogel. Aber ich kam zu spät. Der letzte bekannte Vertreter seiner Art starb am 26. November 2004 in Gefangenschaft.

Ich entschloss mich also, es langsam angehen zu lassen und einen langen Spaziergang zu machen, und einer der Wege, über die ich dabei wanderte, führt in den Wald Raheen Wood, in dem die Eiche des Brian Boru steht. In der Gegend erzählt man sich, der große König Brian Boru selbst habe den Baum vor tausend Jahren gepflanzt. Es ist ein Riese von einem Baum, lebendig und atmend ragt er in den Himmel, mitten in Farn und Binsengewächsen stehend. Es heißt, die Eiche sei der älteste Baum Irlands. Ganz sicher ist sie der älteste Baum, der von dem dichten Wald übrig ist, mit dem die Slieve Aughty Mountains bei Coolreagh einst überzogen waren. Von diesem Wald existieren nur noch kleine Flecken wie der Raheen Wood, nachdem die Bauern der Gegend große Flächen abgeholzt hatten, um Brennholz und Weideland zu gewinnen, nachdem dann die Briten Baum um Baum gefällt und daraus Fassdauben und Schiffsmasten gemacht hatten und im 17. Jahrhundert schließlich Cromwell gekommen war, Angst und Schrecken verbreitete und man nun die Wälder abholzte, damit sich Wölfe und die allgegenwärtigen Rebellen mit ihren Lanzen und ihrem unverständlichen Kauderwelsch nicht darin verstecken konnten. Der letzte Wolf in Irland wurde 1786 zur Strecke gebracht, die Rebellen wurden mit dem Schwert gerichtet, und die Wälder wurden weiter abgeholzt.

Inzwischen aber bauten die Iren Kartoffeln an, und der Kartoffelanbau diente dem gleichen Zweck wie die »grüne Revolution« in der Dritten Welt Mitte der 1960er Jahre. Er erhöhte die Ernteerträge, ohne an die Ursachen des Hungers zu rühren, nämlich Bevölkerungswachstum, Verelendung und die zahlreichen Probleme, die mit einer extremen Schere zwischen Arm und Reich einhergehen. Die Kartoffel war aus der Neuen Welt eingeführt worden, und es war für die Iren eine Wunderpflanze wie der Monsanto-Mais Ende des 20. Jahrhunderts für amerikanische Großlandwirte. Doch im Herbst 1845 überzog eines schönen Herbstabends ein eigenartiger Nebel einen irischen Kartoffelacker. Am Morgen war das Feld so schwarz und tot, als wäre ein Schwarm Heuschrecken darüber hergefallen. Innerhalb einer Woche waren sämtliche Kartoffeln Irlands in der Erde verrottet und verfault.

Auf dem Weg nach Tuamgraney machten Christine und ich Rast auf An Casaoireach, einem Feld, auf das im Laufe der Zeit Bauern der Gegend zahlreiche Eiben gepflanzt hatten, um die Kühe von dem furchtbaren Leid fernzuhalten, das der Boden birgt. In den letzten Jahren wurden häufiger Baumarten gepflanzt, die hier heimisch sind. Heute noch bekreuzigen sich die Menschen, wenn sie an dem Feld vorbeikommen, weil in der Erde unter den Bäumen die Gebeine von über zwölftausend Menschen liegen. Auf dem Feld steht ein gewaltiger eiserner Suppenkessel, der aus dem Arbeitshaus in Scarriff stammt, wo viele der hier Begrabenen ihr Leben fristeten. An Casaoireach könnte man mit »Die Weggeworfenen« übersetzen, die meisten Leute nennen den Ort einfach »Hungerfeld«, in Erinnerung an An Gorta Mór, die große Hungersnot.

Drei Jahre nach dem ersten Ausbruch der Kartoffelfäule 1845 sah es so aus, als habe ein Asteroid mitten in Irland eingeschlagen. Flüchtlingsströme ergossen sich in alle Himmelsrichtungen. Als alles vorbei war, waren mehr als eine Million, möglicherweise sogar bis zu zwei Millionen Menschen verhungert, Irland hatte zwei Drittel seiner Bevölkerung verloren, und nur 15 Prozent der Menschen, die dort noch lebten, waren ihrer eigenen Sprache mächtig.

Die Geschichte des Aussterbens in unserer Zeit ähnelt auf unheimliche Weise der Geschichte, die sich in den Jahren vor der großen Hungersnot im Bergland im Osten von Clare abspielte. Es ist eine Geschichte des imperialistischen Kapitalismus, der Entwaldung, des schnellen Bevölkerungswachstums, der um sich greifenden Monokulturen im Ackerbau, der extremen Ungleichheit bei der Verteilung des Wohlstands, des blinden Glaubens an die freie Marktwirtschaft und der in Vergessenheit geratenen regionalen Kulturen. Es ist eine Geschichte, die offenbar immer mit einem Feld endet, bei dem sich die Menschen bekreuzigen, wenn sie vorbeigehen.

Aber manches verschwindet nicht so ohne weiteres aus der Welt. Es geistert, jeglicher Erklärung entzogen, durch das Kartenwerk unserer tiefsten Sehnsüchte, und in allem, was wir je getötet, verehrt oder geliebt haben, ist etwas, das wir nicht aus unserem Leben verbannen können. Eine nie verstummende Stimme. Halt es fest, sagt sie. Halt es fest.

Es ist nur ein kleines Stück Weges vom Hungerfeld zum Sonnenaltar. Am Ortsrand von Tuamgraney hinter Alan Sparlings Haus ragen auf einem Areal, das einmal ein Feld war, auf einem möglicherweise prähistorischen Hügel zwei stehende Steine auf. »Kommt nur näher«, sagte Alan und verscheuchte seinen kleinen Hund. Es ist gut für die Gesundheit, wenn man sich einfach neben die Steine stellt, sagen die Leute. Zwei ähnliche Steine stehen drüben in Frank Hassetts Einfahrt – oder vielmehr einer, der der Länge nach in zwei Teile gespalten ist, weil ein Mensch vor langer Zeit einen Eid auf ihn geschworen und dann gebrochen hatte.

Hier ist die Stelle, an der Gráinne mit den strahlenden Wangen, die Tochter eines Clanführers aus den Slieve Aughty Mountains, lebte, starb und begraben wurde. Sie stürzte sich in den Lough Na Bó Girre, den »Sonnensee«, und ihr Leichnam wurde von einem kleinen Bach zu dem Ort getragen, der später Derrygraney, »Gráinnes Eiche«, genannt wurde.

So wohnen Feldern und Steinen ihre ureigenen Geschichten inne, und wir alle, die Lebenden und die Toten, die wilden und die gezähmten Geschöpfe, die Vögel in der Luft und die Fische im Wasser, sind ein Teil davon.

Von solchen Geschichten handelt dieses Buch.

Ein Tiger

Die Nacht
der lebenden Toten

Und doch hatte mich die Erscheinung stark
beunruhigt. Ich ging den Hang nach links hin und
wendete den Kopf und blickte zwischen den geraden
Baumstämmen hierhin und dorthin. Warum sollte
ein Mensch auf allen vieren gehen und mit seinen
Lippen trinken? Gleich darauf hörte ich wieder ein
tierisches Klagen, und da ich es für das des Pumas
hielt, wandte ich mich um und ging in der dem
Schall diametral entgegengesetzten Richtung
davon.
H.G.Wells, *Doktor Moreaus Insel*, übersetzt
von Felix Paul Greve, Minden 1904

Der Tiger lag in der Abenddämmerung auf einer Lichtung
auf der anderen Seite eines träge dahinplätschernden
Bachs, ungefähr zehn Meter von dem Platz entfernt, an dem
ich stand. Die Rufe der Ziegenmelker hallten in den Baumkronen und vermischten sich in der schwülen Dschungelluft
mit den Trommelchören der Frösche und dem Zirpen der
Grillen. Ich war einen halben Kilometer weit auf einem
Dschungelpfad gewandert und hatte auf einer schwankenden
Hängebrücke eine Schlucht überquert. Und dann hatte ich
ihn gesehen. Den Menschenfresser aus den Albträumen britischer Schuljungen, den Schrecken von Batavia.

Ruckartig wendete der Tiger den Kopf und starrte mich an.
Mit einem Schlag verstummten die Grillen, und der Bach mit
seinem kleinen Wasserfall hörte auf zu murmeln und führte
plötzlich kein Wasser mehr. Vielleicht hatte irgendwo jemand
einen falschen Schalter betätigt. Was immer passiert sein
mochte, jedenfalls flackerte für einen Moment ein Licht auf
und erhellte den Platz, auf dem ich stand. Ich bemerkte eine

Tafel – Aussichtsstand Malaysia-Tiger, Patenschaft der Chemical Industries (Far East Ltd.). Eine dicke Glasscheibe trennte den Tiger von der Außenwelt. Auf einem Schild stand: »Bitte nicht an die Scheibe klopfen«, auf einem anderen wurden die Besucher gebeten, kein Blitzlicht zu benutzen.

Während das Licht aufflackerte und wieder erlosch, verschwamm der Tiger mit meinem eigenen Spiegelbild in der Glasscheibe. In diesem Augenblick schien es mir, als habe die Frage des Romantikers William Blake – *Tiger, Tiger, hell entfacht / In den Waldungen der Nacht: / Welches Gottes Aug und Hand / Nur dein furchtbar Gleichmaß band?*[1] – so etwas wie eine Antwort erfahren in der Beschreibung, die der avantgardistische Dichter E. E. Cummings vom Anblick solcher Tiere in Gefangenschaft gibt: Nicht Tiere seien es, die wir da sehen, sondern eine Reihe lebendiger Spiegel, die uns vorführen, dass wir in Wahrheit keine Ungeheuer sehen, sondern dass wir selbst die Ungeheuer sind.

Im furchtbaren Gleichmaß der Nachtsafari, die der Zoo von Singapur allabendlich auf einem eigens zu diesem Zweck angelegten Areal veranstaltet, findet man keine Käfige. Auf 68 Hektar blühender Dschungelvegetation, umgeben von den ruhigen Gewässern des Seletar-Reservoirs, trägt eine ausgeklügelte Landschaftsarchitektur dazu bei, eine perfekte Illusion zu erzeugen. Der Duft von Orangenblüten und Taubenorchideen hängt in der Luft. Ein Gir-Löwe pirscht zwischen Adlerholzbäumen umher. Es gibt Bänderroller, Große Ameisenbären und Babirusas – die »Hirscheber« des Regenwaldes von Sulawesi – sowie Kleinkantschile aus der Familie der Hirschferkel, die kleinsten Paarhufer der Welt. Zwischen Geweihfarn und Merantibäumen tummeln sich Lippenbären und Schabrackentapire, diese eigenartigen Kreaturen, die sowohl mit dem Pferd als auch mit dem Nashorn entfernt verwandt sind und farblich einem Pandabären ähneln.

Der Park wirkt wie eine überdimensionale Wunderkammer der Raritäten, Kuriositäten und im Verschwinden begriffenen Dinge. Es gibt sogar einen Elektrozug, von dem aus man all die Sehenswürdigkeiten bestaunen kann. Die Runde durch den Park dauert 45 Minuten.

Wenige Kilometer entfernt, in Singapurs berühmtem Jurong-Vogelpark, kann man eine Hochbahn besteigen und sich zu so bizarren Naturimitationen wie dem weltgrößten künstlichen Wasserfall bringen lassen. Hier stürzen pro Minute 8300 Liter Wasser über eine 33 Meter hohe Felswand in die Tiefe, schlängeln sich als Fluss durch das größte begehbare Freifluggehege der Welt und werden dann nach oben gepumpt, worauf der Kreislauf wieder von vorn beginnt. Es gibt Frauenloris aus Neuguinea, Rotkehlspinte aus Afrika, Hyazintharas aus Brasilien, Balistare, Humboldtpinguine und 500 Papageien von mehr als hundert Arten, was fast einem Drittel aller auf der Erde vorkommenden Papageien entspricht. Der Jurong-Park beherbergt den weltweit größten Bestand an Hornvögeln und Tukanen, darunter den Orienthornvogel, den Malaienhornvogel und den Doppelhornvogel.

Man bewegt sich durch eine Reihe von Mikrohabitaten, die afrikanischen Savannen, Halbwüsten und subtropischen Regenwäldern nachempfunden sind. Über 10 000 Pflanzen von 125 Arten erzeugen, wenn nötig durch Wandmalerei unterstützt, die entsprechende Illusion. Man kann auf einer schwankenden Hängebrücke über einen künstlichen Dschungel laufen, in dem mehr als 1000 Loris herumschwirren. Es gibt Strauße, Nandus, Emus und Kasuare. Von der realistischen Gestaltung der Lebensräume und der ausgeklügelten künstlichen Beleuchtung lassen sich sogar die Vögel selbst täuschen. Im Nachtvogelhaus macht ein spezielles Lichtsystem für Nachtreiher, Schneeeulen und andere nacht- und dämmerungsaktive Vögel den Tag zur Nacht und die Nacht zum Tag. Man kommt bei Tag und hat das Gefühl, in sternklarer Nacht auf einem Dschungelpfad zu wandern. Mitten in diesem Dschungel ragt ein riesiger Mangobaum auf, und man muss die Tafel am Fuß seines Stammes lesen, um sich klarzumachen, dass dies nur das Imitat eines »tatsächlich existierenden Baumes« im malaysischen Selangor ist.

Den Architekten und Technikern, die das Nachtsafari-Gelände und den Jurong-Park entworfen und ausgestattet haben, ist es gelungen, ein besonders abstruses Scheinbild der wirklichen Welt zu erschaffen. Einige Wahrheiten lassen sich aber auch durch die genialsten perspektivischen Tricks, durch gefühlte Barrieren, unsichtbare Wassergräben, Pflanzenarrangements und ökologisch korrekte Nachbildung der Landschaft nicht aus der Welt schaffen. Es gibt Gefangenschaft, und es gibt Freiheit. Und es gibt das, was wir über die Natur und über uns selbst gern glauben möchten.

Im Lauf des 20. Jahrhunderts sank der weltweite Bestand an Tigern von rund 100 000 auf etwa 7000. Der Malaysia-Tiger, der im Nachtsafari-Park auf der Lichtung liegt, gehört zu einer Art, deren auf wenige hundert Exemplare reduzierten Vertreter sich in den immer kleiner werdenden Waldgebieten versteckt halten, die von ihren angestammten Jagdrevieren auf der Malaiischen Halbinsel noch übrig sind. Der letzte Kaspische Tiger wurde 1970 in der Türkei erschossen. Ebenfalls 1970 wurde der letzte Java-Tiger im Meru-Betiri-Nationalpark auf Java gesichtet. Das letzte Mal, dass ein Bali-Tiger gesehen wurde, war 1976, und diese Sichtung ist mehr als zweifelhaft.

Die meisten der noch lebenden Tiger sind Bengalische Tiger, die in den kleinen Nischen indischer Nationalparks und Naturreservate ums Überleben kämpfen. Es gibt noch ein paar hundert Amur-Tiger, aber die meisten von ihnen leben im Zoo. Außerdem leben noch einige hundert Indochinesische Tiger und vielleicht 400 Sumatra-Tiger, aber der Bestand an Südchinesischen Tigern, die weithin als Urform aller Tiger gelten, ist auf 50 Tiere geschrumpft, die ausnahmslos in zoologischen Gärten gehalten werden. Bis Anfang der 1950er Jahre, als die chinesische Regierung Schädlingsbekämpfung im großen Maßstab zu praktizieren begann, gab es noch etwa 5000 Südchinesische Tiger in freier Wildbahn. Das letzte frei lebende Tier wurde 1979 gesichtet – und getötet.

Das 20. Jahrhundert begann sein letztes Jahrzehnt mit einem Bestand von 14000 Sumatra-Orang-Utans. Zur Jahrtausendwende gab es nur noch 7000 dieser Tiere. Einem Bericht der Welt-Naturschutzorganisation (IUCN) zufolge hat sich der Bestand bis 2004 noch einmal halbiert und er wird durch Abholzung der Wälder und gezielte Tötung weiter sinken. Damit gehört der Sumatra-Orang-Utan offiziell zu den vom Aussterben bedrohten Arten. Im zoologischen Garten in Singapur kann man für umgerechnet 95 Dollar in lauschigem Beisammensein mit einem Sumatra-Orang-Utan Tee trinken.

Wenn man den Zoo am Nachmittag besucht, kann man durch die Glasscheibe der Unterwasserhalle Zwergflusspferde beobachten. Sie tummeln sich hier in einer Umgebung, die einer Sumpflandschaft irgendwo in Sierra Leone zum Verwechseln ähnlich sieht. Ob es allerdings in Sierra Leone tatsächlich noch Zwergflusspferde gibt, kann keiner sagen. In ganz Westafrika leben nur noch 7000 Exemplare, die meisten davon im Sapo-Nationalpark in Liberia. Aber ihre Zahl nimmt stetig ab. Holzfirmen betreiben in den Sumpfwäldern Kahlschlag, und die Flusspferde werden von Einheimischen ihres Fleisches und von Trophäenjägern ihrer Zähne wegen getötet. Angesichts der politischen Wirren, von Bürgerkriegen und Machtmissbrauch in diesen Teilen der Welt sind die Zukunftsaussichten für die Flusspferde düster. Früher war in Nigeria eine verwandte Population von Zwergflusspferden beheimatet; 1969 wurden sie anhand von Schädeluntersuchungen als eigene Unterart klassifiziert, aber seit dieser Zeit ist keine Sichtung dieser Tiere mehr dokumentiert.

Ein anderer Bewohner des zoologischen Gartens von Singapur ist der Kleideraffe, ein eigenwillig gefärbter kleiner Primat, der stark unter dem Einsatz von Entlaubungsmitteln durch die US-Armee im Vietnamkrieg gelitten hat. Kleideraffen findet man nur in Vietnam und im benachbarten Laos. Sie werden ihres Fleisches wegen, für den Tierhandel und für die Produktion traditioneller Volksheilmittel gejagt. Die Urwälder, in denen sie seit jeher leben, fallen den Kettensägen zum Opfer. Ein ebenfalls zunehmend selten gewordener und in seinen Beständen bedrohter Zoobewohner ist der in Madagaskar beheimatete Vari aus der Familie der Lemuren. In seiner Heimatregion unter einem Namen bekannt, der so viel bedeutet wie »nachtwandelnder Geist«, ist der Vari einer der scheuesten Primaten der Welt, dreht still seine nächtlichen Runden und heult nur, wenn es gilt, seine Gefährten vor einer drohenden Gefahr zu warnen. Er trägt, wenn er in seinem unersättlichen Hunger auf Nektar mit pollenverkrusteter Nase von Blüte zu Blüte streift, maßgeblich zur Befruchtung vieler Pflanzenarten bei. Auch Nasenaffen, diese karikaturhaft aussehenden Affen mit der großen Knollennase aus Borneo, gibt es in Singapur. Durch die Holzwirtschaft und die Ausbreitung von Ölpalmenplantagen nehmen ihre Bestände ständig ab. Der Löwe, der zwischen Adlerholzbäumen umherstreift, gehört ebenfalls zu einer aussterbenden Art: Nur noch 200 dieser königlichen Geschöpfe tummeln sich im Gir-Wald im indischen Bundesstaat Gujarat.

Der Hyazinthara im Jurong-Park gehört zu den stark bedrohten Arten. In seiner Heimat in den Regenwäldern Brasiliens leben nur noch 300 dieser Tiere. Der Balistar ist einer der seltensten Vögel überhaupt; von seiner Art leben nur noch wenige Dutzend Exemplare in Freiheit, mehr als zehnmal so viele fristen ihr Leben in zoologischen Gärten und Vogelhäusern in aller Welt. Auch die Humboldtpinguine werden in ihren heimischen Gewässern im Pazifik immer weniger; einerseits, weil die Fischbestände, von denen sie sich ernähren, durch die Fischerei dezimiert werden, in deren Netzen auch sie oft verenden, andererseits, weil ihre Nistplätze durch den Guano-Abbau zerstört werden. Der Doppelhornvogel droht zu verschwinden, weil die indischen Wälder verschwinden, aber auch, weil er lange Zeit ein begehrtes Objekt für Sammler war. Er ist mit über einem Meter Standhöhe der größte der Nashornvögel und verfügt über ein paar ausgesprochen liebenswerte Gewohnheiten wie beispielsweise der, seinen Gefängniswärtern kleine Geschenke in Form von Nahrungsbrocken anzubieten. Lange war Josephine, ein Doppelhornvogelweibchen, eines der beliebtesten Tiere im Londoner Zoo. Josephine starb 1998 im Alter von 52 Jahren.

Im Zoo von Singapur samt angrenzendem Nachtsafari-Areal leben etwa 2000 Tiere, die 250 Arten angehören, im Jurong-Park gibt es 9000 Vögel, die 600 Arten repräsentieren. Beide Einrichtungen werden regelmäßig und verdientermaßen von internationalen Organisationen wegen ihres fortschrittlichen Konzepts und ihrer vorbildlichen Führung gelobt. Aber man könnte ihnen auch andere Namen geben. Beispielsweise: Hospiz. Nekropolis. Grabstätte.

━━❊❊❊━━

Der Doppelhornvogel, der Balistar, der Hyazinthara, der Nasenaffe, der Vari, der Kleideraffe, das Zwergflusspferd, der Sumatra-Orang-Utan und der Malaysia-Tiger gehören zu einer speziellen Sorte seltener und vom Aussterben bedrohter Geschöpfe der Natur, die man auch als »die lebenden Toten« kennt. Diesen Namen haben Biologen erfunden, und sie bezeichnen damit diejenigen Arten, von denen man annimmt, dass ohne nachhaltige Unterstützung des Menschen durch Maßnahmen wie der Zucht in Gefangenschaft ihr Schicksal besiegelt ist. Es wird davon ausgegangen, dass schon 2050 von den bedrohten Säugetieren, Vögeln und Reptilien der Welt 1500 Arten nur noch durch Erhaltungszucht in zoologischen Gärten überleben können.

Der Begriff »lebende Tote« findet insbesondere auf solche Arten Anwendung, die nicht mehr aus eigener Kraft überleben können, weil andere Arten, die ihnen als Nahrung dienen, im Verschwinden begriffen oder bereits verschwunden sind. Zu den lebenden Toten gehören auch Arten, die man nur noch im Zoo antrifft, wie der Amur-Tiger, und solche, die schon so gut wie ausgerottet sind, wie der Kleideraffe, dessen Bestand mit zunehmendem Verlust seines Lebensraums dahinschwindet. Nicht alle bedrohten Tierarten werden zu den lebenden Toten gezählt. Ob eine Spezies die Grenze zu den Gefilden dieser Unterwelt überschritten hat, kann man nur sagen, wenn man ein einigermaßen klares Bild von deren Zukunftsaussichten hat. Ein Schlüsselfaktor, der dabei berücksichtigt werden muss, sind die angehäuften ökologischen Schulden, also das künftig zu erwartende Aussterben von Arten aufgrund der bereits stattgefundenen Zerstörung von Lebensräumen.

Ein Beispiel für die verhängnisvolle Wirkung solcher Schulden zeigt eine 1999 in der Zeitschrift *Conservation Biology* veröffentlichte Studie auf. Der Autor der Studie, Guy Cowlishaw von der Zoologischen Gesellschaft London, hat darin untersucht, welche Folgen die Abholzung von Wäldern in Benin, Burundi, Kamerun, Kenia, Nigeria und an der Elfenbeinküste für die Primatenpopulationen in den betreffenden Gebieten haben wird. Er kam zu dem Ergebnis, dass über kurz oder lang ein Drittel aller dort lebenden Primatenarten ausgestorben sein wird. Das sind die bereits angehäuften Schulden – selbst wenn vom Augenblick der Veröffentlichung seiner Studie an kein einziger Baum mehr gefällt werden würde. Der Prozess kann sich hundert Jahre hinziehen, in denen die betroffenen Primatenarten noch dahinvegetieren und so lange die Schulden zahlen, bis diese mit ihrem Aussterben endgültig beglichen sind. Eingefordert jedenfalls werden die Schulden, und bezahlt werden müssen sie auch. Die Bäume werden weiter gefällt. Bis 2040 werden in Westafrika voraussichtlich 70 Prozent der gegenwärtigen, ohnehin schon dezimierten Waldflächen verschwunden sein. Ostafrika wird im gleichen Zeitraum bis zu 95 Prozent seiner Wälder verlieren.

Singapur selbst liefert ein anschauliches Beispiel dafür, wie die Sache mit der Anhäufung ökologischer Schulden funktioniert und wie sich das gegenwärtige weltweite Artensterben möglicherweise in den kommenden Jahren entwickeln könnte.

Der Inselstaat Singapur liegt in den Feuchttropen, dem Hauptschauplatz des gegenwärtigen Aussterbens von Wildtieren und -pflanzen auf unserem Planeten. Die Tropen spielen eine Hauptrolle in der unendlichen Geschichte des Artensterbens, weil in den Tropenwäldern die größte Zahl unterschiedlicher terrestrischer Spezies beheimatet ist und weil diese Urwälder in den Tropen am schnellsten verschwinden.

Es ist vor allem dieser Verlust tropischer Lebensräume, der zu Schätzungen führt, denen zufolge die gegenwärtige weltweite Rate des Artensterbens um ein Tausendfaches über dem »Normalwert« liegt. Die Schätzungen beziehen sich auf die Relation zwischen der Größe des Lebensraums und der Zahl der darin beheimateten Arten sowie auf Berechnungen des Verschwindens von Spezies durch den Verlust ihres Lebensraums. In anderen Fällen wird die Entwicklung der Spezies in ihrer Einstufung auf den Roten Listen der IUCN, der weltweit größten Naturschutzorganisation, die den Verlust der Artenvielfalt dokumentiert, verfolgt. Auf den ersten Blick mögen diese Methoden ein wenig spekulativ wirken, aber die Ergebnisse werden bestätigt durch die gesicherten Daten, die in der wissenschaftlichen Analyse von Populationsentwicklungen bekannter Vogel-, Pflanzen- und Säugetierspezies in genau definierten Lebensräumen gewonnen werden. Ein solcher genau definierter Lebensraum ist Singapur. Und die empirischen Erkenntnisse, die uns aus Singapur über die Vielfalt und das Verschwinden von Arten zur Verfügung stehen, sind wesentlich verlässlicher und lückenloser als aus anderen tropischen Regionen.

Für passionierte Naturforscher und Vogelbeobachter war Singapur seit jeher ein lohnendes Terrain, und sie haben penibel Buch geführt über die dort heimische Flora und Fauna. Der Inselstaat hatte schon 1950 seine eigene offizielle Naturforschergesellschaft, eine kleine Truppe, die sich unermüdlich und zumindest teilweise erfolgreich für den Naturschutz eingesetzt hat, obwohl sie seitens des seit den 1960er Jahren herrschenden autoritären Regimes oft gerade eben noch toleriert wurde. Doch das Interesse an der Naturforschung in Singapur geht bis auf Thomas Stamford Raffles zurück, den Gründer der ersten britischen Handelsniederlassung in der ehemaligen Kronkolonie. Zwar erlangte Raffles seinen Ruf als strenger und gerechter Kolonialverwalter, der die wirtschaftlichen Interessen seines Landes in Südostasien energisch gegen die Holländer durchsetzte, aber er war auch ein leidenschaftlicher Pflanzen- und Tiersammler. Das erfährt man in dem zur Universität gehörenden Raffles-Museum der Biodiversitätsforschung, in dem das Erbe des Namensgebers lebendig gehalten wird. Zu den Sammlungen des Museums gehören 18 000 Pflanzenarten (darunter allein 2000 Pilzarten) und fachgerecht konservierte Teile von 300 000 Tieren, die mehr als 10 000 Spezies repräsentieren. Man kommt aus dem Staunen nicht heraus.

Indem sie sich genauer ansahen, was aus der biologischen Vielfalt in Singapur geworden war, erhofften sich der australische Biologe Barry Brook und seine singapurischen Kollegen Navjot Sodhi und Peter Ng Erkenntnisse über die Folgen der Zerstörung von Lebensräumen in anderen tropischen Regionen. Angesichts der Tatsache, dass die Umweltzerstörung in dem Inselstaat besonders weit fortgeschritten ist, glaubten die Wissenschaftler, aus den Erfahrungen von Singapur begründete Schlüsse über die Zukunft der Artenvielfalt ziehen und die Voraussagen zur weltweiten Aussterbensrate untermauern zu können, die bis dato ausnahmslos anhand von statistischen Modellen oder Extrapolationswerten gemacht wurden. Ihre Studie wurde 2003 in der Zeitschrift *Nature* veröffentlicht.

Die Studie offenbarte, dass bei ihrer Veröffentlichung von der Hälfte aller auf der Insel heimischen Spezies nur noch wenige Restexemplare auf dem Viertelprozent der gesamten Landmasse lebten, das als Waldreservat geschützt ist. Viele bewegten sich in jener merkwürdigen Grauzone des Lebens unter dem Vorzeichen der bereits durch Lebensraumzerstörung angehäuften Schulden, die in der Regel am Ende mit der Ausrottung von Arten beglichen werden. Drei singapurische Tiere, die zur Gruppe der lebenden Toten gehörten, waren der Weißbauchspecht, der Bindenlangur und das Blasse Riesenhörnchen. Von den Spechten lebten nur noch vier, von den Languren weniger als 15 und von den Riesenhörnchen weniger als 10 Exemplare. Seit 1819, als Raffles erstmals einen Fuß auf die Insel Singapur gesetzt hatte, waren 95 Prozent der ursprünglichen Wälder abgeholzt worden. Ausgestorben waren in dieser Zeit historischen Aufzeichnungen und vorsichtigen Schätzungen zufolge 80 Prozent der heimischen Fischarten, fast 80 Prozent der Säugetierarten, über 70 Prozent der Pflanzenarten, etwa 60 Prozent der Vogelarten, 70 Prozent der einstmals vielzähligen Schmetterlingsarten und 70 Prozent der Amphibienarten.

Brook, Sodhi und Ng glichen die Aussterbensraten heimischer Populationen mit den Entwaldungsmustern in ganz Südostasien ab, denen zufolge in naher Zukunft 74 Prozent aller Waldflächen in dieser Region verschwunden sein werden. Sie kamen zu dem Schluss, dass das Schicksal von 13 bis 42 Prozent aller südostasiatischen Arten – Säugetiere, Vögel, Pflanzen, Amphibien, Zehnfüßer, Phasmiden, Schmetterlinge, Reptilien und so weiter – mehr oder weniger besiegelt ist. Und die Hälfte der in dieser Region durch Abholzung ausgemerzten Arten wird in der Folge auch weltweit ausgestorben sein, weil viele der in Südostasien heimischen Lebensformen endemisch sind, also nur in diesem begrenzten Gebiet vorkommen.

Im Zoo von Singapur existieren die lebenden Toten weiter und wissen nichts von der Außenwelt. Die Nasenaffen bringen Nachkommen hervor. Der Zoo rühmt sich, die Einrichtung mit den meisten in Gefangenschaft aufgezogenen Orang-Utans zu sein – 21 an der Zahl. 22 Malaysia-Tiger wurden seit 1973 im Zoo von Singapur geboren, außerdem 28 Schimpansen und drei Kleideraffen, jene ausgesprochen seltene Affenart aus den entlaubten Wäldern von Vietnam und Laos. Weitere Vertreter der in Gefangenschaft aufgezogenen Spezies der lebenden Toten sind das Goldkopflöwenäffchen und das Breitmaulnashorn. Bei den Zwergnashörnern waren 14 Geburten zu verzeichnen. Weltweit leben 178 Zwergnashörner in 74 zoologischen Gärten oder Tierparks, die meisten von ihnen in Gefangenschaft geborene Nachfahren von in Gefangenschaft geborenen Eltern. Im Jurong-Vogelpark wurden unterdessen Gelege von über 100 Vogelarten, darunter viele gefährdete Spezies, ausgebrütet und die Tiere aufgezogen. Der Jurong-Park ist die weltweit einzige Einrichtung, in der es gelungen ist, Küken des Orienthornvogels, des Malaienhornvogels und des Doppelhornvogels großzuziehen.

In den wachsenden Reihen der lebenden Toten hat das alte Paradigma der Evolution, wie Darwin es beschrieben hat, keine Gültigkeit mehr. Wenn sie in hundert Jahren überhaupt noch unter uns weilen, werden sie nicht mehr die Tiere sein, denen die Menschen einst zum ersten Mal gegenüberstanden. Sie werden keine »Wildtiere« mehr sein, sondern das Ergebnis einer künstlichen Selektion. Sie werden in zoologischen Gärten und manchmal auch in großen Tierparks leben. Die Welt, in der sie leben, wird bevölkert sein mit Tieren, die wir ausgewählt haben, deren Eigenschaften wir bestimmt und deren Zahl wir festgelegt haben. Wenn sie überhaupt in einer Wildnis leben, dann wird es eine von uns gestaltete Wildnis sein. Sie werden in einer Imitation der wirklichen Welt leben, in Welten wie dem Jurong-Vogelpark oder dem Zoo von Singapur und dem angrenzenden Nachtsafari-Gelände.

Der Zoo in Singapur zieht jährlich 1,5 Millionen Besucher an. Das Fremdenverkehrsamt Singapur hat Ah Meng, dem Sumatra-Orang-Utan, mit dem man gegen ein Entgelt Tee trinken kann, 1992 eine Medaille verliehen. Sie hat fünf eigene Kinder im Zoo großgezogen.

Und im Zoo wurde sie Großmutter.

In der griechischen Mythologie wird die Schimäre als feuer-speiendes Ungeheuer mit drei Köpfen – dem eines Löwen, einer Ziege und einer Schlange – beschrieben. Heute werden als Schimären auch vom Menschen geschaffene Wesen be-zeichnet, die das Erbgut verschiedener Arten in sich tragen. Und tatsächlich hat Singapur seine eigene Schimäre. Der »Merlion« ist ein grotesk wirkendes Wesen mit Löwenkopf und Fischschwanz. Der offiziellen Lesart zufolge entstammt der Merlion einer malaiischen Legende aus dem 13. Jahrhun-dert und wurde später zum Wahrzeichen Singapurs gewählt. In Wirklichkeit wurde der Merlion Mitte der 1960er Jahre im Auftrag des autoritären Regimes von Lee Kuan Yew, dem Tito Singapurs, erfunden, der zur gleichen Zeit Journalisten, Ver-leger und linke Intellektuelle verhaften und die Nanyang-Universität zerschlagen ließ. In zahllosen Reiseberichten kann man lesen, das Fabelwesen Merlion werde seit alters her als Schutzpatron der Insel angesehen. Tatsächlich bekam die frei erfundene Legende erst in den 1990er Jahren ihren letzten Schliff von der Fremdenverkehrsbehörde. In Singapur darf man noch nicht einmal das Symbol des Merlion ohne offi-zielle Genehmigung für irgendetwas benutzen.

Singapur liegt vor der Südspitze der Malaiischen Halb-insel, wenige Seemeilen von einer Reihe kleinerer Inseln ent-fernt, die an die Küste des benachbarten Sumatra grenzen. Trotz seiner aggressiv kapitalistischen und autoritären Gesell-schaftsordnung ist Singapur ein weltlicher, multikultureller und stabiler Staat und blieb verschont von der Gewalt und dem Despotismus, die Malaysia und Indonesien in der zweiten Hälfte des 20. Jahrhunderts erschütterten. Aber es leben vier Millionen Menschen in diesem Land, das flächenmäßig kleiner ist als die Stadt Hamburg. Wie die 2003 in der Zeitschrift *Nature* veröffentlichte Studie zeigt, nimmt Singapur mittlerweile fast das gesamte Areal ein, das 1819, als Stamford Raffles im Auftrag der Britischen Ostindien-Kompanie hier eintraf, eine weitgehend unbewohnte tropische Insel war. Doch der Staat hat sich nicht mit der Vernichtung der lebenden Geschöpfe begnügt: Er ließ die Berge abtragen und das Erdreich mit Planierraupen ins Meer schieben, um in den flachen Gewässern der Straße von Singapur Land zu gewinnen und Platz für sich zu schaffen.

Mit ihren dicht gedrängten Bürotürmen, ihren charakterlosen Wohnblocks, ihrem Überangebot an amerikanischen Fastfood-Ketten, ihren Fabrikationsstätten multinationaler Konzerne und ihrer urbanen Nullachtfünfzehn-Architektur hat sich die Stadt dem öden Einheitsbild angepasst, das sich in allen Kulturen der Welt breitgemacht hat. Ende der 1990er Jahre waren die meisten Gebäude in Singapur weniger als 30 Jahre alt. Im Grunde ist die Stadt nur schwer zu beschreiben, weil es dort genauso aussieht wie in zahllosen anderen Metropolen der Welt. Sogar der älteste und größte Friedhof Singapurs, der altehrwürdige Bidadari-Friedhof, wurde planiert und die Fläche dann als Baugrund ausgewiesen. In seinem Beitrag zu einer Tagung der TU Berlin beschrieb der Architekt William Lim, der zu den führenden Fachleuten für Stadtentwicklung und Architektur in Südostasien gehört, Singapur im Jahr 2004 als eine urbane Landschaft, in der Stadtplaner »systematisch ungeschützte städtische Gebiete und historische Stätten zweckentfremdet und zerstört haben, in denen Geschichte und kulturelle Werte bewahrt wurden«.[2]

Während meines Aufenthalts in der Stadt habe ich regelmäßig Trost gefunden im In The Name Of Allah The Most Gracious The Most Merciful Mohd Rajeen & Brothers Café,

Ein Tiger

einer fröhlichen kleinen Kneipe im Stadtteil Arab Street. Das arabische Viertel ist einer der wenigen Orte in Singapur, die sich real und authentisch anfühlen und es auch sind. Abgesehen von einer Handvoll Straßen, in denen sich die alte malaiische Kampong-Atmosphäre irgendwie erhalten hat, findet man nur noch in Little India und Chinatown so etwas wie ein eigenes Lokalkolorit. Der Rest der Stadt wurde von dem berühmten holländischen Architekten Rem Koolhaas treffend als das Kunstprodukt eines Regimes bezeichnet, das nichts dem Zufall überlässt, das »durch und durch geplant ist: Wo es chaotisch ist, ist das Chaos geschaffen; wo es hässlich ist, ist die Hässlichkeit beabsichtigt; wo es absurd ist, ist das Absurde beabsichtigt. Singapur verkörpert eine einmalige Ökologie des Zeitgenössischen.«[3]

Singapur steht praktisch an dem Punkt, an dem sich die Wege »Sicherheit zuerst« und »Märkte zuerst« kreuzen, von denen in dem im Vorwort erwähnten UNEP-Bericht zur globalen Situation die Rede ist. Die Singapurer, die in der Mehrheit chinesischer Herkunft sind, haben die orwellschen Zustände in ihrem Land, dessen offizielle Wahrheit, Neuerfindung, Errichtung, Zerstörung und Wiederaufbau, erstaunlich gelassen hingenommen. Sie trösten sich, so gut es geht, mit jedem Schritt ihrer Regierung, der sie der Freiheit und Demokratie ein noch so kleines Stück näher bringt, beispielsweise, als 2002 das gesetzliche Verbot der Einfuhr von Kaugummi gelockert wurde. Dennoch müssen sie sich hüten, allzu nachdrücklich mehr Freiheiten einzufordern. Wie der singapurische Journalist Cherian George in seinem mutigen Buch *Singapore, The Air-Conditioned Nation* schreibt, konnte bei der Einweihung eines Speakers' Corner im Hong Lim Park am 1. September 2000 erstmals seit Ende der Kolonialherrschaft ein Bewohner der Stadt frei zu seinen Mitbürgern sprechen. Doch herrschen in Singapur, das seit seiner Unabhängigkeitserklärung vor über 40 Jahren von einer Partei, der People's Action Party (PAP), regiert wird, so strenge Einschränkungen der Pressefreiheit, dass der Stadtstaat in der Einschätzung von Reporter ohne Grenzen gleich hinter Nordkorea und Birma rangiert.

Erbost über diese Einstufung erklärte Lee Boon Yang, der Minister für Information, Kommunikation und Künste, Singapur erwarte von seinen Journalisten selbstverständlich, dass sie einen konstruktiven Beitrag zur »Staatsbildung« leisten. Mit diesem Begriff meinte der Minister nichts anderes als die ehrgeizigen Programme der Regierung zur Förderung der Baulandgewinnung und des Bevölkerungswachstums, zur Verbreitung der offiziellen Gründungsmythologie und Unterdrückung der Geschichte – mit anderen Worten alle jene Dinge, die überall in den Tropen zum Artensterben und zum Verschwinden regionaler Kulturen, gewachsener Siedlungsstrukturen und traditioneller Lebensgewohnheiten führen. Nicht zufrieden damit, dass Singapur die größte Bevölkerungsdichte nach Hongkong und Monaco aufzuweisen hat, verkündete die PAP 2004 einen Plan zur Förderung des Bevölkerungswachstums. Vorgesehen waren Steuervergünstigungen für kinderreiche Familien, Lohnsenkungen für Haushaltshilfen, höheres Erziehungs- und Kindergeld und niedrigere Hypothekenzinsen.

Der Staat, der praktisch über keine eigenen natürlichen Ressourcen verfügt, ist das Produkt einer Handelsgesellschaft mit beschränkter Haftung, aus der sich ein multinationaler Konzern entwickelt hat – eine Schimäre, die vom Gesetz mit den gleichen Rechten abgesichert ist, die in westlichen Demokratien ursprünglich dem lebendigen, atmenden Menschen vorbehalten waren. Der Merlion, von dem es vier offiziell anerkannte Statuen gibt, ist ein seiner würdiges Wahrzeichen. Eine der Statuen steht vor der imposanten Kulisse des Hotels Fullerton an der Uferpromenade am Collyer Quay und speit eine nie versiegende Wasserfontäne in den Fluss. Grotesker noch als diese ist die riesige Merlion-Statue auf der künstlichen Insel Sentosa. In ihrem begehbaren Inneren erwarten den Besucher gurgelnde Klangeffekte und Wandbilder mit abenteuerlichen Piratenszenen. Die Statue auf Sentosa ist 37 Meter hoch; aus ihren Augen werden Laserstrahlen gebeamt, und aus den Nasenlöchern kann sie Rauch ausstoßen.

Im ersten Jahrzehnt des 21. Jahrhunderts ist die Welt mit vielen Schimären bevölkert. Die letzten Bollwerke zwischen Natur und künstlich Geschaffenem, zwischen Freiheit und Gefangenschaft werden gestürmt und niedergerissen, wo immer es geht. Nicht einmal hundert Jahre nach H.G.Wells' *Doktor Moreaus Insel* trillerten transgene Laborhühner wie Wachteln, und eine kanadische Firma versetzte das Genmaterial einer Ziege mit Spinnengenen in der Hoffnung, aus Ziegenmilch einen »Biostahl« mit der Elastizität und Festigkeit eines Spinnennetzes produzieren zu können. Eine Firma in Texas veränderte das genetische Material von Zebrabärblingen so, dass sie im Dunkeln in ihrem Aquarium rot leuchten, und verkauft die Züchtung unter dem Namen »Glofish«. Das kalifornische Unternehmen Genetic Savings and Clone verkaufte 2004 das erste im Auftrag geklonte Haustier, eine Katze, für 50 000 Dollar.[4]

Und in der dicken Glasscheibe zwischen dem Tiger und dem menschlichen Betrachter zeigen sich erste Risse. Wissenschaftler haben Mäuse mit menschlichen Gehirnzellen, Schweine mit menschlichem Blut und Schafe mit menschlichen Herzmuskelzellen geschaffen. 1987 erklärte das US-amerikanische Patentamt, einer Entscheidung des Obersten Gerichtshofs folgend, künstlich geschaffene Organismen für patentierbar. Kanadische und europäische Behörden folgten dem amerikanischen Beispiel. Die Stammzellenforschung eröffnet ein riesiges Feld der Möglichkeiten im Kampf gegen Krankheiten und Erbschäden, und der gesetzliche Rahmen bleibt vage und ungenau.

Schon 1988 plädierte Joseph Fletcher, der das Forschungsgebiet der Bioethik mitbegründet hat, für die Erzeugung genmanipulierter Hybridwesen aus Mensch und Tier, die man ohne das lästige Hindernis menschenrechtlicher Bedenken für gefährliche und schmutzige Arbeiten einsetzen könnte. 1997 stellten zwei US-Amerikaner, der Biologe Stuart Newman und der bekannte Gegner der Biotechnologie Jeremy Rifkin, einen Patentantrag für ein Lebewesen namens »Humanzee«, eine fiktive Mischform aus Mensch und Schimpanse. Natürlich war ihr Antrag ein subversiver Akt, der Diskussionen provozieren sollte, und wurde prompt abgewiesen.[5] Doch fünf Jahre später, im November 2002, trafen sich US-amerikanische und kanadische Wissenschaftler in einer von der Rockefeller-Universität und der New Yorker Akademie der Wissenschaften mitfinanzierten nichtöffentlichen Sitzung in New York, in der über die mögliche Produktion einer Mensch-Maus-Schimäre debattiert wurde. Im Mittelpunkt der Diskussion stand die Frage, ob man einem Mäuseembryo in einem sehr frühen Stadium menschliche embryonale Stammzellen injizieren könne, um so eine »Maus« mit den vollständigen menschlichen Erbinformationen zu erzeugen.

Freeman Dyson, Physiker am Institute for Advanced Studies in Princeton, findet die Aussichten erfreulich. »Nach gut drei Milliarden Jahren ist das Zeitalter des Darwinismus jetzt vorbei«, schreibt er im Online-Magazin des Massachusetts Institute of Technology, *Technology Review*. »Die Prozesse der kulturellen Evolution sind tausendmal schneller als die der darwinistischen, und sie haben uns in eine neue Ära der kulturellen Interdependenz getragen, die wir Globalisierung nennen. Und nun, da der Homo sapiens die neue Biotechnologie domestiziert, ersteht auch die alte prädarwinistische Praxis des horizontalen Gentransfers wieder auf; fast mühelos wird Genmaterial von Mikroben auf Pflanzen und Tiere übertragen, und die Grenzen zwischen den Spezies verschwimmen dabei.« Die Möglichkeiten versetzen Dyson geradezu in Euphorie. »Es wird Bastelsätze für Gärtner geben, die mit Hilfe des Gentransfers neue Rosen- und Orchideen-

Ein Tiger

sorten züchten. Und Biotech-Spiele für Kinder, die mit echten Eiern und Samen hantieren, statt Bilder auf einem Monitor zu steuern. Wenn die Biotechnologie erst einmal für jeden verfügbar ist, wird sie uns ein wahres Feuerwerk der Artenvielfalt bescheren.«[6]

Aber ebenso gut ist eine weniger utopische Zukunft denkbar, eine Zukunft, die der abscheulichen Inselwelt, die sich H. G. Wells Ende des 19. Jahrhunderts ausgedacht hat, allzu sehr gleicht. »Natürlich entarteten diese Geschöpfe nicht zu solchen Tieren, wie der Leser sie in zoologischen Gärten gesehen hat – zu gewöhnlichen Bären, Wölfen, Tigern, Ochsen, Schweinen und Affen. Immer noch behielt ein jedes etwas Fremdartiges«, berichtet der Ich-Erzähler in dem Roman *Doktor Moreaus Insel.* »In jedem hatte Moreau das eine Tier mit dem anderen verschmolzen; eins war vielleicht hauptsächlich bärenartig, ein anderes katzenartig, ein drittes stierartig, aber jedes war mit anderen Geschöpfen vermischt – eine Art verallgemeinerten Tiertums blickte durch spezifische Anlagen hindurch. Und die verschwindenden Fetzen des Menschlichen erschreckten mich immer noch hin und wieder, vielleicht ein momentanes Wiedererwachen der Sprache, eine unerwartete Behändigkeit der Vorderfüße, ein erbärmlicher Versuch, aufrecht zu gehen.«[7]

Im Nachtsafari-Park in Singapur bin ich keinem solchen Geschöpf begegnet. Was es dort aber gab, waren etliche typische Vertreter jenes neuen, globalisierten und »kulturell interdependenten« *Homo sapiens*, den Freeman Dyson propagiert. Sie traten in Gestalt gut betuchter junger Singapurer auf, die in angetrunkenen Horden durch den Park streiften, die Kopfhörer ihrer iPods an den Ohren und begleitet vom ständigen Gedudel ihrer Handys. Sie trugen die unvermeidlichen Gap-Pullis, Sweatshirts mit Markenlogo oder Britney-Spears-Tops. Sie tun damit niemandem weh, aber es liegt auf der Linie dessen, was William Lim über die Charakterlosigkeit und den Geschichtsverlust der Stadt Singapur gesagt hat.

Es hat etwas mit dem zu tun, was wir im Singapurer Zoo seinen Schöpfern nach lieber nicht sehen sollen. Es hat etwas mit der Nivellierung in der lebendigen Welt zu tun, damit, dass der Unterschied zwischen Freiheit und Gefangenschaft, zwischen Natur und künstlich Geschaffenem, zwischen dem, was wir glauben wollen, und dem, was wirklich um uns herum geschieht, verschwimmt.

Dieser Unterschied, bemerkt Linda MacDonald Glenn vom Institut für Ethik der American Medical Association, verschwindet im gleichen Maße wie die Unterschiede zwischen den Arten und zwischen Mensch und Tier. Wir sehen uns konfrontiert mit einer Welt vollkommen neuer, aus dem Erbgut verschiedener Spezies produzierter Geschöpfe. Es ist dies eine Welt der Cyborgs, der Humanoiden und der Wiederbelebung ausgestorbener Arten à la Jurassic Park. Mit künstlicher Befruchtung, Chipimplantaten im Gehirn und Gentechnik sind wir der Grenze dieser Welt schon ziemlich nahe gerückt. Wie Glenn prognostiziert: »Mit solchen technischen Errungenschaften treiben wir den nächsten Schritt in unserer eigenen Evolution voran. Die wissenschaftliche Forschung der Zukunft wird unsere Vorstellung davon, was menschlich ist, verändern. Was früher einmal ins Reich der Fantasie gehörte, ist heute Realität.«[8]

Aber manche Dinge haben sich nicht verändert und werden dies vermutlich auch in Zukunft nicht tun. Die Natur war immer sowohl objektive Wirklichkeit als auch die Summe dessen, was wir uns darunter vorstellen. Zugleich verändert sich aber nicht nur die Natur ständig, sondern auch die Art, wie wir über sie denken. In der »natürlichen« Welt war es, wie das Beispiel des Malaysia-Tigers zeigt, nie einfach, zwischen Wirklichkeit und Fantasie zu unterscheiden.

Der Tiger, den das malaiische Volk kannte, war kein »wildes« Tier im heutigen Wortsinn. Er glich nicht dem Raubtier aus

Ein Tiger

den reißerischen Geschichten, wie sie in den 1920er Jahren in der Zeitschrift *Boys of the British Empire* und in den 1930er Jahren in den *London Illustrated News* zu lesen waren. Als sich die Holländer und die Briten anschickten, den Malaiischen Archipel für den Handel zu erschließen, zu besiedeln und schließlich zu erobern, hielt der undurchdringliche Dschungel in der Vorstellung der Kolonialherren keine furchterregendere Kreatur verborgen als den Tiger. Bis heute gibt es für die Bewohner der westlichen Welt kein Tier, das die »wilde, natürliche« Welt so stark symbolisiert wie der stolze, unbändige, edle Tiger. Aber die Malaien haben den Tiger nie so gesehen.

Die Stellung, die der Tiger bei den Malaien genoss, versetzte Außenstehende schon vor langer Zeit in Staunen. In einer Schrift aus dem 15. Jahrhundert berichten chinesische Händler nach dem Besuch eines malaiischen Dorfes von Tigern, die sich in »Wer-Tiger« verwandeln und sich unerkannt zwischen den Menschen bewegen. Ende des 17. Jahrhunderts wusste der schottische Handlungsreisende Alexander Hamilton zu berichten, dass die Menschen in der Gegend von Malakka die Nähe von Tigern suchten und gelegentlich auch auf ihnen ritten. Es gibt eine ganze Reihe solcher nicht unbedingt der Fantasie entsprungener Berichte, denen zufolge die Menschen in Malaysia Tiger zu füttern pflegten und Tiger wiederum ihre Beute mit Menschen teilten.

Ein malaiischer Brauch, der sich bis ins ausgehende 19. Jahrhundert hielt, war die Opfergabe für den *Macan Bumi*, den Dorftiger. Die Dorfbewohner legten abwechselnd Fleisch von Ziegen oder Hühnern auf einer Art Altar am Rand ihrer Siedlung ab. Sie betrachteten dies als eine Abgabe, die sie dem Tiger schuldig waren. Die europäischen Kolonialherren staunten einerseits über die Gewohnheit, fanden sie andererseits aber auch beunruhigend. Sie sahen darin einen gefährlichen und ärgerlichen Aberglauben, der dem Fortschritt im Wege stand und verhinderte, dass die wilden Tiere aus dem

Dschungel vertrieben und ausgemerzt wurden. Noch Anfang des 20. Jahrhunderts berichtete Sir George Maxwell, dass selbst kleine Kinder sich nicht scheuten, einen Tiger zu vertreiben, wenn er einer Viehherde zu nah kam.

Der Autor Peter Boomgaard, der sich im Rahmen seiner Forschungstätigkeit als Professor für indonesische Geschichte an der Universität Amsterdam zehn Jahre lang intensiv mit der Stellung des Tigers im Bewusstsein des malaiischen Volkes beschäftigt hat, vertritt die These, dass der *Macan Bumi*-Brauch wesentlich mehr sei als ein hinterwäldlerischer Hokuspokus.[9] Von einem Tiger, der an die Rolle des *Macan Bumi* gewöhnt wurde, erwartete man, dass er keine Menschen oder Tiere aus dem Dorf verschleppen würde. Und man erwartete von ihm auch, dass er andere Tiger, vor allem junge männliche Tiere auf der Suche nach einem eigenen Revier, fernhielt. Das war der Teil der Abmachung, den der Dorftiger zu erfüllen hatte, und wenn er pflichtvergessen war und ein anderer Tiger sich in der Nähe des Dorfes blicken ließ, dann versuchten die Dorfältesten diesen zu bewegen, sich wieder zu trollen. Eine Frau, die den Brauch des *Macan Bumi*-Opfers auf Sumatra beobachtet und darüber berichtet hat, ist keine Geringere als Stamford Raffles' zweite Frau Sophia: »Wenn sich ein Tiger in einem Dorf blicken lässt, bereiten die törichten Menschen ein Mahl aus Reis und Früchten und stellen es als Opfer an den Dorfrand, weil sie glauben, dass das Tier erfreut ist über ihre Aufmerksamkeit und sie darum unbehelligt lässt.«[10] Allerdings berichtet sie nicht, ob die Bestechungsversuche der Dorfbewohner Erfolg hatten.

Jedoch die Aussagen über die malaiische Einstellung zum Tiger lassen sich nur schwer verallgemeinern. Bei manchen Völkern wird er als »Großvater« bezeichnet. Andere nehmen das Wort »Tiger« nie in den Mund, sondern machen lediglich mit der Hand ein Krallenzeichen, um ja nicht die Aufmerksamkeit des Raubtiers auf sich zu ziehen. Auf Java wurde dem Tiger nachgesagt, alljährlich zu den »heidnischen« vormuslimischen Heiligtümern von Arca Domas zu pilgern. Wenn Malaien versuchten, einem Europäer ihre Vorstellung begreiflich zu machen, kam der verblüffte Fragesteller unweigerlich zu dem Schluss, dass für die Malaien die Seelen der Verstorbenen im Tiger fortlebten. Der Anthropologe Ivor Evans war so verwirrt, als er das Phänomen beschreiben sollte, dass er meinte: »Meines Wissens hält man Tiger für menschliche Wesen in Tiergestalt.«[11]

In manchen Bezirken ergriffen die Einheimischen nur dann Gegenmaßnahmen, wenn ein Tiger wiederholt Menschen oder Haustiere angriff, und selbst dann ließen es sich die Jäger nicht nehmen, das Tier um Vergebung zu bitten, bevor sie es töteten. In anderen Gegenden war die Jagd einem strengen Ritual unterworfen und wurde von einem Tigerbeschwörer geleitet. Dieser brachte, wenn der Tiger erst einmal in die Falle gelockt war, Tage damit zu, dem Tier in aller Ausführlichkeit auseinanderzusetzen, welches schweren Vergehens es sich schuldig gemacht hatte, warum es falsch war, die Nutztiere des Dorfes zu reißen, und warum den Menschen nun keine andere Wahl blieb, als es zu töten. In wieder anderen Regionen sah man den Tiger selbst als diejenige Instanz, die über die Achtung der Bräuche und Traditionen wachte, was zu der Überzeugung führte, dass ein Mensch, der von einem Tiger gefressen wurde, mindestens ein Dieb oder Ehebrecher sein oder verbotene Sprüche aufgesagt haben musste, zumindest aber wusste, was ihm blühte.

In manchen Gegenden auf Sumatra wurden Tiger nie getötet, egal was sie auch anrichteten. Auf Java wiederum zögerten die Dorfbewohner nicht, einen Tiger zu erlegen, wenn er eine ihrer Kühe gerissen hatte. Immer wieder beklagten sich Kolonialbeamte darüber, dass sie Malaien mit keiner noch so verlockenden Belohnung bewegen konnten, einen Tiger zu töten. Der Älteste eines Dorfes auf Sumatra, dessen Bewohner gegen ihre Überzeugung einen Tiger getötet hatten, weigerte sich, die angebotene großzügige Belohnung anzunehmen, weil es ihm seinem eigenen Bekunden nach vorgekommen wäre, als hätte er einen Ahnherrn verkauft, wenn er für die Tat Geld angenommen hätte.

Vor dem 18. Jahrhundert gab es nur wenige Tiger auf dem Malaiischen Archipel. Als aber Plantagen und Weideland die bis dahin zusammenhängenden Urwälder aufzubrechen begannen, so dass sich hier Bären, Rotwild und andere Pflanzenfresser wie Ziegen und Rinder ausbreiten konnten, nahmen ihre Bestände stetig zu. Koloniale Ausdehnung, technische Neuerungen sowie urbane und agrarwirtschaftliche Entwicklung veränderten das Bild nachhaltig. Und damit änderte sich auch die Einstellung der Malaien zum Tiger. Anfang des 19. Jahrhunderts wurden im Jahresdurchschnitt auf Java etwa 500, auf Sumatra etwa 1000 Menschen von Tigern angefallen und getötet. Im Jahr 1820 wurden allein in der Provinz Lampung auf Sumatra 675 tödliche Angriffe durch Tiger registriert. Die Menschen reagierten ganz unterschiedlich auf diesen Zerfall der alten Ordnung. Mancherorts wurden, unter dem begeisterten Beifall der Kolonialherren, Tiger eingefangen und mit großem Spektakel grausam abgeschlachtet. In anderen Gegenden wiederum hielt man sich weiterhin an die althergebrachten Bräuche.

Heute wie damals ist es schwer zu sagen, wo die alten Bräuche Gültigkeit behalten und wo sie weichen werden. Die Natur verändert und entwickelt sich, so wie sich unsere Vorstellung von der Natur verändert und entwickelt, weil wir neue wissenschaftliche Erkenntnisse gewonnen haben oder weil sich die Natur unter dem Einfluss des Menschen verändert hat. Selbst der Malaysia-Tiger, ausgestellt unter den nachtaktiven Tieren im Nachtsafari-Gehege des Zoos von Singapur, war nicht immer ein Nachttier. Seine nächtliche Jagdgewohnheit ist mit hoher Wahrscheinlichkeit eine neuere Entwicklung, geschuldet der Allgegenwärtigkeit des Menschen, der im Allgemeinen bei Tageslicht seinen Geschäften nachgeht. Wenn das zutrifft, haben die Tiger hier ihre eigene

Methode der Anpassung gefunden, die es ihnen ermöglicht, in derselben Welt mit uns zu leben.

Der Mensch verändert die Natur. Und die Natur zwingt uns ihrerseits, die Art, wie wir sie sehen, und unser »Wissen« von ihr immer neu zu überdenken. Und so führt eines zum anderen. So haben dialektische Zusammenhänge immer funktioniert. Worin sich das Heute unterscheidet, sind Tempo und Größenordnung des dialektischen Zusammenspiels, das einerseits von Tempo und Größenordnung des Artensterbens und andererseits von Tempo und Größenordnung unserer Erkenntnisse über das Artensterben vorangetrieben wird.

Wir wissen, dass wir derzeit ein Artensterben erleben, wie es die Erde in den vergangenen 440 Millionen Jahren nur fünf Mal gesehen hat. Der Einfachheit halber nennen wir diese fünf Phasen das ordovizische, das devonische, das permische (das verheerendste von allen), das triassische und das kretazeische (bei dem die Dinosaurier verschwanden) Artensterben. Von fossilen Funden wissen wir auch mit einiger Sicherheit, dass der gegenwärtige Artenreichtum möglicherweise doppelt so groß ist wie zu irgendeinem anderen Zeitpunkt in der Geschichte des Lebens auf der Erde. Angesichts der zunehmenden Geschwindigkeit, mit der Arten heute aussterben, ist dieses Wissen allerdings nur ein geringer Trost.

Eine große Unbekannte in unseren Modellrechnungen ist die Frage, wie viele Arten es überhaupt gibt. Denn darüber, wie deren Zahl zu schätzen ist, kann man streiten, weil unser Verständnis davon, was genau eine Art oder eine Unterart ist, nicht unumstritten ist und sich ändert. Während ich an diesem Buch schrieb, stellte sich zum Beispiel heraus, dass der Malaysia-Tiger nicht annähernd so nah mit dem Indochinesischen Tiger verwandt ist wie bis dato angenommen. Durch Genanalysen wurde nachgewiesen, dass er eine eigenständige Subspezies bildet, so dass er fürderhin nicht mehr zur Unterart *Panthera tigris corbetti* gezählt, sondern als Unterart *Panthera tigris jacksoni* (benannt nach dem Tigerschützer Peter Jackson) geführt wird.

Ein weiteres Problem bei der genauen Einschätzung der Artenvielfalt ist die schiere Größenordnung des Unterfangens. Es sind uns heute lediglich knapp zwei Millionen Spezies bekannt, die nach allgemeiner Überzeugung nur einen Bruchteil, vielleicht 10 Prozent, aller tatsächlich existierenden Arten ausmachen. Pro Jahr werden rund 15 000 »neue« Spezies entdeckt. Diese Neuzugänge umfassen ein Sammelsurium von Arten, die schon vorher bekannt waren, nun aber offiziell anerkannt und benannt wurden. Sie umfassen darüber hinaus völlig »neue« Lebensformen, die beispielsweise in den hydrothermischen Systemen der Tiefseevulkane gefunden werden, oder Entdeckungen, die sich neuen Mikroskopiertechniken oder den Fortschritten in der mitochondrischen DNA-Analyse verdanken.

Nur ein Bruchteil dieses Zuwachses zu der uns bekannten Welt sind hingegen Spezies, auf die wir einfach durch Zufall stoßen. Je gründlicher die letzten unberührten Flecken der Erde den Menschen ihre Geheimnisse preisgeben, umso alltäglicher werden solche Begegnungen, auch wenn selbst große Kreaturen den Taxonomen erstaunlich lange verborgen bleiben können. Die größte Landschildkröte Nordamerikas beispielsweise war der Wissenschaft bis 1958 unbekannt. Das 14 Kilogramm schwere Tier wurde in der Chihuahua-Wüste im Grenzgebiet zwischen den USA und Mexiko entdeckt; es dauerte nicht lange, bis es sich die Klassifizierung als gefährdete Art eingehandelt hatte. Eine andere »neue« Spezies ist die Borneo-Goldkatze. Lange Zeit basierte das Wissen über diese Katze nur auf Fell- und Schädelfunden aus dem späten 19. Jahrhundert. Erst 1992 wurde die Existenz der Katze durch genetische Analysen eines weiblichen Tieres bestätigt, das in Sarawak gefunden und fotografiert worden war. Auf dem Bild sieht das Gesicht der Katze so aus, als hätte man hier einen Puma mit einem Affen gekreuzt. Aber wahrscheinlich war es nur eine unvorteilhafte Aufnahme.

Die Ozeane halten auch über die immer neuen Entdeckungen hinaus, die wir den Fortschritten in der Tiefseetauchtechnik verdanken, so manche Überraschung für uns bereit. So weiß man, dass es eine Reihe von Schnabelwalen gibt oder zumindest einmal gegeben hat, obwohl man angesichts fehlender konkreter Beweise nicht wirklich davon sprechen kann, dass sie irgendwann »entdeckt« wurden. Der Longman-Schnabelwal beispielsweise ist nur von zwei Schädeln bekannt, von denen einer 1822 in Australien, der andere 1955 in Somalia angespült wurde. Der Peruanische Schnabelwal ist mit vier Metern Länge der kleinste seiner Art und wurde als letzter entdeckt. Er wurde aufgrund mehrerer Sichtungen und einiger von peruanischen Fischern entdeckter toter Tiere 1991 erstmals offiziell beschrieben. Von einem anderen Vertreter der Spezies, dem Andrew-Schnabelwal, hat man bisher lediglich tote Exemplare gefunden, die an Inselstränden im Südpazifik angeschwemmt wurden.

Im Eingangskorb für die »Eintragung neuer Spezies« wimmelt es von Insekten. Der große Entomologe E.O.Wilson, der in der Biodiversitätsforschung als »Darwin unserer Tage« gilt, hat 1989 in Washington, DC, im Büro von Kathryn Fuller, der Präsidentin der US-amerikanischen WWF-Sektion, eine neue Ameisenart entdeckt. Neue Insektenarten tauchen ständig auf.

Dann gibt es die Sonderfälle, die uns etwas aus dem Konzept bringen: »wilde« Tiere, die in Gefangenschaft leben und deren Herkunft uns ein Rätsel ist. In Bangladesch leben in einem künstlichen Tempelteich in Chittagong seit 1200 Jahren dunkle Weichschildkröten, die sich ausschließlich von dem ernähren, was Besucher ihnen zu fressen geben. Heute gibt es noch 500 dieser Tiere. Niemand weiß, woher sie ursprünglich kamen (mittlerweile sind sie auch in freier Wildbahn nachgewiesen), aber vor allem die Pilger, die hierher kommen, sind überzeugt, dass es sich um Reinkarnationen der ersten Anhänger des Heiligen handelt, dem der Tempel geweiht ist.

Dann und wann erreicht uns die freudige Nachricht von der »Wiederentdeckung« einer Spezies, die man für ausgestorben hielt. Das Aye-Aye, ein nachtaktiver Halbaffe, der aussieht wie eine koboldhafte Comicfigur, wurde in seiner Heimat Madagaskar verfolgt, weil die Einheimischen das Fingertier für einen bösen Geist hielten. Man wähnte es in seinen Heimatwäldern bereits vollkommen ausgerottet, als 1986 zwei adulte Exemplare entdeckt und eingefangen wurden. Der Jamaika-Leguan galt seit 1946 als ausgestorben und tauchte 1990 in den Hellshire Hills überraschend wieder auf. Aus dem Aufzuchtprogramm des Hope-Zoos sind 100 dieser Tiere hervorgegangen, aber die Hoffnung, sie irgendwann erfolgreich auswildern zu können, ist gering, weil ihre Jungtiere allzu leichte Beute für streunende Hunde sind. Der Godavari-Rennvogel, ein 1848 im indischen Bundesstaat Andhra Pradesh entdeckter langbeiniger, kiebitzartiger Vogel, wurde im 19. Jahrhundert insgesamt nur drei Mal gesichtet. Die Naturhistorische Gesellschaft Bombay veranstaltete 1976 mit geringer Hoffnung eine Suche nach dem Vogel und wurde tatsächlich fündig. 1993 entdeckte ein US-amerikanischer Ornithologe auf Madagaskar einen Schlangenadler, den man seit den 1930er Jahren für ausgestorben gehalten hatte. Und 1999 machte ein kanarisches Forscherteam einen spektakulären Fund. Auf der Insel La Gomera stießen sie auf sechs lebende Exemplare einer Rieseneidechsenart, die seit 500 Jahren nicht mehr gesichtet worden war.

Diese Art von Informationen ist relativ leicht zu verstehen. Wenn es irgendwo in freier Natur eine Spezies gibt, können wir sie benennen, und wenn sie aus der Welt verschwindet, ist sie ausgestorben. Aber der Fortschritt, wie wir ihn zu nennen pflegen, galoppiert uns davon. Die Alchemien der Kryogenik, transgene Manipulation und die Biotechnologien, die von Zoologen entwickelt werden, lassen die Möglichkeit zur Wahrscheinlichkeit werden, dass viele der zu den »lebenden Toten« zählenden Arten zumindest im genetischen oder taxonomischen Sinn des Wortes niemals wirklich aussterben.

Die gleichen wissenschaftlichen Errungenschaften mehren unsere Chancen, ausgestorbene Spezies von den Toten wiederauferstehen zu lassen. Wissenschaftlern des Australischen Museums in Sydney begannen 2002 mit der DNA eines konservierten Beutelwolffetus zu experimentieren. Der Beutelwolf, das größte fleischfressende Beuteltier Australiens, gilt seit den 1930er Jahren als ausgestorben, und man hatte die Hoffnung, die Genstruktur des Tieres rekonstruieren und die ausgestorbene Art durch Klonen wieder zum Leben erwecken zu können. Das Naturhistorische Museum London fasste schließlich den ehrgeizigen Plan, das Erbgut aller bedrohten Tierarten in einer Gen-Datenbank zu sammeln für den Fall, dass Wissenschaftler eines Tages in der Lage sein sollten, den Zaubertrick zu bewerkstelligen, den die Australier für den Beutelwolf vorgesehen hatten.

Derweil entwickeln sogenannte Taxon Advisory Groups in aller Welt Überlebenspläne für bedrohte Spezies, deren Daten im International Species Information System (ISIS) gespeichert werden. Dabei stehen die Wissenschaftler nicht vor der Frage, was irgendwann in Zukunft einmal unternommen werden kann, sondern sie müssen sich überlegen, was *jetzt* zu tun ist. Welche Spezies soll man einfach ihrem Schicksal überlassen? Welche an einen bestimmten Lebensraum angepassten Arten soll man zu erhalten versuchen? Welche einzigartige Subspezies soll man abschreiben, um stattdessen den Genpool der gesamten Art zu vertiefen? In den Zoos der Welt weicht das Bild des Heuballen in Elefantenkäfige werfenden Wärters dem des Wissenschaftlers, der Embryonen, Sperma und Gewebeproben von gefährdeten Tierarten in Stickstoffbehältern gefriert und konserviert. Von den Neugeboren der besonders bedrohten Spezies sind mindestens die Hälfte das Produkt von künstlicher Befruchtung, von In-vitro-Fertilisation, Elektroejakulation oder der Paarung geeigneter Tiere durch Genetiker. Narkotisierten Tigern wird Samen entnommen und tiefgefroren aufbewahrt. Embryonen des vom Aussterben bedrohten Gaur werden in die Gebärmutter von Holsteinkühen eingepflanzt. Pferde bringen Zebras zur Welt.

Die vage Hoffnung, dass das »Aussterben« vielleicht doch nicht endgültig sein wird, hat die Diskussion darüber, ob Parks und Reservate, Zoos, Vogelhäuser und Aquarien die Grundlage für eine neue »Arche« bilden könnten, neu entfacht. Der Gedanke ist utopisch, denn er fußt auf der Hoffnung, dass die Flut des Aussterbens eines Tages abebben und eine Taube am Horizont auftauchen wird, woraufhin wir uns am Ufer eines aufgeklärten Zeitalters wiederfinden und all die Tiere in die Freiheit entlassen können. Um uns aber ein genaueres Bild von den Zoos und Tierparks der Zukunft machen zu können, müssen wir einen Blick auf deren Ursprünge werfen und uns fragen, zu welchem Zweck sie eigentlich eingerichtet wurden. Und das ist eine Geschichte, in der Singapur ebenfalls eine entscheidende Rolle spielt.

***

Die Geschichte des modernen Zoos beginnt mit Sir Stamford Raffles, dem Gründer der Kronkolonie Singapur, Diener und Verfechter des britischen Imperialismus. Vieles in Singapur erinnert an Raffles. Neben dem Raffles-Museum für Biodiversitätsforschung gibt es einen Raffles-Boulevard, eine Raffles-Straße und eine Stamford-Straße, außerdem das Raffles-Krankenhaus, die Raffles-Plaza und den Raffles-Park. Am bekanntesten aber ist das Raffles-Hotel, jenes legendäre Luxushotel aus dem 19. Jahrhundert, das Rudyard Kipling, Joseph Conrad und Somerset Maugham zu seinen Gästen zählte. Ich habe mir hier in der Bar, nur wenige Schritte von der Stelle entfernt, an der 1902 unter einem Billardtisch der letzte Tiger von Singapur erschossen wurde, einen Gin Tonic schmecken lassen.

Raffles selbst hat zahlreiche Arten erforscht. In seinem Privatzoo hielt er Orang-Utans, Tiger, Gibbons und Bären, aber die Spezies, die am engsten mit ihm in Verbindung gebracht wird, ist eine Pflanze: *Rafflesia arnoldii*, die wahrscheinlich hässlichste Blume der Welt. Stiellos als Schmarotzerpflanze auf den Wurzeln eines bestimmten Strauches wachsend, erreicht die Riesenrafflesie eine Größe von einem Meter Durchmesser und sieht aus wie ein orangefarbener Pilz, aus dem ein Kind mit stumpfem Messer versucht hat, eine Blüte zu schnitzen. Die Pflanze blüht nur wenige Tage lang, verströmt in dieser kurzen Zeit aber einen widerlichen Geruch nach verwesendem Fleisch, der Fliegen in Scharen anzieht und so für die Bestäubung sorgt.

Raffles' langfristigstes Vermächtnis aber ist der Zoo, den er für den Londoner Regent's Park entwarf, als er nach den turbulenten und ausgesprochen erfolgreichen Jahren im Kolonialdienst der britischen Krone in die Heimat zurückkehrte. Dieser Tierpark legte den Grundstein für den modernen zoologischen Garten; ihm verdankt die englische Sprache sogar das Wort Zoo.

Der Londoner Zoo war nicht der erste große Tierpark der Welt. Ihn vermutet man im ägyptischen Sakkara, wo es um 4500 v. Chr. eine Sammlung von mehreren tausend Tieren gab, darunter 1134 Gazellen, 1305 Oryxantilopen und 1200 weitere Antilopen verschiedener Arten. Drei Jahrtausende später richtete der ägyptische Pharao Thutmosis III. einen imposanten botanischen Garten mit angeschlossener Menagerie ein, in der Affen und Leoparden gehalten wurden. Auf der anderen Seite der Erdkugel ließ der chinesische Kaiser Wen Wang um 1150 v. Chr. den 400 Hektar großen »Garten der Weisheit« anlegen, dessen Besonderheit der Milu war, eine Hirschart, die zu dieser Zeit in freier Wildbahn schon nicht mehr lebte. Als der spanische Eroberer Hernando Cortés Anfang des 16. Jahrhunderts im Tal von Mexiko ankam, fand er in Tenochtitlán, dem Regierungssitz des aztekischen Königs Montezuma, einen riesigen Tiergarten vor.

Stamford Raffles aber setzte sich in den Kopf, die größte Menagerie aller Zeiten zu versammeln. Es reichte ihm nicht, etwas Extravagantes zu schaffen, eine Raritätensammlung für das staunende Volk. Was ihm vielmehr vorschwebte, war ein gewaltiges wissenschaftliches Labor, eine Einrichtung, in der man die Welt der Tiere studieren konnte. Es sollte etwas seiner Größe und seiner Art nach vollkommen anderes sein als beispielsweise Stephen Politos Royal Menagerie, ein schäbiges Tiergefängnis, in dem Löwen, Tapire, Affen, Tiger, ein Elefant und ein Nashorn in Käfigen zur Schau gestellt wurden, die so klein waren, dass sie darin kaum aufrecht stehen konnten.

Raffles wollte einen großen zoologischen Garten für das vornehme großstädtische Publikum schaffen, eine Institution, die für die Zoologie sein sollte, was die Kew Gardens für die Botanik waren. So wie die Exponate in den Kew Gardens entsprechend der von Carl von Linné definierten taxonomischen Ordnung präsentiert wurden, sollten die Tiere im Londoner Zoo nach bestem Wissen seiner Betreiber ihrer taxonomischen Einteilung angemessen gehalten und ausgestellt werden. Stamford Raffles' wichtigster Mitstreiter und Berater bei der Planung des zoologischen Gartens war Sir Joseph Banks, Direktor der Kew Gardens und Vorsitzender der altehrwürdigen Royal Society, der James Cook auf seinen legendären Forschungsreisen in die Südsee begleitet hatte. Der Londoner Zoo wurde 1828, nicht lange nach Raffles' Tod, mit einem Bestand von 200 Tieren eröffnet. In den ersten paar Jahren hatte nur ein ausgewählter Kreis wohlhabender Mitglieder der Zoologischen Gesellschaft Zutritt. Von 1840 an konnte jeder, der in der Lage war, das Eintrittsgeld von einem Penny aufzubringen, den Zoo besuchen.

Für die Tiere der Welt war die Eröffnung des Londoner Zoos allerdings keine begrüßenswerte Entwicklung. Sie öffnete die Schleusen für eifrige Nachahmer in Europa und Nordamerika, deren Zoos von einem ständigen Karawanenstrom mit Käfigen voller Tiere aus den entlegensten Winkeln des Kolonialreichs beliefert wurden. Singapur entwickelte sich zum Hauptumschlagplatz des weltweiten Tierhandels und hielt diese Stellung jahrzehntelang. Entlang der Rochor Road reihte sich ein Verkaufsplatz für wilde Tiere an den anderen. In Singapur hatte auch der Abenteurer und Großwildjäger Frank Buck, einer der berüchtigtsten Tierhändler der Geschichte, seine Operationsbasis. Er drehte in den 1930er Jahren einen Film über sein Leben, in dem er sich brüstete, in seiner mehr als dreißigjährigen Laufbahn 60 Tiger, 49 Elefanten, 5000 Affen und 100 000 Vögel lebend eingefangen und verkauft zu haben.

Leoparden, Löwen, Kängurus, Krokodile, Bären, Pumas, Geparden, Giraffen, Vielfraße, Gorillas, Orang-Utans, Schimpansen – eine schier endlose Liste von Spezies füllte in schier endloser Zahl die Frachtverzeichnisse der Schiffe. Die meisten Tiere kamen während des Transports um. Sie starben an Krankheiten, Herzschlag oder Entkräftung, ertranken bei Schiffbrüchen, verhungerten oder verdursteten auf dem langen Weg durch die Wüsten Nordafrikas. Manche Schiffe wurden erst gar nicht beladen, weil ihre gesamte »Fracht« auf dem Weg zum Hafen verendet war. Von den Tieren, die den Transport in die europäischen Zoos überlebten, starben die meisten innerhalb der ersten drei Jahre in Gefangenschaft. Die Gorillabestände in Afrika wurden erbarmungslos dezimiert. Noch Mitte des 20. Jahrhunderts überstand nur ein Bruchteil der für den Zoohandel eingefangenen Tiere den Transport, und diese lebten, in Käfigen gefangen, oft nur noch wenige Monate. Ein weit verbreitetes Leiden waren »Verdauungsstörungen«, eine euphemistische Umschreibung der Folgen, die sich einstellen, wenn man pflanzenfressenden

Primaten Leckereien wie Würstchen und Bier angedeihen lässt.

Es wurde argumentiert, dass die Europäer, je mehr die Verstädterung im Zuge der industriellen Revolution um sich griff, sich der Natur immer entfremdeter fühlten und darum eine fast zwanghafte Sehnsucht danach entwickelten, sich mit lebendigen Wildtieren zu umgeben. Vielleicht greift diese Erklärung bis heute. Der typische US-amerikanische Zoobesucher unserer Tage ist eine gebildete Frau aus der Mittelschicht zwischen zwanzig und dreißig, die im Frühjahr oder Sommer in Begleitung eines Kindes kommt. Erhebungen haben gezeigt, dass Zoobesucher am liebsten Tierbabys und Tiere in Aktion sehen wollen und dass sie etwas zum Anfassen haben möchten. Streichelzoos erfreuen sich besonders großer Beliebtheit.

Mitte des 19. Jahrhunderts war das europäische Publikum geradezu versessen auf die fahrenden Truppen, die sie mit Missgeburten, Affen, Leoparden, Riesen, Jongleuren und anderen Kuriositäten und Monstrositäten unterhielten. Aber die Sache hatte auch eine noch düsterere Seite. Die Extravaganz im Regent's Park diente auch dem Zweck, den Reichtum und die Größe des Kolonialreichs zu demonstrieren. Das ist das andere Gesicht der großen Menagerien. Sie befriedigen das uralte, krankhafte Bedürfnis von Feldherren, Fürsten und Königen, exotische, fremdartige und prachtvolle wilde Tiere zu besitzen und sich damit zu brüsten.

Von Kublai Khan bis zum Großmogul Akbar dem Großen und vom römisch-deutschen Kaiser Friedrich II. im 13. Jahrhundert bis zum US-amerikanischen Medienzar William Randolph Hearst haben die Großen dieser Welt Tiere immer als Mittel benutzt, um sich Loyalitäten zu sichern, Bündnisse zu besiegeln und ihre Gunst zum Ausdruck zu bringen. Neben den Bären, Affen und anderen Wildtieren, die Karl der Große an seinen zahlreichen Residenzen hielt, besaß er einen Elefanten, den ihm der Kalif von Bagdad zum Geschenk gemacht hatte. Philipp IV. und Ludwig IX. von Frankreich und Heinrich II. von England besaßen jeder eine große Menagerie von Wildtieren, aus der sie bei gegebenem Anlass einzelne Exemplare zum Zeichen ihrer Wertschätzung oder Treue verschenkten. Um die gerade geknüpften diplomatischen Beziehungen zwischen Russland und England zu besiegeln, schenkte Iwan der Schreckliche Königin Maria I. einen »großen und schönen Gerfalken«[12], und die Königin revanchierte sich für seine Aufmerksamkeit mit einem Löwenpaar. Die Tradition lebt ungebrochen fort. Zum Dank für zwei Moschusochsen, die er der Volksrepublik China gestiftet hatte, bekam US-Präsident Richard Nixon 1972 ein Pandabärenpaar. Etwa zur gleichen Zeit erhielt König Khalid von Saudi-Arabien von der kanadischen Regierung mehrere Gerfalken als Geschenk. Als der Jurong-Vogelpark 1971 seine Pforten öffnete, waren die meisten Tiere des anfänglichen Bestandes Spenden von Botschaftern aus aller Welt.

In der demonstrativen Zurschaustellung von Tieren kommt etwas zum Ausdruck, das mit Macht, Eroberung, Prestige und Herrschaft zu tun hat. Es kann in so harmloser Form auftreten wie die Patenschaft, die der Konzern Chemical Industries (Far East Ltd.) für den Aussichtsstand des Malaysia-Tigers in Singapur übernommen hat (der Zoo verkauft solche Patenschaften für 4000 Singapur-Dollar im Jahr), oder so unmenschlich sein wie die Ausschweifungen der römischen Kaiser, die vor keiner noch so barbarischen Grausamkeit zurückschreckten. An einem einzigen Tag im Kolosseum wurden oft Tausende von Tieren – Bären, Löwen, Giraffen, Krokodile, Elefanten und Stiere – gequält, verstümmelt und massakriert. Wenn bei dem Blutbad noch ein paar Menschen das Leben ließen, umso schauriger und besser das Spektakel.

Manchmal reichten auch ein paar menschliche Gefangene. So hielt im 16. Jahrhundert ein Kardinal, um Papst Leo X. zu beeindrucken, eine menschliche Menagerie, zu der unter anderem Tartaren, Afrikaner, Inder und Mauren zählten. Nicht lange vor ihm hatte der aztekische Herrscher Montezuma in seinem Tierpark in Tenochtitlán auch ein Häuflein von Zwergen und anderen »menschlichen Ungeheuern« versammelt. In den fahrenden Menagerien des Mittelalters wurden oft Menschen zur Schau gestellt, und noch im 19. Jahrhundert ließen es sich englische Bürgersleute gern ein paar Penny kosten, Lappländer, afrikanische Buschmänner, Indianer und Eskimos zu bestaunen, wenn nicht noch exotischere Kreaturen wie Frauen mit Bart, »knochenlose« Kinder, Riesen und andere bedauernswerte Geschöpfe, die man nicht einmal mehr als Menschen, sondern nur als »menschenähnliche« Kreaturen zu betrachten pflegte. Jahrmarkt, Monstrositätenschau oder Zoo – die Grenzen waren oft verschwommen.

Selbst Carl Hagenbeck, der als Begründer des modernen offenen Tierparks gilt – sein 1907 in Hamburg eröffneter Zoo war die erste Anlage, die mit dem im Nachtsafari-Park in Singapur perfektionierten Konzept der gitterlosen Zooarchitektur experimentierte –, war über solche entwürdigenden Spektakel nicht erhaben. Der große Wegbereiter, der als Erster versuchte, Wildtiere durch Konditionierung statt durch Schläge und Nahrungsentzug zu dressieren, veranstaltete in seinem Zoo einmal eine Völkerschau, in der er dem staunenden deutschen Publikum Menschen aus 36 verschiedenen Kulturen, darunter Nubier, Feuerländer und Eskimos, präsentierte.

Etwa zur gleichen Zeit organisierte der Direktor des New Yorker Tierparks, William T. Hornaday, der sich so leidenschaftlich gegen die Ausrottung der Spezies einsetzte, in seinem Zoo eine Schau, in der Hunderte von Menschen ausgestellt wurden, darunter nordamerikanische Salish von der Küste British Columbias, Zulus und Pygmäen aus Afrika und Igoroten von den Philippinen. Seine berühmtesten »Exponate« waren Ota Benga, ein Pygmäe aus dem Kongo, der sich mit einem Orang-Utan namens Dohong einen Käfig teilte, und Geronimo, der legendäre Apachenhäuptling, der in der zweiten Hälfte des 19. Jahrhunderts den mexikanischen und US-amerikanischen Truppen so erbitterten Widerstand geleistet hatte. Geronimo starb wenig später, im Jahr 1909, de facto immer noch als Kriegsgefangener in Fort Sill in Oklahoma. Benga erschoss sich 1916 nach einem kurzen Leben als Attraktion einer Wanderausstellung in Lynchburg, Virginia.

Und nun, nach all den Jahren, in einer Zeit, in der wir die Grenzen zwischen Kuriositätenschau und Menagerie, Zoo und freier Natur, Mensch und Tier klar definiert zu haben glaubten, bricht die Ordnung wieder zusammen. Sie wird auf eine Art und Weise in Frage gestellt, wie es sich kein Mensch – mit Ausnahme von frühen Science-Fiction-Autoren wie H.G.Wells vielleicht – hätte träumen lassen.

Die Argumente für die Archenfunktion von Zoos, Wildreservaten, Aquarien und Vogelhäusern oder sogar von den Konservaten in den Tiefkühlbehältern des Naturhistorischen Museums in London gründen sich auf eine Reihe fragwürdiger Prämissen.

Eine davon ist die Annahme, dass sich die menschliche Bevölkerung eines Tages auf einem Niveau einpendelt, das noch Raum lässt für all diese anderen Lebensformen. Vielleicht ist das nicht einmal so unrealistisch. Die Wachstumsrate der Bevölkerung weist weltweit gewaltige Unterschiede auf. In Europa und Nordamerika würde die Bevölkerung schrumpfen, wenn es keine Immigration gäbe, und global gesehen stagniert die Bevölkerungszahl allmählich. Das heißt allerdings nicht, dass wir irgendwann in absehbarer Zukunft ökologisch verträglich auf einem Planeten leben werden, auf dem die Wälder nachgewachsen sind und die Klimaentwicklung wieder einigermaßen im Gleichgewicht ist.

Michael Soulé, Gründer der Gesellschaft für Naturschutzbiologie und Professor für Umweltstudien an der Universität von Kalifornien in Santa Cruz, geht davon aus, dass wir bereits in einen »demografischen Winter« eingetreten sind, der mindestens zwei Jahrhunderte andauern wird. Wenn dann die menschliche Bevölkerung noch nicht durch Krankheiten und Hunger oder durch Kriege, die um die schwindenden natürlichen Ressourcen der Welt ausgetragen werden, vollkommen von der Erdoberfläche verschwunden ist, wird eine Phase der ökologischen Regenerierung folgen, deren Dauer unbestimmt ist. Und wenn all das geschehen ist, kann die nichtmenschliche Welt vielleicht Schritt für Schritt wieder bevölkert werden.

Im Übrigen ist auch nicht sicher, ob die düsteren Prognosen über die Unausweichlichkeit des Artensterbens begründet sind und ob radikale Gegenmaßnahmen und »Triage« nur auf Gebiete wie die tropischen Regenwälder dieser Welt anwendbar sind.

Wenn es von der Fraktion der Zoobefürworter kommt, riecht das Argument der Archenfunktion von Zoos ein wenig nach einer Zweckbehauptung.

Als einer, der an der kanadischen Westküste aufgewachsen ist, bin ich an so manches abenteuerliche Argument von Zoodirektoren gewöhnt. Die Leitung des Stanley-Park-Zoos in Vancouver beispielsweise fand es richtig, Wale in großen Schwimmbecken zu halten und sie so abzurichten, dass sie für das Publikum niedliche Kunststücke vollführten. Jedes Mal, wenn wieder ein Orca für das Aquarium des Stanley-Park-Zoos eingefangen wurde, jedes Mal, wenn einer der Wale in Gefangenschaft starb, jedes Mal, wenn eines der Kälber verendete, war die Erklärung dieselbe: Das alles geschehe zum pädagogischen Nutzen der Besucher, die so ein Bewusstsein für das Leben der großen Wale in den Meeren entwickeln sollten. Um 1990 galt die in den südlichen Gewässern von British Columbia heimische Unterart der Orcas dann als gefährdet, und der Bestand nahm kontinuierlich ab. Naheliegende Gründe für diese Entwicklung waren die schwindenden Lachsbestände, Hauptnahrung der Wale, sowie die zunehmende Verschmutzung der Gewässer, die aus den Körpern der Tiere schwimmende Giftmüllbehälter macht. Aber es war dem Erhalt der Spezies sicher auch nicht gerade zuträglich, dass ihre Zahl dezimiert wurde, um den Stanley-Park-Zoo und andere Aquarien in aller Welt für ihre Showspektakel mit Walen zu versorgen. Von 1960 bis Anfang der 70er Jahre wurden 62 Orcas für den Verkauf an Aquarien gefangen, zwölf starben bei dem Versuch, sie einzufangen. Von denen, die lebend in den Aquarien ankamen, verendeten viele innerhalb kürzester Zeit.

Im Stanley-Park-Zoo gab es auch Eisbären. Der letzte hieß Tuk und starb 1997 im Alter von 36 Jahren. Ich erinnere mich lebhaft, wie ich als Zwölf- oder Dreizehnjähriger einen Eisbären in seinem Gehege mit eisbergähnlichen Betonplateaus beobachtet habe. Er trottete einfach nur hin und her – wie ein Roboter, nicht wie ein Tier –, und ich weiß noch, dass ich plötzlich von dem unbändigen Wunsch überwältigt war, jemand möge das Tier erschießen und von seinem Elend erlösen.

Das Verhalten des Bären, das man in Fachkreisen als *stereotyp* bezeichnet, ist weit verbreitet unter Zootieren. Es ist eine Art Wahnsinn, unter dem fast alle in Zoos gehaltenen Säugetiere leiden, und es ist nur eine von vielen Verhaltensstörungen, die das Leben in der Gefangenschaft mit sich bringt. Fast 30 Prozent aller in nordamerikanischen Zoos lebenden Säugetiere weisen schwere Verhaltensauffälligkeiten wie Kannibalismus, Selbstverstümmelung, Hypersexualität und Essstörungen auf. Das gilt selbst für »fortschrittliche« Tiergärten wie den berühmten San Diego Zoo.

Bei allen Bemühungen um die Erhaltungszucht im Zoo und im Jurong-Park von Singapur und in anderen »fortschrittlichen« Tiergärten in aller Welt geht es doch hauptsächlich darum, die Reproduktionsfähigkeit von Zoopopulationen zu erhalten und Tiere zu diesem Zweck untereinander auszutauschen. Der aufwändig gestaltete Loropark auf Teneriffa, in dem Tausende von Tieren aus Hunderten von Arten gehalten werden, ist berühmt für seine Zuchtprogramme. Man kann dort in einem gläsernen Tunnel durch das Aquarium laufen und den Haien und Mantarochen beim Schwimmen zusehen, man kann Schimpansen in ihrem detailgetreu nachgebauten afrikanischen Mikrohabitat beobachten, und man kann Bengalische Tiger auf ihrer Insel in einem künstlichen See umherstreifen sehen. Im ölreichen Emirat Katar, das dem Washingtoner Artenschutzübereinkommen erst im Jahr 2001 beigetreten ist, hält Scheich Saud Al-Thani in seinem Privatzoo Tausende von Tieren, von denen viele zu bedrohten Arten gehören. Er beschäftigt in seinen Zuchtprogrammen ein Heer von Veterinären und Biologen.

Eine kleine Gruppe von Gorillas auf Teneriffa stellt die wichtigen genetischen Reserven für die Europäischen Erhaltungszuchtprogramme (EEP) für Gorillas, deren erklärtes Ziel es ist, die Tiere »eines Tages wieder auszuwildern«. In Singapur wurde der halbherzige Versuch unternommen, Hirschferkel und Otter in briefmarkengroßen Naturschutzgebieten wieder anzusiedeln, wobei die Aktion aber wohl eher der Imagepflege als dem Artenschutz diente. Ursprünglich sollten im Rahmen des Programms auch Zibet- und Bengalkatzen ausgewildert werden. Weil man aber mit Recht befürchtete, dass dies die Ausrottung der Beutetiere dieser Katzen nach sich ziehen werde, ließ man die Pläne wieder fallen.

Aber nur selten geht es bei den Erhaltungszuchtprogrammen wirklich darum, wieder selbstständige und lebensfähige Populationen außerhalb der Tiergärten anzusiedeln. Und wenn, dann sind solche Bemühungen nur selten von Erfolg gekrönt. Versuche, fast ausgestorbene Spezies wiederzubeleben, gab es schon im 16. Jahrhundert, als der polnische Adel riesige Reservate einrichtete, um die schwindenden Bestände an Auerochsen, den wild lebenden Vorfahren des Hausrindes, zu schützen. Es half alles nichts: Das letzte bekannte Exemplar wurde 1627 im Wald von Jaktorów von Wilderern erlegt.

Nur von einer Handvoll Arten kann man sagen, dass sie durch gezieltes menschliches Bemühen praktisch von den Toten wiedererweckt wurden.

Eine eindeutige Erfolgsgeschichte ist das Przewalski-Pferd, ein in der Mongolei beheimatetes Kleinpferd mit zottigem Fell, das lange als direkter Vorfahr des heutigen Hauspferdes galt. In den 1950er Jahren gab es keine wild lebenden Exemplare der Spezies mehr, doch dank eines ehrgeizigen Zuchtprogramms, das sich auf ein paar kleine domestizierte Herden stützte, streifen heute wieder etwa 1000 dieser kleinen Wildpferde durch die mongolische Steppenlandschaft. Der Davidshirsch (oder Milu) wiederum ist ein Fall, der sich hier nur schwer einordnen lässt. Diese nach dem französischen Missionar Armand David benannte chinesische Hirschart war in freier Wildbahn schon seit Jahrhunderten ausgerottet. Im 19. Jahrhundert existierte nur noch eine einzige kleine Herde im Jagdpark des chinesischen Kaisers. Armand David erhielt die Genehmigung, einige der Hirsche nach Europa zu bringen, was sich als ein Glück erweisen sollte, da die Art Anfang des 20. Jahrhunderts in China endgültig ausgerottet war. Die 18 Exemplare, die in Europa überlebt hatten, wurden dem Herzog von Bedford überlassen, in dessen Gärten auf dem Gelände der Abtei Woburn die Population so gut gedieh, dass sie schließlich auf 600 Tier angewachsen war. Doch keiner der heute existierenden Davidshirsche lebt in freier Wildbahn, es gibt sie nur in Zoos und Reservaten.

Die meisten dieser gut gemeinten Bemühungen kann man bestenfalls als Langzeitexperimente bezeichnen. Erhaltungszuchtprogramme werden gegenwärtig durchgeführt mit der Arabischen Oryxantilope, dem Wanderfalken, dem Goldgelben Löwenäffchen, dem Kalifornien-Kondor, dem Alpensteinbock, der Aleuten-Zwergkanadagans und dem Europäischen Bison, auch Wisent genannt, von dem es wieder einige kleine Herden in einem Waldreservat in Polen gibt. Es fällt schwer, sich die Zoos dieser Welt für die bedrohten Arten als Stationen auf dem Weg in einen Garten Eden vorzustellen. Für sie ist hier die Endstation.

Das Quagga, ein zebraähnliches Tier, das man nur von einer Handvoll Fotos von einem einzelnen von 1851 an im Londoner Zoo gehaltenen Exemplar kennt, beendete sein Dasein als Spezies, als ein anderes Einzeltier am 12. August 1883 im Artis-Zoo in Amsterdam starb. Die Spezies der Rosenkopfenten aus Indien ist offenbar mit einem Pärchen ausgestorben, das zum Bestand der Privatsammlung eines Mitglieds des Londoner Zoo-Verwaltungsrates gehört hatte. In freier Wildbahn war das letzte Exemplar 1936 in Indien beobachtet worden. Bei mehreren Expeditionen in die unzugänglichen nördlichen Gebiete von Birma und Tibet konnten keine Rosenkopfenten gesichtet werden.

Selbst die großen nordamerikanischen Nationalparks haben sich in puncto Artenerhalt nicht gerade ruhmreich hervorgetan. Umweltschützern wurde viel zu spät klar (und manche haben es bis heute nicht begriffen), dass es mehr Schaden als Nutzen bringt, wenn man innerhalb riesiger Flächen, auf denen die vorhandenen Ressourcen hemmungslos ausgeschöpft werden, quasi als Anschauungsobjekte der unberührten Natur kleine, isolierte Reservate schafft. Sie dienen als Ablassventil für die Wirtschaft, deren Brennkammern ständig mit Bäumen für Bauholz, Bergen für die Erzgewinnung und Land für neue Bauvorhaben gefüttert werden müssen. Zugeständnisse in Form von Wildparks, Reservaten und Meeresschutzgebieten erfüllen allzu oft genau diese Alibifunktion. Unter anderem aus diesem Grund ist der Umweltjournalist und Autor Richard Manning der festen Überzeugung, dass die Eröffnung eines neuen Reservats kein Sieg sei, sondern ein Eingeständnis der Niederlage.

Bestätigt wird er in dieser Sicht der Dinge von dem Biologen William Newmark, der 1987 eine Studie über die Nationalparks und Naturschutzgebiete im Westen der USA vorlegte. Anhand jahrzehntelanger Aufzeichnungen konnte er deren langsamen Tod durch den »Einbruch der Säugetierbestände« nachweisen. Die Säugetierpopulationen waren zu anfällig, um in den viel zu kleinen Parks auf Dauer lebensfähig zu bleiben. Darüber hinaus liegen die Parks so isoliert voneinander, dass sie die Voraussetzungen für den Erhalt gesunder Populationen nicht erfüllen. Man kann, wie Newmark feststellte, bedrohte Tiere nicht vor dem Aussterben bewahren, indem man sie in den winzigen Pseudohabitaten der Wildparks unterbringt. Was notwendig ist, sind mehr und größere Parks, verbunden durch Landschaftskorridore, in denen menschliche Aktivitäten und Interventionen auf ein Minimum beschränkt bleiben.

Zu denen, die in den Zoos die Archen unserer Zeit sehen, gehört die Journalistin Vicki Croke, die leidenschaftlich, aber ohne naive Verklärung für die Sache der Tiere eintritt. In ihrem Buch *The Modern Ark* (1997) erläutert sie, dass der Verlust der Artenvielfalt, von dem so viele Wirbeltiere, insbesondere Vögel, betroffen sind, unumkehrbar sei und dass wir uns dieser Tatsache endlich stellen müssen. Es gibt im Grunde keine wirklich unberührte Natur mehr, so argumentiert sie, und bald werden auch die letzten kleinen Refugien verschwunden sein. »Die Wildnis wird zu einem Netz von Mega-Zoos.« Sie ist eine entschiedene Befürworterin von Kryogentechnik und künstlicher Befruchtung als Maßnahmen gegen das Artensterben. Macht die Zoos dicht, sagt sie, aber öffnet sie am nächsten Tag wieder, ausgestattet mit zusätzlichen Mitteln und einem anderen Konzept. Macht Archen aus ihnen. Und verkauft weiter Eintrittskarten.

Eine gegensätzliche Auffassung vertritt ein Intellektueller, der wie Croke nichts mit den Fachbereichen Zoologie, Veterinärmedizin oder Ökologie zu tun hat. Randy Malamud ist Englischprofessor an der Universität Georgia. In seinem 1998 erschienenen Buch *Reading Zoos* geht er der Frage nach, wie wir den Zoo definieren und wie wir ihn in unserer Fantasie »konstruiert« haben. Seine Einschätzung der kulturellen Bedeutung von Tiergärten schmeichelt den Menschen nicht, und er macht darin wenig Unterschied zwischen den alten Menagerien, in denen armselige Kreaturen in stinkenden Käfigen dahinvegetierten, und den modernen, gitterlosen Tierparkanlagen, für die der Zoo in Singapur ein leuchtendes Beispiel ist. »Für mich sind Unterschiede zwischen den Zoos rein kosmetischer Art«, schreibt Malamud. »Sie ändern nichts daran, dass alle Teil eines kulturell rückschrittlichen Systems sind.«

Sein Standpunkt ist nicht neu. Der englische Schriftsteller Thomas Hardy sprach sich 1913 in einem Leserbrief an die *Times*[13] grundsätzlich gegen die Einrichtung von Zoos aus, in denen er eine »sinnlose Quälerei von Tieren« sah, »die gezwungen werden, alberne Kunststücke vorzuführen oder in vergitterten Käfigen ihr Leben zu fristen«. Sein Landsmann John Galsworthy hatte eine ähnliche Meinung vom Zoo: »Einen Löwen oder Tiger einzusperren war zweifelsohne eine schreckliche Barbarei. Aber kein kultivierter Mensch gab das zu.«[14]

Der Australier David Hancocks, Leiter des Zoos von Werribee, hat in seinem 2001 erschienen Buch *A Different Nature* sein Bild vom Zoo der Zukunft gezeichnet und die Probleme und Widersprüche beschrieben, die mit unserer Liebe zu anderen Lebensformen verbunden sind. Der eine zeigt seine Liebe, indem er für die Erhaltung von Wäldern kämpft, die dem Bären als Lebensraum dienen; der andere drückt seine Liebe aus, indem er Bären jagt. Und so geht es weiter. Was die Archenfunktion von Zoos angeht, ist Hancocks' Aussage eindeutig. Er findet die Vorstellung lachhaft. »Zoos«, sagt er, »können aus verschiedenen Gründen keine Inseln für die Rettung des Wildtierlebens sein. Sie befassen sich mit zu wenigen Arten und bieten dafür zu wenig Raum an … Wir können mit ein paar erfolgreichen Erhaltungszuchtprogrammen in Zoos die bedrohten Tierarten der Welt nicht retten, genauso wie wir eine Sprache nicht retten können, indem wir uns an ein seltenes Dokument klammern.«

Seine Argumente sind nur schwer zu widerlegen. Im Bericht der Vereinten Nationen zur biologischen Vielfalt sind rund 5400 Tierarten aufgelistet, die in irgendeiner Weise vom Aussterben bedroht sind. Wenn alle Zoos der Welt die Hälfte ihrer Mittel und Kapazitäten darauf verwenden würden, lebens- und reproduktionsfähige Populationen bedrohter Spezies zu erhalten, könnten in solchen Programmen nach Hancocks' Berechnung vielleicht 800 Arten erfasst werden.

Hancocks schlägt vor, die Zoos, wie wir sie kennen, abzuschaffen und eine völlig neue Einrichtung zu erfinden, eine Einrichtung, »die ein Loblied auf Wildtiere singt, die Achtung vor allen Tieren lehrt und eine ganzheitliche Sicht der Natur vermittelt«. Wenn es nach ihm geht, sollen Zoos so etwas sein wie diplomatische Vertretungen der Tierwelt in der urbanisierten Welt des *Homo sapiens*. Sie sollten die Menschen in ihrem Wunsch bestärken, natürliche Lebensräume zu erhalten, und Natur- und Artenschutzstrategien sollten Teil ihres Grundsatzprogramms sein. Zoos, die diese Voraussetzung nicht erfüllen, sollten »gesetzlich verboten« sein.

Zoos, wie Hancocks sie sich vorstellt, gibt es schon. Die New Yorker Zoos, die von der Wildlife Conservation Society (WCS) verwaltet werden und zu denen unter anderem der Central-Park-, Bronx-, Prospect-Park- und der Queens-Zoo gehören, liefern den Beweis, dass Tiere in Gefangenschaft sinnvolleren Zielen dienen können. Mehr als vier Millionen Menschen pro Jahr besuchen die New Yorker Zoos, und ein weitreichendes pädagogisches Angebot macht aus dem Erlebnis mehr als nur einen einfachen Zoobesuch. Überdies erfüllen diese Zoos den diplomatischen Auftrag, den Hancocks beschreibt, indem sie die Besucher an die Projekte heranführen, die die Wildlife Conservation Society in 53 Ländern der Welt unterhält und deren Hauptanliegen es ist, Lebensräume für bedrohte Arten »von Schmetterlingen bis Tigern« zu erhalten.

WCS-Experten schulen Umweltschutzbeauftragte in Ostafrika. Sie haben in Südostafrika eine Wildschweinart wiederentdeckt, die seit hundert Jahren als ausgestorben galt. Sie arbeiten mit iranischen Regierungsstellen zusammen, um die letzten natürlichen Lebensräume für den vom Aussterben bedrohten Asiatischen Geparden zu schützen. Sie kartografieren den Lebensraum des Amur-Tigers im Grenzgebiet zwischen China und Russland, stellen ein Schutzprogramm für den stark bedrohten, nur auf den Fidschi-Inseln heimischen Kammleguan auf und kennzeichnen Weiße Haie mit Radarsendern, um sie mit Hilfe von Satelliten zu überwachen.

Selbst der Zoo von Singapur unterstützt neuerdings solche Projekte und hat auf Borneo eine Forschungsstation für das bedrohte Sumatra-Nashorn eingerichtet.

Bei diesen Projekten geht es nicht darum, Archen zu bauen. Es geht um etwas, das größere Hoffnungen nährt.

Warten auf die Aras

Ein Vogel

> *Während der Vogel schlief, trugen sie ihn zu ihrer Hütte hinauf, wo sie ihn fünf Tage lang lebendig gefangen hielten. Dann schlugen sie ihn mit einem Knüppel tot, weil es in letzter Zeit heftige Stürme gegeben hatte und er womöglich ein Zauberer war.*
>
> Bericht über den letzten Riesenalk der Äußeren Hebriden, 1821 von Einheimischen auf der Insel Stac An Armin im St.-Kilda-Archipel entdeckt

Es gibt Menschen, die sind von Vögeln so fasziniert, dass sie monatelang durch morastige schottische Heidelandschaften stapfen, um einen Blick auf einen Roten Milan zu erhaschen, oder jahrelang das Wolgadelta durchkämmen, um ein paar Krauskopfpelikane aufzuspüren. Sie legen jeden Cent beiseite, um einmal im Leben nach Südafrika zum Blyde River Canyon zu fliegen, wo sie vielleicht, wenn sie großes Glück haben, ein Hottentottenlaufhühnchen erspähen. Vogelbeobachter würden für solche Momente alles geben. Sie sind bereit, große Strapazen auf sich zu nehmen. Und sie brauchen keinen Schlaf.

Das waren die Dinge, die ich mir immer wieder sagte, während ich an einer sumpfigen Stelle des Trockenwaldes mitten im 1500 Hektar großen Naturschutzgebiet Curú an der costa-ricanischen Pazifikküste auf meinem behelfsmäßigen Beobachtungsposten saß. Ich war 5800 Kilometer weit gereist, um einen Hellroten Ara zu sehen. Ich war zur richtigen Zeit am richtigen Ort. Aber die Leguane gingen träge ihrem Tagwerk nach und kletterten wie gelangweilte Rieseneichhörnchen an den Stämmen der Kokospalmen hinauf und hinunter, und die Luft wurde wärmer und schwerer vom Duft der Hibiskusblüten. Große Landkrabben liefen langsam klappernd über einen Teppich vertrockneter Palmwedel, und exotische blaue Schmetterlinge flirrten im Wechsel von Licht und Schatten unter den Baumkronen hin und her. Ich konnte die Augen kaum offen halten. Strapazen konnte man das jedenfalls nicht nennen.

Alle paar Minuten landete mit dumpfem Schlag eine Kokosnuss auf dem Boden, und ich sagte mir immer wieder: Wenn ich je einen Hellroten Ara in seinem eigenen Element sehen wollte, würde dies hier und nirgendwo sonst geschehen. Greg Matuzak, ein schlaksiger 34-jähriger Biologe aus Kalifornien, der im Naturschutzgebiet Curú ornithologische Projekte leitet, hatte mir die Stelle gezeigt. Von Bernadette Bezy, einer Meeresökologin, die ebenfalls aus Kalifornien stammt, hatte ich mir ein Fernglas geliehen. Matuzak hatte mir sogar großzügigerweise zwei 250-Gramm-Packungen Sonnenblumenkerne mitgegeben. Damit sollte ich die beiden Kästen füllen, die auf der Waldlichtung an Stangen aufgehängt sind. Die Aras kämen immer nachmittags zwischen drei und vier Uhr, hatte Matuzak gesagt. Für Aras sind Sonnenblumenkerne wie Bonbons, und Aras sind schlau. Man braucht also nichts weiter zu tun, als in dem sumpfigen Stück Trockenwald, etwa 25 Meter von den Futterkästen entfernt, still in seinem Palmenwäldchen zu sitzen und zu warten. Es gibt Campingstühle hier und alles. Kein Problem.

Aber ich war nicht nur nach Curú gekommen, weil ich einen Blick auf einen besonders schönen Papagei erhaschen wollte. Was sich hier abspielte, zeigte, dass die bedrohten Vögel dieser Welt nicht zwangsläufig dazu verdammt sind, auszusterben oder in Volieren und Vogelparks ihr Leben zu fristen, dass das Artensterben nicht immer und überall unumkehrbar ist.

Curú ist ein Paradies aus tropischem Wald, Obstgärten und Weideland an der Südspitze der Halbinsel Nicoya, am Ende einer holprigen Straße südlich der Stadt Paquera. Vor 40 Jahren gab es hier keinen einzigen Hellroten Ara mehr.

Der Vogel, den die Einheimischen *Lapa roja* nennen und dessen wissenschaftlicher Name *Ara macao* lautet, war nicht nur auf der Halbinsel Nicoya, sondern in ganz Costa Rica nahezu ausgerottet. Selbst in der karibischen Schwemmlandebene an der gegenüberliegenden Küste des Landes, wo er ein alltäglicher Anblick gewesen war, gab es nur noch ein paar wenige Exemplare in einem kleinen Gebiet an der Grenze zu Nicaragua.

Auf der Halbinsel Nicoya hatte der Hellrote Ara in Verbänden von bis zu vier Dutzend Tieren gelebt, die ihre Nester an einem gemeinsamen Nistplatz in den Höhlungen von Turmbäumen oder riesiger alter Kapokbäume bauten. Die Maya hatten den Vogel als geheimnisvollen Mittler zwischen Himmel und Unterwelt verehrt. Doch in dem Maße, in dem die alten Waldbestände schrumpften, verschwand auch der Hellrote Ara. Viele dieser Vögel wurden ihres Fleisches wegen getötet, von Bauern abgeschossen, die sie als Plage betrachteten, oder von Jägern für den Tierhandel eingefangen. Und jetzt, nach alldem, gab es wieder Aras in Curú – nicht viele, aber einige immerhin. Das war eine ermutigende Umkehr der weltweit zu beobachtenden Entwicklung der Vogelbestände.

Über keine Klasse von Tieren hat die IUCN so viele Informationen gesammelt wie über die Vögel. Weltweit gibt es rund 10 000 Vogelarten; jede achte davon ist bedroht. Etwa 250 Arten sind als »stark gefährdet« eingestuft; das heißt, die Chancen stehen 50 zu 50, dass sie nicht innerhalb der nächsten fünf Jahre aussterben werden.

Zu letzteren Arten gehört die Schopfkasarka, ein beliebtes Motiv in der frühen japanischen Aquarellmalerei. Der Vogel war einstmals in einem weiten Küstenstreifen am Nordpazifik heimisch, der von Wladiwostok bis Südkorea reichte. Wenn man den Berichten chinesischer Bauern Glauben schenkt, gibt es in den Küstengebieten des chinesischen Festlandes noch etwa 50 Paare, aber die letzte bestätigte Sichtung stammt aus dem Jahr 1964. Ähnlich düster sieht es für den

Waldrapp aus, der im alten Ägypten als heiliger Vogel verehrt wurde. Der prachtvolle Vogel war einst in ganz Europa verbreitet, seine Nistplätze zogen sich von Syrien bis in die Schweiz. Heute leben noch etwa 220 Exemplare in drei kleinen Brutkolonien in Marokko. Der Po'ouli, ein kleiner auf der Hawaii-Insel Maui beheimateter Naschvogel, über den ich in diesem Buch eigentlich schreiben wollte, hatte noch weniger Glück – wenige Monate bevor ich nach Curú reiste, um nach Aras zu suchen und mich mit Greg Matuzak über Papageien zu unterhalten, war der letzte seiner Art gestorben.

Von allen großen Vogelfamilien sind die Papageien diejenige mit dem höchsten Prozentsatz vom Aussterben bedrohter Arten – nämlich fast einem Drittel. Die Ordnung der *Psittaformes* umfasst rund 340 Arten von Kakadus, Sittichen, Loris, Aras und Eigentlichen Papageien, wobei die Zuordnung nicht immer eindeutig ist, weil üblicherweise alle genannten Familien als Papageien bezeichnet werden, während in anderem Sprachgebrauch die Eigentlichen Papageien und die Aras den *Psittacidae*, die Loris und Kakadus dagegen den *Loriidae* beziehungsweise den *Cacatuidae* zugerechnet werden. Wenn im Folgenden von Papageien die Rede ist, sind damit alle zur Ordnung der *Psittaformes* gehörenden Vögel gemeint.

Der kleinste Papageienvogel ist der in Neuguinea beheimatete Braunstirn-Spechtpapagei, der genauso aussieht, wie man sich einen grünen Papageien vorstellt, nur dass er kaum größer ist als ein Kolibri. Er ist, von der Schnabel- bis zur Schwanzspitze gemessen, selten länger als acht Zentimeter. Der schwerste Papagei der Welt ist der flugunfähige Kakapo aus Neuseeland, der als Einzelgänger lebt und bis zu vier Kilogramm wiegt. Er sieht aus wie eine große grüne Eule, knurrt wie ein Hund und legt bei seinen nächtlichen Streifzügen mehrere Kilometer zurück. Im Laufe der Jahrhunderte hatte er sich zum Schutz gegen Raubtiere angewöhnt, mit einem Schlag reglos stehen zu bleiben, in der Hoffnung, von einem potenziellen Feind nicht bemerkt zu werden. Diese

Strategie nützte ihm allerdings wenig, als die Maori vor tausend Jahren mit ihren Hunden nach Neuseeland kamen, und sie nützte ihm auch nach der Ankunft der Europäer mit ihren Katzen nicht viel. Heute gibt es, soweit man weiß, nicht einmal mehr hundert Exemplare dieser Spezies.

Von allen Papageienfamilien hatten die Aras das schlechteste Los gezogen. Acht Arten waren bis Anfang des 20. Jahrhunderts bereits ausgestorben. Noch Ende der 1980er Jahre waren nur drei der 17 existierenden Ara-Arten nach dem Washingtoner Artenschutzübereinkommen (CITES) geschützt; 15 Jahre später standen alle 17 Arten auf der Liste.

Aras, das sind jene großen süd- und mittelamerikanischen Papageien, die in den Filmen unserer Kindertage immer auf der Schulter eines Piraten hockten. Es sind langlebige Tiere – sie werden in Gefangenschaft über 60 Jahre alt. Lange bevor die Europäer sich für Aras zu begeistern begannen, wurden die Vögel in Süd- und Mittelamerika als Haustiere gehalten. Wie alle Papageien sind Aras ausgesprochen gesellig, und sie sind berühmt für ihre eigenartig menschenähnlichen Züge und ihre erstaunliche Fähigkeit zur Nachahmung. Vielleicht haben Aras aber nur festgestellt, dass auch Menschen sehr gesellige Wesen mit eigenartig araähnlichen Zügen, beispielsweise einer erstaunlichen Fähigkeit zur Nachahmung, sind. Wie dem auch sei, Menschen und Papageien haben sich seit jeher zueinander hingezogen gefühlt. Wenn die gegenseitige Sympathie nun zur Folge hat, dass so viele Vertreter dieser Spezies vom Aussterben bedroht sind, ist das ein trauriger Widerspruch.

Eine der 17 in der CITES-Liste verzeichneten Ara-Arten ist der Türkisara, der von der IUCN immer noch als gefährdete Spezies geführt wird, obwohl seit den 1960er Jahren niemand mehr ein lebendes Exemplar gesichtet hat. Es ist – oder vielmehr war – ein prachtvoller Vogel mit grauem Kopf und türkisfarbenem Gefieder. Seine Zahl nahm in dem Maße ab, in dem der Handel mit exotischen Vögeln um sich griff und die Yataypalmenwälder im Grenzgebiet von Brasilien, Paraguay und Argentinien, ihrem einzigen Lebensraum, verschwanden. Der britische Vogelschützer Tony Pittman unternahm in den 1990er Jahren zwei ausgedehnte Expeditionen in die Region, ohne dass ihm auch nur Gerüchte über ein dort noch existierendes Tier zu Ohren gekommen wären. Ein anderer Papagei, der Spix-Ara, erlebte nur noch neun Monate des 21. Jahrhunderts, dann war auch er aus seinem angestammten Verbreitungsgebiet verschwunden. Damit sind nur noch 15 Ara-Arten übrig, von denen einige Vertreter außerhalb von Vogelparks und privaten Sammlungen schlecht und recht überdauert haben.

Am schlechtesten von allen erging es den Blauaras. Wie der Türkis- und der Spix-Ara gehört der Hyazinthara mit seinem leuchtend kobaltblauen Gefieder zu dieser Gattung. Einst war er in weiten Teilen Brasiliens und von Bolivien bis Paraguay verbreitet. Im Laufe der 1980er Jahre wechselten auf den profitträchtigen Vogelmärkten der Welt etwa 10 000 Hyazintharas den Besitzer. Gegen Ende des 20. Jahrhunderts gab es in Brasilien noch etwa 2500 solcher Vögel, die nicht in Käfigen ihr Leben fristeten. Ein anderer Blauara ist der Lear-Ara, der erstmals 1856 von Prinz Charles Lucien Bonaparte, einem Neffen Napoleons, wissenschaftlich beschrieben wurde. Er benannte den Vogel nach Edward Lear, einem der besten Vogelmaler des 19. Jahrhunderts, an den man sich heute allerdings eher seiner Nonsens-Gedichte wegen erinnert, die ihn bekannt gemacht haben.

Lear-Aras waren seit Beginn des 19. Jahrhunderts in den Besitz europäischer Vogelsammler gelangt, blieben aber lange Zeit eines der großen Rätsel der Ornithologie. Das Verbreitungsgebiet der Vögel war der Wissenschaft nicht bekannt, bis Helmut Sick, ein deutschstämmiger Ornithologe, das Geheimnis lüftete. Sick hatte Brasilien erstmals 1939 im Auftrag des Berliner Museums für Naturkunde bereist, um in den unberührteren Gefilden des Bundesstaates Espírito Santo nach dem Rotschnabelhokko zu suchen. Dann brach der Zweite Weltkrieg aus, und aus der ursprünglich geplanten dreimonatigen Expedition wurde ein sechsjähriger Aufenthalt. Von den sechs Jahren verbrachte er drei in einem Versteck und weitere drei als feindlicher Ausländer im Gefängnis. Nach seiner Entlassung blieb er in Brasilien und arbeitete für das Nationalmuseum in Rio de Janeiro. Im Jahr 1954 begab er sich dann auf die Suche nach dem geheimnisvollen Lear-Ara. Seine Suche sollte über 24 Jahre dauern.

Am 29. Dezember 1978 stieß ein überglücklicher Helmut Sick in den abgelegenen Sandsteintafelbergen von Raso da Catarina im Bundesstaat Bahía im Nordosten Brasiliens auf eine Gruppe von einigen hundert Lear-Aras. Während ich im Trockenwald von Curú auf meinem Beobachtungsposten saß und keine größere Entbehrung auf mich nehmen musste als den Versuch, die Augen offen zu halten, wurden in Raso da Catarina die beiden letzten Brutplätze frei lebender Lear-Aras rund um die Uhr von Angestellten der brasilianischen Naturschutzorganisationen Biodiversitas und BioBrasil bewacht. Zu diesem Zeitpunkt gab es noch 240 Lear-Aras.

Die empörendste Geschichte über Blauaras handelt vom Spix-Ara, bis Oktober 2000 beheimatet in der unwirtlichen Caatinga im Norden Brasiliens, einer spärlich bewaldeten, mit Kakteen und Sträuchern bewachsenen semiariden Landschaft von der Größe des US-Staates Texas. Es gab nie besonders viele Spix-Aras, weil sich ihr Verbreitungsgebiet in der Caatinga auf die bewaldeten Uferregionen der wenigen Flüsse beschränkte, die nur im Sommer Wasser führen. Das letzte weibliche Tier wurde Weihnachten 1987 von Wilddieben gefangen. Damit war nur noch ein männlicher Spix-Ara übrig.

Die Spezies war nach dem bayrischen Zoologen Johann Baptist Ritter von Spix benannt, der Anfang des 19. Jahrhunderts Brasilien bereist hatte. Sein Begleiter, Carl Friedrich Philipp von Martius, schoss 1819 am Rio São Francisco einen Ara, den er im Glauben, einen Hyazinthara erlegt zu haben, dem Sammlungsmaterial hinzufügte, das er und Spix bereits zusammengetragen hatten und das 1820, am Ende ihrer vierjährigen Reise durch Südamerika, unter anderem rund 350 Vogelarten umfassen sollte. Erst 1832 wurde klar, dass es sich bei dem schönen blauen Papageien, den Martius am Rio São Francisco geschossen hatte, um ein vollkommen anderes, überaus seltenes Tier handelte. Der Münchner Zoologe Johann Georg Wagler verglich nämlich den Ara vom Rio São Francisco mit Hyazintharas und stellte fest, dass er deutlich kleiner war, im Gesicht schwarze Haut und an Kopf und Nacken gräuliches Gefieder hatte. Und es war auch nicht einfach nur eine neue Spezies: Es erwies sich, dass der Spix-Ara der einzige Vertreter einer eigenen Gattung war, was ihn bald zum Objekt der Begierde reicher Vogelsammler in Europa werden ließ. Aber nur wenigen gelang es, ein Exemplar für ihre Sammlung zu ergattern.

Expeditionsteilnehmer, die auf der Suche nach dem Spix-Ara nach Brasilien reisten, kehrten regelmäßig mit leeren Händen zurück. Oft hatten Sammler Schwierigkeiten, in Brasilien auch nur einen Menschen zu finden, der von dem Vogel gehört hatte. Zwischen 1820 (dem Jahr, in dem Spix und Martius nach Hause zurückkehrten) und 1970 wurde er nur zwei Mal in freier Wildbahn von Ornithologen gesichtet. Und das lag keineswegs daran, dass sie sich nicht bemüht hätten.

Mitte des 20. Jahrhunderts war von der gefährdeten ökologischen Nische, in der die Vögel heimisch waren – den hauptsächlich aus Craibeira-Bäumen bestehenden Galeriewäldern in der trockenen, abweisenden Caatinga Brasiliens –, nicht mehr viel übrig. In den 1980er Jahren vermutete man dort noch drei Tiere, aber sicher war man sich nicht. Nachdem die brasilianische Regierung in den 1960er Jahren den Export von Wildtieren verboten hatte, um dem Ausverkauf von seltenen und bedrohten Arten des Landes entgegenzuwirken, und vor allem, nachdem der Handel mit Spix-Aras von 1975 an nach dem Washingtoner Artenschutzabkommen illegal war, gestaltete es sich zudem schwierig, die in Gefangenschaft lebenden Spix-Aras statistisch zu erfassen.

Das stellte Naturschützer und brasilianische Regierung vor ein Dilemma. Wollten sie die Art erhalten, mussten sie unter den in Gefangenschaft lebenden Vögeln geeignete Brutpaare finden. Ohne irgendeine Art von Übereinkunft mit der Handvoll millionenschwerer Exzentriker und von Sammelwut Besessener, die Spix-Aras in ihren Privatzoos hielten, war ein Wiederaufzuchtprogramm demnach überhaupt nicht durchführbar. Und so waren die brasilianische Regierung, Artenschutzorganisationen und CITES-Vertreter gezwungen, einen Pakt mit dem Teufel zu schließen.

Der illegale Handel mit seltenen und exotischen Vögeln richtet weltweit ebenso viel Schaden an wie die Zerstörung der Lebensräume. Nicht selten kann ein Vogel, der in freier Wildbahn kaum noch vorkommt, auf den Tiermärkten problemlos erworben werden, wenn auch vielleicht nur für kurze Zeit. Vom Blaulatzara gab es in den 1990er Jahren in dessen einzigem bekannten Verbreitungsgebiet in einer abgelegenen Tieflandregion Boliviens nur noch etwa 50 Exemplare, während in privaten Sammlungen Hunderte von Tieren lebten. Ebenso war der Bechsteinara, auch Großer Soldatenara genannt, in den 1990er Jahren vom Aussterben bedroht, obwohl sein Verbreitungsgebiet ursprünglich ein halbes Dutzend Länder umfasst hatte. Auch von dieser Spezies gab es mehrere hundert Exemplare in Privatsammlungen.

Je seltener ein Vogel, umso höher sein Marktwert: Dieses Prinzip gilt auf dem legalen wie auf dem schwarzen Markt für exotische Vögel. Auf dem legalen Markt werden Vögel bedrohter Arten gehandelt, die vor dem Washingtoner Artenschutzabkommen bereits in Gefangenschaft genommen wurden, sowie deren Nachkommen. Der Schwarzmarkt wird von Kriminellen beliefert, die Nester in den Waldgebieten der Welt ausplündern und die Vögel mit gefälschten Papieren in den Handel bringen. Angebot und Nachfrage treiben die Mühlen des Artensterbens an. Ein nachlassendes Angebot heizt die Nachfrage nach seltenen Papageien an, wodurch diese noch seltener werden, was wiederum ihren Preis in die Höhe treibt, und so weiter und so fort.

In den 1980er Jahren wurden auf dem Schwarzmarkt 30 000 Dollar für einen Spix-Ara bezahlt. Anfang der 1990er Jahre erhielt ein brasilianischer Händler für einen Lear-Ara 13 000 Dollar und einen Neuwagen. Zehn Jahre später konnte man auf dem freien Markt für einen Hyazinthara gut und gerne 10 000 Dollar erzielen. Während ich an diesem Kapitel schrieb, brauchte ich keine 15 Sekunden, um im Internet ein Hyazinthara-Pärchen zu finden, das für 28 000 Dollar angeboten wurde.

Der illegale Handel mit Wildvögeln ist ein finsteres Geschäft und oft nicht weniger lukrativ als der internationale Drogen- und Waffenhandel. Und er hat absolut nichts mit dem herkömmlichen Vogelhandel, mit Wellensittichen beispielsweise, zu tun. Leute, die exotische Vögeln sammeln und mit ihnen Handel treiben, sind von einem ganz anderen Schlag als die Millionen weitgehend harmloser Bürger in aller Welt, die Ziervögel halten. Das soll nicht heißen, dass die Grenzen immer klar sind. Viele eigentlich rechtschaffene Vogelfreunde tragen unwissentlich zur Gefährdung ihrer Lieblinge bei, indem sie Exemplare bedrohter Spezies kaufen, die vom schwarzen Markt stammen. Oft geben sich Sammler exotischer Vögel besorgt um das Schicksal von deren frei lebenden Verwandten – eine leicht durchschaubare Heuchelei. Andere Sammler wiederum zeigen ein offenkundiges und ehrliches Interesse am Schutz und an der Erhaltung der Arten.

Es ist schwierig, hier zu unterscheiden, und Ende der 1980er Jahre gab es nur wenige Vorschriften, auf die sich die Vogelschutzorganisation International Council for Bird Preservation (heute BirdLife International) Vogelsammlern gegenüber berufen konnte. Den Papageienexperten der CITES ging es nicht anders. Vor dem Hintergrund dieser allgemeinen Unsicherheit wurden die Grundlagen für ein Zuchtprogramm zur Erhaltung des Spix-Aras gelegt, und der Pakt mit dem Teufel war besiegelt.

Expertenschätzungen zufolge belief sich die Zahl der privat und in Zoos gehaltenen Spix-Aras auf etwa zwei Dutzend Vögel weltweit. Zu dieser Zeit war man sich nicht sicher, ob es noch frei lebende Exemplare gab. Zwei Mal war es gelungen, Spix-Aras in Gefangenschaft zu züchten, und außerhalb der privaten Zoos und Vogelparks waren die Kenntnisse, die für die Erhaltungszucht notwendig sind, kaum vorhanden. Die brasilianische Regierung sah sich also mit der unbequemen Tatsache konfrontiert, dass ein Erhaltungszuchtprogramm ohne Mitwirkung der Sammler, in deren Besitz sich die letzten Vögel befanden, ein Ding der Unmöglichkeit war. Daher boten sie privaten Vogelbesitzern Straffreiheit im Gegenzug zu der Verpflichtung, keine Spix-Aras mehr zu kaufen oder zu verkaufen und die existierenden Tiere für ein streng kontrolliertes Zuchtprogramm zur Verfügung zu stellen, dessen Ziel letztendlich die Wiederauswilderung war. 1989 bildete die brasilianische Regierung in Kooperation mit der CITES und verschiedenen Vogelschutzgruppen praktisch aus dem Stegreif ein internationales Komitee, das dieses Programm überwachen sollte. Das Komitee trat zum ersten Mal anlässlich der 7. Jahreshauptversammlung der CITES in Lausanne zusammen.

Dem Komitee gehörten einige zwielichtige Gestalten an, wie zum Beispiel Tony Silva, ein Amerikaner, der in den USA Papageien aus Antonio de Dios' »Papageienfabrik« in Quezon verkauft hatte.[1] Zu der Zeit, als er in das Komitee berufen wurde, war Silva, wie sich später herausstellte, in den höchst lukrativen Schmuggel von Hyazintharas von Brasilien in die USA verwickelt (1996 wurde er wegen Verstoßes gegen das Artenschutzgesetz von einem US-Gericht zu sieben Jahren Haft verurteilt). Mit dabei in Lausanne war auch Antonio de

Dios persönlich – ein philippinischer Millionär, der in seiner schwer bewachten Vogelzuchtanlage in Quezon mehrere tausend Papageien von fast der Hälfte aller weltweit existierenden Spezies, darunter ein halbes Dutzend Spix-Aras, hielt. Auch Wolfgang Kiessling, ein nicht einmal gewissenloser Mann, war als Besitzer zweier Spix-Aras mit von der Partie. Die beiden Tiere hielt er in seinem Disneyland-Zoo mit Aquarium und Vogelpark, dem Loropark auf Teneriffa – der »Arche«, die im letzten Kapitel beschrieben wurde. Im Hintergrund der Tagung in Lausanne drückten sich noch andere Gestalten herum, von denen einige mit dem Araschmuggel in Paraguay in Verbindung gebracht wurden.

Das Komitee ging seinen Geschäften gut zehn Jahre lang nach. In dieser Zeit registrierte es den Aufenthaltsort von mehr als 60 in Gefangenschaft lebenden Spix-Aras, von denen die meisten aber eng miteinander verwandt und darum zur Gründung einer neuen Population wenig geeignet waren. Den stärksten Aufwind erlebte das Komitee am 9. Juli 1990, als in einem Craibeira-Wäldchen am Malencia-Fluss in der brasilianischen Caatinga ein einzelner männlicher Spix-Ara entdeckt wurde. Es wurden ehrgeizige Pläne entworfen, massive Anstrengungen unternommen und Unsummen investiert, um einige der in Gefangenschaft lebenden Spix-Aras auszuwildern, die dem letzten frei lebenden Vertreter ihrer Art Gesellschaft leisten sollten. Kiessling stellte für diesen Zweck 500 000 Dollar zur Verfügung.

Der erste schwere Rückschlag war zu verzeichnen, als ein Spix-Ara-Weibchen, das als Partnerin geeignet schien, am Malencia-Fluss freigelassen wurde, nur um kurze Zeit später, in Drähte verheddert, an einem Strommast zu verenden. Dann, am 5. Oktober 2000, verschwand der letzte Spix-Ara, der 14 Jahre lang allein in der Caatinga überlebt hatte, auf Nimmerwiedersehen. Die armen Bauern der Region suchten verzweifelt nach ihm. Mehr als zehn Jahre hatten sie über den Vogel gewacht, weil sie ihn als Symbol ihres eigenen Überlebenskampfes in diesem unwirtlichen Land betrachteten. Ihre Suche war vergebens.

Als sich das Komitee ein Jahr später auflöste, weinte ihm keine ehrliche Haut eine Träne nach. Es war längst zu einer privaten Handelsplattform für millionenschwere Spix-Lieb-haber verkommen. Der einzige Hoffnungsschimmer war das ehrgeizige Zuchtprogramm, das Wolfgang Kiessling auf Teneriffa verfolgte. Kiessling übereignete seine drei Spix-Aras der brasilianischen Regierung, die ihm im Gegenzug die Haltung der Tiere überließ und sein Zuchtprogramm in vollem Umfang unterstützte. 2005 schlüpfte das erste Küken auf Teneriffa. Im Besitz der brasilianischen Regierung befanden sich weitere neun Spix-Aras, aber von einem Programm zur Auswilderung war kaum noch die Rede. Abgesehen von zwei Exemplaren im Besitz eines Schweizer Sammlers waren sämtliche noch verbliebenen Tiere – 42 an der Zahl – von Scheich Saud Al-Thani aufgekauft worden, dem Milliardär mit Privatzoo aus Katar, von dem schon am Ende des vorhergehenden Kapitels kurz die Rede war.

Sosehr man angesichts dieser Geschichte vielleicht versucht ist, ein paar Leuten an die Kehle zu gehen, so ermutigend ist das, was in Curú und darüber hinaus in ganz Costa Rica passiert.

In Curú ist das Wirklichkeit geworden, wovon die Vogelschützer, die den Spix-Ara retten wollten, nur träumen konnten – die Geschichte einer Auferstehung von den Toten. Greg Matuzak und seine ehrenamtlichen Helfer haben in Curú den Beweis erbracht, dass die bedrohten Vogelarten dieser Welt weder zum Aussterben verdammt sind noch zwangsläufig in der Sackgase eines Lebens in Gefangenschaft enden müssen. Es gibt ein Leben nach dem Zoo.

Das Experiment in Curú ist noch nicht beendet, aber es hat bereits zu der Erkenntnis geführt, dass man Aras in Regionen, aus denen sie schon verschwunden waren, wieder ansiedeln kann und dass man sogar in Gefangenschaft geborene

Tiere unter bestimmten Voraussetzungen erfolgreich da auswildern kann, wo sie hingehören. Alle Hellroten Aras, die heute in Curú leben, wurden in Gefangenschaft geboren. Die costa-ricanische Regierung hatte die Elterntiere von Wilddieben beschlagnahmt und in einer privaten Anlage in Alajuela bei San José, Costa Ricas Hauptstadt, untergebracht. Die hier geborene erste Generation von Jungtieren wurde in die Freiheit entlassen und hat nun begonnen, eigenen Nachwuchs aufzuziehen. Es war das erste Mal, dass in Gefangenschaft geborene ausgewilderte Aras erfolgreich gebrütet haben.

»Du wirst bestimmt einen sehen. Warum denn nicht?«, sagte Matuzak, während wir auf einem schmalen Weg am Rande einer ehemaligen Weide, die allmählich vom Wald zurückerobert wurde, durch Curú wanderten. Wir kamen an der kleinen aus Natursteinen gemauerten Kapelle des Franz von Assisi vorbei, des Heiligen, der Vögel als beseelte Geschöpfe betrachtet und zu ihnen gepredigt hat, und schlugen dann den Weg zu einer der Weiden ein, wo sich die Rinder an einem schlammigen Bach zum Trinken einzufinden pflegten. Erst gestern, erfuhr ich von Matuzak, hatten hier ein paar Hellrote Aras einen Trupp Rabengeier schikaniert. Vielleicht waren sie heute auch wieder da, man konnte nie wissen.

Als wir auf der Weide ankamen, trieb sich dort ein gutes Dutzend Geier herum, und eine Familie von Weißwedelhirschen wanderte durch das hohe Gras. Wir beschlossen also, ein Weilchen zu warten, und Matuzak nutzte die Zeit, um mir die ganze Geschichte der Rückkehr des Hellroten Aras nach Curú zu erzählen.

Im Januar 1999 wurden 13 in Alajuela geborene Tiere nach Curú gebracht. Die ersten zwei Monate verbrachten sie in großen Volieren in der Nähe der Futterkästen und des Beobachtungspostens, an dem ich auf sie gewartet hatte. In den folgenden sechs Monaten wurden sie langsam von ihrem Speiseplan aus Früchten, Bohnen, Reis und Hundefutter entwöhnt. Bald ernährten sich die 13 Vögel, abgesehen von einer kleinen Tagesration Sonnenblumenkerne, ausschließlich von den Früchten des Waldes. Das reiche Nahrungsangebot bestand aus Blumen, Samen, Rinde und den Früchten von 25 Baumarten wie Wildpflaume, Seemandel, Rote Mombinpflaume, Brotnussbaum, Kokos- und Königspalme.

Das von der Vogelschutzorganisation Amigos de las Aves finanzierte Experiment in Curú wurde in Kooperation mit zwei weiteren Projekten zur Rettung des Hellroten Aras durchgeführt. Das eine war in Golfito, einem Tal, das an den 15 000 Hektar großen Piedras-Blancas-Nationalpark an der Südwestküste von Costa Rica grenzt, angesiedelt, das andere in der peruanischen Provinz Tambopata in einem fast 800 000 Hektar großen Naturschutzgebiet an der Grenze zum Bahuaja-Sonene-Nationalpark. In den Projekten ging es vor allem darum zu erforschen, was den Erfolg oder Misserfolg eines solchen Programms zur Wiederansiedelung bestimmter Vogelarten ausmacht. In Curú war man, wie sich herausstellte, erfolgreicher als in Golfito und Tambopata. In Golfito wurden 34 Vögel ausgewildert, von denen zwei unmittelbar nach ihrer Freilassung von einem Ozelot gerissen wurden; ein dritter fiel kurz darauf einem Adler zur Beute. Vier Jahre später nahm man an, dass immerhin noch die Hälfte der ursprünglich ausgewilderten Vögel am Leben war. Ebenfalls nach vier Jahren lebten in Tambopata noch 11 von 20, in Curú 9 von 13 Hellroten Aras. 2004 schlüpften dann zwei Küken in Curú, was die dortige Population auf 11 Tiere ansteigen ließ.

In Curú hatten die Aras Namen, was sie Fiona Dear verdankten, einer britischen Biologin, deren Arbeit in Matuzaks Team von so unglaublichen Sponsoren wie der britischen Tierhandlungskette Northern Parrots, dem britischen Privatzoolabel Paradise Wildlife Park und einer gemeinnützigen Stiftung des Cadbury-Konzerns finanziert wurde.

Emilio und Talula hieß das glückliche Paar, das die beiden Nachkommen, Hans und Rita, hervorgebracht hatte. Daneben gab es Eva und Renaldo sowie Cariño und Jemima. *Cariño* ist Spanisch und heißt unter anderem »Liebling«, und dieses Männchen wurde so genannt, weil es besonders seiner Partnerin Jemima gegenüber so liebevoll und fürsorglich war. Ringo hatte seinen Namen daher, dass er einen Ring am rechten Fuß trug, im Gegensatz zu den anderen, deren linker Fuß mit einem Ring markiert war. Er stand in der Rangordnung ganz unten und war immer derjenige, der an der Futterstelle wartete, bis alle anderen sich satt gefressen hatten. Rico (»der Schöne«) galt, wie man sich denken kann, als der Schönste von allen. Einer der Aras hatte keinen Namen. Er war im Allgemeinen ein Einzelgänger, schloss sich aber gelegentlich Cariño und Jemima an. Ansonsten hielt er sich abseits und ließ sich auch nur selten an den Futterkästen blicken.

Die tägliche Fütterung mit Sonnenblumenkernen diente den Biologen dazu, die Aras und ihre jahreszeitlichen Bewegungen zu beobachten, zu sehen, ob sie gesund waren, ob es Jungtiere gab, welche Beziehungen sie miteinander eingingen und so weiter. Es ging nicht darum, die Tiere zu füttern. Sie waren sehr gut in der Lage, sich ihre Nahrung selbst zu suchen.

Das Curú-Projekt war auch insofern ausgesprochen ermutigend, als sich herausstellte, dass die Aras auch Ausflüge über die Grenzen des Schutzgebietes hinaus unternahmen. Das eröffnete Möglichkeiten, an die in Singapur oder anderswo in Südostasien nicht zu denken war, wo die Zerstörung von Lebensräumen der Preis war, der für den wirtschaftlichen Aufschwung bezahlt werden musste. William Newmark hatte in seinen Studien nachgewiesen, dass die Nationalparks und Naturschutzgebiete des nordamerikanischen Westens isolierte Areale innerhalb zerstückelter Landschaften sind, in denen Tiere auf Dauer nicht überleben können (siehe Seite 66 f.). In Curú und Umgebung nahm eine andere Entwicklung Gestalt an.

Curú war das erste private Wildreservat in Costa Rica. Nachdem die wohlhabenden Gutsbesitzer Frederico und Julieta Schutt in den 1960er Jahren hatten mit ansehen müssen, wie in Costa Rica immer mehr Wälder verschwanden, beschlossen sie, etwas gegen die Zerstörung der Landschaft in ihrer geliebten Heimat zu unternehmen. Den Anfang machten sie mit einem 84 Hektar großen Reservat, später erhielten sie für fast die gesamten 1400 Hektar ihrer ehemaligen Hazienda den Status eines »geschützten Waldes«. Heute trägt das Areal den offiziellen Namen Refugio Nacional de Vida Silvestre Curú. Das Reservat, in dem die Wiederansiedelung stattfindet, ist von einem ausgedehnten Jagdsperrgebiet mit Viehweiden und lichten Wäldern umgeben, in das die Aras mittlerweile ausschwärmen.

Mit dem Curú-Projekt hat sich eine reelle Chance dafür eröffnet, dass sich die Hellroten Aras eines Tages von geschützten Arealen wie Curú aus wieder in ihrem gesamten ehemaligen Verbreitungsgebiet ansiedeln. In der einheimischen Bevölkerung fand das Projekt breite Unterstützung; für die Menschen hier wurde der Hellrote Ara zu einem Symbol für die außergewöhnlichen Bemühungen des Landes, die Artenvielfalt zu erhalten, die in anderen Teilen der Welt verloren geht.

Dass solche Projekte in Costa Rica überhaupt möglich sind, ist auch der für süd- und mittelamerikanische Verhältnisse ungewöhnlichen Stabilität des Landes geschuldet, die Verwüstungen an Flora und Fauna, wie sie in der übrigen tropischen Welt an der Tagesordnung sind, verhindert hat. Costa Rica ist nach konventionellen wirtschaftlichen Maßstäben kein reiches Land, aber es ist eine Insel des Friedens und der Stabilität in einer Region, die im Laufe des 20. Jahrhunderts immer wieder von Unruhen, Militärputschen, Revolutionen und Konterrevolutionen erschüttert wurde. Während in El Salvador, Guatemala, Nicaragua, Panama und Honduras Hunderttausende unschuldiger Menschen ihr Leben ließen, kam es in Costa Rica nie zu so sinnlosem Blutvergießen. Und das lag nicht nur daran, dass die Costa-Ricaner Glück hatten, obwohl es sicher auch viel damit zu tun hat. Es lag auch daran, dass Costa Rica in den 1950er Jahren zu einem breiten demokratischen Konsens fand, der sowohl von der katholischen Kirche als auch von der Kommunistischen Partei des Landes mitgetragen wurde. Dieser Konsens sorgte dafür, dass es nicht zu Aufständen marxistischer Gruppen kam. Noch wichtiger war die Abschaffung des Militärs in der neuen Verfassung des Landes, durch die das Land gefeit war vor den üblichen Machenschaften der US-Regierung, deren tyrannischem, korrumpierendem und gewalttätigem Einfluss die anderen mittelamerikanischen Staaten ausgesetzt waren.

In den 1980er Jahren hatte sich das Land auch durch seine Verpflichtung zum Schutz seines ökologischen Erbes eine Sonderstellung erworben. Die Ureinwohner Costa Ricas waren seit Jahrhunderten weitgehend ausgelöscht, vor allem durch Krankheiten. Die alten Kulturen hatten sich nie wieder erholt. Das Land hatte außerdem durch den Kahlschlag der Holzindustrie, die in den 1950er Jahren einen rasanten Aufstieg erlebte, mehr als die Hälfte seiner Wälder verloren. Gegenwärtig nehmen die Nationalparks in Costa Rica insgesamt zwar nur 11 Prozent der Landfläche ein, aber 25 Prozent der Landschaft sind zumindest auf dem Papier vor tieferen Eingriffen geschützt – was wesentlich mehr ist als in den meisten anderen Ländern. Nur zwei Prozent der Schutzgebiete Costa Ricas sind staatliche Reservate wie beispielsweise der Nationalpark Cabo Blanco in der Nähe von Curú. Den Hauptbeitrag zu dem ausgedehnten System geschützter Areale leisten private Landbesitzer wie die Familie Schutt in Curú. Wälder werden auch heute noch abgeholzt, aber längst nicht mehr in dem rasanten Tempo früherer Zeiten. Die berühmten Nebelwälder Costa Ricas und andere Wunderwerke der Natur ziehen jährlich Millionen Besucher an, die die Wirtschaft des Landes beleben: Der Ökotourismus leistet den zweithöchsten Beitrag zum Bruttosozialprodukt nach dem Bananenexport. Costa Rica hat sich bewusst und konsequent für den Weg »Nachhaltigkeit zuerst« entschieden, wovon am Anfang dieses Buches die Rede ist.

Costa Rica konnte außerdem von Anfang an den großen Vorteil für sich verbuchen, über den immensen ökologischen Reichtum einer Landschaft aus Regen- und Trockenwäldern, Vulkangebirgen, Mangrovenwäldern, Sumpfgebieten, Savannen und Schwemmlandebenen zu verfügen. Obwohl das Land kaum größer ist als Holland, sind hier rund 850 Vogelarten heimisch, mehr als in ganz Europa und mehr als auf dem gesamten nordamerikanischen Kontinent. Selbst mitten in der Nacht wurde ich, wenn ich über die staubigen Straßen der Halbinsel Nicoya rumpelte, immer wieder von Pauraquenachtschwalben aufgeschreckt, die plötzlich aus der Dunkelheit herangeschossen kamen und wie der Blitz das Scheinwerferlicht kreuzten. Ich hatte es mir zur Gewohnheit gemacht, nachmittags in der Nähe von Curú im Hippie- und Surferparadies Montezuma auf der Terrasse des Iguana-Cafés einen Cappuccino zu trinken, und jedes Mal wurde ich von einem Schwarm leuchtend blauer, einen halben Meter großer Vögel mit langem Schwanz und einem albern von der Stirn abstehenden Sichelhäubchen belästigt. Langschwanzhäher heißen die Vögel. Der gut 500 Seiten dicke Naturführer *Guide to the Birds of Costa Rica* beschreibt ihre Gewohnheiten so: »Streifen in lärmenden, lockeren Schwärmen von fünf bis zehn Tieren umher …, pöbeln lauthals Brillenkäuze und andere Raubtiere, unter anderem den Menschen, an.« Allerdings.

Costa Rica verdankt seinen artenreichen Vogelbestand zum einen den besonders günstigen Bedingungen der neotropischen Vegetation und zum anderen einer vorteilhaften erdgeschichtlichen Entwicklung. Vor etwa 50 Millionen Jahren begann sich südlich einer Landzunge, die vom nordamerikanischen Festland bis ungefähr dahin reichte, wo heute Nicaragua liegt, eine Kette vulkanischer Inseln – wo biologische Isolation und Artenbildung besonders begünstigt werden –

über den Meeresspiegel zu heben. Auf den Inseln entwickelten sich endemische Unterarten von Mauerseglern, Papageien, Eisvögeln, Falken und anderen Vögeln, die sich hier, aus fernen Ländern kommend, ansiedelten. Vor etwa fünf Millionen Jahren begann sich dann die zentralamerikanische Landbrücke zu bilden, über die eine Ausbreitung der Arten vom nördlichen zum südlichen Kontinent und umgekehrt möglich wurde. Glanzvögel, Tukane, Kotingas und Schnurrvögel wanderten nordwärts, Mückenfänger, Motmotguane, Schwalben, Wachteln und Finken bewegten sich gen Süden. An den Küsten vermehrten sich die in der Karibik und am Pazifik heimischen Spezies, und die Arten, die das Bergland und die Tiefebenen bevölkerten, entwickelten ganz eigene und nur hier anzutreffende Charakteristika. Die dichten Wälder, die das Hochland zu überziehen begannen, waren für einige Vogelarten eine ebenso unüberwindliche Grenze wie eine weite Meeresstrecke zwischen zwei Inseln. Für andere wiederum waren sie wie Inseln inmitten von unermesslichen Ozeanen. Nicht zuletzt durch diese Abgrenzung und Isolation waren die eingewanderten Vögel gezwungen, auf Dauer hier heimisch zu werden und allmählich ihre eigenen unverwechselbaren Merkmale zu entwickeln. In Costa Rica singen die Kolibris, anders als überall sonst auf der Welt, während einige Tangaren überhaupt nicht mehr singen. Die etwa tausend Hellroten Aras nördlich von Costa Rica wiederum begannen eine eigene Subspezies herauszubilden und wiesen nun in der Färbung und in ihren Gewohnheiten leichte Unterschiede zu denjenigen ihrer Artgenossen auf, die sich in kleinen Gruppen weiter südlich bis hinunter nach Peru und Brasilien angesiedelt hatten. Die Hellroten Aras Costa Ricas sind demnach so etwas wie eine Übergangsform zwischen diesen beiden Subspezies.

Wann immer der berühmteste Vogel des Landes, der prachtvolle Quetzal, beschrieben wird, fehlt es nicht an Superlativen. Das Männchen mit seinen auffällig blaugrün schillernden, bis zu 80 Zentimeter langen Schwanzfedern wird oft als der schönste Vogel der Welt bezeichnet. Benannt ist die Art nach Quetzalcoatl, einem Gott, der in allen meso-amerikanischen Kulturen bekannt war, besonders glühend aber von den Maya verehrt wurde, deren Götter im Großen und Ganzen ein ziemlich ungemütlicher Haufen waren. Ganz anders dagegen Quetzalcoatl, die gefiederte Schlange. Er war der Schutzpatron des kleinen Mannes und stand für Barm-herzigkeit, Mildtätigkeit und Freiheit. In den vorkolumbi-schen Kulturen waren die langen Schwanzfedern des Quet-zals eine kostbare Handelsware. Sie dienten den Adelsfami-lien der Maya als Schmuck und gelangten im Rahmen von Tauschgeschäften auch in die Königshäuser benachbarter Regionen wie des nördlich gelegenen Tales von Mexiko oder der peruanischen Inka im Süden. Der Quetzal ist das Wap-pentier der Guatemalteken; er taucht in der Staatsflagge auf und hat der wichtigsten Währungseinheit des Landes den Namen gegeben. Aber einen wirklich substanziellen Bestand der Spezies gibt es nur noch in Costa Rica, wo der Quetzal zu den Hauptattraktionen des berühmten Nebelwald-Reservats Monteverde gehört.

In Costa Rica sind andere Vögel beheimatet, die nicht minder schön sind: der Purpurdegenflügel beispielsweise, ein schlichter Kolibri, ein Riese unter seinesgleichen, aber doch ein scheues Geschöpf. Er wird fast 15 Zentimeter lang, und man übersieht die hübschen grünen Federn und den schwar-zen Schwanz des Männchens leicht angesichts seines ansons-ten fast dunkelviolett schillernden Gefieders. Ein anderer die-ser Vögel ist die Langschwanzpipra, die in ihrem Balzgehabe dem Quetzal nicht unähnlich ist. Es ist ein kleiner Sper-lingsvogel mit himmelblauem Rücken, olivgrüner Brust und ansonsten schwarzem Gefieder, und das Männchen erkennt man an den langen Schwanzfedern, die seine Körperlänge von durchschnittlich zwölf Zentimetern verdoppeln. Das Purpurhuhn sieht aus wie ein gewöhnliches Blässhuhn im

Faschingskostüm. Die Tangaren leuchten auffällig in allen Farben von Lindgrün über Gelb und Hellblau bis Schwarz und Braungesprenkelt. Und der Anblick des Hellroten Aras mit seinem leuchtend roten, blaugrünen und gelben Gefieder im smaragdgrünen Blättergewölbe des costa-ricanischen Waldes ist ein überwältigendes Erlebnis. Hatte man mir jedenfalls gesagt.

Wenn Matuzak sich nicht gerade mit den Aras beschäftigte, arbeitete er an einer Studie über die Gelbnackenamazonen, die auf der nahe gelegenen Insel Tortuga nisten. Die Papageien durchstreifen auf Futtersuche das Naturschutzgebiet Curú; sie halten sich gern in den Mangrovensümpfen auf, und sie geben Anlass zur Sorge. Sie sind vom Aussterben bedroht; in Curú gibt es nur noch 150 ihrer Art. Matuzak, so viel stand fest, hatte hier seine Bestimmung gefunden. Er hatte die Leitung des Projekts zum Schutz des Hellroten Aras in Curú übernommen, nachdem er zuvor an einem Forschungsprojekt vor Ort mitgearbeitet hatte. Begonnen hatte er seinen Einsatz als Umweltbiologe in Mittelamerika jedoch in Honduras, wo er die Gewohnheiten von Trauerstärlingen, Schmucktäubchen und Goldwaldsängern erforscht hatte. Matuzak hatte in San Diego Betriebswirtschaft studiert, bevor er sich für den ökologischen Fachbereich entschied und im kalifornischen Davis Umweltbiologie studierte. Seine Faszination für Getier aller Art hatte er allerdings bereits in Kindertagen entwickelt, als er mit seinem Vater Zelturlaube im Yosemite-Nationalpark unternommen hatte oder zum Angeln, Wandern oder Skifahren mit ihm unterwegs gewesen war. Irgendwann hatten es ihm dann die Vögel angetan.

Vögel sind der schlagende Beweis dafür, dass wir Menschen zu einer einfältigen und tölpelhaften Spezies gehören, die aber immerhin eine durchaus beständige Zuneigung zu ihren Mitgeschöpfen hegt. Vom Ibis der alten Ägypter bis zum

Raben und zum Adler, die die Mythenwelten der Urvölker meiner kanadischen Heimatküste durchstreifen, haben Vögel stets unsere tiefsten Sehnsüchte verkörpert und unseren Geist beflügelt. Wir können uns ihrer Faszination nicht entziehen.

Ein Vogel, der es mir besonders angetan hat, ist die Haubenmaina. Früher bevölkerten diese hübschen, aber unspektakulären Vögel zu Tausenden die kanadische Westküste. In den Straßen von Vancouver, Burnaby und New Westminster, wo ich aufgewachsen bin, pflegten sich die schwarzen Vögel mit den weiß gefleckten Flügeln in kleinen Schwärmen von bis zu sechs Tieren zu tummeln. Sie hüpften die belebten Gehwege entlang und sahen dabei aus wie kleine alte Männlein, die eilig mit hinter dem Rücken verschränkten Händen ihrem Ziel entgegeneilen. Chinesische Einwanderer hatten die Vögel Ende des 19. Jahrhunderts als Haustiere mit nach Kanada gebracht. Die wenigen, die im Lauf der Jahre der Gefangenschaft ihren Käfigen entkamen, schlossen sich in Brutkolonien zusammen und brachten jene Nachfahren hervor, die flatternd und schnatternd die Straßen meiner Kindheit bevölkerten. Domestizierte Mainas konnte man dazu bringen, einzelne Wörter zu wiederholen. Wild lebende Mainas fühlten sich in der Gesellschaft von Menschen wohl und unterhielten sich damit, dass sie die Geräusche der Umgebung wie Türenschließen oder Bremsgeräusche der Busse nachahmten.

Aber wie Singapur veränderte sich Vancouver beständig, wurde größer und erfand sich im Wachsen immer neu; alte Häuser verschwanden, und neue und immer höhere Bauten traten an ihre Stelle, bis man die Berge hinter der Stadt kaum noch sehen konnte. Es gab immer größere asphaltierte Flächen, immer weniger Bäume und immer mehr nesträuberische Gemeine Stare. Anfang des 21. Jahrhunderts lebte in Vancouver nur noch ein einziges brütendes Haubenmaina-Pärchen. Im Februar 2003 wurde eines der beiden Tiere an der

Kreuzung Second Avenue und Columbia Street von einem Auto überfahren. Der letzte Maina hielt so lange Wache bei seinem toten Gefährten, bis auch er zwei Wochen später überfahren wurde. Das war das Ende der Mainas in der Stadt.

Es ist ein schwacher Trost zu sagen, dass der Haubenmaina kein in Vancouver heimischer Vogel sei oder dass sein Verschwinden aus »ökologischer« Sicht den Artenbestand nicht gefährde, weil es in Asien noch genügend Exemplare gibt. Die Stadt ist in jedem Fall ärmer geworden ohne ihre Mainas. Als ich in Singapur einen Haubenmaina entdeckte, der vor dem Sri-Sri-Fußreflexzonen-Massagesalon ganz in der Nähe des In The Name Of Allah The Most Gracious The Most Merciful Mohd Rajeen & Brothers Café unbekümmert über den Gehweg hopste, wurde ich von einer Welle nostalgischer Gefühle und kindlicher Freude ergriffen.

Solchen flüchtigen Begegnungen wohnt ein eigenartiger Zauber inne. Oft sind es sehr persönliche, geheimnisvolle und kostbare Momente, über die wir nicht lange nachdenken, weil sie ohnehin unwägbar sind. Manchmal treffen sie uns aber auch wie eine plötzliche Erkenntnis. Sie sind die Folge zufälliger Begebenheiten, und sie fühlen sich an, als habe etwas in der Tiefe unseres Unterbewusstseins unverhofft einen grandiosen und archaischen Akkord angeschlagen.

Seit alters haben sich Vögel durch die unermesslichen Weiten des kollektiven menschlichen Unbewussten geschwungen. Die Vogelbeobachtung gehört zu den weltweit beliebtesten Hobbys der Menschen; allein in den USA gibt es angeblich 40 Millionen Hobbyornithologen, die jährlich 32 Milliarden Dollar für ihre Liebhaberei ausgeben. Und es waren Vögel, die am Anfang aller Bemühungen um den Schutz wild lebender Tiere standen: Der erste internationale Naturschutzkongress fand 1895 in Paris statt, und eines seiner wichtigsten Ergebnisse war die von fast allen europäischen Staaten unterzeichnete »Konvention zum Schutze der für die Landwirtschaft nützlichen Vögel«. Dieses erste Abkommen hat die Grundlage für alle späteren internationalen Umweltschutzverträge geschaffen. Der begnadete französisch-amerikanische Vogelzeichner John James Audubon gilt vielen als der »Vater des Naturschutzes«, und die Umweltschutzbewegung, die von den 1960er Jahren an immer mehr Zuspruch fand, wurde eingeläutet von Rachel Carsons Bestseller *Der stumme Frühling*[2], in dem die weltweiten Folgen des ungehemmten Einsatzes von Pestiziden in der Landwirtschaft, insbesondere für die Vogelwelt, beschrieben werden.

Einer der größten Erfolge der Naturschutzbewegung ist die Wiederansiedlung von Vogelarten, die nahezu ausgestorben waren. Vom Schreikranich, diesem majestätischen Tier, dessen Brutgebiete in den Feuchtregionen der Prärien durch die Intensivierung und Industrialisierung der Landwirtschaft auf dem nordamerikanischen Kontinent immer kleiner wurden, gab es Anfang 1940 nur noch 20 Exemplare, doch die unermüdlichen Bemühungen seiner menschlichen Bewunderer führten dazu, dass der Bestand bis zum Jahrtausendwechsel wieder auf 200 Tiere anstieg. Der Kalifornische Kondor, der seinen Namen zu Unrecht trägt, da er fast überall in Nordamerika verbreitet war, teilte das Schicksal des Schreikranichs: Anfang 1960 existierten nur noch 20 Exemplare, und Naturschützer hatten die Spezies mehr oder weniger abgeschrieben. Doch dann entdeckten ein paar exzentrische Vogelliebhaber ihr Herz für den Kondor und schafften es mit nie nachlassender Beharrlichkeit, den Bestand des größten flugfähigen Vogels in Nordamerika bis zum Ende des Jahrtausends zu verzehnfachen.

Zugleich haben aber von allen Tieren, die durch menschliches Einwirken verschwunden sind, die Vögel das schlechteste Los gezogen. Ein Fünftel aller Vogelarten, die es vor 20 000 Jahren gab, ist heute ausgestorben, ausgerottet vor allem durch den Menschen, wobei das Verschwinden der etwa 250 Arten, die seit Columbus' Tagen ausgestorben sind, weniger auf rücksichtslose Bejagung als auf den Verlust lebensnotwendiger Brutgebiete und im Gefolge des Menschen sich ausbreitende Nesträuber zurückzuführen ist. Auch den auf der Insel Mauritius im Indischen Ozean beheimateten Dodo ereilte dieses Schicksal. Der Dodo, ein flugunfähiger Vogel von der Größe eines Truthahns, der von allen ausgestorbenen Vogelarten die vielleicht bekannteste Spezies ist, war vielen Gefahren ausgesetzt. So schlachteten Seefahrer die wehrlosen Tiere des Fleisches wegen oder erschlugen sie auch nur zum Spaß; was ihnen jedoch letztendlich den Garaus machte, waren die vom Menschen eingeschleppten und verwilderten Haustiere wie Schweine, Hunde, Ziegen und Katzen. Das Schicksal des Dodo ist insofern bemerkenswert, als er das erste Tier war, dessen Aussterben als Folge von Einflüssen begriffen wurde, die auf den Menschen zurückzuführen sind. Die letzte kleine Gruppe von Dodos wurde 1662 von einem holländischen Seemann beobachtet, der auf Mauritius gestrandet war.

Selbst bei flüchtiger Betrachtung wird schnell klar, dass in der traurigen Geschichte des Artensterbens Inselbewohner eine herausragende Rolle spielen. Die Ursachen hierfür, denen David Quammen in seinem lesenswerten Buch *Der Gesang des Dodo*[3] auf den Grund geht, sind komplex. Entscheidend aber ist, dass Inselspezies nur auf einer *einzigen* Insel oder einem *einzigen* kleinen Archipel beheimatet sind; wenn sie hier aussterben, bedeutet dies das Ende ihrer Art.

Was immer man über die Gleichgültigkeit und Rücksichtslosigkeit auch sagen mag, extensive Jagd war nur in einem Zehntel der Fälle verantwortlich, wenn in den vergangenen fünf Jahrhunderten eine Spezies verschwand, und selbst in diesen Fällen haben Menschen oft einen zähen Kampf geführt, um die Art zu erhalten. Viele dieser Menschen sind samt ihrer Geschichte in Vergessenheit geraten. Eine dieser Geschichten handelt vom Riesenalk.

Die Ursache für das Aussterben des Riesenalks ist kein Geheimnis: Er wurde zu Tode gejagt. Der »Pinguin des Nordens«, wie man ihn irrtümlich zu nennen pflegte, war ursprünglich im ganzen Nordatlantik verbreitet, wo er auf kleinen Felseninseln brütete. Gejagt wurde er seines Fleisches und Trans, später auch seiner Federn und Haut wegen. Anfang des 19. Jahrhunderts gab es an den europäischen Küsten keine Riesenalke mehr, nur in skandinavischen Gewässern dümpelten noch ein paar einsame Exemplare. Der letzte glaubwürdige Bericht über einen Riesenalk – ein einzelnes Tier – stammt von der schottischen Inselgruppe St. Kilda vor den Äußeren Hybriden. Über Generationen hinweg hatten die Einheimischen, für die Seevögel zur Lebensgrundlage zählten, darauf geachtet, dass genügend Eier in den Nestern der Riesenalke blieben, um den Bestand der Kolonien zu sichern. Doch zu Beginn des 19. Jahrhunderts war der Vogel so selten geworden, dass man begann, das Auftauchen einzelner Tiere als böses Vorzeichen zu betrachten. Um 1820 wurde ein Riesenalk eingefangen, konnte aber nach viertägiger Gefangenschaft entkommen. Der Letzte seiner Art wurde von vier Einheimischen auf der zum St.-Kilda-Archipel gehörenden Felseninsel Stac An Armin entdeckt, eingefangen und drei Tage am Leben gehalten. Dann erschlug einer der Männer das Tier mit einem Knüppel, weil es seit seiner Entdeckung heftig gestürmt hatte und er glaubte, der Vogel »verfüge vielleicht über Zauberkräfte« und sei schuld an den Stürmen.

Der Riesenalk hatte seinen letzten größeren Brutverband auf Funk Island vor der neufundländischen Küste. In der zweiten Hälfte des 18. Jahrhunderts wurde Funk Island vor allem durch Wilderer aus Neuengland von Riesenalken entvölkert. 1775 ersuchte Neufundland die britische Regierung, die Jagd auf die Vögel und ihre Eier gesetzlich einzuschränken. Neuengländer, die auf Funk Island dabei überrascht wurden, wie sie Riesenalke häuteten und ihre Nester ausraubten, wurden in die Provinzhauptstadt St. John gebracht und öffentlich ausgepeitscht. 1794 schließlich wurde ein Gesetz erlassen, das den Handel mit Häuten und Federn des Riesenalks unter Strafe stellte, aber das Wildern ging weiter, bis Anfang des 19. Jahrhunderts auch der letzte Vogel dieser Art von Funk Island verschwunden war.

Am 3. Juni 1844 fiel für den Riesenalk ein für alle Mal der Vorhang. Am Morgen dieses Tages machten Ketil Ketilsson, Jón Brandsson und Sigurdur Isleffsson in dem isländischen Fischerdörfchen Stadur die Leinen los. Ihr Ziel war der Vulkanfelsen Eldey, wo sie Eier und Federn des Riesenalks sammeln wollten, für die europäische Sammler inzwischen Fantasiepreise bezahlten, weil der Vogel so selten geworden war. Früher einmal hatte es auf Eldey in der sommerlichen Brutsaison von Alken nur so gewimmelt, aber an diesem Tag stießen die drei Männer auf ein einziges Brutpaar. Sie töteten die beiden Vögel. Auf dem Lavafelsen blieb ein einsames Ei zurück. Es zerbrach, als Ketilsson es einsammeln wollte. Und das war das Ende des Riesenalks.

Die Geschichte des Bermuda-Sturmvogels ist bemerkenswert. 1616 erließ die Kolonialverwaltung von Bermuda ein Gesetz zum Schutz der auf den Inseln heimischen Cahows, wie der Seevogel damals genannt wurde. Diese Seevögel hatten in ihren Brutkolonien keine natürlichen Feinde gekannt, bis im 16. Jahrhundert Seeleute – und, schlimmer noch, ihre räuberischen Schweine, Katzen und Hunde – die Wildvogelbestände auf den Bermudas zu dezimieren begannen. Daraufhin wurde 1621 ein noch strengeres Gesetz erlassen, das dem Bermuda-Sturmvogel das Leben rettete, was aber bis in die 1950er Jahre niemandem bekannt war. Das war der Zeitpunkt, zu dem der Bermuda-Sturmvogel, der lange als ausgestorben gegolten hatte, wiederentdeckt wurde.

Selbst die Geschichte der Wandertaube, die oft als Paradebeispiel menschlicher Dummheit und Barbarei kolportiert wird, hat ihre Helden. 1912 waren die Wandertauben des nordamerikanischen Kontinents, die Anfang des 19. Jahrhunderts noch die vermutlich weltweit zahlenstärkste Vogelspezies gewesen war, endgültig ausgerottet. Für das Volk der Huronen waren die Seelen aller ihrer Verstorbenen in den gewaltigen Schwärmen vereinigt, und die weißen Siedler fanden es weder unvernünftig noch blutrünstig, wenn sie der Überzeugung waren, dass Jagdbeschränkungen lächerlich seien und nichts die Zahl der Vögel verringern könne. Die Vögel nisteten in Kolonien, die sich über mehrere hundert Quadratkilometer erstreckten, und dienten nicht nur der ärmeren Bevölkerung der rasch wachsenden Großstädte an der Ostküste der Vereinigten Staaten als reichlich vorhandene billige Kost, sondern waren auch leichte Beute für Füchse, Wölfe, Luchse, Falken und Adler.

Die Wandertaube war ein schöner Vogel mit blaugrauen Flügelfedern, roter Brust und violett schillerndem Hals. Sie war größer als die Trauertaube und ihr Fleisch mindestens ebenso schmackhaft, was zur Folge hatte, dass ihr Bestand von 1870 an rasant zurückging. Den Anstoß zu dieser Entwicklung kann man getrost der Wild verarbeitenden Industrie anlasten, der Tausende von Jägern, Transporteuren, Zwischen- und Einzelhändlern ihren Unterhalt verdankten. Kaum einer weiß heute noch, dass Wildtiere bis weit ins 20. Jahrhundert für nordamerikanische Stadtbewohner ein wichtiger Bestandteil ihrer Ernährung waren. Hirsch, Forelle, Kaninchen, Wildgans, Präriehuhn, Bison und Truthahn, Schnepfe, Regenpfeifer sowie Wat- und Entenvögel aller Art lieferten das Fleisch, das in der nordamerikanischen Durchschnittsfamilie am häufigsten auf den Tisch kam. Als die Wildtierbestände immer weiter zurückgingen, nahmen die professionellen Jäger vermehrt die Wandertaube aufs Korn. Das rief Naturschützer auf den Plan, die eine Reihe von Gesetzen erstritten, um die Nistplätze der Vögel wenigstens während der Brutzeit vor Jägern zu schützen. Allerdings zeigten diese Gesetze wenig Wirkung, weil die Leute sie für überflüssig hielten und einfach nicht befolgten.

Eine der letzten großen Schlachten für die Wandertaube wurde 1878 in einem Brutgebiet in den Wäldern bei Petoskey in Michigan geschlagen. Hier bogen sich auf einem 16 mal

60 Kilometer großen Areal die Äste der Bäume unter der Last der Vögel. Dutzende von Freiwilligen aus den Wild- und Naturschutzvereinen der Umgebung stellten sich schwer bewaffneten Jägern entgegen. Angeführt wurden sie von H. B. Roney, einem Professor aus Saginaw, dessen Mitstreiter die Jäger behinderten, wo sie nur konnten, und dessen Anwälte sich mit der Wildindustrie herumstritten. Als die Wildschützer den Kampf zu verlieren drohten, setzte Roney das Gerücht in die Welt, die Tauben im Wald von Petoskey hätten giftige Beeren gefressen – eine etwas hinterhältige, aber zumindest eine Zeitlang erfolgreiche Taktik, vergleichbar mit den Aktionen der Baumschützer, die hundert Jahre später alte Zedern mit langen Nägeln spickten, um sie vor den Kettensägen der Holzfäller zu bewahren.

Ähnliche, wenn auch weniger spektakuläre Aktionen fanden in anderen Teilen des Landes statt, doch Ende der 1880er Jahre war das Schicksal der Wandertaube endgültig besiegelt. Wie Christopher Cokinos in seinem bewegenden Buch *Hope is a Thing with Feathers*[4] zeigt, begriffen die Vertreter beider Lager im Grunde nicht, in welchem Ausmaß die riesigen Schwärme inzwischen gefährdet waren. Da jedes Paar pro Jahr nur ein einziges Junges aufzog, war eine für das Überleben der Spezies ausreichende Reproduktion nur bei einer entsprechenden Vielzahl erwachsener Tiere gewährleistet. Als die Bestände dünner wurden, ging auch die Zahl der Jungtiere in einer immer steiler abfallenden Kurve zurück. In den letzten Jahren, bevor die Wandertauben endgültig von der Bildfläche verschwanden, konnte der Widerhall einiger Gewehrschüsse schon das Ende einer Brutsaison bedeuten. Und je kleiner die Schwärme wurden, umso unerbittlicher wurden sie von den Heerscharen professioneller Jäger, die mit dem Verkauf von Wandertauben ihren Lebensunterhalt bestritten, aufs Korn genommen. Alle guten Absichten und alle Maßnahmen zum Schutz der Tauben erwiesen sich als unzureichend und kamen zu spät.

Aber es gab diese guten Absichten, und darauf kommt es an. Schon 1709 führten mehrere Verwaltungsbezirke im Staat New York jährliche Schonzeiten zum Schutz von Truthühnern, Wachteln und Waldhühnern ein, und Ende des 18. Jahrhunderts gab es fast überall in den Vereinigten Staaten Jagdschutzgesetze. Selbst der Bison hatte seine Fürsprecher. Die Geschichte von der bewussten Ausrottung des Bisons durch die US-Regierung, die damit auch die Absicht verfolgte, den Prärie-Indianern die Lebensgrundlage zu entziehen und so ihren Widerstand zu brechen, ist hinlänglich bekannt. Weniger bekannt ist dagegen, dass der US-Kongress 1874 einen Gesetzentwurf verabschiedete, der dem »sinnlosen Abschlachten« der Bisons ein Ende setzen sollte, der aber am Veto des Präsidenten Ulysses S. Grant scheiterte. In Kanada begriff man das Ausmaß der Tragödie, die das Verschwinden des Bisons bedeutete, und man bemühte sich, den Fortbestand der Spezies durch Domestizierungsprogramme zu sichern. Im kanadischen Westen wurden Ende des 19. Jahrhunderts überall Vereine zum Schutz bestimmter einheimischer Wildtiere gegründet. Sogar im Staat Idaho im Westen der Vereinigten Staaten gab es schon seit 1864 Gesetze zum Schutz von Bison, Hirsch, Elch und Antilope. In Wyoming durfte von 1890 an kein Bison mehr getötet werden, und sieben Jahre später erklärte Montana das Töten eines Bisons zur Straftat, die mit zwei Jahren Haft bestraft wurde.

Ende des 19. Jahrhunderts machte H. B. Roneys Beispiel in den Vereinigten Staaten Schule, und die Vogelschutzbewegung, angeführt von der 1886 gegründeten Audubon Society, erlebte einen ungeahnten Zulauf. Ihre eifrigsten Streiter fand die Bewegung unter den Schulkindern Amerikas, und diese bildeten auch die Mehrheit der 50000 Menschen, die Ende der 1880er Jahre mit ihrer Unterschrift gelobten, niemals Jagd auf Wildvögel zu machen. Besonders abstoßend fanden die Kinder offenbar die bei der modebewussten Damenwelt beliebten Hüte, die manchmal nicht nur mit Federn, sondern mit ganzen ausgestopften Vögeln geschmückt waren.

Mehr als hundert Jahre sind vergangen, seit die weibliche Vorliebe für Federhüte die Reiher, Seeschwalben, Löffler und Ibisse Nordamerikas in ihrer Existenz bedrohte, und immer noch werden viele unserer Mitgeschöpfe durch die Modeindustrie an den Rand des Abgrunds gedrängt. Eines dieser Tiere ist die Tibetantilope, die ihrer feinen Wolle wegen so gnadenlos gejagt wird, dass sie heute vom Aussterben bedroht ist. Beschleunigt wurde dieser Prozess durch die wachsende Beliebtheit der kostbaren Shahtoosh-Schals bei den Reichen dieser Welt, die nicht zuletzt durch Vorbilder wie Queen Elizabeth II. oder das Model Christie Brinkley Ende der 1990er Jahre einen weiteren Anstoß erlebte.

So wie der Handel mit seltenen Papageien deren Bestände in den vergangenen Jahren immer dramatischer dezimiert hat, war der Handel mit Vogelfedern die Ursache dafür, dass es gegen Ende des 19. Jahrhunderts so still in den Lüften wurde. Doch allzu oft vergessen wir bei alldem, dass diese Tragödie in der Gesellschaft auch eine gewaltige Reaktion auslöste. Die von den ersten Naturschützern losgetretene Bewegung war so klassenkämpferisch, so dramatisch und so welterschütternd wie die großen Arbeiterunruhen der 1930er und die Bürgerrechtskämpfe der frühen 1960er Jahre. Als der von der Audubon Society angestellte Vogelschutzwart Guy Bradley im Jahr 1905 in Florida von Jägern ermordet wurde, begann sich in der Bevölkerung Widerstand gegen den kommerziellen Vogelhandel zu regen. Die Amerikaner verloren die Geduld, und es war das Schicksal eines Papageien, das ihnen besonders zu Herzen ging.

1918 starb der letzte Karolinasittich im Zoo von Cincinnati. Dieser einzige ausschließlich auf dem nordamerikanischen Kontinent heimische Papagei, der begehrt war wegen seiner schönen Federn, war ursprünglich sehr zahlreich in den Wäldern im Süden der Vereinigten Staaten anzutreffen, wurde von den Bauern aber als Schädling betrachtet. Karolinapapageien hatten die liebenswerte, aber verhängnisvolle Gewohnheit, sich um ihre getöteten Gefährten zu scharen, was sie zum leichten Ziel für die Angriffe ihrer menschlichen Feinde machte. Zu der Zeit, als sie endgültig ausgerottet wurden, beschäftigten sich US-Gerichte bereits mit der Durchsetzung von Vogelschutzbestimmungen.

Ein denkwürdiges Exempel wurde 1919 statuiert, als der Leiter der Generalstaatsanwaltschaft von Missouri, Frank McAllister, verhaftet und verurteilt wurde, weil er während der Schonzeit 66 Enten geschossen hatte. Der Oberste Gerichtshof der Vereinigten Staaten bestätigte das Urteil. Damit unterstrich es die Zuständigkeit der Bundesregierung für den Schutz von Zugvögeln und beendete die Debatte über Sinn und Wirksamkeit des 1918 zwischen den USA und Kanada geschlossenen Vogelschutzabkommens (MBTA). Die Entscheidungsbegründung stammt aus der Feder des Richters Oliver Wendell Holmes, der vor allem wegen seines Eintretens für das Recht der Arbeiter, Gewerkschaften zu bilden, in Erinnerung geblieben ist. Holmes gehörte zu denjenigen, die in den 1880er Jahren mit ihrer Unterschrift gelobt hatten, keine Wildvögel zu töten.

Man sollte den Schaden, den die Jagd anrichtet, nicht unterschätzen, aber wenn man den Blick nur darauf richtet, übersieht man vielleicht, wie bei der Wandertaube geschehen, die subtileren und fataleren Ursachen für das Artensterben. Gegen Ende des 19. Jahrhunderts schwanden die mächtigen Eichen-, Buchen- und Kastanienwälder im Nordosten und im Mittleren Westen der Vereinigten Staaten dahin. Besonders schwerwiegende Folgen hatte das Abholzen der Buchenwälder. Es dauert 40 Jahre, bis eine Buche Samen produziert. Bucheckern sind eine der Nahrungsgrundlagen der Wandertaube, und die Buchenwälder schrumpften am schnellsten. Der Bestand der Wandertauben nahm in dem Maße ab, in dem die großen Wälder im Osten der Vereinigten Staaten

abgeholzt wurden. Sie verschwanden so schnell von der Bildfläche, dass viele Amerikaner, nachdem der Ornithologen-
verband die Vögel 1912 für ausgestorben erklärt hatte, sich
noch jahrelang weigerten, das wahrzuhaben. Und selbst als
sie es dann glauben mussten, hielt sich hartnäckig die Mär,
die Vögel seien nach Südamerika weitergewandert oder einer
tödlichen Virusinfektion erlegen.

Das ist das Seltsame am Artensterben: Wenn ein Tier –
insbesondere ein Vogel – verschwindet, will es keiner glauben. Es ist, als weigere sich das Tier, die Vorstellungswelt des
Menschen zu verlassen. Es wird zu einem Geist, der seine
früheren Peiniger, aber auch seine Möchtegernretter bis in
den Schlaf verfolgt.

So war der Untergang des Eskimobrachvogels beispielsweise nicht vom Knall einer Jägerbüchse begleitet, sondern
von einem Klagechor. Diesen Chor glaubten manche noch
1980 aus der Ferne zu vernehmen, obwohl der letzte Vogel in
den 1960er Jahren erlegt worden war. Wie die Wandertauben
formierten sich auch die Eskimobrachvögel in riesigen wol-
kengleichen Schwärmen, und auch ihr Aussterben resultierte
aus einem Zusammenspiel mehrerer Faktoren. Die Jagd war
sicherlich nicht unschuldig daran: Als die Wandertauben
immer weniger wurden, nahmen die Jäger Watvögel wie den
Eskimobrachvogel aufs Korn. Aber wesentlich tiefere Wunden riss die Zerstörung ihres Lebensraums.

Als die Bisons aus den Prärien verschwanden und die end-
losen Grassteppen in Getreidefelder und Weideland umgewandelt wurden, löste dies einen ökologischen Dominoeffekt
aus, der von Fachleuten als »trophische Kaskade« bezeichnet
wird. Ein besonders wichtiger, in der Nahrungskette hinter
dem Eskimobrachvogel angesiedelter Dominostein war ein
Tier, das mit seinen Schwärmen ebenfalls den Himmel verdunkelte – die Felsengebirgsschrecke. In den letzten Jahren
ihrer Existenz hinterließen diese Heuschrecken zwischen
dem Golf von Mexiko und Saskatchewan überall, wo sie ein-

fielen, riesige kahl gefressene schwarze Flächen, so dass weite Striche der Landschaft aussahen wie verbrannte Erde. Besonders verheerend war der Einfall eines Heuschreckenschwarms im Jahr 1875, als die Tiere auf einer Fläche von 3000 mal 200 Kilometern alles, was grün und lebendig war, abfraßen. Zurück blieb ein faulig riechender Teppich aus Heuschreckenkadavern, der sich über die gesamte Mitte des Kontinents zog. Ein Vierteljahrhundert nach diesem Ereignis war die Felsengebirgsschrecke auf rätselhafte Weise von der Erdoberfläche verschwunden. Das letzte Mal, dass ein lebendes Exemplar der Spezies gesichtet wurde, war im Jahr 1902.

Auch wenn es uns verständlicherweise kaltlassen mag, dass es diese gefräßige Heuschrecke nicht mehr gibt, war ihr Verschwinden doch wahrscheinlich der letzte Nagel zum Sarg des Eskimobrachvogels. Die Heuschreckenschwärme waren eine der Hauptnahrungsquellen für die Eskimobrachvögel auf ihrem langen Weg von Patagonien am Südzipfel des Doppelkontinents zu ihren Brutgebieten im Nordwesten Kanadas.

Um 1900 war der Anblick eines Eskimobrachvogels bereits eine Seltenheit. Das letzte frei lebende Exemplar seiner Art wurde 1963 auf Barbados erlegt. So wie die IUCN die endgültige Ausrottung des Blaulatzaras lange nicht wahrhaben wollte, obwohl seit den 1960er Jahren kein einziger Vertreter der Spezies mehr gesichtet worden war, hält es die US-Regierung für angemessen, den Eskimobrachvogel im Rahmen des 1973 verabschiedeten Endangered Species Act immer noch auf der Liste der gefährdeten, nicht der ausgestorbenen Arten zu führen. Selbst in der ehrwürdigen Audubon Society hat man die Hoffnung nicht aufgegeben, dass es noch einen kleinen Schwarm der Vögel geben könnte, die, weil sie von anderen Brachvogelarten so schwer zu unterscheiden sind, irgendwo unerkannt ihr Leben fristen. Noch 1990 wurde gelegentlich die Sichtung eines Eskimobrachvogels kolportiert, so als würde der Geist des Tieres von Zeit zu Zeit einem Menschen erscheinen.

Vergleichbar war es, als sich der Elfenbeinspecht, den die Amerikaner ehrfürchtig als Herrgottsvogel bezeichnen, allmählich aus der uns bekannten Welt in die Tiefen des menschlichen Unterbewusstseins zurückzog. Einst weit verbreitet in den dichten Wäldern im Süden der Vereinigten Staaten, war dieser schöne Vogel, der »König der Spechte«, bei Vogelfreunden ausgesprochen beliebt. Jahrzehntelang lautete die offizielle Lesart, der letzte Vertreter seiner Spezies sei ein weibliches Tier gewesen, das 1944 am Tensas River in einem Waldgebiet der Art, wie es die Elfenbeinspechte zum Leben brauchten, gesehen worden war. Der Tiermaler Don Eckelberry hatte den Vogel in zwei Wochen geduldiger Beobachtung im Auftrag der Audubon Society porträtiert, während um ihn herum deutsche Kriegsgefangene mit Baumfällarbeiten für die Chicago Mill and Lumber Company beschäftigt waren, die nicht gerade begeistert war über die Anwesenheit des Malers. Ungeachtet aller Interventionsversuche der US-Regierung sowie der Gouverneure von Louisiana, Mississippi, Tennessee und Arkansas holzte die Firma den Wald weiter ab.

Bis weit in die 1990er Jahre hinein, mehr als ein halbes Jahrhundert nach Eckelberrys Aufenthalt am Tensas River, erreichte die Forstbehörden, Universitäten und die Audubon Society immer noch gelegentlich eine Meldung, dass in irgendeinem Wald im Süden der USA und sogar auf Kuba ein Herrgottsvogel gesichtet worden sei. Der Ruf des Elfenbeinspechts war unvergesslich. Wenn er verletzt war, klang sein Schrei wie der eines Kindes.

⁓

Die Aras waren von Westen gekommen und im Tiefflug auf den malerisch geschwungenen Strand von Curú zugeschwebt, vorbei am Wildreservat-Zentrum, wie der Komplex hier genannt wird, der aus Kantinengebäude, Souvenirladen und baufälligen Hütten besteht, in denen die freiwilligen

Helfer und Gastbiologen untergebracht sind. Die Vögel waren in Baumhöhe in kühnem, elegantem Bogen den Strand entlanggeflogen und waren dann zwischen den Palmen verschwunden unterhalb des *Mirador*, eines Aussichtspunktes, von dem aus man einen herrlichen Blick auf den Strand, die nahe gelegene Insel Tortuga und die blaue Weite des Pazifik genießt.

So wurde es mir jedenfalls beschrieben. Es war ein flüchtiges Ereignis, und ich hatte es verpasst. Ich war nur ein paar Schritte vom Strand entfernt. Eine Großfamilie von Brüllaffen und eine Gruppe Kapuzineraffen waren in schwierigen, theatralischen Verhandlungen über die gerechte Verteilung eines Büschels Kochbananen begriffen. Ich hatte sie fasziniert beobachtet und dabei die Aras verpasst.

Die Brüllaffen waren auch schuld daran, dass es mir so schwerfiel, die Augen offen zu halten, während ich am Beobachtungsposten darauf wartete, dass die Aras kommen und sich ihre Sonnenblumenkerne abholen würden. In der Nacht zuvor hatte sich eine Horde von ihnen ausgerechnet in den Bäumen über dem kleinen Gasthaus bei Cabo Blanco niedergelassen, in dem ich abgestiegen war. Sie hatten mich fast die ganze Nacht wach gehalten. Die Geräusche, die ein Brüllaffe von sich gibt, spotten jeder Beschreibung. Es sind kleine Affen – ein ausgewachsenes Männchen ist kaum größer als ein 18-monatiges Kind –, aber der aufgetriebene Zungenbein- und Schildknorpel ihres Kehlkopfs dient ihnen als Resonanzorgan, und wenn sie ihr höllisches Gebrüll anstimmen, ist es kilometerweit zu hören. Mit diesem Brüllkonzert, das sich Stunden hinziehen kann, markieren sie ihr Revier. Die Surfer, die im Winter in Massen die holprige Straße zu den abgelegenen Stränden im Süden der Halbinsel Nicoya hinunterrumpeln, haben ihren Spaß an dem Radau, aber wenn die Affen in einer mondlosen Nacht in einem Baum direkt über dir sitzen, hast du das Gefühl, du bist von einer Horde riesiger Gorillas umzingelt, die alle auf dich einbrüllen.

Da saß ich also mit meinem geliehenen Fernglas auf meinem Campingstuhl, den Blick zwischen Bäumen hindurch auf die beiden Futterkisten geheftet, und wartete. Ich gab mir alle Mühe, mich wach zu halten, um einmal im Leben mit eigenen Augen den Hellroten Ara in seinem natürlichen Lebensraum zu sehen, mit seinem unverwechselbaren rot und gelb leuchtenden Gefieder und seinen langen blaugrünen Schwanzfedern. Ich beobachtete und wartete, aber in dem fernen Vogelgezwitscher, das die träge Luft um mich herum erfüllte, konnte ich das charakteristische durchdringende Kreischen des Aras nicht heraushören, so angestrengt ich auch lauschte. Was ich hören konnte, waren zaghafte Rufe, die vermutlich von Sittichen kamen, Rotstirn- oder Gelbnackenamazonen vielleicht oder auch Elfenbeinsittiche. Immer wieder sah ich am Rande meines Gesichtsfeldes etwas aufblitzen, doch wenn ich hinsah, war es nur ein Stärling, der sich im Sturzflug näherte und auf einer der Futterkisten landete, um ein paar Körner aufzupicken, bevor er wieder abhob.

Auf der Lichtung kletterte ein Leguan an einem der Holzpfosten, an denen die Futterkästen aufgehängt waren, hoch und blieb reglos und nahezu unsichtbar in der Sonne sitzen. Das Zikadenkonzert setzte wieder ein. Nichts regte sich mehr. Nach einer Weile fiel wieder eine Kokosnuss herunter. Ich wartete, die Sonne flirrte träge durch das grüne Palmenblätterdach, und die Leguane trafen sich hin und her huschend zum lautlosen Stelldichein. Exotische blaue Schmetterlinge flatterten in der dufterfüllten Luft.

Während ich hier auf die Aras wartete, war ein 50-köpfiges Team von Ornithologen und Biologen damit beschäftigt, die Ergebnisse einer geheimen Studie über die Wild- und Naturreservate am Cache River und White River in den Big Woods, den großen Wäldern von Arkansas, auszuwerten. Unter der Leitung der Naturschutzorganisation Nature Conservancy und des Ornithologischen Instituts der angesehenen Cornell-Universität suchten die Wissenschaftler nach Beweisen, die einen Bericht über die Sichtung eines Herrgottsvogels – den ersten wirklich ernst zu nehmenden in den 60 Jahren, die seit Eckelberrys Tagen am Tensas River vergangen waren – hätten untermauern können.

Der Naturfreund Gene Sparling aus Hot Springs in Arkansas hatte Ornithologen der Cornell-Universität davon überzeugt, dass es sich bei einem Vogel, den er am 11. Februar 2004 am Cache River gesehen hatte, möglicherweise um einen Elfenbeinspecht gehandelt haben könne. Zwei Wochen später führte Sparling den Herausgeber der ornithologischen Fachzeitschrift *Living Bird*, Tim Gallagher, von der Cornell-Universität und den Kunstprofessor Bobby Harrison aus Alabama zu der Stelle am sumpfigen Flussarm, an der er den Vogel gesehen hatte. Kaum 25 Meter von ihnen entfernt überquerte ein großer Vogel mit schwarzweißem Gefieder, der bis ins kleinste Detail den Beschreibungen des Elfenbeinspechts entsprach, den Fluss. Alle drei waren sich einig, dass kein Zweifel bestehen konnte. Harrison setzte sich auf einen Baumstamm und weinte.

Daraufhin organisierten Nature Conservancy und das Ornithologische Institut der Cornell-Universität eine breit angelegte Suche. Heraus kam eine Reihe weiterer flüchtiger Sichtungen, Tonaufnahmen einiger sehr spechtähnlicher Geräusche und – das spektakulärste Ergebnis – die vier Sekunden dauernde Videoaufnahme eines Spechts, der sehr nach einem Herrgottsvogel aussieht. Im April 2005 wurde die Entdeckung publik gemacht. Kaum eine Nachricht fand in diesem Jahr einen so breiten und begeisterten Widerhall in den Medien der Welt wie diese – die Aufregung hätte nicht größer sein können, hätte man Bigfoot eingefangen oder Elvis schließlich doch noch irgendwo quicklebendig aufgespürt.

Bis Juli hatte sich eine Kontroverse um das Thema entwickelt, deren Hauptakteure auf der Seite der Skeptiker Wissenschaftler von der Yale-Universität und der Universität Kansas waren, deren Ansichten fast ebenso ausgiebig in der

Presse behandelt wurden wie die ursprüngliche Nachricht. Aber die Aufregung war von kurzer Dauer. Nachdem die Skeptiker die Tonbandaufnahmen gehört hatten, die während des anfänglichen Medienrummels noch nicht zur Verfügung gestanden hatten, waren ihre Zweifel ausgeräumt. Richard Prum von der Yale-Universität zeigte sich »sehr überzeugt« von der Existenz mindestens eines Elfenbeinspechtpaares in den Sumpfwäldern von Arkansas. Und Mark B. Robbins von der Universität Kansas pflichtete ihm bei. Er zeigte sich »absolut beeindruckt«.

Aber im Gegensatz zu den Ornithologen der Cornell-Universität und den unermüdlichen Vogelfreunden, die sich im Wolgadelta durchs Gebüsch schlagen und den Krauskopfpelikanen auflauern, hatte ich in den letzten Tagen meines Aufenthalts in Curú die Hoffnung, einen Blick auf die Vögel zu erhaschen, um derentwillen ich gekommen war, aufgegeben. So vertrieb ich mir die Zeit, die noch blieb, am Meer, zusammen mit meiner Frau Yvette, die unbedingt noch einmal die Surfstrände von Nicoya heimsuchen wollte, bevor wir wieder nach Hause fuhren. An einem kleinen Fluss, der durch einen Palmenwald träge zum Strand von Curú mäandert, bestand, wie ich gehört hatte, eine wenn auch nicht sehr große Chance, einen Ara zu sehen, was uns veranlasste, auf dem Rückweg diese Richtung einzuschlagen und hüfttief im Wasser den Fluss entlangzuwaten, bis wir eine einfache Seilbrücke erreichten. Als wir die Uferböschung hinaufkletterten, fiel uns ein Warnschild ins Auge: Achtung Krokodile. Es war irgendwie nicht mein Tag.

Während wir zum Zentrum zurückliefen, tröstete ich mich mit dem Gedanken, dass Costa Rica immerhin der Beweis war, dass nicht alle Wege ins Tal des schwarzen Schweins führen und dass nicht alle seltenen Kreaturen dieser Welt dazu verdammt sind, auszusterben oder als lebende Tote in einem Zoo oder einem Vogelpark zu enden. Der größte Zauber im Leben wohnt den Dingen inne, auf die man warten muss. Man muss geduldig sein und ausdauernd, und manchmal hat man einfach Glück. Das alles sagte ich mir im Dahinwandern, als mir plötzlich etwas ins Auge fiel – wie ein roter Blitz hoch oben in den Baumkronen.

Dort oben in den Blattwedeln einer Palme saßen, in atemberaubender Schönheit, zwei Hellrote Aras.

Ein Fisch

Die letzten Riesen im Fluss des schwarzen Drachen

Wir wurden betört mit zahllosen Lügen,
mit azurblauen Bildern von Eis,
mit falschen Verheißungen von Himmel und Meer,
und gerettet von einem Gott, an den wir
nicht glauben.
Jewgeni Jewtuschenko: *Die Ballade von den*
trügerischen Leuchtfeuern

Die klapprige Passagiermaschine vom Typ Iljuschin 62 M setzte, aus Seoul kommend, nach zweistündigem Flug zur Landung in Chabarowsk an, und noch bevor sie auf der buckligen, von Rissen überzogenen Piste aufsetzte, machten sich die Folgen der Umweltzerstörung in Russlands Fernem Osten schon bemerkbar. Als sich die Maschine im Landeanflug in die Kurve legte, schien die untergehende Sonne durch die Fenster herein und tauchte die Passagierkabine in ein unglaublich leuchtendes Rot. Das lag an der Prismawirkung der riesigen Rauchwolke, die sich über dem Horizont erhob. Verursacht wurde sie durch außer Kontrolle geratene Waldbrände, die Folge illegaler Abholzungen in der Taiga. In den zwölf Monaten vor dem malerischen Sonnenuntergang, der Flug Nummer 301 der Dalavia Airways bei der Ankunft in Russland begrüßte, war aus den Wäldern rund um Chabarowsk Holz im Wert von schätzungsweise 120 Millionen Dollar gestohlen worden.

Als die Maschine auf dem Rollfeld vor dem baufälligen Terminal zum Stehen kam, wurde sie von Soldaten in abgewetzten, schlecht sitzenden alten Sowjetuniformen umringt. Sie wiesen uns an, uns auf dem Rollfeld in langen Reihen aufzustellen, während eine Truppe Krankenschwestern auf uns zugeeilt kam, die mit überdimensionierten Fieberthermometern – eines für jeden Passagier – beladen waren. Gestikulierend bedeuteten uns die Krankenschwestern, uns die kalte Metallspitze eines Thermometers unter die Achsel zu klemmen, und so standen wir nun albern herum in dieser langen Schlange, die sich bis in den Ankunftsbereich des Flughafengebäudes zog. Zweck der Übung war es, Wachsamkeit zu demonstrieren angesichts einiger Vogelgrippefälle in der benachbarten chinesischen Provinz Heilongjiang. Nach einigem Hin und Her an einer Reihe behelfsmäßig eingerichteter medizinischer Kontrollpunkte wurden die Passagiere zum Zolldurchgang weitergelotst.

Während ich zusah, wie das Bodenpersonal draußen auf dem Rollfeld unser Gepäck aus dem Frachtraum auf die Ladefläche eines verrosteten Armeelastwagens warf, an dessen Seite ein großer roter Stern prangte, ging ein drahtiger, nervös wirkender Mann vorbei. Er fiel mir auf, weil er eine Baseballkappe von St. Peter's Fly Shop, einem Laden für Anglerbedarf in Fort Collins, Colorado, trug. Der Mann entpuppte sich als Mischa Skopets, einer von einer Handvoll Menschen aus diesem Winkel der Welt, die ich je kennengelernt hatte. Er kam aus Magadan, einer Hafenstadt am Ochotskischen Meer, etwa 1500 Kilometer nordöstlich von Chabarowsk. Er hielt sich, wie sich herausstellte, zufällig hier auf, wollte aber noch ein paar Tage bleiben, um an dem Fischereischutz-Symposion teilzunehmen, dessentwegen ich gekommen war. Das Zusammentreffen war ein großer Glücksfall für mich.

Ich war Mischa erst ein Mal begegnet, und zwar im Vorjahr auf einer Lachskonferenz in Portland, Oregon, aber er war mir in Erinnerung geblieben. Der 47-jährige Fischereibiologe wurde auch der Indiana Jones des russischen Fischereischutzes genannt. Es gibt wenige Flüsse im Osten Russlands, die Mischa nicht kennt. Er hat etliche neue Fischarten entdeckt, von denen eine – eine Salmonidenart – so außergewöhnlich ist, dass sie eine eigene Gattung bildet. Gefunden hat er diesen Fisch am Grund des subarktischen Sees im Elgygytgyn-Krater in Tschukotka. Mischa ist ein angenehmer Zeitgenosse, und ich freute mich, ihn zu sehen, genauso wie eine Reihe meiner Mitpassagiere von Flug 301. Zu dem Symposion war ein halbes Dutzend Nordamerikaner angereist, und die meisten von ihnen kannten Mischa zumindest vom Hörensagen.

In Portland hatte Mischa einen leidenschaftlichen Vortrag über die deprimierenden Folgen der politischen und gesellschaftlichen Umwälzungen in Russland für die Flüsse im Fernen Osten des Landes und die marinen Lebensräume in dessen pazifischen Gewässern gehalten. Ich war vor allem deshalb zu dem Symposion in Chabarowsk gekommen, weil auf der Liste der Teilnehmer so ziemlich alle Fachleute vertreten waren, von denen ich glaubte, dass sie etwas über die von Mischa beschriebenen Umweltzerstörungen zu sagen hatten. Das soll nicht heißen, dass die Tragödie nur einem kleinen Kreis von Experten bewusst wäre. Nur ist das gewaltige Ausmaß dessen, was sich dort abspielt, außerhalb von Russland weitgehend unbekannt.

Am Tage meiner Ankunft in Chabarowsk brachte die lokale Tageszeitung auf der Titelseite einen Artikel über die Ermittlungen im Mordfall Valentin Zwetkow, dem Gouverneur des Verwaltungsbezirks Magadan. Die Polizei war zu dem Ergebnis gekommen, dass Zwetkow von den Drahtziehern des organisierten Verbrechens ermordet worden war, die weite Teile der Küstenfischerei kontrollierten. Keiner wusste allerdings Genaues, und niemand konnte mit Sicherheit sagen, wer für den Brandanschlag auf Generalmajor Vitali Gamov, den Leiter der Fischereiaufsichtsbehörde auf Sachalin, verantwortlich war. Im Jahr vor seiner Ermordung hatte Gamov begonnen, hart gegen die illegale Hochseefischerei vorzugehen. Manche glaubten, er sei von einem japanischen Verbrechersyndikat ermordet worden. Andere wiesen auf die

Geschäftsverbindungen zwischen japanischen Banden und organisiertem Verbrechen in Russland hin. Es war ein Rätsel.

Während wir, nachdem wir unser Gepäck geholt hatten und durch den Zoll gegangen waren, herumstanden und auf die Busse warteten, die uns in die Stadt bringen sollten, kamen wir auf einen Skandal zu sprechen, der bei Naturschützern, Fischereibehörden, Biologen und Fischereiführern für Aufsehen gesorgt hatte. In der Stadt hatten ein paar Fotos die Runde gemacht. Auf den Bildern war ein wohlbekannter »Neukapitalist« und leidenschaftlicher Sportangler aus Chabarowsk zu sehen, wie er auf einer verschneiten Flussböschung mit einem riesigen toten Sibirischen Taimen für die Kamera posiert.

Der Taimen ist eine Lachsart und gehört zur Gattung der Huchen, einer Spezies von Riesen, die sich vor etwa 40 Millionen Jahren entwickelt hat. Wegen seiner Größe und Wildheit, aber auch weil er so selten geworden ist, wird der Taimen manchmal als »Tiger der Ichthyofauna« bezeichnet. Der Taimen ist der größte Salmonide der Welt; ein ausgewachsenes Tier sieht aus wie ein Atlantischer Lachs, hat aber die Größe eines erwachsenen Mannes. Er kann bis zu hundert Kilogramm schwer werden und eine Länge von zwei Metern und mehr erreichen. Die am Amur heimischen Ureinwohner benutzten angeblich tote Hunde als Köder, wenn sie auf Taimenfang gingen, aber heute erwischt kaum noch jemand einen Taimen, schon gar nicht einen der ganz großen. Die legendären Amur-Taimen werden immer weniger, sie sind fast so selten geworden wie die größte Wildkatzenspezies der Welt, die Amur-Tiger, von denen es keine 500 Exemplare mehr gibt. Schuld daran ist die Wilderei.

Die Fotos waren deshalb zum Gesprächsthema in der Stadt geworden, weil der darauf abgebildete Fisch erstens ein besonders großes Exemplar und zweitens tot war. Entlang des Amur hatte sich eine Initiative gebildet, die in der Bevölkerung breite Unterstützung fand und deren Ziel eine sanfte

Fischerei war, bei der gefangene Lachse nicht getötet, sondern lebend ins Wasser zurückgesetzt werden. Der auf den Fotos abgebildete Neukapitalist war in Anglerkreisen in Chabarowsk beliebt. Er hätte es eigentlich besser wissen müssen, war das allgemeine Urteil, und es machte es auch nicht gerade besser, dass er so öffentlich mit seinem Fang protzte.

Der Amur zählt zu den zehn längsten Flüssen der Erde. Er ist auch unter seinem älteren Namen Heilong Jiang bekannt, was so viel heißt wie »Fluss des schwarzen Drachen«, und war schon immer wegen seiner großen Fische berühmt. In dem breiten Hauptstrom und seinen zahlreichen Nebenflüssen tummelt sich neben dem Taimen der größte Süßwasserfisch der Erde, der Amur-Stör. Der in keiner anderen Gegend der Erde vorkommende Fisch kann bis sechs Meter lang und 1000 Kilogramm schwer werden. Sowohl dem Taimen als auch dem Stör werden in den Mythologien der im Amurtal heimischen Volksstämme, der Nanai, der Udegejer, Ultschen und Nivchis, übernatürliche Eigenschaften zugeschrieben. In diesen Geschichten kommt manchmal ein Taimen in Gestalt einer Menschenfrau vor, der alle jungen Männer in Liebe verfallen müssen. Störe treten in allen möglichen Rollen auf. In einer berühmten Geschichte wird ein Junge, den man im Amur ertrunken glaubte, bei einem Stör wiederentdeckt, der ihn an Sohnes statt großgezogen hat.

Wie der Taimen ging der Amur-Stör schnell in dem Strudel aus Armut und Kriminalität unter, der dafür sorgte, dass im weiten Hinterland um Chabarowsk illegaler Fischfang, Wilderei und groß angelegter Holzdiebstahl zu den gewinnträchtigsten Geschäften gehörten. Es war eine Situation, die viele Leute so empörte, dass sie anfingen, die Zeit vor der Perestroika wieder herbeizusehnen. Und es war das Hauptkapitel einer wichtigen Geschichte, die im siegesbewussten Westen, wo die landläufige Meinung herrschte, die Russen seien uneingeschränkt glücklich darüber, das totalitäre Joch abgeschüttelt zu haben, selten erzählt wurde. Man musste sich nicht lange in Chabarowsk aufhalten, um herauszufinden, dass die Sache nicht ganz so einfach war.

Zehn Jahre nach dem Ende der Sowjetunion war Chabarowsk eine im Verfall begriffene, aber auf eine ganz eigene Weise vornehme Stadt. Die Alleen waren gesäumt von großen, baufälligen Wohnblocks, Holzhäusern im Blockhausstil und Gebäuden in Zwiebelturmarchitektur, ein wildes Durcheinander von Baustilen, versammelt auf einer Reihe von Hügeln, die das breite Band des Amur überblicken. Die Stadt hat 570 000 Einwohner und ist die Hauptstadt der gleichnamigen Region im russischen Föderationskreis Fernost. Sie liegt näher bei Vancouver als bei Moskau und etwa auf dem gleichen Breitengrad, so dass hier ein angenehmeres Klima herrscht als in den meisten anderen russischen Städten. Es heißt, in Chabarowsk ist es im Frühjahr am schönsten, in der Zeit vom Tag der Arbeit am 1. Mai bis zum Tag des Sieges am 9. Mai, an dem der Sieg der Sowjetunion im Großen Vaterländischen Krieg, wie die Russen den Zweiten Weltkrieg nennen, gefeiert wird. Wer kann, nimmt sich in dieser Zeit frei; die Menschen fahren zu ihren Datschas und Schrebergärten, Schulen und Universitäten sind geschlossen. Es finden Konzerte, Umzüge und Paraden statt, und der Wodka fließt reichlich. Wie es der Zufall wollte, fiel unser Aufenthalt in Chabarowsk genau in diese Zeit.

Einerseits gibt es in Chabarowsk trostlose Bürogebäude aus der Stalinzeit, monumentale Denkmäler für die Märtyrer der bolschewikischen Revolution und Elendsviertel für Angehörige ziganischer Völker, aber es ist auch eine Stadt der alten orthodoxen Kirchen, weitläufigen Parkanlagen, Museen und Galerien. Eine Leninstatue blickt noch auf den Leninplatz herunter, und das Rathaus steht noch in der Karl-Marx-Straße, aber die Stadt ist von pulsierendem Leben erfüllt. Das liegt zum Teil an der bunten ethnischen Mischung der Bevölkerung und zum Teil daran, dass man in nur wenigen Minuten mit der klapprigen Straßenbahn vom Stadtzentrum zur Universität mit ihren neun Fakultäten und drei Instituten gelangt. Es mutet ein bisschen an wie Prag in den 1960er oder wie Chicago in den 1930er Jahren. Es wimmelt von Straßencafés, wo Studenten diskutieren, aber ebenso sieht man auch Horden junger Männer in schwarzen Lederjacken, die mit Bürstenschnitt und finsterer Miene an den Straßenecken herumlungern oder in glänzenden schwarzen Limousinen mit getönten Scheiben ankommen oder davonbrausen.

Während dieser Maitage spielten in der Innenstadt Straßenmusikanten mit Akkordeon und Geige auf, fliegende Händler boten Milch, Limonade und Schokoriegel an Behelfsständen und in provisorisch zusammengezimmerten Buden feil, und Elstern bauten in den Bäumen ihre Nester. Kinder tobten in den Parkanlagen herum und warteten in mäandernden Schlangen auf die nächste Fahrt mit einer der von Ponys und Rentieren gezogenen Kutschen. Und eines Morgens wurde ich in meinem Hotel, einem schmucklosen Bau mit bröckelndem Putz und defekten Aufzügen am Leninplatz, von einem ohrenbetäubenden Lärm geweckt. Verursacht wurde er von Dutzenden von russischen Panzern, Truppentransportern und mobilen Raketenwerfern, die durch die Straßen der Stadt rumpelten. Unter meinem Fenster marschierten russische Soldaten in Reih und Glied vorbei, um auf dem Leninplatz Aufstellung zu nehmen. Es war ein komischer, aber auch trauriger Anblick. Den ganzen Tag über strömten die Menschen zu Tausenden herbei und sahen mit offenem Mund zu, wie die Bataillone auf dem Platz paradierten. Als die Kapellen die alte Sowjethymne anstimmten, standen alte Männer, die Brust mit den stumpf gewordenen Medaillen der Kommunistischen Partei behängt, mit Tränen in den Augen stramm. Überall auf dem Platz hatten sich Frauen in stummer Mahnwache aufgestellt und hielten ihre alten Plakate mit den Konterfeis von Chruschtschow, Breschnew und Stalin in die Höhe.

Ihre nostalgischen Gefühle waren verständlich. Für die

Mehrheit der Russen war der abrupte Zerfall des Sowjetsystems eine Katastrophe. In Russlands Fernem Osten war der Zusammenbruch der alten Ordnung nach Wildwestmanier vonstattengegangen. Das Bild, das sich aus den Zustandsberichten von mehr als 40 Regierungsvertretern, Mitarbeitern der Fischereiaufsichtsbehörde, Justizbeamten, Biologen, Naturschützern und Vertretern der Ureinwohner ergab, stellte das, was Mischa ein Jahr zuvor in Portland erzählt hatte, noch in den Schatten. Sergej Zolotukin, der Lachsexperte der russischen Regierung für den Bezirk Chabarowsk, ein nüchterner Mann mit kräftiger, vorspringender Stirn, gab einmal beim Mittagessen eine düstere Prognose ab. Ohne einen radikalen politischen und wirtschaftlichen Kurswechsel sei die Lage aussichtslos, sagte er: »Es wird gewildert, was das Zeug hält. Da greifen keine Gesetze.«

Die rasante Verschlechterung der Zustände ist eine Geschichte, die ihren Anfang nimmt, als sich nach der Machtübernahme durch Boris Jelzin 1991 in den höheren Kreisen der alten Sowjetnomenklatur rasch eine kriminelle Oligarchie herauszubilden begann. Jelzin schlug unmittelbar nach seinem Regierungsantritt den Weg »Märkte zuerst« ein, und innerhalb eines Jahrzehnts waren kriminelle Machenschaften in der Öl-, Aluminium- und Nahrungsmittelindustrie, im Alkoholhandel, Immobiliengeschäft, Hotel- und Gaststättengewerbe an der Tagesordnung. 1997 kontrollierten einem CIA-Bericht zufolge eine halbe Million in einem Netzwerk verbrecherischer Syndikate organisierter Russen 40 Prozent der russischen Wirtschaft. Die Hälfte der 25 größten Banken war in der Hand Krimineller. Schätzungen der Geldsummen, die in den 1990er Jahren illegal außer Landes geschafft wurden, belaufen sich auf 220 bis 450 Milliarden Dollar. Ganze Industriezweige wurden abgewickelt, die Gewinne im Ausland investiert – und Millionen Arbeiter standen von einem Tag auf den anderen auf der Straße. Das ganze Land wurde ausgeplündert.

Das Jahresinlandsprodukt ging in Jelzins Amtszeit um die Hälfte zurück. Durch die Hyperinflation während der ersten Hälfte der 1990er Jahre verloren russische Normalbürger bis zu 99 Prozent ihrer Ersparnisse und Altersrücklagen. In dem verzweifelten Bemühen, ihre Verluste auszugleichen, ließen sie sich von einer Welle der Begeisterung für Investmentfonds mitreißen. Doch in der zweiten Hälfte der 90er Jahre stellte sich heraus, dass diese Fonds nicht viel mehr als ein riesiges ausgeklügeltes Schneeballsystem waren, und Millionen Anleger standen mit leeren Händen da, als ein Fonds nach dem anderen zusammenbrach. Die durchschnittliche Lebenserwartung russischer Männer verringerte sich um sieben auf 57 Jahre, das ist etwa so viel wie im Sudan. Gleichzeitig stieg die Säuglingssterblichkeit signifikant an. Das Land erlebte eine demografische Implosion, die Bevölkerungszahl ging um mehrere Millionen zurück. So etwas hatte Russland seit Stalins großem Terror (1936–38) nicht mehr erlebt.

Im russischen Fernen Osten war die Lage nicht besser als anderswo. Mit einer Fläche, die fast der Hälfte des europäischen Kontinents entspricht, wird der Föderationskreis Fernost vom Eismeer, Beringmeer und Ochotskischen Meer, Tatarensund und Japanischen Meer umgeben. Zu ihm zählen auch die Halbinsel Kamtschatka und die Insel Sachalin; er reicht von der Grenze zur Mongolei im Westen bis zu einem Punkt im äußersten Nordosten, der nur wenige Seemeilen von Alaska entfernt ist. Die Region Chabarowsk ist einer der zehn Verwaltungsbezirke des Föderationskreises Fernost, sie schmiegt sich im Süden um die nordöstlichste Spitze der Mandschurei und grenzt im Norden an die flächenmäßig größte russische Republik Jakutien (Sacha). Etwa die Hälfte der sieben Millionen Einwohner des Föderationskreises Fernost leben in den beiden benachbarten Regionen Chabarowsk und Primorje. Primorje bildet einen Nord-Süd-Zipfel, dessen Fläche zu einem Großteil von der zerklüfteten Höhenkette des Sichote-Alin-Gebirges eingenommen wird. An der Südspitze der Region, nur ein paar Seemeilen von Nordkorea entfernt, liegt die trostlose Hafenstadt Wladiwostok, die zweitgrößte Stadt des Föderationskreises nach Chabarowsk.

Ende der 1970er Jahre war der Ferne Osten Russlands eine vielversprechende Region. Es war der besondere Reiz dieses Landes »am Ende der Welt«, der Mischa Skopets veranlasst hatte, sein angenehmes, aber eher langweiliges Dasein in Jekaterinburg am Ural aufzugeben. Er war mit hohen Erwartungen zum russischen Pazifik aufgebrochen und mit einem Enthusiasmus, den er später auf die Romane von Jack London zurückführte, die er in seiner Jugend gelesen hatte. Gegen Ende der 1980er Jahre, in den ersten Tagen der Perestroika, sah die Welt sogar noch rosiger aus. Mischa promovierte in Biologie an der Universität Wladiwostok, und sein beruflicher Weg führte ihn häufig in die abgelegeneren Gebiete der Region. Das Leben war schön. Doch dann ging es bergab. Die größten Betriebe im russischen Fernen Osten waren genossenschaftlich organisierte sowjetische Kollektive, bis sie in den 1990er Jahren in privatwirtschaftliche Monopole umgewandelt wurden. An der Spitze der nunmehr privatisierten Unternehmen standen ehemalige Parteifunktionäre, aus denen quasi über Nacht »Neukapitalisten« geworden waren. Schließlich lagen fast alle Forstkonzessionen und der Abbau der gewaltigen Erzvorkommen der Gegend in privaten Händen. Arbeitslosigkeit griff um sich, die Löhne sanken, und es war üblich, dass Beschäftigte monatelang auf ihre Bezahlung warteten. Die Wälder, die in staatlichem Besitz geblieben waren, wurden von kriminellen Banden abgeholzt. Journalisten, die über die Missstände berichten wollten, setzten ihr Leben aufs Spiel.

1994 stürmten bewaffnete Schläger in die Räume des Fernsehsenders PKTV in Wladiwostok, töteten einen Techniker und zerstörten die Studioanlagen. Immer wieder wurden Journalisten und Radioreporter zusammengeschlagen und bedroht. Als die Bürger von Wladiwostok einen Bürgermeister wählten, der offen gegen Korruption eintrat, schickte die Zentralregierung einen Trupp von 200 Polizisten zum Rathaus, wo diese die Türen eintraten und den Bürgermeister und 120 Mitarbeiter der Stadtverwaltung zwangen, das Gebäude zu verlassen. Daraufhin sah sich der russische Präsident Boris Jelzin veranlasst, einen neuen Bürgermeister zu ernennen – einen, den die Mafiabosse der Stadt ausgewählt hatten. Zwei Jahre nach dem Überfall auf die PKTV-Studios beherrschten kriminelle Banden die Straßen von Wladiwostok, und die Lebensbedingungen waren schlechter als in den finstersten Tagen des Zweiten Weltkriegs.

Die Fischbestände vor der russischen Pazifikküste wurden geplündert; man hatte Fischfangquoten an neue, halblegale Firmen vergeben, die ihre Anteile ausländischen Flotten überließen, vor allem dubiosen japanischen Unternehmen, die das Entgelt für die Transaktion, das sie auf die ausländischen Konten von Kriminellen einzahlten, als gute Geschäftsinvestition verschmerzen konnten. Russischer Grenzschutz und Küstenwache waren machtlos gegen diese Machenschaften, die sich zu einem allgemeinen Freibrief zur Wilderei entwickelten. Der Marinestützpunkt auf der Insel Russki, die man von Wladiwostok aus sehen kann, wurde von der Lebensmittelversorgung abgeschnitten, woraufhin mehr als tausend Soldaten und Marineangestellte zum Festland gebracht werden mussten, wo sie wegen schwerer Unterernährung behandelt wurden. Vier Seeleute starben an den Folgen der Mangelernährung.

In den 1990er Jahren schöpften japanische und koreanische Fischerboote im Nordpazifik und im Ochotskischen Meer so gut wie alle Lachse ab, die Richtung Sachalin und Kamtschatka unterwegs waren. Die wenigen Tiere, die es an den Schleppnetzen der Fischer vorbeischafften und die Flüsse der Region erreichten, fielen der Fischmafia zum Opfer, die über genügend Kapital verfügte, um Straßen zu den entlegeneren Gewässern zu bauen. Die Gewinnung von Lachskaviar, bei der den weiblichen Tieren die Eiersäcke entnommen werden, bevor sie Gelegenheit zum Ablaichen haben, wurde auf der Halbinsel Kamtschatka und in den Regionen Magadan und Chabarowsk zu einer der Haupteinnahmequellen. Der illegale Export von Ketalachskaviar nach Japan war ein Multimillionengeschäft. Am Ende überstiegen die Fischmengen, die Wilderer im Fernen Osten aus den Gewässern holten, die Fangquoten der legalen russischen Fischereiflotten.

Es herrschte Anarchie, wie Mischa erklärte. Um mir klarzumachen, was er meinte, nahm er mich eines sonnigen Nachmittags mit auf den Markt von Chabarowsk, zu dem es vom Institut für Gewässer- und Umweltfragen, wo unser Symposion stattfand, ein etwa halbstündiger Fußweg ist. Ein Teil des Marktes, der unter freiem Himmel stattfand, bestand aus einem wilden Durcheinander von Verkaufsständen, im anderen Teil, der in gewölbeartigen Gebäuden untergebracht war, ging es etwas geordneter zu. Die Verkäufer waren Russen, Mongolen, Mandschuren und Zigeuner. Manche waren heimlich über die chinesische Grenze ins Land gekommen, andere boten Waren zweifelhaften Ursprungs an, die sie etwa aus dem fernen Kaukasus hierher gebracht hatten. Verkauft wurde alles, vom Mopedersatzteil bis zur Kleidung, vom Klempnerbedarf bis zur Gemüsekonserve, vom Auto bis zum Schulmaterial. Wir brachten den Nachmittag damit zu, zwischen den Verkaufsständen umherzuschlendern.

Es wurden tonnenweise Fische von Dutzenden von Arten angeboten. Die meisten der Fische waren im 4400 Kilometer langen Amur gefangen worden. Weil der Amur sowohl Monsungebiete als auch den gemäßigten Klimagürtel Sibiriens durchquert, herrscht in ihm größerer Artenreichtum als in jedem anderen russischen Fluss. In dem Gewässer leben 108 Spezies, die zu 79 Gattungen aus 23 Familien gehören. Insgesamt sind hier zehn Ordnungen vertreten, die ein sonderbares Gemisch chinesisch-indischer und holarktischer Formen umfassen, darunter eine ganze Reihe von Arten, die es nirgendwo sonst auf der Erde gibt, sowie ein erstaunliches Spektrum von Arten, die aus dem Pleistozän und dem Pliozän erhalten geblieben sind. Aufgereiht in Behältern auf den Verkaufstischen des Marktes in Chabarowsk waren Barsche, Hechte, Stinte, Forellenfische, Welse und Karpfen. In ihren ordentlichen Reihen zeichnete sich das ganze Drama ab.

»Da, ein Scheltostschek«, bemerkte Mischa. Es war ein Jungtier, so groß wie ein kleiner Lachs. Der Scheltostschek ist ein barrakudaartiger Fisch, der bis zu 50 Kilogramm schwer wird. »Er steht auf der Roten Liste der bedrohten Arten Russlands«, fuhr Mischa fort. Er nahm den Fisch in die Hand, um ihn näher zu betrachten. »Eindeutig Rote Liste. Ein sehr seltener Fisch.« Er legte ihn zu den anderen zurück. »Bei Anglern ist er sehr beliebt, weil er kämpft wie wild.« Wir setzten unseren Weg zwischen den Verkaufsständen fort.

»Der steht auch auf der Roten Liste«, sagte er und deutete auf einen Mandarinfisch (*Siniperca chuatsi*). Im Vorübergehen sahen wir Buckellachse, Ketalachse und Pazifikdorsche. »Genau wie in British Columbia«, bemerkte Mischa. Es gab Dornhaie von der Insel Sachalin und Flundern aus dem Ochotskischen Meer. Wir sahen Marmorkarpfen, Barben, Lenok-Forellen, eine Mongolische Rotfeder und dann einen riesigen Brocken Fischfleisch, bei dessen Anblick Mischa sagte: »Sibirischer Stör«. Er schüttelte den Kopf. »Sieht schlecht aus für ihn. Er steht auf der Roten Liste.« Dann kam wieder ein großer Fleischbrocken, und auf dem Zettel darunter stand in kyrillischer Schrift ein ähnlicher Name. »Amur-Stör«, erklärte Mischa. Dieser bis zu drei Meter lange Verwandte des Beluga-Störs kommt ausschließlich im Amur und nirgendwo sonst vor. »Er steht auch auf der Roten Liste.« Dann entdeckte er zwischen Fernöstlicher Navaga, Schwarzem Heilbutt und Amur-Hecht einen Rußigen Grunzbarsch. »Ebenfalls Rote Liste«, sagte er. Wir schlenderten noch eine Weile über den belebten Fischmarkt. »Und das ist nur das, was man sieht«, bemerkte Mischa. »Frag irgendeinen von denen, und er besorgt dir jede beliebige Sorte Kaviar oder Taimen oder was immer du willst.«

—⚬⚬⚬—

Die bittere Wirklichkeit des Fischmarkts von Chabarowsk bildete den Hintergrund für das, was sich in den kommenden Tagen in einem schlecht beleuchteten Seminarraum des Instituts für Gewässer- und Umweltfragen, einen strammen Fußmarsch von meinem Hotel am Leninplatz entfernt, abspielte. Hier waren die Delegierten zusammengekommen, um darüber zu beraten, ob es sinnvoll wäre, die noch einigermaßen unberührten Gebiete des russischen Fernen Ostens auf Dauer in Reservate zu verwandeln und streng zu überwachen, um wenigstens einen Bruchteil des Bestandes an Fischen der Region, insbesondere an Lachsen, zu schützen. Die Idee stammte vom Wild Salmon Center in Portland, Oregon, das die Arbeit der russischen Fischereiforscher seit dem Zusammenbruch des Sowjetsystems großzügig unterstützt hatte.

Das ganze Konzept hatte etwas von einem Weltuntergangsszenario, ging es doch davon aus, dass die Lage tatsächlich so hoffnungslos war, wie Sergej Zolotukin, der Lachsexperte der russischen Regierung mit der breiten Stirn, sie geschildert hatte. Aber Russland war nicht Costa Rica, wo eine wirtschaftlich und politisch relativ stabile Gesellschaft ihre Zukunftshoffnungen auf ökologischen Wiederaufbau und ein Netzwerk geschützter Waldregionen setzte. Selbst in Nordamerika hatte das Konzept der Nationalparks und Naturschutzgebiete, wie William Newmarks Studie zeigte, nicht den erhofften Erfolg gehabt. Dort hatte die Schaffung zu weniger, zu kleiner und zu weit voneinander entfernt liegender Parks zu einem »Einbruch der Säugetierbestände« geführt (siehe Seite 66f.).

Doch für die russischen Naturschützer hatte die Idee durchaus ihr Gutes. Viele von ihnen sahen in der Einrichtung geschützter Gebiete vor allem für Lachse die einzige Lösung, sofern sie von den Einheimischen respektiert wurden. Schließlich war mit Ökotourismus und mit der Unterbringung und Bewirtung gut betuchter ausländischer Sportangler für sie mehr zu verdienen als mit der systematischen und irreversiblen Ausbeutung der Lachs-, Stör- und Taimenbestände der Region. Aber es war ein heikles Thema, und die Meinungen waren geteilt.

Der Biologe Sergej Makejew, Vorsitzender der Naturschutzstiftung Sachalin und leitender Mitarbeiter des Fischereiministeriums von Sachalin, äußerte die Sorge, dass die Lachsschutzgebiete zu Angelreservaten für die »oberen Schichten« werden könnten. Von solchen Dingen hatten die meisten Bewohner der Region die Nase voll, und ohne starken Rückhalt in der Bevölkerung war das Konzept der Schutzgebiete zum Scheitern verurteilt.

Zolotukin dagegen schlug vor, abgelegenere Flussabschnitte de facto zu privatisieren und an private Tourismusunternehmen zu verpachten. Auf diese Weise würden die Unternehmen genügend ausländisches Geld einnehmen und hätten sowohl die Motivation als auch die Mittel, um Misswirtschaft zu verhindern. Sie könnten der Wilderei einen Riegel vorschieben und gleichzeitig die wissenschaftliche Forschung unterstützen, meinte Zolotukin.

Mischa hielt ihm entgegen, dass ein solches Vorgehen nur in den entlegensten Regionen Aussicht auf Erfolg habe und auch nur dann, wenn es einen spürbaren Nutzen für die einheimische Bevölkerung mit sich bringen würde, insbesondere für die »Kleinen Nationen«, wie man die indigenen Völker in Russland nennt. Denn in Mischas Augen lagen die Dinge viel schlimmer, als Zolotukin sich eingestehen mochte. Zolotukins Wildhüter lebten in bitterer Armut, sie konnten froh sein, wenn sie am Ende des Monats umgerechnet 150 Dollar nach Hause brachten. Abgesehen davon waren sie zu wenige, um effektiv gegen die Wilderei vorzugehen.

Die meisten Delegierten betonen nachdrücklich, dass sie das Ende des Sowjetsystems begrüßten, aber sie wiesen auch einer wie der andere darauf hin, wie verzweifelt die Situation sich seither entwickelt hatte. »Es ist, als hätte man Tiere aus dem Zoo freigelassen«, erklärte Mischa. »Jetzt müssen sie sich ihre Nahrung selber suchen. Jeder möchte genug verdienen, um seinen Lebensunterhalt zu bestreiten. Aber das geht nur, wenn man gegen die Gesetze verstößt.«

Die Art von Demokratie, die sich herauszukristallisieren begann, gab auch nicht viel Anlass zur Hoffnung. Es musste ein Weg gefunden werden, die Ordnung in der Region wiederherzustellen, aber, wie man hier zu sagen pflegte, Moskau bekam, wonach Moskau verlangte. Was die Menschen in Russlands Fernem Osten wollten und brauchten, spielte dabei ganz offensichtlich keine große Rolle. In einer von der Naturschutzstiftung Chabarowsk im Jahr 2002 durchgeführten Meinungsumfrage äußerten sich die Bewohner der Region zutiefst besorgt über die Umweltzerstörung in ihrer Heimat. Eine überwältigende Mehrheit der Befragten sprach sich für einen stärkeren Schutz der Umwelt aus und war insbesondere in Sorge um die einzigartigen Wälder des Sichote-Alin-Gebirges, wo »Naturschutzgebiete«, wie die Realität gezeigt hatte, nur dem Namen nach geschützt waren.

Die Wälder des Sichote-Alin-Gebirges in der Region Primorje sind von einer ökologischen Vielfalt, wie man sie sonst nirgendwo findet, und sie sind besonders stark gefährdet. Um diese Vielfalt zu schützen, wurde 2001 im mittleren Sichote-Alin ein Komplex mehrerer Naturreservate mit einer Gesamtfläche von 16 320 Quadratkilometern zum UNESCO-Weltnaturerbe erklärt. Weil das Gebirge während des Pleistozäns nie von Gletschern überzogen war, repräsentieren die Wälder dort eine beispiellose Mischung aus Taiga- und Subtropenvegetation. Amur-Tiger und Kragenbär teilen sich den Lebensraum mit Rentier, Wildschwein und dem Amur-Leoparden, der zu den seltensten Säugetieren der Erde zählt.

Aber das Ökosystem des Sichote-Alin-Gebirges ist so gefährdet wie kaum ein anderer Lebensraum unseres Planeten, und die Bewohner der Gegend riefen nach mehr und besseren Schutzreservaten. In der Umfrage forderten sie effektivere Maßnahmen gegen illegale Abholzung und Wilderei, strengere Gesetze zum Schutz wild lebender Tiere und eine konsequentere Durchsetzung dieser Gesetze.

Die öffentliche Einstellung, die in Chabarowsk zum Ausdruck kam, deckte sich mit den Ergebnissen einer Umfrage, die jenseits des Pazifischen Ozeans im Jahr 2000 im Rahmen des Habitat Conservation and Stewardship Program in British Columbia durchgeführt worden war. Dort hatte sich die Bevölkerung mehrheitlich dafür ausgesprochen, Lachse während der Laichwanderung zu schützen und ihre Lebensräume zu erhalten, auch wenn dies höhere Steuern und eine Verlangsamung der wirtschaftlichen Entwicklung bedeuten würde. Stadt- und Landbevölkerung waren sich in British Columbia einig darin, dass der kommerzielle Nutzen des Lachses geringer zu bewerten sei als sein Beitrag zum ökologischen Gleichgewicht und zur Schönheit der Region sowie zur Verbundenheit der Menschen mit dem Land, in dem sie leben.

Im Rahmen der Umfrage in Chabarowsk konnten die Leute auch Aussagen zu Themen machen, die ihrer Meinung nach von den gestellten Fragen nicht ausreichend abgedeckt waren. Zusammengefasst lasen sich die unter dieser Rubrik gemachten Aussagen wie ein Manifest. Gefordert wurde hier ein strenges Vorgehen gegen illegale Holzfäller und die korrupte Polizei, die ihre Aktivitäten schützte, sowie ein Exportverbot für rohe Stämme nach Japan und China. Gefordert wurde auch die Einrichtung einer besonderen Schutzzone entlang des Koppi-Flusses, ein Verbot aller umweltschädigenden Aktivitäten in bestimmten Schutzgebieten, angemessene Bezahlung der Wildhüter, ein Aufklärungsprogramm für Kinder zur Bedeutung der natürlichen Ressourcen, die Wiedereinführung der sowjetischen Jugendorganisation Junge Naturfreunde und die Zusicherung, dass die Schutzzonen nicht nur zum Vergnügen »höherer Verwaltungsbeamte«, sondern für alle Menschen da sein sollten. Die Forderungen kamen von Menschen aller Altersstufen und aus der gesamten Region, und es war kein Meinungsunterschied festzustellen zwischen städtischer und ländlicher Bevölkerung.

Aber die Menschen bekamen nicht, was sie wollten. Längst war eine neue kriminelle Klasse an der Macht. Die Politik war zur beliebten Spielwiese für Mafiabosse geworden, weil ein gewählter Abgeordneter der russischen Parlamentskammern Immunität genießt und vor Strafverfolgung geschützt ist. Wahlstimmen wurden meistbietend versteigert. Der Preis für ein wichtiges Abgeordnetenamt konnte bis zu 35 000 Dollar betragen, und die etablierte Kleptokratie scherte sich im Laufe der Jahre immer weniger um die öffentliche Meinung. Die Oligarchie saß so sicher im Sattel ihrer Macht, dass auch der himmelschreiendste Skandal sie nicht erschüttern konnte.

Als Jelzin die Staatsführung an den Geheimdienstmann Wladimir Putin übergab, der mit starker Hand gegen Korruption und organisiertes Verbrechen vorzugehen versprach, sah man in Chabarowsk, Wladiwostok und Petropawlowsk einen Hoffnungsschimmer am Horizont. Doch der verblasste rasch wieder. Im Mai 2000 schaffte Putin den seit 200 Jahren bestehenden Forstdienst ab. Als Nächstes löste er das Umwelt-Staatskomitee auf (das in etwa dem Umweltbundesamt entsprach) und übertrug dessen Aufgaben dem Ministerium für natürliche Ressourcen, das allgemein als Hauptinstrument der Regierung zur Plünderung der natürlichen Reichtümer im russischen Fernen Osten angesehen wurde. Im selben Jahr reiste Putin nach Sachalin, um Ölkonzernen, die rund um die Insel Bohrplattformen errichten wollten, seine Unterstützung zuzusagen. Die Umweltorganisationen der Region, die gegen diese Pläne protestierten, beschimpfte er als Handlanger ausländischer Spionageorganisationen. Der ehemalige russische

Ministerpräsident Viktor Tschernomyrdin, der ihn auf der Reise begleitete, vertrieb sich die Zeit mit der Bärenjagd in einem »Jagdschutzgebiet« auf Kap Krilyon. Er demonstrierte damit auf drastische und anschauliche Weise das Wesen des Problems: Wenn überhaupt Schutzgebiete eingerichtet wurden, so hielt sich kaum jemand an die Vorschriften.

In der Region Chabarowsk gab es 60 Naturschutzgebiete, von denen allerdings 50 nur auf dem Papier existierten. Der Oberlauf des Golubichnaya in der Region Primorje liegt innerhalb eines Naturschutzgebietes im Sichote-Alin-Gebirge. In den 1970er Jahren wimmelte es in dem Fluss von Saiblingen, Taimen und anderen Lachsarten. Ende der 1990er Jahre waren die Fische verschwunden – die Wilderer hatten ganze Arbeit geleistet. Ähnlich sah es im Bolchi-Fluss aus. Nachdem man begonnen hatte, privaten Holzunternehmen Einschlaggenehmigungen im Fernen Osten zu erteilen, wurde die Gegend um den Bolchi-Fluss an der Küste von Primorje zum Schutzgebiet erklärt.

So sollten Holzfällertrupps ferngehalten und der gefährdete Lebensraum der Lachse in dem Flusstal bewahrt werden. Zehn Jahre später lag der Fluss immer noch in seiner ursprünglichen Schönheit da, aber die Lachse waren, vor allem infolge ungehemmter Wilderei, fast vollständig aus ihren Laichgründen verschwunden. Im Laufe des Jahres 2001 hob die Regierung von Sachalin die Schutzverordnungen für zwei Naturschutzgebiete in den Bezirken Nogliki und Smirnyk auf, 2002 wurde das Jagdschutzgebiet auf Kap Krilyon an eine private Jagdgesellschaft verpachtet. Allein mit diesen drei Amtshandlungen machte die Regierung von Sachalin eine Fläche von 182 000 Hektar geschützten Landes zunichte.

Ähnlich wirkungslos waren Russlands Gesetze zum Schutz gefährdeter Arten, wenn es um Fische ging. Es spielte nicht einmal eine Rolle, ob die Fische durch das Washingtoner Artenschutzübereinkommen CITES geschützt sind. Auf diesen Punkt wies Zolotukin mit Nachdruck hin.

»Nimm die Sachalin-Taimen in den Flüssen der Region Chabarowsk«, sagte er, »sie gehören zu einer sehr seltenen Unterart des Amur-Taimen und bleiben nicht ihr Leben lang in den Flüssen, sondern wandern auch ins Meer. Sie sind riesig und so selten und geheimnisvoll, dass sie von den Japanern als ›Geisterfische‹ bezeichnet werden.« Die Zahl der Sachalin-Taimen, die zum Laichen in die Flüsse der Region zurückkehren, hat so drastisch abgenommen, dass Zolotukins Mitarbeiter sie inzwischen auf weniger als 4000 Tiere schätzen. Natürlich müssten sie streng geschützt sein, sagte Zolotukin. Aber der Sachalin-Stör beispielsweise, ebenfalls ein ins Meer wandernder seltener Riese, der auf der CITES-Liste der gefährdeten Arten steht, ist auch streng geschützt. »Und was hat es ihm genützt?«, fragte Zolotukin. »Gar nichts. Er ist fast vollständig aus den Küstenflüssen verschwunden.«

Zolotukin machte sich sicherlich keine Illusionen über die Wirksamkeit eines Netzwerkes kleinerer Schutzgebiete. Das machte er in einem seiner Beiträge ganz deutlich: »Angesichts der unsicheren Gesetzeslage … ist es sehr unwahrscheinlich, dass ein Vorschriftenkatalog zur Nutzung der Natur die Plünderung natürlicher Ressourcen in Zukunft einschränken würde.« Aber er sah einfach keinen anderen Ausweg. Rettet die Letzten der Besten, lautete das Motto, und überlasst den Rest sich selber.

Darin lag eine bittere Logik, denn selbst wenn die Fischereibehörden ihren Aufgaben nachkamen, verliefen ihre Bemühungen oft im Sande. Die für den Amur zuständige Behörde erstattete im Jahr 2003 mehr als 1000 Anzeigen wegen Wilderei. Die überlastete Staatsanwaltschaft verfolgte gerade einmal 26 Fälle. Nur in einem Bruchteil dieser Fälle kam es tatsächlich zu einem Prozess. Die Fischereiinspektoren am Amur verdienten umgerechnet weniger als 100 Dollar im Monat. Von Mai bis September wimmelte es auf dem Amur allnächtlich von Ruderbooten, von denen aus die Wilderer ihre Angeln nach dem »Sibirischen Hausen« auswarfen. Der Kaviar von einem einzigen in einer Nacht gefangenen Fisch bringt so viel Geld ein, wie ein Fischereiinspektor in einem Jahr verdient. Bestechung war an der Tagesordnung.

Wie viel das Konzept kleinerer Schutzgebiete an abgelegenen Flüssen auch taugen mochte, was ihm zugrunde lag, war die realistische Einschätzung, dass die großen Flüsse in dichter besiedelten Gegenden ohnehin ein hoffnungsloser Fall waren. Für die russischen Experten war es schwer, sich dieser Wahrheit zu stellen, gegen die aber andererseits kaum stichhaltige Argumente einzuwenden waren. Der Amur beispielsweise hat in den 1990er Jahren 90 Prozent seiner Lachsbestände verloren. Die Lachse dienten nicht nur den Menschen als Nahrung, sondern sie wurden auch als Köder an Bären, Falken und größere Fische wie Taimen verfüttert. Vielleicht hätte man mehr Lachse erhalten können, aber der Amur bildet auf 1000 Kilometer Länge die Grenze zwischen Russland und China, und in Umweltfragen gab es so gut wie keine Verständigung zwischen den beiden Staaten.

Die russische Regierung versuchte China dazu zu bringen, weniger Giftstoffe in die chinesischen Nebenflüsse des Amur einzuleiten. China beantwortete die Bemühungen mit der Aufforderung an Russland, der illegalen Fischerei einen Riegel vorzuschieben. Die beiden Staaten einigten sich 1994, eine gemeinsame Fischereikommission für das Amurgebiet einzurichten, mit dem Erfolg, dass zehn Jahre lang über Fangquoten und die Maschengröße von Schleppnetzen gestritten wurde. Am Unterlauf des Amur, der zu Russland gehört, holten russische Fischer so viele Wanderfische heraus, wie sie nur konnten, bevor diese chinesisches Gewässer erreichten. Das Einzige, was die russischen Fischer manchmal daran hinderte, den Amur völlig leer zu fischen, war die Tatsache, dass der Fluss durch Abwassereinleitung auf chinesischem Gebiet so verseucht war, dass man die Fische darin nicht mehr essen konnte.

Wilderei war dennoch die Hauptursache dafür, dass der Fluss des schwarzen Drachen nicht nur seine Riesen, sondern auch seine Bestände an kleineren Fischen verlor. Darin schienen sich alle einig zu sein. An einem der Konferenztage legte Mischa, nachdem er sich erhoben hatte, um über das Problem der Wilderei zu reden, seine Notizen beiseite, vergaß alle wohlgesetzten Worte und sagte, was ihm auf der Zunge lag: »Ich finde, man müsste eine Bombe auf diese Wilderer werfen«, rief er. Im Saal breitete sich Schweigen aus.

»Solche Schutzgebiete sind gut und schön, nur müssen wir Hubschrauber hinschicken, Militärhubschrauber. Aber das passiert nicht. Der russische Ferne Osten ist eine Moskauer Kolonie. In Moskau streichen sie Geld von der Ölindustrie und von den Fischereifirmen ein. Wir sind besetztes Gebiet.« Ein Raunen ging durch den Saal.

»Es ist immer noch wie im Zarenreich«, fuhr Mischa fort. »Vielleicht werden sie uns eines Tages nicht mehr beherrschen können, die Zaren in Moskau. Es wird nicht besser. Es wird immer schlimmer.«

Später bat ich Mischa, mir zu erklären, wie er das gemeint hatte. Er habe es ganz ernst gemeint, sagte er. »Das ist der Grund, warum manch einer hier echte Unabhängigkeit für Chabarowsk fordert.«

Er legte auch Wert darauf, mir klarzumachen, was er unter Wilderei verstand, und wiederholte das, was ich während des Symposions so oft zu hören bekommen hatte. Es gibt Wilderer, erklärte Mischa, und es gibt Wilderer. Da waren einmal die organisierten kriminellen Banden in Kamtschatka, die Hunderte von Menschen für die illegale Kaviargewinnung bezahlen. Dann gab es die halblegalen Küstenfischereiunternehmen, die sich durch Bestechung und Einschüchterung Fangquoten und Konzessionen gesichert hatten. Aber da waren auch die Zehntausenden von Armen im Hinterland, die Fische fangen mussten, um zu überleben. Es waren dies meist Angehörige der »Kleinen Nationen« am Unterlauf des

Amur, vom Volk der Nanai und der Nivchis etwa. »Sie haben das Recht, hier zu fischen, genau wie ihre Vorväter«, sagte Mischa. Und sagte damit, was alle sagten.

»Es ist nicht so einfach«, bemerkte er und deutete auf einen hochgewachsenen Mann im Anzug, der im Flur vor dem Seminarraum stand. »Er ist nicht wirklich ein schlechter Kerl. Er hat sich ignorant verhalten. Aber die Dinge ändern sich eben nicht über Nacht.«

Ich hatte keine Ahnung, wovon Mischa sprach. »Das ist der Mann auf den Fotos«, erklärte er. »Der mit dem großen Taimen.«

Mischa machte mich mit ihm bekannt. Der Mann reichte mir seine Visitenkarte, ein exotisch aussehendes Ding mit dem Bild eines Amur-Tigers darauf. Unter seinem Namen stand: »Extremtourismus, Fischen, Ökotouren, Foto, Video.« Das war der Mann, über den am Flughafen alle geredet hatten.

Beim Kaffee zog er zwei glänzende Farbfotografien aus einer kleinen Aktenmappe. »Die können Sie behalten«, sagte er. Eines der Fotos zeigte einen Mann im roten Skioverall im Schnee liegend, neben sich einen riesigen Fisch, der aussah wie ein Atlantischer Lachs, nur dass der Fisch so groß war wie der Mann selbst. Im Hintergrund sah man auf einem Kiesstrand ein Zelt, Campingausrüstung und ein Schlauchboot, an dem zwei Angelruten lehnten. Auf dem anderen Foto stand mein Gegenüber persönlich in kniehohen Gummistiefeln vor dem Schlauchboot. Er hielt einen Taimen an den Kiemen hoch und sah aus, als würde er unter dem Gewicht schwanken. Die blutige Schwanzflosse des Taimen schleifte im Schnee. Ich erfuhr, dass mein Gegenüber den Fisch in der Mündung des Anyuy gefangen hatte, der etwa 250 Kilometer nördlich von Chabarowsk in den Amur fließt. »Das ist mein Hobby«, sagte er mit einem Lächeln und meinte, die Fotos seien eine gute Werbung für die geführten Angeltouren, die er neben seinem Haupterwerb im Immobiliengeschäft anbot.

»So große Fische kann ich natürlich nicht garantieren«, sagte er, »aber kleinere schon.«

Es war eine mühsame Verständigung. Ich wollte von ihm wissen, wie es gewesen sei, diesen Fisch zu fangen, aber meine Frage verwirrte ihn nur. Ich spreche kein Russisch, und er konnte nur ein paar Brocken Englisch. Aber eigentlich spielte das keine Rolle angesichts dessen, was ich später erfuhr, als ich die Fotos zwei russischen Taimen-Experten zeigte. Anatoli Sementschenko, der zusammen mit Sergej Zolotukin ein Buch über die Taimen und Lenoks der fernöstlichen Flüsse geschrieben hatte[1], und Igor Parpura, der das staatliche Institut für küstennahe Fischerei in Primorje leitete, zeigten sich ebenso beeindruckt von der Größe des Fischs wie von der Qualität der Fotografien. Aber es bedurfte für beide keiner besonders gründlichen Inspektion, um festzustellen, dass die Angeln auf den Fotos reine Dekoration waren. Die Fotos waren so scharf, dass man Netzspuren am Kopf des Fischs erkennen konnte, was eindeutig belegte, dass er illegal gefangen worden war. Ich berichtete den beiden, was mir der Mann erzählt hatte – dass er nämlich den Fisch in der ersten Aprilwoche gefangen hatte, einer Jahreszeit, in der Taimen sich noch in tiefen kalten Becken unter dem Eis aufhalten und auf den Frühling warten. »Das ist der zweite Punkt, der mich stört«, erklärte Parpura. »Die wussten offensichtlich genau, dass da ein Überwinterungsbecken ist, und sind einfach hingefahren und haben ihn rausgeholt.«

Aber wie Mischa schon gesagt hatte, es gab Wilderer und es gab Wilderer.

Gegen Ende der Woche hielt Tatjana Ketani, die Vorsitzende des Verbandes der indigenen »Kleinen Nationen« in der Oblast Magadan, ein Referat, in dem sie den Teilnehmern des Symposions erklärte, warum die Wilderei für viele Angehörige der indigenen Volksstämme der Region zu einer Lebensnotwendigkeit geworden war. Die kleine, dunkelhäutige Frau, die eine Ojibway oder Cree hätte sein können, nahm auf dem Rednerpodest Platz und begann leise, nervös und schnell zu sprechen.

Als das System des gemeinschaftlichen Ackerbaus der indigenen Völker in Magadan 1994 zerschlagen wurde, erfuhren wir, waren die meisten Angehörigen der Kleinen Nationen ohne Arbeit. Die ihnen offiziell zugestandene Fischfangquote, die bis dahin bei 9500 Tonnen pro Jahr gelegen hatte, wurde zugunsten privater Fischereiunternehmen immer weiter reduziert. 2001 war die Fischfangquote der indigenen Völker auf 486 Tonnen pro Jahr, also ein Zwanzigstel der früheren Menge, gesunken. Die Ewenken, eine der Kleinen Nationen von Magadan, begannen die Rentiere, die sie früher zum Verkauf gezüchtet hatten, selbst zu essen, weil sie keine Möglichkeit mehr sahen, das Fleisch zu vermarkten. Sie aßen so viel Rentierfleisch, dass die Herden immer kleiner wurden: Kurz nach dem Ende der Sowjetära hatten die Ewenken etwa 100 000 Rentiere ihr Eigen genannt; zehn Jahre später waren es nur noch 17 000 Tiere. Hunderte indigener Familien konnten sich nur noch mit Wilderei über Wasser halten. Ein arbeitsloser Rentierzüchter erhielt in Magadan monatlich 120 Rubel vom Staat. Mit einem einzigen Kilo Lachskaviar konnte er das Dreifache verdienen. »Wenn also ein Händler mit Lebensmitteln in die Dörfer kommt und anbietet, sie gegen Kaviar einzutauschen, kann niemand nein sagen«, erklärte Ketani. »Wenn du für deine Kinder nichts zu essen hast, bleibt dir kaum eine Wahl.«

Und dann gab es noch die Wilderei ganz anderer Art. Die Wilderei in industriellem Maßstab nämlich.

Einem erstaunlich offenen Bericht zufolge, den Wladimir Beljajew vom staatlichen Institut für Fischerei in Chabarowsk gemeinsam mit einem Vertreter des Regionalinstituts für ökonomische Forschung für das Symposion vorbereitet hatte, waren die Riesen im Amur und in seinen Nebenflüssen zwar seit Generationen immer weniger geworden, aber die wirklich großen Verluste hatten nach Jelzins Machtantritt eingesetzt, als sich »die Wilderer organisiert hatten«.

Begonnen hatte der Niedergang der Riesen, als russische, mandschurische und chinesische Siedler sich im 18. und 19. Jahrhundert in der Gegend niedergelassen hatten. In den letzten Tagen der Romanows, an der Schwelle der Oktoberrevolution 1917, hatte die Menge der im Amur gefangenen Fische atemberaubende 100 000 Tonnen pro Jahr erreicht. Das entspricht in etwa dem Gewicht von zwei Millionen Menschen.

Das Sowjetregime verwirklichte zahlreiche Reformen, deren Nutzen jedoch nicht selten durch die zentrale Planwirtschaft wieder zunichtegemacht wurde. Aber zumindest auf dem Papier waren die Riesen des Amur wie Schwarzkarpfen, Taimen, Stör und Sibirischer Hausen geschützt. Störzucht zur Kaviargewinnung führte dazu, dass sich die Bestände wild lebender Fische ein wenig erholen konnten. Schon in den 1930er Jahren verbot die Sowjetregierung den Fang des Sibirischen Hausen im Amur.

Selbst in der finstersten Phase der stalinistischen Schreckensherrschaft wurde am Amur gewildert, aber es bestand – was Ausmaß, Machtstrukturen und Folgen betraf – ein gewaltiger Unterschied zwischen der Wilderei jener Tage und in der Zeit nach dem Zusammenbruch des Sowjetsystems. Die neuen Wilderer, die ihr Geschäft im industriellen Maßstab betrieben, waren von einer viel übleren Sorte, als man es je zuvor gesehen hatte. »Sie verfügen über Transport- und Kommunikationsmittel und über Waffen, und sie genießen den Schutz und die Unterstützung von Militär, Fischereibehörden und Naturschutzorganisationen«, hieß es in Beljajews Bericht. »Sie verfügen außerdem über ein gut ausgebautes Vertriebsnetz für den Verkauf des Fischs, das über ganz Russland sowie die Staaten Südostasiens reicht.«

In dem Bericht kamen Beljajew und sein Kollege zu dem Schluss, dass die alle Arten umfassenden Fischbestände im Amur in den ersten zehn Jahren nach dem Zusammenbruch des Sowjetsystems auf etwa ein Prozent der früheren Menge geschrumpft waren. Es war ein ökologisches Desaster, vergleichbar mit der wissentlichen Zerstörung des Aralsees, die außerhalb Russlands mit großer Sorge beobachtet und von manchen als die schlimmste Umweltkatastrophe in der Geschichte der Menschheit bezeichnet wird. Und wie die Verlandung des Aralsees forderte die Zerstörung der Fischbestände im Amur einen hohen Preis von den dort lebenden Menschen. Am Amur waren es vor allem die indigenen Gemeinden, die diesen Preis zahlen mussten.

Der Fischfang war für die indigene Bevölkerung des russischen Fernen Ostens genau wie für die Ureinwohner der nordamerikanischen Westküste die wichtigste Lebensgrundlage. Während die Kommunistische Partei anfangs eine den indigenen Völkern gegenüber sehr aufgeschlossene und der Bewahrung ihrer Kultur förderliche Politik betrieb, ging die Sowjetregierung später dazu über, Familien und Gemeinden in Kolchosen zusammenzufassen, die sich auf die psychische Befindlichkeit der Betroffenen mindestens ebenso verheerend auswirkten wie die Indianerreservate Nordamerikas.

Dennoch gab es Ende der 1960er Jahre im Amurtal noch 168 Nanai-, Ultschen- und Nivchi-Gemeinden, deren wirtschaftliche Grundlage der Fischfang bildete und die mit einer jährlichen Fangquote von 30 000 Tonnen Fisch unterschiedlicher Arten ein einigermaßen gesichertes Auskommen hatten. Aber als nach dem Zusammenbruch des Sowjetregimes die Fangquoten für Ureinwohner innerhalb von zehn Jahren um 90 Prozent reduziert wurden, blieben am Amur nur noch 55 indigene Gemeinden übrig. Mindestens 25 000 Menschen waren jeder wirtschaftlichen Lebensgrundlage beraubt.

Aber Fische und die Menschen, die lange von ihnen gelebt hatten, waren nicht die einzigen Opfer der schönen neuen Welt im russischen Fernen Osten. Die riesigen Kamtschatka-Braunbären wurden ihrer Gallenblase wegen abgeschlachtet, weil die Bärengalle als Heilmittel gegen Impotenz verkauft wurde und reiche chinesische Geschäftsleute bereit waren, für ein Gramm des kostbaren Stoffs 30 Dollar zu bezahlen. Der Amur-Tiger – die größte Wildkatze der Welt – wurde um des Geldes willen gejagt, das chinesische Exzentriker für seine Knochen zahlten, aus denen eine Brühe gekocht wurde, die angeblich das Lebenselixier enthielt.

Und nicht nur der Ferne Osten Russlands wurde bis an den Rand des ökologischen Kollapses getrieben. Die dramatischste und rasanteste Bestandsabnahme unter Säugetieren, die je von Biologen beobachtet wurde, fand unter den Populationen der Saiga-Antilope in den russischen Steppengebieten und den kasachischen Grasebenen statt, aus denen in den 1990er Jahren mehr als 90 Prozent der ursprünglich hier heimischen Tiere verschwanden. Noch zu Beginn des Jahrzehnts waren hier über eine Million Saigas gezählt worden, nachdem über Generationen hinweg die Jagd durch Gesetze reguliert worden war. Es gab so viele Saiga-Antilopen, dass der WWF vorschlug, ihre Hörner anstelle von Rhinozeroshörnern in der traditionellen chinesischen Medizin zu verwenden. Doch 2003 waren es nur noch 30 000 Tiere. Eine gewaltige Herde in der kasachischen Hungersteppe wurde um 99 Prozent ihres ursprünglichen Bestandes dezimiert. Hatten 1990 eine halbe Million Saiga-Antilopen zu der Herde gehört, waren es zwölf Jahre später nur noch 4000.

Das Verschwinden der großen Fische aus dem Amur war Teil einer Entwicklung, die sich in der gesamten gemäßigten Klimazone der Erde abzeichnete, und dieses weltweite Phänomen wies die feinen gleichen Bedeutungsunterschiede, die gleiche erklärungsbedürftige begriffliche Problematik auf. Es gab Wilderer und es gab Wilderer. Es gab die brisanten Fälle, und es gab die aussichtslosen Fälle.

Es waren da globale Kräfte am Werk, und diese waren auf keiner der Ideologien gegründet, die der im Kalten Krieg geschaffene Abgrund voneinander trennte. Es waren Kräfte, die dem komplexen Gefüge menschlicher Gesellschaften immanent sind. In keiner Weise reguliert, neigen die mächtigen Staaten dazu, das biologische Kapital für sich zu beanspruchen, das andere Völker in fernen Ländern zum Leben benötigen. In Russland war es, wie Mischa gesagt hatte, so, dass die Tyrannei der Zarenherrschaft immer noch ihren dunklen Schatten über die Wasser des Amur warf. Aber die gleichen Kräfte entfalteten in anderen Teilen der Welt auf unterschiedliche Weise ihre Wirkung.

Von allen Spezies der Erde sind die Menschen besonders erpicht darauf, ihren Wirkungskreis über ihren unmittelbaren Horizont hinaus auszudehnen. Sie verstehen es bestens, aus den Ökosystemen auszubrechen, die dem Wachstum menschlicher Gemeinschaften sowie dem Konsum der natürlichen Ressourcen in ihrer Region Grenzen setzen. Die alten »Rückkopplungskreise«, die verhindert haben, dass regionale erneuerbare Ressourcen über die Maßen ausgebeutet wurden – Grenzen der technischen Möglichkeiten und des Marktes, die das Wohlergehen einer Gemeinde vom nachhaltigen Umgang mit den regionalen Ressourcen abhängig machen –, brechen rund um den Erdball auseinander. Wer die Kräfte da beobachten möchte, wo sie, vor allem in der gemäßigten Klimazone, am stärksten wirken, wählt am besten eine Stelle, von der aus er einen Fluss überschauen oder auf das Meer hinausblicken kann.

Vor Beginn des 20. Jahrhunderts hatte die Gesamtmenge der in den Seen, Flüssen und Meeren der Welt gefangenen Fische 10 Millionen Tonnen nie überstiegen. In der ersten Hälfte des 20. Jahrhunderts wurden die Fischfangflotten mit dampfbetriebenen, dann mit dieselmotorbetriebenen Schiffen ausgerüstet und waren nun in der Lage, solche Mengen aus dem Meer zu fischen wie noch nie. Nach dem Zweiten Weltkrieg sorgten stärkere Dieselmotoren und schwere Seilwinden dafür, dass die Fischfangflotten der Welt weiter aufs offene Meer hinausfahren und noch mehr Fische einholen konnten. 1950 hatte sich die weltweite jährliche Fangmenge auf 20 Millionen Tonnen verdoppelt. Dann kam die Kühltechnik hinzu, und es wurden noch leistungsfähigere Motoren entwickelt, mit denen die Schiffe noch weiter in die abgelegensten Küstenregionen der Welt vordringen konnten. Die Treibstoffsubventionen, mit denen die »kapitalistischen« Staaten der industrialisierten westlichen Welt ihre Fangflotten unterstützten, ließen die sowjetische Fischereiindustrie alt aussehen.

Ende der 1950er Jahre hatte sich die weltweite Fangmenge noch einmal auf 40 Millionen Tonnen verdoppelt, und gegen Ende der 1970er Jahre wuchs sie mit größerer Geschwindigkeit als selbst die rasant zunehmende Weltbevölkerung: Sie hatte sich abermals auf nunmehr 80 Millionen Tonnen verdoppelt. Zunehmend kamen die Fische aus Regionen, die der Arm keines Gesetzes erreichte, weil sie außerhalb aller nationalstaatlichen Regulierungszonen lagen. Die Globalisierung machte es möglich, dass ein Blauflossenthunfisch aus dem Atlantik innerhalb eines Tages auf die Fischmärkte von Tokio gelangen konnte, und das globalisierte Kapital machte es den mächtigen Staaten noch einfacher, die Kosten für die Überfischung auf andere abzuwälzen. Doch in den 1980er Jahren gaben die Ozeane plötzlich keine Fische mehr her. Überall in den Weltmeeren brachen die Fischbestände ein.

Es ist schwer zu sagen, in welchem Maß dies auf die Ausrottung ganzer Arten zurückzuführen ist. Man nimmt an, dass etwa die Hälfte aller auf der Erde existierenden Wirbeltierarten im Meer lebt, aber über die ozeanische Artenvielfalt wissen wir relativ wenig. Die IUCN geht beispielsweise davon aus, dass fast alle Vogelarten bekannt sind und dass von den etwa 10 000 bekannten Spezies jede achte vom Aussterben bedroht ist. Von den Säugetieren der Welt, die nicht annähernd so gründlich dokumentiert sind wie die Vögel, sind etwa 5400 Arten bekannt. Bis 2004 hatten Wissenschaftler im

Ein Fisch

Auftrag der IUCN 4800 Arten erfasst und festgestellt, dass jede vierte vom Aussterben bedroht war. Fische dagegen sind ein schwieriger Fall. Eine überwältigende Zahl von 28 000 Fischarten sind wissenschaftlich beschrieben. Das ist eine beeindruckende Bestandsaufnahme, und doch umfasst sie vermutlich nur einen Bruchteil der tatsächlich im Meer lebenden Spezies. Von diesen waren in der IUCN-Studie bis 2004 lediglich 1700 erfasst, von denen aber fast die Hälfte als bedroht eingestuft werden musste.

In den 1990er Jahren brach die jahrhundertealte Fischfangtradition im Nordatlantik sozusagen über Nacht zusammen. Aber die Flotten fischten weiter, weil es eben möglich war. Als die großen Arten wie Thunfisch und Kabeljau weniger wurden, fischte man eben andere aus dem Meer, die kleineren wie Sardinen und Sardellen, die den großen Arten als Nahrung dienten. Und irgendwann waren die Riesen ganz verschwunden. Der Fischereiexperte Daniel Pauly von der Universität Vancouver war der Erste, der die Kette der Ereignisse dokumentiert hat. Gegen Ende des 20. Jahrhunderts verringerte sich die Fangmenge weltweit nur wenig, aber der Anteil kleiner Fische wurde immer größer. Die Biomasse der großen Fische im Nordatlantik ging in der zweiten Hälfte des 20. Jahrhunderts um zwei Drittel zurück. Aquakulturen hatten Hochkonjunktur, aber die Situation wild lebender Populationen verbesserte sich dadurch nicht: Für ein Kilogramm Zuchtfisch, beispielsweise Lachs, müssen bis zu vier Kilogramm kleiner Wildfische gefangen und zu Futterpellets verarbeitet werden. Und auf den Meeren wurde immer weiter gefischt.

Anfang des 21. Jahrhunderts konnte die international angesehene Zeitschrift *Nature* schließlich verlässlich berichten, dass 90 Prozent aller Riesen in den Gewässern der Welt einfach nicht mehr vorhanden waren. So gut wie verschwunden waren die großen Thunfische, die Marline, die Schwertfische, die Heilbutte, die Haie und die Rochen. Es dauerte jeweils etwa 15 Jahre, bis die Hochseebestände dieser Riesen auf ein Zehntel des ursprünglichen Volumens geschrumpft waren. Genauso lange dauerte es, bis es im Fluss des schwarzen Drachen so gut wie keine Taimen und Amur-Störe mehr gab.

Autoren der Studie waren Ransom Myers von der biologischen Fakultät der Universität Halifax und Boris Worm vom Institut für Meereskunde der Universität Kiel.[2] Ihre Ergebnisse lösten bei vielen Experten anfangs ungläubiges Staunen aus. Doch die Daten erwiesen sich als fundiert. Jeremy Jackson, Leiter des Scripps-Instituts für Meeresforschung, war der Meinung, dass es den Leuten so schwerfiel, die Befunde zu glauben, weil sie vergessen hatten, welche Riesen einstmals die Meere bevölkert haben. »Unsere Meere waren voll von gigantischen Fischen«, erklärte er. »Regelrechte Seeungeheuer waren das. Die Leute sind mit dem Ruderboot aufs Meer hinausgefahren und haben drei Meter lange Schwertfische mit der Harpune gefangen. *Der alte Mann und das Meer* war nicht nur die literarische Fantasie eines Hemingway.«

Als die Riesen verschwunden waren, blieb vielen Fischern nichts anderes übrig, als sich auf den Fang von winzigen Garnelen und sogar von Quallen zu verlegen, und in den Niederungen der Fischereibehörden, die über all das die Hand gehalten hatten, wurde es schwierig, eine klare Linie zu ziehen zwischen den brisanten und den aussichtslosen Fällen dieses allgemeinen Zusammenbruchs, zwischen Wilderei und gesetzlichem Handeln. Wilderei gab es nicht nur in den sogenannten Entwicklungsländern oder in dem Mafiastaat, zu dem Russland verkommen war. Es gab sie an der Ostküste der Vereinigten Staaten, wo an der Georges Bank vor Neuengland die Kabeljauschwärme auf ein Prozent ihres ursprünglichen Bestands dezimiert wurden. An der kanadischen Ostküste wurden 99,9 Prozent der Kabeljaubestände um Neufundland aus dem Meer geholt. An der gesamten Westküste des nordamerikanischen Kontinents wurden Felsenfische, manche von ihnen mehr als hundert Jahre alt, in solcher Zahl vom Meeresgrund abgefischt, dass kein Wissenschaftler an eine Erholung der Bestände glauben mochte. Die Fische waren uralte Meeresbewohner, so schön wie ihre Namen: Granatbarsch, Kanarienfisch, Feuerfisch, Pfauenauge und wie sie alle heißen. Gleiches geschah im Indischen Ozean und in den Küstengewässern vor Senegal und Guinea-Bissau; gefischt wurde mit Schleppnetzen, Treibnetzen und Langleinen.

Am trübsten ist das Gewässer da, wo bestimmt werden soll, was Wilderei ist und was nicht. Zu der Zeit, als ich dieses Buch schrieb, war das größte Fischereischiff die »Atlantic Dawn«, ein 144-Meter-Trawler mit einem Netz, in das ein ganzes Fußballstadion passte. Um die EU-Bestimmungen zur Beschränkung der Fangkapazitäten der europäischen Fischfangflotte zu umgehen, wurde der Trawler kurzerhand als Handelsschiff registriert und fischte fortan in mauretanischen Gewässern.

<hr />

Es war ein sehr viel kleineres Boot, das an einem sonnigen Nachmittag etwa 70 Kilometer nordöstlich von Chabarowsk in Sikatschi-Aljan, einem Nanai-Dorf mit etwas mehr als 300 Bewohnern, am Ufer des Amur anlegte. Es handelte sich um ein flaches, aus rohen Planken gezimmertes Ruderboot. Der Mann, der an den Rudern gesessen hatte, sprang heraus und gesellte sich zu uns.

Ich war mit Nina Ignatiewa, der 48-jährigen Dorfvorsteherin, an dem weidenbestandenen Flussufer spazieren gegangen. Dabei hatte ich ihr erzählt, dass mich vieles hier am Unterlauf des Amur an das Bulkley-Tal im Norden von British Columbia erinnerte. Die Bäume waren kleiner, und Berge gab es nur in weiter Ferne, aber die Menschen, die hier lebten, hätten ihrem Aussehen nach auch Athabasken sein können. Der Gedanke war gar nicht so abwegig, da die Amurregion eine Art Schmelztiegel für all jene Kulturen gewesen war, die sich schließlich in Nordamerika niedergelassen hatten.

Sikatschi-Aljan, mit seinen kleinen quadratischen Blockhäusern, die sich oberhalb der Uferböschung aneinanderreihten, sah aus wie die alten Dörfer im Bulkley-Tal. Nina Ignatiewa beherrschte die Sprache der Nanai. Sie sprach außerdem fließend Russisch, einigermaßen gut Englisch und ein paar Brocken Deutsch. Die kleine Frau mit dem scharf geschnittenen Gesicht war früher Lehrerin gewesen, sie hatte ihr dichtes schwarzes Haar zu einem Knoten gebunden und ein buntes Seidentuch um die Schultern geschlagen. Unser Spaziergang führte uns an den mit prähistorischen Gravuren überzogenen Felsen vorbei, deretwegen das kleine fernöstliche Dorf weithin bekannt geworden ist. Ich war mit einer Gruppe von Konferenzteilnehmern hierhergekommen, um mir diese Felsenkunst anzusehen.

Der Mann aus dem Ruderboot trat zu uns und klopfte mir lächelnd auf den Rücken. Er trug eine verschlissene Windjacke über einem weißen Hemd, an dem nur noch zwei oder drei Knöpfe hingen. Das Amulett, das er um den Hals trug, gehörte, wie Nina Ignatiewa erläuterte, zu der Sorte, die gegen Magenbeschwerden schützt. Der Mann lächelte breit und zeigte dabei sein lückenhaftes Gebiss. Wir schüttelten uns die Hände, und meine Begleiterin machte uns miteinander bekannt. Er hieß auch Mischa, war 53 Jahre alt und hatte vier Kinder und zwei Enkel. »Er ist ein Arbeitsloser aus unserem Dorf«, erklärte Nina. Ich wunderte mich, dass sie ihn mir auf diese Weise vorstellte, hatten wir uns doch gerade darüber unterhalten, dass in ihrem Dorf neun von zehn Männern arbeitslos waren. Aber dadurch, dass sie ihn als Arbeitslosen bezeichnete, lenkte sie mein Augenmerk auf die Tatsache, dass er gerade einem kleinen Fischerboot entstiegen war, und so erkundigte ich mich, was er auf dem Fluss getan habe. Er habe nachgesehen, ob an den ausgelegten Fangleinen etwas angebissen hatte, erklärte sie.

Bevor der Mann auftauchte, hatte Nina von den alten Zeiten erzählt. Damals hatten die Menschen noch Arbeit gehabt, es hatte Rinder- und Pferdeherden gegeben, ihre Mutter hatte die Schweine des Dorfs gehütet, im Fluss hatte es von Fischen gewimmelt. »Aber nach der Perestroika«, sagte Nina, »ist alles zusammengebrochen. Heute ist alles anders, und die Leute werden in Arm und Reich unterteilt.« Seit einigen Jahren durften die Dorfbewohner offiziell nur noch kleine Mengen für den Eigengebrauch fischen, vorwiegend Ketalachs. So waren die Leute gezwungen, zwischen den Lachsfangzeiten illegal zu fischen. »Sie fangen Maränen«, fuhr Nina fort, »sie holen sie aus dem Fluss und verkaufen sie an die Leute, die aus Chabarowsk kommen. Die Fischer sind zum Wildern gezwungen, es ist ihre einzige Möglichkeit, ein bisschen Geld zu verdienen, um Brot und Butter für die Kinder zu kaufen.«

Wir setzten unsere Besichtigung der Felsenkunst fort. Einige der Gravuren sind vermutlich mehr als 5000 Jahre alt, und man nimmt an, dass sie mit schamanischen Bräuchen in Verbindung stehen. Die Nanai sind bis heute ungeheuer stolz auf diesen Ort, auch wenn die Kultur, die er repräsentiert, weitgehend in Vergessenheit geraten ist. Die Petroglyphen stammen aus der Zeit, als der Fluss des schwarzen Drachen seinen Namen erhielt und die Mandschu sich noch nicht von den Vorfahren der jetzigen Nanai abgespalten hatten. In fast alle Felsblöcke waren spiralförmige Muster, anthropomorphe Figuren oder Tierdarstellungen wie Vögel, Fische oder Elche eingeritzt, die jetzt allerdings immer schwerer zu erkennen waren, weil die Nachmittagssonne allmählich hinter den Wäldern im Westen versank.

Die Nanai in Sikatschi-Aljan sind nur noch ein Schatten jenes Volkes, das der amerikanische Abenteurer Perry McDonough Collins antraf, als er 1857 den Amur hinunterruderte, und auch der Amur ist nicht mehr der lachsreiche Fluss, den Collins in seinen Tagebüchern beschrieben hat.[3] Collins suchte nach einer Route für die Verlegung einer weltumspannenden Telegrafenleitung, ein Traum, der jäh zu Ende ging, als 1866 das erste Transatlantikkabel von Nordamerika nach

Europa gezogen wurde. Da, wo der Amur seine letzte Biegung Richtung Norden beschreibt, bevor er in das Ochotskische Meer mündet, wurde Collins von einer Schar ausgelassener Nanai-Frauen in Booten begrüßt. Es waren schöne und kraftvolle Gestalten, gekleidet in prachtvolle, mit Messingmünzen und Muscheln gesäumte Tuniken aus Lachsleder. Sie waren mit mehrsträngigen Ohrgehängen und Nasenringen aus Weißmetall geschmückt. Diese »lachenden, unbeschwerten jungen Frauen«, schrieb Collins, »standen den Damen der Londoner und Moskauer Gesellschaft an Selbstbewusstsein nicht nach«. Und die Männer, die Collins in ihren Kanus entgegenkamen, boten ihm Zobel- und Bärenfelle im Tausch gegen Silber an. Die »Artenvielfalt, die Fruchtbarkeit und das Blattwerk der Bäume« erinnerten Collins, wie er in seinem Tagebuch schrieb, »stark an die Tropen«.

Es sei jammerschade, meinte Nina, dass sich niemand an die Geschichte dieses Ortes erinnere, auch wenn Jäger und Fischer den Geistern aus alten Zeiten gelegentlich noch Opfer brachten. Es war ein einfaches Ritual. »Den Flussgeistern beispielsweise«, erzählte Nina, »oder den Waldgeistern. Wir zünden ein kleines Feuer an, legen etwas zu essen in die Flammen und halten eine Rede an den Fluss. Jäger und Fischer machen das manchmal.« Doch die Bedeutung der Felsgravuren und der Kulte, die hier in grauer Vorzeit gepflegt wurden, sind längst in Vergessenheit geraten. Als Nina ein Kind war, durfte sich kein Mensch diesem Platz nähern. »Er war tabu«, sagte sie.

In den frühen Tagen des Kommunismus hatte die sowjetische Regierung Bücher in der Sprache der Nanai drucken lassen, aber nach Stalins Machtübernahme wurden diese Bücher verbrannt, und die Schamanen verschwanden im Gulag. Ende des 20. Jahrhunderts war bei den Nanai wie bei ihren Nachbarvölkern, den Nivchis und Ultschen, die Unterdrückung der eigenen Sprache weit fortgeschritten. Die Älteren sprachen noch ausschließlich Nanai, und die mittlere Generation,

Menschen in Nina Ignatiewas Alter, war in der Regel zweisprachig. Aber die Kinder, die an diesem Nachmittag in der Nähe der Felsenzeichnungen am Flussufer spielten, waren die ersten Nanai überhaupt, die ihre eigene Sprache nicht mehr beherrschten. Sie sprachen nur Russisch.

»Das ist, glaube ich, ein Tiger«, bemerkte Nina und strich mit ihren kleinen Händen über die tief eingeschnittenen Muster auf einem Felsblock. Während wir uns über die Tigerfamilie unterhielten, die den Winter über auf einer nahe gelegenen kleinen Insel im Fluss gelebt hatte, erreichten wir wieder einen der Bilderfelsen. »Das könnte ein Bär sein«, sagte Nina. »Und das hier ist ein Mädchen. Können Sie es erkennen? Ja, ich bin sicher.« Mischa, der Mann mit dem Ruderboot, deutete auf einen anderen Stein und sagte etwas in aufgeregtem Tonfall. »Er meint, das könnte ein Fisch sein«, erklärte Nina. Es sah wirklich aus wie ein Fisch, aber Nina hatte gehört, dass es einen Hirsch darstelle.

Ich wollte wissen, wie die Ausbeute des Tages auf dem Fluss gewesen war, und Nina erkundigte sich bei Mischa. »Er sagt, es gibt keinen Fisch. Und er weiß nicht, wohin sie sich verzogen haben, sagt er.« Nina sprach mit ernster Miene auf Mischa ein. Sie hatte ihm, wie sie mir später erklärte, geraten, etwas anderes zu machen, Schnitzarbeiten beispielsweise oder Amulette, die er an die Touristen verkaufen könnte. Ich fragte Mischa, warum er fischte. Nina übersetzte mir seine Antwort: »Natürlich ist das Fischen hier verboten. Aber was soll ich denn machen? Wenn ich keinen Fisch fange, hab ich nichts zu essen.«

Wir gingen weiter. »Das ist ein menschliches Gesicht«, sagte Nina. Und beim nächsten Felsen: »Das ist auch ein menschliches Gesicht.« Was ich sah, waren nichts als konzentrische Kreise. »Es gibt noch so einen Stein. Wollen Sie ihn sehen? Kommen Sie, hier entlang.«

Wir sahen uns noch ein paar Felsenzeichnungen an, aber es wurde jetzt schnell dunkel. Mischa sagte wieder etwas und gestikulierte dabei wild mit den Händen. Offensichtlich wollte er, dass Nina etwas für mich übersetzte. »Er sagt, eigentlich müsste es Fische im Amur geben. Er weiß nicht, wohin sie verschwunden sind. Er sagt, er fährt heute Abend noch einmal raus.«

Mischa redete auf sie ein. »Er sagt, wenn er etwas fängt, haben seine Kinder und Enkel heute Abend etwas zu essen. Andernfalls gibt es nichts.«

Der Geist aus den Wäldern

Ein Löwe

Was mir heute in jeder Sekunde meines Lebens
ins Gesicht starrt wie ein grausiges Gespenst
mit bluttriefenden Zähnen und Krallen, ist die
Ausrottung der Arten. Ich finde das entsetzlich.
Es ist Massenmord, nichts andres. Es ist ein schweres
Verbrechen und eine unglaubliche Schande für die
Völker der zivilisierten Menschheit.
William Hornaday, Direktor des Zoologischen Gartens
von New York, 1913

Es war ein ganz gewöhnlicher Augustnachmittag in Port Alice – einer kleinen, um eine Papierfabrik herum entstandenen Stadt an der Nordwestküste von Vancouver Island –, als David Parker beschloss, einen Spaziergang zu machen. Der Rentner, der früher als Werkzeugmeister in der Papierfabrik beschäftigt war, hatte auf dem Dach seines Häuschens gearbeitet, als er einen leichten Krampf im Bein gespürt hatte. Weil er der Meinung war, ein Spaziergang würde ihm guttun, schlug er die Richtung ein, die er immer nahm, wenn er seinen Abendspaziergang machte.

Auf der Schotterstraße, die von Port Alice Richtung Süden zum Holzlagergelände Jeune Landing am Neroutsos-Fjord führt, ließ er die Ortsgrenze hinter sich. Einen Kilometer vor Jeune Landing fing es an zu regnen, und Parker suchte Schutz unter einem Felsvorsprung am Straßenrand, um hier den Regenschauer abzuwarten. Er glaubte hinter sich ein Geräusch zu hören, und als er sich umdrehte, sah er sich Auge in Auge einer Raubkatze gegenüber, die bei den Menschen viele Namen hat. Je nach der Region, in der sie lebt, ist sie als Nachtheuler, Sumpfteufel, Kuguar, Puma oder Panther, aber auch als Berglöwe, Silberlöwe und Geisterläufer bekannt.

Ihr wissenschaftlicher Name ist *Puma concolor*. Sie ist das lebendige Fossil eines urzeitlichen Bestiariums fleischfressender Riesen, zu denen außerdem gehörten: *Titanis walleri*, auch Terrorvogel genannt, ein Laufvogel von der Größe eines Pferdes, *Arctodus simus* oder Kurznasenbär, das vermutlich größte fleischfressende Säugetier aller Zeiten, und *Teratornis merriami*, ein naher Verwandter des Kalifornischen Kondors von der Größe eines Leichtflugzeugs.

Der Puma, der wenige Zentimeter von Parkers Gesicht entfernt in geduckter Haltung lauerte, war ein gesundes männliches Jungtier. Parker machte auf dem Absatz kehrt und wollte wegrennen, aber die Raubkatze sprang ihn von hinten an und riss ihn zu Boden, so dass er mit dem Gesicht in einer Pfütze landete. Der Puma kauerte auf Parkers Rücken und schlug seine Zähne in seinen Hinterkopf. Innerhalb von Sekunden war fast sein gesamter Skalp weggerissen, der linke Wangenknochen und der Kiefer waren gebrochen. Das linke Jochbein war zerschmettert, das rechte Ohr hing nur noch an einem Hautfetzen.

Parker hielt sein letztes Stündlein für gekommen. Aber dann fasste er den Entschluss, sein Leben nicht an einem verregneten Nachmittag am Stadtrand von Port Alice in einer Pfütze am Rand einer Schotterstraße zu beenden. Während der Puma Zähne und Klauen in ihn geschlagen hatte und ihm die Haut vom Schädel riss, tastete er nach dem Taschenmesser, dass er immer in einem kleinen Täschchen am Gürtel trug. Man wehrt sich eben, sagte er später. Man wehrt sich, weil einem nichts anderes übrig bleibt. Während Parker sein Messer herauszog, verbiss sich der Puma in seinem Gesicht, und sein rechtes Auge quoll aus der Höhle. Dennoch gelang es ihm, das Messer aufzuklappen und dem Angreifer die acht Zentimeter lange Klinge in den Hals zu stoßen. Mit der freien Hand krallte er sich im Fell des Tieres fest. Gleich darauf hörte der Puma auf zu kämpfen und tat seinen letzten Atemzug. Parker erhob sich mit blutüberströmtem Schädel und

Ein Löwe

setzte sich Richtung Jeune Landing in Bewegung. »Ich habe einfach einen Fuß vor den anderen gesetzt«, erinnerte er sich später. »Ich dachte, ich laufe, so weit ich komme, bevor ich zusammenbreche. Das war mein einziger Gedanke.«

Als er auf Jeune Landing zutorkelte, entdeckte ihn ein Arbeiter der Papierfabrik. Man flog Parker nach Victoria an der Südspitze von Vancouver Island, wo er im Royal Jubilee Hospital zehn Stunden lang operiert wurde. In den folgenden zwei Jahren unternahm Parker mehr als 30-mal die siebenstündige Fahrt nach Victoria, um sich im dortigen Krankenhaus behandeln zu lassen. Seine Kopfhaut musste mit 350 Klammern wieder am Schädel befestigt, die Wunden in seinem Gesicht mit 200 Stichen genäht und sein zertrümmerter Kiefer mit mehreren Metallplatten und Schrauben rekonstruiert werden. Aber trotz der ständigen Schmerzen, der wiederkehrenden Albträume und der Wut, die ihn immer wieder überfiel, fand er sich allmählich mit dem, was ihm passiert war, ab. Er fing wieder an, zweimal wöchentlich in der Altherrenmannschaft Hockey zu spielen. »Ich war zur falschen Zeit am falschen Ort«, pflegte er zu sagen. »Das war alles.«

Nun war es nicht so, dass man in Port Alice, einer 1000-Seelen-Ortschaft am Rande des Regenwaldes südlich des unzugänglichen Quatsino-Sundes, noch nie etwas von Pumaangriffen gehört hätte. Und in den anderen Städten und Dörfern rund um den Quatsino-Sund, in Winter Harbour, Coal Harbour und Holberg, war es genauso. Pumas gehörten zur Landschaft. Hier war ihr letztes großes Rückzugsgebiet auf dem nordamerikanischen Kontinent. Vancouver Island ist die größte Insel vor der Westküste Nordamerikas. Sie hat ein Drittel der Größe Irlands, und in ihren gemäßigten Regenwäldern wimmelte es von Maultierhirschen. Es gab keine Grizzlybären und keine Luchse hier. Das alles machte die Insel zum idealen Lebensraum für den Puma. Aber irgendetwas Merkwürdiges geschah. Bevor Parker im August 2002 angegriffen wurde, waren innerhalb von drei Jahren drei Pumas in Sichtweite seines Hauses erschossen worden. Einer war getötet worden, nachdem er sich einer Gruppe von Kindern auf dem Schulweg genähert hatte; er wurde in Parkers Auffahrt entdeckt. Der nächste hatte auf dem Weg hinter Parkers Haus einen Hund angefallen. Der dritte war erschossen worden, nachdem er sich immer wieder auf dem Gelände der Straßenmeisterei herumgetrieben und die Arbeiter dort erschreckt hatte. Im Jahr vor dem Angriff auf Parker war Eliot Cole auf dem Heimweg von seiner Schicht in der Papierfabrik, als er kurz hinter Port Alice mitten auf der Straße einen Puma sah, der auf einem Mann kauerte. John Nostdal, ein Schlepperkapitän aus Seattle, hatte sich mit dem Fahrrad auf dem Rückweg von Port Alice zu seinem Schiff befunden. Plötzlich hatte ihn ein Puma von hinten angesprungen und vom Rad gerissen. Erst als Cole mit dem Henkelmann und schließlich mit dem Fahrrad auf den Kopf des Pumas einschlug, ließ das Tier von dem Mann ab.

In den zehn Jahren vor Parkers grausigem Erlebnis war es in der Gegend immer wieder zu dramatischen Zwischenfällen gekommen. Einmal hat ein Puma in der etwa 50 Kilometer von Port Alice entfernten Ortschaft Kyuquot auf dem Schulhof der Grundschule einen achtjährigen Jungen getötet. Im nahen Gold River war ein Siebenjähriger auf dem Schulweg von einem Puma angefallen und in die Büsche gezerrt worden. Der Mountie Rick McKerracher erschoss den Puma und rettete damit dem Jungen das Leben. Einige Monate später wurde er während eines Patrouillenritts selbst Opfer eines Pumaangriffs. Dann wurde in Zeballos ein Holzfäller angegriffen, und südlich von Port Hardy hatten zwei Zelturlauber eine unsanfte Begegnung mit einem Puma.

Man hätte die Angriffe vielleicht als eine besonders unglückliche Serie zufälliger Ereignisse in einem kleinen, für seine Pumas bekannten Winkel der Erde abtun können, wären die Vorfälle tatsächlich auf Vancouver Island beschränkt gewesen. Aber dem war nicht so. Überall wurden Menschen von Pumas angefallen.

Der Wildökologe Paul Beier von der Universität Arizona veröffentlichte 1991 eine Studie über Pumaangriffe auf Menschen, die sich in den USA und Kanada zwischen 1890 und 1990 ereignet hatten.[1] Zu diesem Zweck durchforstete er die Zeitungsarchive und setzte sich mit Forstbehörden in den Westküstenstaaten der USA und Kanadas in Verbindung. Paul Beier kam zu dem Ergebnis, dass es überall in Nordamerika seit 1970 mehr Pumaangriffe auf Menschen gegeben hatte als in den 80 Jahren von 1890 bis 1970. Und es waren bei diesen Angriffen auch mehr Menschen getötet worden. Von 1890 bis 1970 waren nur vier tödliche Pumaangriffe dokumentiert, während allein zwischen 1970 und 1990 fünf Menschen von Pumas getötet worden waren.

Beier überarbeitete seine Studie im Jahr 2001 noch einmal und aktualisierte die Befunde, die, wie sich herausstellte, noch alarmierender waren als die von 1991. Von 98 Pumaangriffen in Nordamerika zwischen 1890 und 2001 hatte sich annähernd die Hälfte in den 1990er Jahren ereignet. Sieben Menschen hatten bei diesen Angriffen ihr Leben verloren.

Unter den Opfern war ein 18-jähriger Schüler aus Denver, Colorado, der 1991 zum Joggen aufgebrochen und nie zurückgekommen war. Als 1994 in der Nähe von Sacramento eine junge Frau beim Joggen von einem Puma angefallen und getötet wurde, war dies der erste tödliche Pumaangriff in Kalifornien seit 1909. Ein in den Medien viel beachteter und besonders tragischer Vorfall ereignete sich 1996 in der Nähe von Tulameen in British Columbia, als Cindy Parolin bei dem Versuch, ihre Kinder während eines Ausritts vor dem Angriff eines Pumas zu schützen, getötet wurde. Im Januar 2001 wurde die 30-jährige Frances Frost aus Canmore, Alberta, im Banff-Nationalpark beim Skilaufen von einem Puma getötet. Es war die erste tödliche Begegnung mit einem Berglöwen in der Geschichte des Parks.[2]

Immer häufiger wurden Pumas gesichtet, und zwar nicht nur in den abgelegenen Regionen der Vereinigten Staaten und Kanadas, in denen sich die Tiere in relativ großer Zahl gehalten hatten, sondern auch in Gegenden, aus denen die Tiere eigentlich schon seit Jahrzehnten verschwunden waren.

Es war, als wäre eine besonders furchterregende Bestie aus einem Buch über die ausgestorbenen Riesentiere der Eiszeit lebendig geworden, um wieder unter uns zu wandeln. Und das war es mehr oder weniger, was sich abspielte.

Wie dies geschehen konnte, ist eine Geschichte, die unsere lieb gewonnene Vorstellung von der vorindustriellen »Natur« als einem ewig paradiesischen, von der menschlichen Zivilisation unberührten Zustand ad absurdum führt. Es ist die Geschichte einer Veränderung des globalen Ökosystems durch den Menschen, die schon vor 30 000 Jahren einsetzte. In dieser Geschichte war Nordamerika nicht von jenen scheuen Jägern und Sammlern bevölkert, wie sie von Umweltschützern gern beschworen werden, den »edlen Wilden« aus der Fantasiewelt früher Romantiker wie Thomas Burnet, William Gilpin und Jean-Jacques Rousseau. Als die Europäer in Nordamerika eintrafen, waren von den großen Säugetieren, denen die ersten menschlichen Bewohner des Kontinents begegnet waren, die meisten schon ausgestorben. Die »Wildnis«, die die Europäer vorfanden, war bereits nachhaltig durch den Menschen verändert. Der Geisterläufer, *Puma concolor*, ist der evolutionäre Zeuge von Ereignissen, die eigentlich nie hätten stattfinden sollen.

Der russische Ferne Osten, durch dessen Amurtal wir im letzten Kapitel gewandert sind, bietet sich als Ort an, diese Geschichte zu beginnen.

~~~

Der russische Ferne Osten ist der Ort, an dem die Besiedelung der Neuen Welt ihren Ausgang nahm. In ihrer überlieferten Fassung beginnt die Geschichte mit den Nachfahren einiger asiatischer Völker aus dem Quellgebiet der Lena, das nur durch das Stanowoigebirge von der Amurquelle getrennt ist. Eine kleine Gruppe eiszeitlicher Jäger mit einer ausgeprägten Vorliebe für Mammuts und Mastodonten fand sich auf dem nordamerikanischen Kontinent wieder, nachdem sie gegen Ende des langen Pleistozäns – des Erdzeitalters, das allgemein unter dem Namen Eiszeit bekannt ist – die heute versunkene Beringia-Landbrücke überquert hatten. Vor etwa 11 000 Jahren entdeckten sie eine südlich aus Alaska herausführende Passage, einen langen, eisigen Korridor, der sich in einer der wärmeren Perioden für kurze Zeit zwischen den Eisschilden der Kordilleren und den Laurentinischen Bergen geöffnet hatte. Als sie endlich im gewaltigen, von Menschen unberührten Herzen des nordamerikanischen Kontinents anlangten, hatten sie sich zu Meistern der Großwildjägerei gemausert und beherrschten den Umgang mit einem ausgefeilten Waffenarsenal, zu dem unter anderem die Art von Speerspitzen gehörte, wie sie erstmals 1937 in Clovis in New Mexico entdeckt wurden.

Aufgrund des Fundes in New Mexico wurde der Name Clovis-Kultur für diese Menschen geprägt. In archäologischen Fachbüchern aus den 1940er Jahren kann man nachlesen, wie sich die Clovis-Kultur in allen Winkeln der Neuen Welt, von der arktischen Tundra bis nach Feuerland an der Südspitze des südamerikanischen Kontinents, ausbreitete. Da keiner der im Zusammenhang mit der Clovis-Kultur gefundenen Artefakte älter ist als 11 000 Jahre, wurde angenommen, dass diese Menschen die Vorfahren aller »Indianer« waren und dass sie frühestens vor rund 11 000 Jahren nach Nordamerika gekommen waren. Es ist bekannt, dass sich in dieser Zeit ein dramatischer Klimawandel vollzog und die Erde sich nach dem langen Winter des Pleistozäns wieder zu erwärmen begann.

Ebenso sicher ist, dass in dieser Zeit ein Massensterben stattfand. Zu Beginn des Holozäns – des Erdzeitalters also, in dem wir heute leben – verschwanden mit einem Schlag vier Fünftel aller großen Wirbeltiere des nordamerikanischen Kontinents. Das Massensterben wurde bisher allgemein auf die gewaltigen ökologischen Veränderungen zurückgeführt, die sich in dieser Phase der Erdgeschichte vollzogen. Doch diese Theorie über das Artensterben wird neuerdings in Frage gestellt, und man beginnt sich Gedanken darüber zu machen, welche Rolle der Mensch dabei gespielt haben könnte.

Einer der Gründe, warum die Theorie zu wanken beginnt, ist die Tatsache, dass bisher immer eine Art Pufferzone zwischen dem Aussterben der Megafauna und der Ankunft der ersten Menschen in Nordamerika im frühen Holozän angenommen wurde. Neuere archäologische Erkenntnisse legen jedoch nahe, dass die erste Besiedelung Nordamerikas durch den Menschen schon vor mehr als 11000 Jahren stattfand. Auch machten es Fortschritte in der wissenschaftlichen Forschung möglich, Dinge wie die Eisschilde des Pleistozäns besser zu verstehen, und so wissen wir heute, dass diese nicht die unüberwindbaren Hindernisse darstellten, die sie zu sein schienen, als die Theorie der Erstbesiedlung durch die Clovis-Kultur entwickelt wurde.

In der Geschichte, die die Wissenschaft über jene alten Zeiten zu erzählen weiß, spielt die Hauptrolle eine Jägerin und Sammlerin, die wir nur als Frau von Arlington Springs kennen. Sie lebte auf der Insel Santa Rosa vor der kalifornischen Küste und hatte offenbar einen bösen Sturz erlitten, als sie vor langer, langer Zeit mit einem angespitzten Stock auf Zwergmammutjagd war. Ihr Schenkelknochen wurde 1959 etwa einen Kilometer vom Meer entfernt am Rand eines Cañons entdeckt, wo er aus einem grasbewachsenen Felsensims ragte. Was immer an jenem schicksalhaften Tag im frühen Holozän geschehen sein mag, fest steht, dass die Frau von Arlington Springs nach ihrem Sturz nicht wieder aufstand.

Nach der Entdeckung im Jahr 1959 sah sich bis 1990 niemand den Fund von der Insel Santa Rosa genauer an. Dieser zweite Blick auf den Schenkelknochen der Frau von Arlington Springs und auf die Ablagerungen von organischem Material, in denen er eingebettet gewesen war, warfen die bisherigen Theorien über die Geschichte der Menschheit auf dem nordamerikanischen Kontinent und über das dortige Artensterben im frühen Holozän gründlich über den Haufen. Denn Untersuchungen ergaben, dass die Frau von Arlington Springs vor etwa 14 000 Jahren auf der Insel Santa Rosa gelebt haben muss, also lange bevor die Clovis-Kultur in Nordamerika ankam. Es stellte sich außerdem heraus, dass sie einer dort heimischen Inselgemeinschaft angehörte, die zu der Zeit, als die Clovis-Menschen aus dem unwirtlichen Windkanal zwischen den Eisschilden herausgestolpert kamen, bereits voll entwickelt war. Die Menschen von der Insel Santa Rosa, die dem Festland einige Kilometer vorgelagert ist, waren eine seefahrende Kultur.

Diese Entdeckung hatte eines zu bedeuten: Wie immer die Wege der Clovis-Menschen ausgesehen haben mochten, fest stand, dass es in Nordamerika noch eine andere Entwicklung gab, und an ihr waren Menschen beteiligt, die nichts mit den Vorfahren der Clovis-Kulturen zu tun hatten. Die Geschichte dieser anderen Gruppe wird heute als Sibirien-These bezeichnet.

Diese Geschichte hat ihren Anfang vermutlich am Unterlauf des Amur irgendwo in der Gegend von Sikatschi-Aljan, dem Dorf, in dem die Bedeutung der prähistorischen Felsenmalereien in Vergessenheit geraten ist. Diese Menschen unternahmen eine andere Reise, mit der sie den beschwerlichen Weg durch die unwirtliche Mammutsteppe von Beringia umgingen. Sie wählten vielmehr den Seeweg durch den Nordpazifik. In dieser Lesart der Geschichte begann die Reise auf der Halbinsel Kamtschatka an der russischen Pazifikküste. Sie führte an der Südküste Beringias entlang über die Inselkette im Golf von Alaska, die auch während des Pleistozäns dauerhaft eisfrei war, und wurde dann auf einer Reihe von heute untergegangenen Inseln vor der nordamerikanischen West-küste für jeweils längere Phasen unterbrochen.

Für die Sibirien-These sprechen einige linguistische und genetische Belege, und seit Ende der 1990er Jahre wird sie überdies durch eine Reihe von Artefakten erhärtet, entdeckt auf dem Meeresgrund im Norden von Vancouver Island, nicht weit von Port Alice entfernt, wo David Parker die schmerz-hafte Begegnung mit einem Puma hatte. Die Artefakte waren von Bord des kanadischen Forschungsschiffs »Vector« aus in unmittelbarer Nähe des als Haida Gwaii oder Queen Char-lotte Islands bekannten Archipels aus dem Wasser geborgen worden. Es handelt sich vor allem um Steine, die zu groben Speerspitzen und Klingen aller Art behauen worden waren. Aber sie wurden an Stellen gefunden, die einmal die Fluss-betten einer für die menschliche Besiedelung bestens geeig-neten Küstenregion gewesen waren, und zwar genau zu der Zeit, in der dieser Teil des nordamerikanischen Kontinents der Clovis-Theorie zufolge mit einer dicken Eisschicht über-zogen war und vollkommen abgeschnitten vom Rest der Welt.

Aus alldem lässt sich schließen, dass die Neue Welt min-destens 2000 Jahre früher als zuvor angenommen von Men-schen besiedelt war, aber auch von einem erstaunlichen Sammelsurium von Tieren, die wohl kaum menschenscheu waren. Da gab es Löwen, die so ähnlich aussahen wie die Löwen aus Afrika oder aus den Gir-Wäldern Indiens, die aber doppelt so groß waren. Es gab Gürteltiere von der Größe eines VW-Käfers und bärengroße Biberratten. Alle diese Tiere gab es. Dann kamen die Menschen, und die Tiere waren ver-schwunden.

Nicht einmal von den erbittertsten Verfechtern der Clo-vis-Theorie wird bestritten, dass mindestens drei Dutzend große Säugetierarten vor etwa 13 000 Jahren auszusterben begannen und vor etwa 9000 Jahren endgültig verschwunden waren. Es hatte Säbelzahntiger, Scimitarkatzen und kräftige Wolfshunde mit langen Reißzähnen gegeben, und dann gab es sie plötzlich nicht mehr. Der Hirschelch, ein riesiger Sumpfbewohner mit gewaltigem, handtellerförmigem Geweih, verschwand zusammen mit den Pferden, den Kamelen und vier Faultierarten – trägen Pflanzenfressern mit großen Füßen, die aussahen wie eine Kreuzung zwischen einem Affen und einem Riesenhund. Ein Riesenfaultier, dessen Verbreitungsgebiet sich von Texas bis in die argentinische Pampa erstreckt hatte, war größer als ein Elefant. Neuere Forschungen haben ergeben, dass es sich möglicherweise um einen Fleischfresser handelte.

Es ist sicher kein Zufall, dass eines der wenigen prähistorischen Tiere, die das Artensterben zu Beginn des Holozäns überlebt haben, der schnellste Pflanzenfresser der Erde ist, nämlich die Gabelhornantilope. Einst in riesigen Verbänden lebend, die den großen Bisonherden hätten Konkurrenz machen können, erreicht die Gabelhornantilope eine Geschwindigkeit von bis zu 90 Stundenkilometern. Nur der Gepard kann diesen Rekord im Tierreich überbieten. Wer allerdings nicht so schnell laufen kann, möchte sich vielleicht lieber verstecken. Das ist die Strategie des Stummelschwanzhörnchens, eines Relikts aus vorpleistozänen Zeiten, das in einigen isolierten Nischenhabitaten im Nordwesten der Vereinigten Staaten und in British Columbia bis ins 21. Jahrhundert überlebt hat. Es bringt fast sein gesamtes Leben in unterirdischen Gängen zu, aus denen es nur kurze nächtliche Ausflüge in die Oberwelt unternimmt, um Blätter, Nesseln, Gräser und Farne zu sammeln. In der Sprache der Chinook am Columbia River heißt das Tier Sewellel, doch in der wissenschaftlichen Welt ist es immer noch so wenig bekannt, dass *Aplodontia rufa* noch in der Fachliteratur des 20. Jahrhunderts als eine Kreatur beschrieben wurde, das Ruflaute von sich geben und Kummertränen vergießen kann.

In vielen Fällen mag es beim Aussterben einer Art zu einem unglücklichen Zusammentreffen von Klimawandel und Ankunft der ersten Menschen auf dem Kontinent gekommen sein. Ein Massensterben kann eingesetzt haben, als sich der Lebensraum rapide veränderte, nachdem die Menschen eine oder mehrere der großen Tierarten ausgerottet hatten, die einen prägenden Einfluss auf das Ökosystem ausübten, wie beispielsweise Mammuts und Mastodonten. Das Aussterben einiger Tierarten könnte zumindest zum Teil damit zusammenhängen, dass im Gefolge der Menschen, die unter Umgehung der Eisschilde aus den arktischen Teilen Nordamerikas Richtung Süden gezogen waren, auch solche Spezies den Weg hierher gefunden hatten, die gegenüber den heimischen Arten als Räuber und Nahrungskonkurrenz auftraten. In anderen Fällen war das Artensterben vielleicht einfach eine unglückliche Folge mehrerer Ursachen. Jedenfalls geben die fossilen Funde keinerlei Hinweis darauf, dass die prähistorische Megafauna des nordamerikanischen Kontinents an Mangelernährung oder Krankheiten gelitten hätte, bevor diese Riesen von der Erdoberfläche verschwanden, und aus der archäologischen Forschung sind zahlreiche Grabungsstätten bekannt, an denen zwischen den Knochen von Mammuts, Mastodonten, Riesenfaultieren, Hirschelchen, Echten Schweinen und Riesenbibern auch Steinwerkzeuge gefunden wurden.

Als die Menschen Australien und Neuseeland, Polynesien und Madagaskar sowie den Mittelmeerraum und die Kanarischen Inseln zu besiedeln begannen, zeichnete sich das gleiche Muster ab. Die Menschen traten auf den Plan, und die Tierarten verschwanden eine nach der anderen. In Australien und Neuguinea kam es kurz nach der Ankunft der ersten Siedler zu einer Welle des Aussterbens, der mindestens zwei Dutzend Arten von Großwirbeltieren zum Opfer fielen. Die ersten Menschen, die Australien vor 50 000 Jahren erreichten, fanden einen Inselkontinent mit einem reichen Bestand an Beuteltierarten vor, die heute ausgestorben sind. Das Diprotodon, ein entfernter Verwandter des heutigen Wombats und das größte Beuteltier, das je gelebt hat, erreichte eine Schul-

Ein Löwe

terhöhe von zwei Metern und sah aus wie ein Bär, ernährte sich aber ausschließlich von Pflanzen. Es lebte bis vor etwa 40000 Jahren in Australien und verschwand zur gleichen Zeit wie ein Beutellöwe, der mit großer Wahrscheinlichkeit sein Hauptfressfeind war. Auch das bis zu 200 Kilogramm schwere Riesenkänguru, ein absonderlich aussehendes Tier mit Klauen wie Enterhaken und Pferdehufen an den Füßen, starb ungefähr zu dieser Zeit aus. Der Tasmanische Wolf, ebenfalls ein Beuteltier, lebte in Tasmanien noch bis zum Ende des 19. Jahrhunderts, nachdem er auf dem australischen Festland und in Neuguinea schon 2000 Jahre früher ausgestorben war.

Der Genyornis, ein flugunfähiger Vogel, der bis vor zirka 40000 Jahren lebte, war so groß wie ein erwachsener Mensch. Er verschwand zur gleichen Zeit wie der bärengroße Wombat, der Beutellöwe, das Riesenkänguru und wie sie alle heißen, und seine Knochen werden häufig im Zusammenhang mit Kulturschichten prähistorischer Siedlungsplätze gefunden. Was immer das plötzliche Verschwinden all dieser Kreaturen verursacht haben mag, mindestens 19 Beuteltierarten waren davon betroffen. Mehr als 80 Prozent aller australischen Spezies mit einem Gewicht von mehr als 150 Kilogramm starben aus. Zu den Arten, die für immer verloren waren, gehörten ein ochsengroßer fleischfressender Waran, ein entfernter Vetter des indonesischen Komodowarans, sowie das Landkrokodil *Quinkana fortirostrum*, das eine Länge von sieben Metern erreichen konnte.

Eine Forschergruppe unter der Leitung des Geochronologen Gifford Miller von der Universität Colorado fand 1999 heraus, dass es möglicherweise die von australischen Ureinwohnern zur Urbarmachung des Landes absichtlich entfachten Brände waren, die den Tieren letztendlich zum Verhängnis wurden. Anhand von Bohrkernen ließ sich für die Zeit, als die Menschen in Australien ankamen, ein starker Anstieg des Karbongehalts in den Ablagerungsschichten nachweisen. Wenn nun sehr viele Gehölze abgebrannt wurden, musste die

Zahl der Pflanzenfresser, die sich davon ernährten, zwangsläufig in einem solchen Maß zurückgehen, dass ihre natürlichen Fressfeinde zu einer ernsthaften Bedrohung für sie wurden. Ihre Tage mussten gezählt sein. Und ihre Tage waren gezählt.

Auf den Inseln Neuseelands sah es nicht anders aus: Das einzige Ereignis, das als Ursache für das Aussterben Dutzender Vogelarten in Frage kommt, war die Ankunft der Polynesier mit ihren Ratten und Hunden vor etwa 1000 Jahren. Bemerkenswert an der Geschichte Neuseelands ist die Tatsache, dass die Vögel hier die gleiche ökologische Rolle spielten wie die Säugetiere in anderen Teilen der Welt. Auf beiden Inseln Neuseelands waren elf Moaarten heimisch, flügellose Laufvögel unterschiedlicher Größe, von dem nur 20 Kilogramm schweren Küstenmoa bis zu dem größten Vogel, der je gelebt hat, dem bis zu dreieinhalb Meter großen Riesenmoa. Nach der Besiedelung der Inseln durch die Polynesier waren sie innerhalb von nur fünf Jahrhunderten alle ausgestorben. Mit ihnen verschwanden weitere zwei Dutzend Vogelarten, darunter mehrere flugunfähige Gänse-, Enten- und Rallenvögel.

Das Artensterben begleitete die Polynesier auf Schritt und Tritt. Man schätzt, dass auf den tropischen Inseln Ozeaniens im Gefolge der Besiedelung durch den Menschen bis zu 2000 Vogelarten verschwanden. Auf Hawaii, wo die ersten polynesischen Siedler mit ihren schweren Katamaranen und Auslegerbooten vor etwa 1700 Jahren landeten, richteten deren nichtmenschliche Begleiter mindestens ebenso viel Schaden an wie sie selbst. In ihren Schiffen brachten sie Hühner, Zwergschweine, Hunde und – höchstwahrscheinlich als blinden Passagier – eine besonders unangenehme Kreatur, die Pazifische Ratte, mit. Brandrodung für die Anlage großer Taro- und Süßkartoffelfelder, Bejagung und die Schäden, die von den eingeschleppten Tierarten verursacht wurden, führten dazu, dass auf Hawaii – schon lange bevor die Europäer

Ein Löwe

auf der Bildfläche erschienen – mindestens 50 Vogelarten ausgerottet waren. Ähnlich verhielt es sich auf den Inseln Neukaledoniens, 900 Seemeilen östlich von Australien. Hier wurden in Kulturablagerungen, die Menschen hinterlassen hatten, als sie vor etwa 3000 Jahren auf den Inseln angekommen waren, die Knochen von mindestens einem Dutzend ausgestorbener Vogelarten gefunden.

Das Artensterben auf Madagaskar folgte dem gleichen Muster. Hier verschwanden mehrere Spezies der Riesenlemuren, ein Elefantenvogel und ein Zwergflusspferd. Das Aussterben setzte unmittelbar nach der Ankunft der ersten protomalaiischen Seeleute vor etwa 2000 Jahren ein.

Warum auf den karibischen Inseln vor ungefähr 5000 Jahren so viele Arten auszusterben begannen, ist eigentlich kein Geheimnis. Es fand kein größerer ökologischer Wandel statt, nichts, was mit der Erwärmung des Klimas gegen Ende des Pleistozäns zu vergleichen wäre. Das einzige damalige Großereignis war die Ankunft der Menschen vor etwa 7000 Jahren in der Karibik. Als sie dort eintrafen, gab es in den Wäldern der Inseln noch Faultiere wie beispielsweise das am Boden lebende kubanische Faultier *Megalocnus rodens*, das die Größe eines Schwarzbären erreichte. Die letzten Exemplare dieser Spezies verschwanden vor rund 3000 Jahren. Der Hutia, ein bis zu 15 Kilogramm schweres pelziges Tier, sah aus wie ein großes Meerschweinchen. Seine Knochen wurden in Puerto Rico, Haiti, der Dominikanischen Republik und auf den Jungferninseln gefunden, nicht selten zwischen Küchenabfällen, die von den ersten Siedlern stammten. Die Hutias gehörten zu der unbekannten Zahl von Spezies aus mindestens zehn Gattungen von Nagetieren, die im Lauf der Jahre von den Inseln verschwunden waren. Wahrscheinlich lebten sie in einigen Rückzugsgebieten der Inseln noch bis zur Ankunft der ersten Europäer gegen Ende des 15. Jahrhunderts, heute jedenfalls sind sie verschwunden. Ebenso verschwunden ist der Saint-Croix-Ara, der nur durch einen Knochen-

fund in einem Muschelhaufen auf der gleichnamigen Jung-
ferninsel bekannt ist.

Die Geschichte des Artensterbens im eurasischen Raum
hält einige der traurigsten Überraschungen für uns bereit. So
zum Beispiel die Erkenntnis, dass es tatsächlich einmal ein
Einhorn gegeben hat. Jedenfalls fällt es schwer, die betreffende
Kreatur anders zu beschreiben. Das Elasmotherium war ein
mächtiges Zotteltier, ein entfernter Verwandter des Wollnas-
horns. Ein riesiges Horn von bis zu zwei Metern Länge wuchs
ihm senkrecht aus der Stirn. Es ist nicht bekannt, ob der
Mensch bei seinem Aussterben die Hand im Spiel hatte, fest
steht jedoch, dass Mensch und Elasmotherium eine Zeitlang
nebeneinander existierten. Es wird allgemein angenommen,
dass das urzeitliche Riesennashorn vor rund 10 000 Jahren
ausstarb; aus mündlichen Überlieferungen der sibirischen
Ewenken ist allerdings zu schließen, dass es in einigen
Nischenhabitaten möglicherweise länger überlebt hat. Das
Gleiche lassen Berichte aus China und Persien vermuten, und
der arabische Gelehrte Ahmad ibn Fadlan, der im 10. Jahrhundert zum Hofe des Kalifen Al-Muqtadir gehörte, beschrieb
in einem Bericht über die Reise einer arabischen Gesandt-
schaft zu den Wolgabulgaren ein Tier mit allen Merkmalen
des Elasmotheriums, das in den Wäldern des Wolgatals mit
Giftpfeilen gejagt wurde. Der Bericht des Gesandten klingt
einigermaßen abenteuerlich, war aber vermutlich nicht vollkommen aus der Luft gegriffen. Eine kleinwüchsige Unterart
des Wollhaarmammuts lebte bis vor 4000 Jahren auf der im
Nordpolarmeer vor der Küste Sibiriens gelegenen Wrangel-
insel, und in Rückzugsgebieten wie den Karpaten gibt es bis
heute Restpopulationen des Europäischen Braunbären.

Europa hatte seine eigenen Bisons, Biber und Riesenelche
und noch bis zur Zeit des Römischen Reichs auch seine eigenen Löwen. Der Iberiensteinbock streifte noch im 20. Jahrhundert durch die Pyrenäen. Das letzte Exemplar dieser Spezies, ein 13 Jahre altes weibliches Tier, wurde am 6. Januar

2000 im spanischen Ordesa-Nationalpark tot aufgefunden, nachdem ihm ein umstürzender Baum den Schädel zertrümmert hatte.

Von den verlorenen Bestiarien der Alten Welt waren einige der bizarrsten Kreaturen auf den Mittelmeerinseln beheimatet. So machte eine flugunfähige Rieseneule die kretischen Wälder unsicher, Zwergflusspferde und kleine Höhlenziegen teilten sich ihre Inselhabitate mit einem Pfeifhasen, der aussah wie eine Kreuzung zwischen Kaninchen und Meerschweinchen. Auf Sizilien gab es einen Elefanten, der nicht größer wurde als ein Pony. Insgesamt waren es 30 große Wirbeltierarten, die auf den Mittelmeerinseln ausstarben.

⚊⚌⚊

Aus dieser traurigen Geschichte des Aussterbens können wir ganz sicher zwei Lehren ziehen.

Erstens: Wo immer die Menschen neue Horizonte für sich erschließen, bricht die vorhandene Ordnung zusammen. Alte Rückkopplungskreise funktionieren nicht mehr. Am Beispiel von Singapur haben wir gesehen, dass das Zentrum des gegenwärtigen Artensterbens in den tropischen Regionen liegt, wo sich die verheerendsten Folgen des technischen Fortschritts in der industriellen Abholzung der Wälder niederschlagen. Leistungsstarke Dieselmotoren öffneten den Fischereiflotten den Weg zu den entlegensten Winkeln der Meere, so dass sich die Menge an Fischen, die weltweit in einem Jahr gefangen wurde, in der zweiten Hälfte des 20. Jahrhunderts vervierfachte. Auch tiefgreifende kulturelle Veränderungen führen zum Zusammenbruch der alten Ordnung und zum Artensterben, ob es sich um die in Vergessenheit geratende Sprache der Nanai im Dorf Sikatschi-Aljan handelt oder um die bedrohten Arten, die auf dem Fischmarkt von Chabarowsk feilgeboten werden. Tausend Jahre zuvor waren die ersten Menschen in Nordamerika, Australien, Neuseeland und anderen noch unbesiedelten Regionen der Welt angekommen, und auch hier war die Ordnung zusammengebrochen, und ein Massensterben hatte eingesetzt.

Zweitens: Abgesehen von ganz wenigen Einzelfällen steht hinter dem vom Menschen verursachten Aussterben von Arten keine räuberische Absicht. Dafür gibt es einfach keine Beweise. »Vier Beine gut, zwei Beine schlecht«, dieser Orwell'sche Slogan vereinfacht die lange und traurige Geschichte der Schuld, die der Mensch am Aussterben der Spezies trägt, in irreführender Weise.

Die meisten Vogelarten, die im Lauf der letzten 400 Jahre verschwunden sind, wurden nicht willkürlich ausgerottet, sondern starben aus, weil sie ihre Lebensräume verloren und weil eingeschleppte Tiere wie Ratten und Schweine ihre Eier und ihre Jungen fraßen. Auf diese Weise fand auch die berühmte Spezies der Dodos ihr Ende.

Einige dieser ahnungslosen Komplizen bei der Ausrottung der Arten, nämlich Ratten und Hunde, hatten schon die Polynesier nach Neuseeland begleitet, kurz bevor die vielen Vögel dort verschwanden. So wäre es gut möglich, dass auch das große Artensterben in ganz Nord- und Südamerika, das der Ankunft der Menschen in der Neuen Welt auf den Fuß folgte, durch »neue« Tiere verursacht wurde, die zur gleichen Zeit an den Rändern der Eisschilde entlang auf den Kontinent gelangten.

Ignoranz, Habgier und mangelnde Achtung vor unseren Mitgeschöpfen gehören zur Geschichte des »modernen« Menschen. Es steht außer Zweifel, dass die groß angelegte Vernichtung der Wälder, die sich im 20. Jahrhundert enorm beschleunigt hat, zu einem Artensterben von nie da gewesenem Ausmaß führt. Aber ebenso wie man das Aussterben von Tieren in vorindustriellen Zeiten nicht der räuberischen Absicht irgendwelcher Jäger-und-Sammler-Kulturen und »Ureinwohnergesellschaften« zuschreiben kann, wäre es nachweislich falsch zu behaupten, die »moderne« Zivilisation habe leichtfertig und absichtlich Tiere ausgerottet.

Ein Löwe

Weniger als ein Viertel aller seit 1600 verschwundenen Spezies sind ausgestorben, weil sie rücksichtslos bejagt oder sonst wie ausgerottet wurden, und die Menschen sind heute, wie wir gesehen haben, bereit, große Opfer zu bringen, um gefährdete Arten am Leben zu erhalten. Etwa 40 Prozent der seit 1600 ausgestorbenen Arten sind eingeschleppten Tieren wie der Ratte, die als blinder Passagier mit den Schiffen der Siedler kam, zum Opfer gefallen. Weitere 36 Prozent starben aus, weil sie ihre Lebensräume verloren oder weil diese fragmentiert wurden.

An dieser Stelle scheint es sinnvoll, einen anderen Aspekt in Erinnerung zu rufen, der in Singapur deutlich wurde: Der Mensch verändert die »Natur«, und die Natur zwingt uns wiederum, das Bild, das wir uns von ihr machen, zu verändern. So funktioniert der dialektische Dialog. Wenn wir die nordamerikanische »Wildnis« betrachten, sehen wir immer noch in die Reihe von Spiegeln, von denen bei E. E. Cummings die Rede ist.

Selbst wenn der Vater aller Naturschützer, John Muir, den Blick über die Berghänge seines geliebten Yosemite-Parks schweifen ließ, sah er in einen Spiegel. Muir war ein Visionär, ein Universalgelehrter und vermutlich einer der einflussreichsten Vordenker in der Geschichte Nordamerikas. Er gehörte 1892 zu den Begründern des Sierra-Clubs, und er war einer der ersten Naturschützer, die in vollem Maße anerkannten, dass alle Dinge miteinander verbunden sind. Doch Muir betrachtete die Landschaft des Yosemite-Parks als unberührte Wildnis, auf deren ökologische Entwicklung die indigenen Völker keinen größeren Einfluss genommen hatten als die »Vögel oder Eichhörnchen«.

Muir erkannte nicht, dass die Landschaft des Parks das Ergebnis von Eingriffen durch das Volk der Miwok war, die hier einige Jahrhunderte lang Brandrodungen vorgenommen, Bäume beschnitten und Ernten eingebracht hatten. Bis zum Ende des 19. Jahrhunderts sah man in den Rocky Mountains nicht viele Elche, und auch der Wapitihirsch, der zum Inbegriff der Bergwildnis im nordamerikanischen Westen geworden war, ließ sich nicht allzu oft blicken. Charles Kay von der Universität Utah veröffentlichte 1995 eine Studie, der zufolge die indigenen Bewohner der Rocky Mountains zur Pflege ihrer Beerenkulturen systematisch Brände legten und so das Ökosystem der Gegend nachhaltig veränderten. Dadurch und durch intensive Bejagung hielten sie die Wapitihirschbestände auf einem sehr niedrigen Niveau. »Historische und archäologische Daten zeigen, dass es heute im Westen der USA so viele Wapitihirsche gibt wie seit 10 000 Jahren nicht mehr«, schließt Kay seinen Bericht.

Die Rolle, die der Mythos vom paradiesischen Zustand der Jäger-und-Sammler-Kulturen bei der Entstehung der heutigen Umweltbewegung innehatte, ist nicht zu unterschätzen. Doch so reizvoll es auch sein mag, das Klischee vom beerenpflückenden, seine Umwelt schonenden Philosophen der Jungsteinzeit trifft auf viele indigene Völker Nordamerikas kaum zu. Die Charakterisierung der indigenen Völker als von ihrem Wesen her spirituelle Kulturen, die in heiligem Gleichgewicht mit der Natur in einem stabilen Ökosystem leben und deren Wirtschaft auf einem einfachen Pfeil-und-Bogen-Prinzip beruht, übersieht völlig die gewaltigen geschichtlichen und kulturellen Unterschiede zwischen diesen Bewohnern der Neuen Welt. Die lieb gewonnenen Mythen von der »Wildnis« des nordamerikanischen Kontinents lassen wenig Raum für andersgeartete Vorstellungen davon, wie der Kontinent vor der Ankunft der Europäer wirklich ausgesehen haben mag.

Es trifft zu, dass die Ureinwohner, denen die europäischen Neuankömmlinge in Nord- und Südamerika anfangs begegneten, oftmals im Einklang mit ihren Mitgeschöpfen lebten. Im Vergleich zu den Puritanern, denen alles Wilde verhasst war, und zu den Expansionisten, die von den 13 Gründerstaaten aus unaufhaltsam gen Westen strömten, lässt sich hier unschwer das Ideal eines ausgeglichenen, umweltverträglichen Lebens innerhalb eines blühenden Ökosystems konstruieren. Und es ist auch unbestritten, dass im 19. Jahrhundert zwischen vielen indigenen Gemeinschaften und den Beutetieren, die sie zum Leben benötigten, eine gewisse Balance herrschte. Dies traf vermutlich besonders auf die »Reiterkulturen« der Prärie-Indianer zu, die sich im 18. Jahrhundert entwickelt hatten, und möglicherweise auch auf die vom Fischfang lebenden Gruppierungen an der Nordwestküste. Auch ist es richtig, dass viele der indigenen Gemeinschaften ein komplexes und durchdachtes System für den Umgang mit den natürlichen Ressourcen geschaffen hatten.

Dennoch kann man davon ausgehen, dass nach dem ersten großen Massensterben zu Beginn des Holozäns die meisten »Indianer« in Stadtkulturen mit landwirtschaftlicher Ökonomie organisiert waren und die Ökosysteme ihres Lebensraums nachhaltig veränderten. Diese Geschichte wird nicht oft erzählt. Alle Welt kennt die Cheopspyramide von Gizeh, und wir sind uns ohne jeden Zweifel einig darin, dass die alten Ägypter etwas geschaffen haben, das man mit Fug und Recht als Zivilisation beschreiben kann. Aber nur wenige Menschen haben je etwas von der Pyramide in Cahokia im heutigen Illinois, nur wenige Kilometer östlich der Stadt St. Louis am Mississippi, gehört. Die archäologischen Funde von dort passen nicht so recht in das Bild, das sich die Europäer gerne davon machen, wie es in Nordamerika aussah, bevor Christoph Kolumbus 1492 den Atlantik überquerte. Die Pyramide von Cahokia, das zentrale Bauwerk einer Stadt mit etwa 20000 Bewohnern, war größer als jede ägyptische Pyramide, und sie blieb bis zum Ende des 20. Jahrhunderts das größte von Menschen errichtete Gebilde.

Als die Spanier im 16. Jahrhundert in den peruanischen Anden erstmals der Inka-Kultur begegneten, hatte diese bereits 600000 Hektar Gebirgslandschaft in ein ausgedehntes System kleiner, sorgsam gepflegter Terrassengärten umgewandelt. Die ersten Europäer, die an der Südspitze von Vancouver Island vor der Westküste Kanadas landeten, fanden die Landschaft dort so gründlich von Menschenhand verändert, dass sie sich an ein ländliches Idyll in England erinnert fühlten. Die Stadt Tenochtitlán, Hauptstadt des Aztekenreichs, war vor ihrer Eroberung durch die Spanier unter Hernando Cortés im Jahr 1519 größer als Paris zu dieser Zeit.

Manche Archäologen glauben, selbst in Regionen, die lange als die entlegensten, unberührtesten und unerforschtesten Winkel der Welt galten, von Menschenhand geschaffene Landschaften zu erkennen. Man nimmt an, dass vor etwa 2000 Jahren im oberen Amazonasbecken eine Fläche von annähernd acht Millionen Hektar durch ein kompliziertes System künstlicher Befestigungen und Dämme über das Niveau der Flutebene angehoben wurde. Etwa zur gleichen Zeit schuf das Volk der Hohokam in der Sonora-Wüste im heutigen Arizona ein 2700 Kilometer langes System von Bewässerungsgräben, und in der kalifornischen Wüste legten Ureinwohner künstliche Oasen an, um dort Fächerpalmen zu kultivieren.

So wie viele Tierarten aus der Neuen Welt verschwanden, bevor sie ins Bewusstsein der Menschen dringen konnten, waren die meisten indigenen Kulturen der westlichen Hemisphäre zu der Zeit, als der Rest der Welt Kenntnis von ihrer Existenz nahm, nur noch ein Schatten ihrer selbst. Bislang werden die Auswirkungen, die die von Europa eingeschleppten Krankheiten bei der Dezimierung dieser Völker hatten, in der Forschung unterschätzt. Viele Kulturen wurden durch Pocken, Grippe, Typhus, Diphtherie, Keuchhusten, Beulenpest, Mumps, Masern und andere Infektionskrankheiten ausgelöscht. Die Bevölkerung des nordamerikanischen Kontinents schrumpfte um bis zu 95 Prozent. Die ersten Bewohner der Neuen Welt besaßen keine Abwehrkräfte gegen die eingeschleppten Seuchen und starben daran.

Ein Löwe

Einige wenige Europäer hatten das Glück, sich eine Vorstellung davon machen zu können, wie der Kontinent aussah, bevor die Krankheiten ihre tödliche Wirkung entfalteten. Als Hernando de Soto ab 1539 das Gebiet der heutigen Südstaaten erkundete, fand er dort eine dicht besiedelte, von kleinen Städten überzogene Landschaft vor. Hundert Jahre später waren die Siedlungen der Mississippi-, Coosa- und Caddo-Kulturen, die er noch gesehen hatte, verschwunden.

Neuengland war offenbar mindestens ebenso dicht besiedelt wie der Süden und der Mittlere Westen, doch schon bevor die *Mayflower* 1620 mit den Pilgervätern an Bord im heutigen Princetown Harbour vor Anker ging, hatten mehrere Epidemien die waldreichen Gebiete an der Atlantikküste heimgesucht. Amerikaner erzählen ihren Kindern heute gern die romantische Geschichte vom Stamm der Wampanoag, die gemeinsam mit den englischen Siedlern das erste Erntedankfest feierten und diese mit Truthahn, Süßkartoffeln und anderen Früchten des Landes bewirteten. Die Wirklichkeit sah anders aus: Die Bewohner der Plymouth-Kolonie überlebten den ersten Winter in der neuen Heimat nur, weil sie die Getreidekammern von Städten ausplünderten, in denen sich die Leichen der Ureinwohner auftürmten, die einer wenige Jahre zuvor von französischen Entdeckern eingeschleppten Seuche zum Opfer gefallen waren. Als George Vancouver 1792 die Juan-de-Fuca-Straße überquerte, die den Grenzverlauf zwischen den Vereinigten Staaten und Kanada an der nordwestlichen Küste des Kontinents markiert, stieß er auf große, verwaiste Dörfer, und die Gesichter vieler Menschen, die ihm in Booten begegneten, waren von Pockennarben grausam entstellt.

Die Schätzungen gehen immer noch weit auseinander, und die Wissenschaftler reden sich die Köpfe heiß, aber die These lässt sich nicht mehr wegdiskutieren, dass Nordamerika von seiner ursprünglichen Bevölkerung nahezu leer gefegt war, bevor die europäischen Siedler ihre ersten Städte dort errichteten. Traditionelle Lehrmeinungen zur präkolumbischen Besiedelung Nordamerikas geraten immer mehr ins Wanken. Symptomatisch für diese Ansichten war eine Schätzung des Smithsonian-Instituts im Jahr 1928, der zufolge Ende des 15. Jahrhunderts nicht mehr als 1,1 Millionen Ureinwohner nördlich des Tals von Mexiko lebten. Spätere demografische und anthropologische Untersuchungen legten eine 40-mal so hohe Zahl nahe. Manche Wissenschaftler gehen davon aus, dass die Gesamtbevölkerung von Nord- und Südamerika etwa 100 Millionen Menschen betrug, bevor die bis dahin in der Neuen Welt unbekannten Krankheiten eingeschleppt wurden.

Wie dem auch sei, fest steht offensichtlich, dass nordamerikanische Ökosysteme, möglicherweise über Tausende von Jahren hinweg, durch Menschen verändert wurden, bevor der erste Europäer einen Fuß auf den Kontinent setzte. Menschliches Zutun stand hinter dem Aussterben einer unbekannten Zahl von Spezies, und Menschen spielten eine nicht unwesentliche Rolle bei der Herausbildung vollkommen neuer Ökosysteme mit »neuen« Tieren – Tieren, die all die ökologischen Lücken füllten, die das Verschwinden der in Nordamerika vor der Ankunft des Menschen heimischen Fauna, der Urpferde, Kamele, Faultiere, Mastodonten und wie sie alle heißen, gerissen hatte.

Zu den neuen Tierarten der subarktischen Regionen Nordamerikas gehörten Grizzlybär, Elch, Maultier- und Wapitihirsch und Wolf. Ebenfalls neu waren die Bisons, deren gewaltige Herden die Great Plains bevölkerten, als die Europäer sie zum ersten Mal erblickten. Alle diese Tiere sind der Inbegriff unserer Vorstellung von der wilden und unberührten Natur Nordamerikas, obwohl die meisten von ihnen erst durch menschliche Eingriffe in die natürlichen Ökosysteme dort eingewandert sind. Und in manchen Fällen sind es tatsächlich *neue* Tiere.

Nichts deutet darauf hin, dass die Bisons schon seit Urzeiten in den riesigen Herden, die von den ersten Europäern bestaunt wurden, im Herzen des Kontinents umhergestreift waren. Fossile Funde lassen darauf schließen, dass es sich beim Amerikanischen Bison um den noch jungen Abkömmling einer viel größeren, vereinzelter lebenden Spezies langhörniger Tiere handelt, die sich erst wenige tausend Jahre zuvor von Alaska Richtung Süden ausgebreitet hatten. Die östliche Unterart der Waldbisons hatte den Mississippi vom Westen her kommend erst vor 1000 Jahren überquert. Die Bisons beispielsweise, denen die ersten europäischen Siedler in Pennsylvania begegneten, hatten sich offenbar erst kurz vor den Neuankömmlingen in den lichten Wäldern ausgebreitet, die durch menschlichen Einfluss entstanden waren. Der australische Biologe Tim Flannery geht so weit, den Bison als »von Menschenhand geschaffen« zu bezeichnen, eine Kreatur, die sich als Antwort auf menschliche Einflüsse, vor allem intensive Jagd und Brandrodung, entwickelt hat. Möglicherweise war die ungeheure Zahl dieser Tiere zur Zeit der ersten europäischen Siedler in Nordamerika eine Anomalie, zu der es gekommen war, weil ihre Hauptfeinde, die Menschen, durch Krankheit und Seuchen immer schneller dahingerafft wurden.

Das Gleiche mag für die Wandertauben gelten, deren riesige Schwärme den Himmel verdunkelten und deren traurige Geschichte zum Paradebeispiel schlechthin für die Ausrottung einer Art durch den Menschen geworden ist. Die Größe von Schwärmen war normalerweise veränderlich, sie war von klimatischen Bedingungen, dem Nahrungsangebot und anderen Umweltfaktoren abhängig. Doch Anfang des 19. Jahrhunderts war die Zahl der Wandertauben in Nordamerika ins Astronomische gestiegen, ihre Population könnte damals bis zu fünf Milliarden erreicht haben. John James Audubon berichtete von einem Schwarm, der den Himmel über ihm bis zum Horizont verdunkelte und drei Tage brauchte, bis auch die letzten Nachzügler vorbeigeflogen waren. Es muss ein unglaublicher Anblick gewesen sein, aber es ist kaum vorstellbar, dass es Schwärme von so gigantischen Ausmaßen gegeben haben kann, bevor die indigene Bevölkerung Nordamerikas durch europäische Seuchen dramatisch dezimiert wurde.

Ein anderes Symbol für die Wildnis der nordamerikanischen Landschaft, das ein neueres Produkt evolutionärer Entwicklung zu sein scheint, ist der Maultierhirsch, die im Westen des Kontinents am häufigsten vertretene Hirschspezies. Der Maultierhirsch ist vermutlich ein hybridisierter Abkömmling des Weißwedelhirschs und eine im Pleistozän entstandene Unterart des Schwarzwedelhirschs. Er ist außerdem eines der wichtigsten Beutetiere der Raubkatze, die den wissenschaftlichen Namen *Puma concolor* trägt, jenes Tieres, das Ende des 20. Jahrhunderts plötzlich anfing, überall auf dem nordamerikanischen Kontinent Menschen anzufallen und zu töten.

Von allen terrestrischen Säugern hat nur der Mensch in der Neuen Welt mehr Ökosysteme als Lebensraum besetzt als der Puma. Wie der Mensch breitete sich der Puma vom Yukon-Territorium im hohen Norden bis zu den Ufern der Magellanstraße im äußersten Süden des Doppelkontinents aus. Doch kurz nachdem die ersten Menschen aufgetaucht waren, verschwanden die Pumas aus Nordamerika, zusammen mit Geparden, Säbelzahntigern und Scimitarkatzen, mit Wolfshunden, bärengroßen Bibern, Hirschelchen und Riesengürteltieren.

Und dann waren sie irgendwann wieder da.

Einige Pumapopulationen hatten südlich der Landenge von Darién, also südlich des heutigen Panama, überlebt. Sie waren dort heimisch, seitdem sie mindestens zwei Millionen Jahre zuvor von Norden her eingewandert waren, im gleichen Zeitraum, in dem sich in der gebirgigen Mitte der neu entstandenen Landbrücke zwischen Nord- und Südamerika die artenreiche Vogelwelt von Costa Rica herausgebildet hatte.

Ein Löwe

Aus einer 200 000 Jahre alten Abstammungslinie, die auf eine Reihe südamerikanischer Pumaunterarten zurückging, bildete sich eine Gründerpopulation, die allmählich immer weiter nach Norden wanderte und schließlich die alten Jagdgründe ihrer verschwundenen nordamerikanischen Vettern zurückeroberte. Lautlos drangen sie in den Kontinent ein, der sich in den Jahrhunderten, die seit der Ankunft der ersten menschlichen Bewohner vergangen waren, so dramatisch verändert hatte. Mit der Zeit entwickelte sich eine neue Unterart. Zu dieser Spezies gehörte der Puma, der David Parker an jenem Augustnachmittag auf dem Weg von Port Alice nach Jeune Landing angefallen hatte.

Diese Erkenntnisse über die Entwicklungslinie des Pumas verdanken wir der genetischen Detektivarbeit einer Gruppe von vier Wissenschaftlern der Universität Arizona, die Ende der 1990er Jahre unter der Leitung der Biologin Melanie Culver DNA-Proben von 315 Pumaindividuen, darunter 54 Museumsexponate, untersuchten und den relativ gesicherten Beweis für das Verschwinden und Wiederauftauchen des Pumas erbrachten. Warum aber der alte Puma verschwand und der neue sich so prächtig entwickeln konnte, war durch die Untersuchung nicht geklärt. Da Pumas mit so ziemlich allen klimatischen Bedingungen zurechtkommen, ist die einzig mögliche Erklärung darin zu suchen, dass das Schreckensbestiarium des Pleistozäns durch die »neuen« Spezies des Holozäns verdrängt wurde. Die neue Pumaart schien bestens gerüstet, um mit allem, was ihr vonseiten der Clovis-Kultur entgegengesetzt wurde, fertig zu werden. Es gab Maultierhirsche in Hülle und Fülle, und die Pumas waren überall da, wo Menschen lebten. Für Tausende von Jahren fühlten sich die Pumas wieder wohl in Nordamerika.

Dann kamen die Europäer, und wieder geriet die Ordnung durcheinander.

Schon die ersten europäischen Siedler, die sich auf dem nordamerikanischen Kontinent niederließen, machten erbarmungslos Jagd auf den Puma. In Connecticut wurde 1694 eine Prämie von 20 Shilling für jede erlegte »Wildkatze« ausgelobt, und South Carolina erließ 1695 ein Gesetz, dem zufolge jedem überlebenden Ureinwohner in der Kolonie die öffentliche Auspeitschung drohte, wenn er nicht pro Jahr einen Wolf, einen Puma, einen Bären oder zwei »Wildkatzen« tötete. In Massachusetts wurden von 1742 an sage und schreibe 40 Shilling für jeden erlegten Puma bezahlt, und Treibjagden waren in den 13 Gründerkolonien an der Tagesordnung. Eine besonders blutige Jagd veranstaltete ein Pionier, der auf den wenig vertrauenerweckenden Namen »Black Jack« Schwartz hörte, im Jahr 1760 im Snyder County in Pennsylvania. Über 200 Jäger und ihre Hunde bildeten einen Kreis von rund 50 Kilometern Durchmesser und trieben alle darin befindlichen Wildtiere zur Mitte hin zusammen, wo sie abgeschlachtet wurden. Am Ende bestand die Beute aus 109 Wölfen, 112 Füchsen, 114 Luchsen, 41 Pumas, 17 Schwarzbären, 98 Hirschen, 2 Elchen, 111 Bisons und mindestens 500 kleineren Tieren. Es heißt, dass Schwartz später als Vergeltung für seine Untaten von Ureinwohnern der Gegend überfallen, gefoltert und ermordet wurde.

Als 1849 die letzte Treibjagd in Pennsylvania veranstaltet wurde, lebten nicht mehr viele Pumas in der Gegend. Von 1871 an galten sie in dem Staat offiziell als ausgestorben. Außer in Florida, wo sich eine armselige Population ins 20. Jahrhundert retten konnte, lebten sie jetzt östlich des Mississippi nur noch in den Schauermärchen und Legenden der Menschen fort. Sie waren 1840 aus New Jersey, 1850 aus New Hampshire, 1880 aus Vermont, North Carolina und New York und 1900 aus Virginia verschwunden. Möglicherweise gab es noch bis 1935 eine kleine Gruppe von Pumas in Connecticut, aber im Großen und Ganzen war die Spezies gegen Ende des 19. Jahrhunderts in der östlichen Hälfte des nordamerikanischen Kontinents ausgerottet.

Es waren nicht nur die Pumas, deren Verschwinden die

frühen amerikanischen Siedler herbeiwünschten. Der purita-
nische Geistliche Cotton Mather war kein John Muir. Er sah
in der Wildnis nichts anderes als »des Teufels Reviere«. Für
ihn und seine Glaubensgenossen waren die Wälder von Neuengland finstere und gefahrvolle, von Dämonen und Höllen-
kreaturen aller Art bevölkerte Orte. Im Roden der Wälder für
die Errichtung eines »neuen Jerusalem« und im Vertreiben
der wilden Tiere und der heidnischen Ureinwohner aus diesen Wäldern sahen die Puritaner nicht nur eine glückliche
Begleiterscheinung, sondern vielmehr den eigentlichen Sinn
und Zweck der Kolonisierung.

Die Pilgerväter waren lediglich die Vorhut einer Welle
europäischer Eroberungsfeldzüge und Kolonisierungen, die
sich nicht nur über Nord- und Südamerika, sondern auch
über Australien, Neuseeland, Indien und weite Teile Afrikas
ausbreiten sollten. Artensterben folgte den Europäern, wohin
sie auch kamen. Aber worin sich die puritanischen Siedler
Nordamerikas von Kolonisten in anderen Teilen der Welt
unterschieden, war der unbändige, krankhafte Hass auf alles
»Wilde«. Die frühen Siedler Nordamerikas hatten nichts
gemein mit den niederländischen und portugiesischen See-
fahrern, denen man eher zu Unrecht vorwirft, für das Schicksal, das den berühmten Dodo von Mauritius ereilt hat, verantwortlich zu sein. Sie waren auch nicht zu vergleichen mit
den französischen und englischen Siedlern in Kanada, die als
Pelzhändler darauf angewiesen waren, dass es stabile indigene Gemeinden und ausreichend felltragendes Wild im Land
gab. Die Puritaner unterschieden sich von allen anderen
Europäern, die irgendwo auf der Erde Kolonien gegründet
haben. Insofern, als sie in der Ausrottung ihrer Mitgeschöpfe
eine Tugend zu erkennen glaubten, waren sie einzigartig.
Sie stellten eine Anomalie dar. Die Gründer der Nation, die
sich zum mächtigsten Staat der Erde entwickeln sollte, waren
Extremisten, nicht nur nach heutigem Ermessen, sondern
auch nach den Maßstäben ihrer Zeit. Sie waren religiöse

Fundamentalisten, protestantische Separatisten, die sich kraft ihrer eigenen radikalen Deutung der Bibel verpflichtet fühlten, einen Vernichtungskrieg gegen die wilden Geschöpfe ihrer neuen Heimat zu führen.

Puritanisches Denken gab nach der Ankunft der europäischen Siedler 1620 mindestens ein Jahrhundert lang den Ton an, und so war es – auch wenn der Hass auf alles »Wilde« später kein Merkmal der amerikanischen Gesellschaft mehr sein sollte – keineswegs ein trauriger Zufall, dass der Puma aus den Wäldern des nordamerikanischen Ostens verbannt wurde. Natürlich ist der Puma, um die Wahrheit zu sagen, kein Tier, mit dem man sich leicht anfreunden könnte. »Nachtheuler«, einer der vielen Namen, die ihm die frühen Siedler gaben, ist keine Übertreibung. Ein Puma brüllt nicht. Er stößt einen Schreilaut aus, wie man ihn von keinem anderen Tier kennt. Dieser Schrei, der einem das Blut in den Adern gefrieren lässt, wird manchmal mit dem verzweifelten Schrei einer Frau in Todesangst verglichen. Pumas sind schöne Geschöpfe, aber sie töten Menschen, insbesondere Kinder.

Aus den Gebieten östlich des Mississippi vertrieben, wurden die Pumas in der östlichen Hälfte des Kontinents der Kopfprämie wegen, die für sie bezahlt wurde, unerbittlich verfolgt. Für sie war die erste Hälfte des 20. Jahrhunderts ein einziges Gemetzel. Für die Jäger war es ein lohnendes Geschäft. In den zentral gelegenen Steppen und Prärien Kanadas und der Vereinigten Staaten hatte es nie besonders viele Pumas gegeben, aber aus den westlichen Regionen wurden erstaunliche Zahlen vermeldet. Kalifornien bezahlte von 1907 bis 1963 Kopfprämien für 12452 Pumas. In Arizona wurde in 22 Jahren bis zur Abschaffung der Kopfprämie 1978 die Erschießung von 5700 Pumas mit Kopfgeldern belohnt. Die kanadische Provinz Alberta zahlte zwischen 1937 und 1964 Prämien für durchschnittlich 40 bis 50 erlegte Pumas im Jahr. In den Jahren zwischen 1910 und 1957, in denen die Provinzregierung von British Columbia Kopfprämien zahlte, wurden dort mehr als 16 000 Pumas getötet.

Es ist nicht allzu verwunderlich, dass sich fast die Hälfte aller zwischen 1890 und 1990 gemeldeten Zwischenfälle, bei denen Pumas Menschen angriffen, in British Columbia ereignet haben. Die Provinz ist so groß wie Kalifornien, Oregon und Washington zusammen. In den Statistiken der Provinzregierung sind für das gesamte 20. Jahrhundert 63 Pumaangriffe in British Columbia verzeichnet, von denen mehr als die Hälfte auf Vancouver Island entfielen. Mehr als ein Viertel dieser Zwischenfälle ereignete sich in den 1990er Jahren, hiervon wieder die Hälfte auf Vancouver Island an Orten wie Port Alice.

Es ist auch nicht verwunderlich, dass Vancouver Island das Epizentrum der Pumaangriffe in Nordamerika ist. Auf der Insel gibt es keine Grizzlybären oder Luchse und nur ganz wenige Wölfe. Sie hat eine Fläche von 32 000 Quadratkilometern, und ihre gebirgige, dicht bewaldete Landschaft ist nur dünn besiedelt. Selbst zu Beginn des 21. Jahrhunderts lebten hier weniger als 700 000 Menschen, die meisten davon im Großraum der Hauptstadt Victoria im Süden der Insel. Die Fischerdörfer und die Siedlungen, die rund um die Sägewerke entstanden sind, liegen fast immer am Rand ausgedehnter Waldgebiete, die mit ihren alten Baumbeständen aus Zedern und Kanadischer Hemlocktanne schon immer ein idealer Lebensraum waren für Schwarzwedelhirsch und Roosevelt-Wapiti, die beiden wichtigsten Beutetiere des Pumas.

Doch in den 1970er Jahren wurden plötzlich überall in Nordamerika und in den unwahrscheinlichsten Gegenden Pumas gesichtet.

Von den zuständigen Behörden wurden solche Begegnungen, ob in Missouri, Alabama, New York, Ontario oder wo auch immer, in der Regel ins Reich der Fantasie verwiesen – in den meisten Fällen wohl zu Recht. Es war, als könnten die Menschen nicht glauben, dass es keine Pumas mehr gab, und sähen sie darum überall, obwohl sie längst verschwunden waren – wie die Klagechöre der Eskimobrachvögel, die noch gehört wurden, als deren Schwärme den Himmel schon lange nicht mehr verdunkelten. Jahrzehntelang gehörte der Puma in den östlichen Gebieten Nordamerikas ins Reich der Kryptozoologie, das gewöhnlich von Seeungeheuern und zotteligen Yetis bewohnt ist. Doch Anfang der 1990er Jahre kam es zu einer regelrechten Welle von Pumasichtungen, einige davon an der äußersten nordöstlichen Grenze des ursprünglichen Verbreitungsgebietes dieser Spezies, und viele der Quellen, die von diesen Begegnungen berichteten, waren über jeden Zweifel erhaben.

Der letzte glaubhafte Bericht von der Begegnung mit einem Puma in der kanadischen Provinz New Brunswick stammte aus dem Jahr 1841, doch im Februar 1992 stießen zwei Forstbeamte in der Nähe der Ortschaft Juniper auf Spuren, die ihrer Meinung nach von einem Puma herrührten. Sie trafen nicht auf einen Puma, als sie den Spuren folgten, fanden jedoch Exkremente, die sie zur Analyse an das Naturkundemuseum Ottawa schickten. Die Leiterin des Museums bestätigte, dass in den Exkrementen gefundene Haare von den Hinterläufen eines Pumas stammten. Im Mai des gleichen Jahres wurde in der Provinz Québec, 500 Kilometer nördlich von Montreal in der Nähe des Abitibisees an der Grenze zur Provinz Ontario, ein junger männlicher Puma erlegt. Es war das erste Mal seit 1860, dass in Québec ein Puma aufgetaucht war.

In Ontario galten Pumas seit den 1880er Jahren als ausgestorben, auch wenn es Vermutungen gab, dass im dicht bewaldeten und dünn besiedelten Zentrum der Provinz möglicherweise noch einige Tiere lebten. Das letzte Exemplar, das man dort tatsächlich gesehen hatte, war dasjenige, das am 4. Januar 1884 von einem Mann namens T. W. White aus Creemore erlegt wurde. Aber das alles braucht man David Wood aus Monkland bei Cornwall nicht zu erzählen. Wood beteuert, dass er am 4. August 2001 im Garten hinter seinem Haus von einem Puma angegriffen wurde und dass er dasselbe Tier am nächsten Tag wieder dort sah. Weder das Provinzministerium für natürliche Ressourcen noch das Committee on the Status of Endangered Wildlife in Canada (COSEWIC), das für die Bewertung des Gefährdungsgrades wild lebender Tierarten zuständig ist, wollten sich zur Glaubwürdigkeit des Zeugen äußern, doch für die Ontario Puma Foundation ist der Fall klar. Der Verein wurde im Frühjahr 2002 gegründet mit dem Ziel, die wachsende Zahl von Pumasichtungen zu dokumentieren und den wissenschaftlichen Nachweis zu erbringen, dass die Spezies wieder Fuß gefasst hat. Seiner Schätzung zufolge leben gegenwärtig 550 Pumas in der Provinz, und ihre Zahl nimmt stetig zu.[3]

Inzwischen sind Pumasichtungen in der östlichen Hälfte des nordamerikanischen Kontinents nichts Außergewöhnliches mehr, sie werden aus allen Gegenden von Ontario bis Kentucky und bis zu den Küstenprovinzen Kanadas gemeldet. Der Naturschutzbeauftragte Mark Pulsifer, dessen Zuständigkeitsbereich die Bezirke Guysborough und Antigonish in Nova Scotia umfasst, erhält pro Jahr mindestens ein halbes Dutzend solcher offiziellen Meldungen. »Man wusste nie genau, ob es nicht ins Reich der Legenden und Märchen gehörte«, sagt er. »Aber das Verblüffende ist, dass das, was die Leute beschreiben, wirklich ein Puma ist. Es gibt einfach kein anderes Tier, das so aussieht, mit einem meterlangen Schwanz. Ich finde es interessant, dass die Berichte oft von geübten Beobachtern stammen, von Mounties und solchen Leuten. Als Biologe bin ich wirklich erpicht darauf, der Sache auf den Grund zu gehen. Es ist eines dieser großen Geheimnisse … Es ist der Geist der Wälder, der rätselhafte Puma.«

Paul Beier von der Universität Arizona, der in seiner Studie einen alarmierenden Anstieg tödlicher Pumaangriffe in den 1990er Jahren festgestellt hatte, bezweifelte die These, dass die Pumasichtungen auf eine Erholung von Restpopulationen des einst an der Ostküste so zahlreichen östlichen Pumas hindeuteten, den man lange für eine eigene Unterart gehalten hatte. Er vertrat vielmehr die Auffassung, dass es sich bei den in der östlichen Hälfte des Kontinents neuerdings wieder häufiger gesichteten Pumas zum Teil um entlaufene und illegal ausgesetzte Tiere oder deren Nachkommen handelte, zum Teil auch um Individuen, die von westkanadischen oder texanischen Populationen abgewandert waren, vielleicht sogar von Populationen des nahezu ausgerotteten Florida-»Panthers«.[4] Beier stellte 2004 die Vermutung auf, dass es nur eine Frage der Zeit sei, bis sich in der östlichen Hälfte des Kontinents wieder eine gesunde, vermehrungsfähige Population entwickelt haben würde. Aber, so schränkte er ein, bei einem Geschöpf wie dem Puma könne man nie ganz sicher sein, da sei der Schein oft trügerisch.

Dass es auf Vancouver Island zu einem so dramatischen Anstieg der Pumaangriffe auf Menschen kam, lag nicht daran, dass die Tiere sich in der zweiten Hälfte des 20. Jahrhunderts rasant vermehrt hätten. Im Gegenteil, die Zahl der Pumas nahm stetig ab. In den 1990er Jahren war ihr Bestand auf schätzungsweise 350 Individuen zurückgegangen, was vor allem daran lag, dass es immer weniger Schwarzwedelhirsche auf der Insel gab. Das wiederum war zumindest zum Teil darauf zurückzuführen, dass nach den 1970er Jahren die Wolfspopulationen rasch zugenommen hatten, zum Teil aber auch auf die Veränderungen der Waldvegetation. Von 1930 an waren die Wälder von der Holzindustrie gelichtet worden, so dass den Hirschen reichlich Land zum Grasen zur Verfügung stand, doch nun wucherten die Lichtungen wieder zu. Das dichte Unterholz junger Wälder bietet Hirschen keinen geeigneten Lebensraum, verschafft dem Puma dagegen einen unbestreitbaren Jagdvorteil. Es schafft, ebenso wie die Randhabitate entlang der Straßen, ideale Bedingungen zum Anschleichen an die Beute. Als die Zahl der Beutetiere jedoch abnahm, wagten sich vor allem junge Pumas immer weiter auf neues Territorium vor. Sie brachten sich in Schwierigkeiten, indem sie Schafe rissen, Hunde über Holztransportwege hetzten und hin und wieder einen Menschen anfielen.

In anderen Teilen des nordamerikanischen Kontinents spielte sich etwas vollkommen anderes ab, das aber die gleiche Wirkung zeigte. In den westlichen US-Staaten war der dramatische Anstieg von Pumaangriffen auf Menschen eine direkte Folge der wachsenden Bevölkerung und das Übergreifen städtischer Randgebiete auf Bereiche der Landschaft, die vorher zu den bevorzugten Rückzugsräumen des Pumas gehört hatten. Dies galt insbesondere für Kalifornien, Colorado und Washington. Vermutlich erholten sich in der zweiten Hälfte des 20. Jahrhunderts tatsächlich ein paar Pumapopulationen, aber entscheidend war vor allem die Tatsache, dass mehr Menschen mehr Zeit in der Wildnis verbrachten als je zuvor. In den Vereinigten Staaten waren es die Menschen, die sich in Schwierigkeiten brachten.

Die 1990er Jahre waren auch das Jahrzehnt, in dem die meisten Haifisch-, Alligatoren- und Bärenangriffe auf Menschen zu verzeichnen waren. Das lag zu einem geringen Teil sicher daran, dass es wieder mehr Raubtiere gab, was vor allem in Kanada mit Freude registriert wurde. Es lag auch daran, dass die Menschen häufiger in die Lebensräume dieser Raubtiere eindrangen und sich viel länger darin aufhielten. Vor allem aber lag es daran, dass Cotton Mathers Einfluss auf die Psyche der Amerikaner zu schwinden begann. Die Menschen hatten keine Angst mehr vor der Wildnis.

Selbst in den westlichen Gebieten Nordamerikas, wo es immer noch regelmäßig zu Pumaangriffen auf Haustiere, manchmal auch auf Kinder kam, waren Kopfprämien Anfang der 1960er Jahre auf Drängen der Öffentlichkeit überall abgeschafft. Bemerkenswert ist, dass dies trotz der unangenehmen Gewohnheiten des Pumas geschehen konnte.

Anders als der Grizzlybär, der Wolf oder sonst ein Raubtier in Nordamerika hat der Puma keinerlei Scheu, sich an einen Menschen anzuschleichen, ihn zu töten und zu fressen. Er wählt sein Opfer aus, folgt ihm heimlich, beobachtet und wartet. Pumas jagen nicht im Rudel. Sie setzen ihrer Beute nur selten über längere Strecken nach. Sie schleichen auf leisen Sohlen, verstecken sich und springen die Beute an. Haben sie es mit einem großen Beuteobjekt zu tun, sei es ein Hirsch, eine Antilope, ein junger Elch, ein Schaf, ein Hund, ein Kind oder ein ausgewachsener Mensch wie David Parker, ist ihre Angriffsmethode tödlich einfach. Sie greifen von hinten an. Mit ihren langen, ausfahrbaren Krallen ziehen sie den Kopf ihres Opfers zur Seite und zerfetzen ihm die Kehle. Sie schlagen ihre Zähne – sie haben lange Reißzähne und eine ausgesprochen kräftige Kiefermuskulatur – in den Kopf ihres Opfers oder brechen ihm mit einem kräftigen Biss in den Hals das Genick. Normalerweise ist es eine Sache von Sekunden.

In den Vereinigten Staaten lösten die vermehrten Pumaangriffe weniger Angst aus als die Hoffnung auf eine Wiederansiedlung der Tiere. In Kalifornien, nach British Columbia das Land mit der höchsten Steigerungsrate tödlicher Pumaangriffe auf Menschen, stimmten die Wähler 1990 in einem Volksentscheid dafür, den Puma zum »besonders schützenswerten Tier« zu erklären. Er ist das einzige Tier, das in Kalifornien diesen Status besitzt. Der Entscheid kann nur mit einer Vierfünftelmehrheit der Legislative aufgehoben werden.

Am Ende hat sich der Puma als Überlebenskünstler erwiesen. Er hat das Massensterben überlebt, das etwa zu der Zeit, als die Menschen erstmals den nordamerikanischen Kontinent betraten, drei Dutzend Großwildarten dahinraffte. Und er hat die Treibjagden, die Kopfprämienjäger und das Abholzen der alten Wälder durch die europäischen Siedler überlebt.

Seit Christoph Kolumbus' Tagen sind in Nordamerika mindestens zwei Dutzend Säugetier-, ein Dutzend Vogel- und 30 Süßwasserfischarten ausgestorben. Verschwunden sind der texanische Rotwolf, das Badlands-Dickhornschaf, das Queen-Charlotte-Karibu, das Penasco-Hörnchen und der Östliche

Wapiti. Verschwunden sind auch die Santa-Barbara-Sing-ammer und der San-Clemente-Zaunkönig. Verschwunden sind der Silbersaibling aus New Hampshire, der Blaue Glas-augenbarsch aus den Großen Seen und die Alvord-Gelbflos-senforelle aus Oregon; auch die Wandertaube, den Eskimo-brachvogel und den Karolinasittich gibt es nicht mehr. Wei-tere 300 Tierarten führen als gefährdete Spezies ein Leben am Rande des Abgrunds.

Gegen Ende der 1960er Jahre erlebten die Menschen in Nordamerika ein Gefühl des Verlustes, der traurigen Erinne-rung und der Angst. Sie klammerten sich an den tröstlichen Mythos eines verlorenen Paradieses, das von den Maschinen der modernen Welt zermalmt worden war. Die Vorstellungs-welt des Westens war von tiefen Strömen durchzogen, und eines Morgens, in der dritten Septemberwoche des Jahres 1971, stach der Fischkutter *Phyllis Cormack* unweit von Port Alice von Vancouver aus in See und nahm Kurs Richtung Norden.

Gechartert hatte den Kutter eine Gruppe junger Leute, die sich bei einer Demonstration gegen den Vietnamkrieg in Vancouver kennengelernt hatten, hauptsächlich Studenten, Friedensaktivisten, Kriegsdienstverweigerer und Journalisten. Ihr Ziel war die Aleuteninsel Amchitka, wo sie gegen einen bevorstehenden Atomtest der Vereinigten Staaten protestie-ren wollten. Am Ende sollte aus dieser Reise der Versuch er-wachsen, der Verheerung, die seit den Tagen eines Cotton Mather und eines Black Jack Schwartz angerichtet worden war, etwas entgegenzusetzen. Die Besatzung der *Phyllis Cor-mack* benannte ihren Kutter um in *Greenpeace*.

Und nach allem Aufruhr, der auf die Reise folgen sollte, gab es andere Überlebenskünstler auf anderen Inseln am anderen Ende der Welt. Diese Überlebenskünstler waren Menschen, die Nachkommen einer Wikingerkultur von Wal-fischfängern. Sie waren auf Erden die Letzten ihrer Art.

Im Sog
des Mahlstroms

Ein Wal

> *Was Wunder, wenn solch ein gewaltiges Stück*
> *Des Meers, das hineinstrebt und wieder zurück,*
> *Von der Kürze der Zeit beschleunigt,*
> *Gezwungen durch engen und flachen Grund,*
> *Hinströmt mit Fluchen und schäumendem Mund*
> *Und zugleich noch sich selber peinigt.*
>
> Petter Dass (1647–1707), »Beschreibung der Lofoten«,
> aus *Die Trompete des Nordlandes*[1]

Es war Mitternacht und die Sonne schien. An den Rändern des rasenden Strudels, der Kirchenmännern und staunenden Gelehrten seit dem Mittelalter Rätsel aufgegeben hat, war das Meer ruhig und glatt wie ein Ententeich. Im Umkreis von Sørvågen, einem kleinen Küstenort auf der Lofoteninsel Moskenesøy, rührte sich nichts.

In der Nacht zuvor, während der Überfahrt des Fährschiffs »Narvik« über den 95 Kilometer breiten Vestfjord, hatten Moskenesøy und die anderen Inseln der Lofoten ausgesehen, als trieben sie auf der Wasseroberfläche dahin. Die schwedischen und deutschen Touristen an Bord hatten das Schauspiel bestaunt. Die Lofotinger, die müde vom Einkaufen in der Hafenstadt Bodø heimkehrten, hatten ihm keine Beachtung geschenkt. Es war eine Lichttäuschung. In dem geheimnisvollen Licht der arktischen Mitternachtssonne passiert so etwas eben. Jetzt war alles ruhig. In der stillen Bucht von Sørvågen lagen die robusten kleinen Fischerboote friedlich vor Anker. Es war kein Laut zu hören, kein Lüftchen regte sich.

Die zerklüfteten Lofoten, mythische Wohnstatt von Trollen und Walküren, erheben sich dunkel und abweisend aus dem blauen Ozean, und von Bord eines sich nähernden Schiffs aus hat man den Eindruck, als versänken sie im Meer oder wichen hinter den Horizont zurück. Was immer diese Illusion erzeugen mag, bekannt ist jedenfalls, dass die Lofoten ihr ungewöhnlich mildes Sommerklima den Auswirkungen der Nord-Äquatorialströmung verdanken, die mitten im Atlantik entsteht, im Uhrzeigersinn einen weiten Bogen beschreibt, zum Golfstrom und schließlich zur Nordatlantikdrift wird, die sich ihren Weg zwischen den dunklen Schären und felsigen Landzungen der Äußeren Hebriden, der Färöer und der Shetlandinseln bahnt. Wenn sie das Nordmeer erreicht, schickt sie einen Ausläufer in den dorschreichen Vestfjord, der die Lofoten von den tief eingeschnittenen Fjorden der norwegischen Festlandküste trennt. Selbst im langen dunklen arktischen Winter fallen die Temperaturen auf den Lofoten selten unter den Nullpunkt. In den warmen Sommerwochen kann das Meer hier regelrecht einschläfernd wirken.

Aber es ist dasselbe Meer, auf dem man dem Mahlstrom begegnen kann, jener Naturerscheinung, die der Welt durch das Werk des schwedischen Geistlichen, Kartografen und Geografen Olaus Magnus erschlossen wurde. In seiner 1539 erschienenen *Historia de gentibus septentrionalibus* beschreibt Magnus viele wundersame Dinge, darunter eine Riesenseeschlange und den Kraken, einen monströsen Tintenfisch, der mit seinen gigantischen Armen ein ganzes Schiff zerquetschen kann. Zu dem Werk fertigte Magnus die früheste einigermaßen korrekte Landkarte von Nordeuropa überhaupt, die *Carta marina*, auf der der Mahlstrom als gewaltiger Strudel vor der Südspitze der Lofoteninsel Moskenesøy, nur wenige Seemeilen von Sørvågen entfernt, erscheint.[2]

Doch die »Narvik« musste keinem tosenden Meer trotzen, als sie endlich auf Moskenesøy festmachte. Es war ein Uhr nachts, und vor uns im bernsteinfarbenen nächtlichen Zwielicht lag ein ganz alltäglicher Hafen. Kahler Granitfels, der steil hinter der Anlegestelle aufragt, eine alte Fischfabrik, eine Handvoll weißer und roter Häuser. Ein paar vor Anker liegende Fischerboote. Ein Taxi. Der Fahrer nickte mir zu, ich

Ein Wal

stieg in den Fond, und wir setzten uns Richtung Sørvågen in Bewegung.

Ich hatte ein Zimmer in einem Sjøhus aus dem 19. Jahrhundert gemietet. Diese »Seehäuser« dienten früher als Fischfabrik, Netzlagerstätte, Bootshaus und Herberge zugleich. Das Sjøhus war zu einer einfachen Pension umgebaut worden. So sehen die Übernachtungsmöglichkeiten für Touristen auf den Lofoten aus. Es sind entweder umgebaute »Seehäuser« oder alte Rorbuer, also ehemalige Fischerhäuschen. Auf der Fahrt nach Sørvågen erkundigte sich der Taxifahrer in holprigem Englisch, woher ich käme. Als ich ihm sagte, dass ich Kanadier sei, kam er augenblicklich auf jene Stürme zu sprechen, die seit Jahren um die Lofoten tobten.

»Sind Sie ein Anhänger von Paul Watson?«, fragte mich der Mann. Watson war einer der Mitbegründer von Greenpeace, der sich später im Streit von der Organisation getrennt und eine eigene Initiative, die Sea Shepherd Conservation Society, ins Leben gerufen hatte. Unter anderem hatte er in spektakulären Aktionen Walfangschiffe gerammt, manche versenkt, darunter zwei an ihren Anlegeplätzen vertäute Kutter von den Lofoten, auf die sich seine Mitstreiter in den 1990er Jahren im Schutz der Nacht geschlichen hatten. Darüber hinaus hatte er mehrere mit Schleppnetzen ausgerüstete Hochseedampfer gerammt und gemeinsam mit anderen Mitgliedern der Initiative eine isländische Walverarbeitungsfabrik sabotiert.

Ich hätte dem Fahrer erzählen können, dass ich einmal mit Watson befreundet war und dass ich ihn trotz unserer auch öffentlich ausgetragenen Meinungsverschiedenheiten über den Walfang immer noch schätzte. Ich hätte ihm von unserem gemeinsamen Urlaub auf der Hawaii-Insel Molokai erzählen können, wo wir mit Winchester-Gewehren Jagd auf verwilderte Schweine gemacht hatten, weil diese das natürliche Ökosystem aus dem Gleichgewicht bringen. Ich hätte zugeben können, wie froh wir gewesen waren, dass uns kein

Schwein vor die Flinte kam und wir uns damit begnügen konnten, Kokosnüsse abzuschießen. Ich hätte darüber philosophieren können, welche Widersprüche sich darin offenbaren, wie wir über andere Spezies denken und wie wir handeln. Aber das tat ich nicht.

Stattdessen gab ich die Antwort, die ich schon ein halbes Dutzend Mal auf die gleiche Frage gegeben hatte, seitdem ich am Vortag in Norwegen angekommen war. Ich murmelte etwas in der Art vor mich hin, dass ich offen sei in der Walfrage. Er schien zufrieden und stellte sich als Oddbyrg vor. Er war Dorschfischer und arbeitete nur außerhalb der Fischfangsaison als Taxifahrer. »Paul Watson ist ein Irrer«, sagte er. Ich hatte nicht die Absicht, ihm zu widersprechen. Auf Moskenesøy leben etwa 1400 Menschen. Es gibt nicht viele Taxifahrer.

Aber in den Gewässern rund um die Lofoten leben viele Mink- oder Zwergwale.

Man könnte ins Feld führen, dass durch den industriellen Walfang keine Walspezies vollkommen ausgerottet wurde, aber eine solche Argumentation würde sich auf die engstmögliche Auslegung des Wortes *Ausrottung* und auf eine haarspalterische Begriffsdefinition einer *Spezies* gründen. Es wäre keine Geschichte mit großem Wahrheitsgehalt. Andererseits würde es aber auch nicht der Wahrheit entsprechen, wollte man behaupten, der Zwergwal wäre irgendwo auf der Erde vom Aussterben bedroht. Zwergwale sind mit ihren mindestens drei Unterarten die häufigste Walart überhaupt, ihre Zahl wird von der Internationalen Walfangkommission (IWC) und von der IUCN auf annähernd eine Million weltweit geschätzt.

Auf den Lofoten ist die am direktesten vom Aussterben bedrohte Spezies eine menschliche Gesellschaft. Die Lofotinger sind Walfänger. Sie jagen den Zwergwal. Weil Norwegen von seinem in den IWC-Statuten festgelegten Recht der »Ausnahmegenehmigung« Gebrauch gemacht hat und seit

1993 wieder jährliche Fangquoten für Zwergwale festlegt, halten die Lofotinger an den Bräuchen ihrer Wikingervorfahren fest. Doch haben sie sich damit auch zur Zielscheibe von Anschuldigungen und harscher Kritik und zum Gegenstand erbitterter internationaler Auseinandersetzungen gemacht.

Man bezichtigt die Lofotinger der Grausamkeit und der Missachtung internationaler Gesetze. Die Lofotinger kontern, indem sie ihren Kritikern kulturellen Imperialismus und hinter der Maske des Umweltschutzes verborgenen Walfetischismus vorwerfen. Die Debatte geht in den Strudeln der jährlichen Tagungsberichte der Internationalen Walfangkommission unter. Es geht um die weltweiten Anstrengungen, die seltenen und bedrohten Arten des Planeten vor dem Aussterben zu bewahren, und der Streit droht das Washingtoner Artenschutzübereinkommen zu schwächen. Es geht aber auch um die Verpflichtungen, die Nationalstaaten auf sich nehmen, um dem Aussterben von Kulturen Einhalt zu gebieten und die reiche und bunte Vielfalt der Menschheit zu bewahren.

Es scheint ein gewaltiger Widerspruch, dass auf einer Insel wie Moskenesøy, die so nah am Zentrum dieses Mahlstroms liegt, die Menschen in der rauen Welt, die sie umgibt, ein nachweislich umweltverträgliches und an den alten Traditionen orientiertes Leben führen.

Auf der anderen Seite des Nordatlantiks, wo vor den Neufundlandbänken die Kabeljauschwärme einstmals so dicht waren, dass sie angeblich die Fahrt vorübersegelnder Schiffe bremsten, sind die Bestände um 99 Prozent geschrumpft. Aber um die Lofoten, wo man Jahrhunderte früher mit der Kabeljaufischerei begonnen hat, wimmelt es in den Gewässern immer noch von dieser Spezies. Die Lofotinger fangen auch Steinbutt, Heilbutt, Scholle und Hering, und sie fangen Kapelane, Garnelen, Seehasen und Seeteufel. Aber es ist immer noch der Kabeljau, der den Übergang vom Frühling zum Sommer und vom Sommer zum Herbst markiert. Auf Moskenesøy, Flakstadøy, Vestvågøy, Gimsøy, Austvågøy und den wenigen anderen bewohnten Lofoteninseln schmiegen sich Fischerdörfer in kleine Felsenhäfen. Überall gibt es Gestelle zum Trocknen des Kabeljaus. Es sind vorsintflutliche, merkwürdig aussehende Gebilde aus zusammengenagelten und von Schnüren zusammengehaltenen Stangen, und sie werden immer noch wie zur Zeit der Wikingervorfahren der jetzigen Inselbewohner jedes Jahr zu Beginn der Fangsaison auf- und nach deren Ende wieder abgebaut. Im Jahr hängen die Lofotinger rund 16 Millionen Kilogramm Kabeljau an Gestellen auf, die zusammen eine Fläche von 400 000 Quadratmetern einnehmen würden.

Vor jeder Felsspalte schaukelt ein Fischerboot, das hier vertäut ist. Die Menschen leben in kastenartigen, bunten Häuschen, die in Felsenbuchten zwischen Hütten zur Aufbewahrung der Netze und an den Anlegeplätzen in fröhlicher Unordnung stehen. Atemberaubende Granitfelsen ragen senkrecht aus der Tiefe des Ozeans auf und überschatten alles. Im Hochsommer sind die Inseln von Wildblumen und sattem Grün überzogen, Dreizehenmöwen, Papageientaucher, Gryllteisten und Kormorane schwärmen umher. Wasserfälle stürzen aus den Wolken herunter und ergießen sich über Bergheiden, und Forellen schwimmen die kleinen Bäche hinauf, die von den Wasserfällen gebildet werden. Und in den Buchten schaukeln die kleinen Fischerboote mit ihrem breiten Rumpf aus Kiefernholz.

Reine ist der Hauptort von Moskenesøy. Wohnhäuser, Fischereifabrik, Anlegestelle, Schule, Altenheim und Tankstelle sind malerisch um den Hafen gruppiert. In Reine leben etwa 500 Menschen. Selbst bei stürmischem Wetter finden die Fischer den Weg in den heimischen Hafen, wenn sie sich am Felsenkegel des Olstinden orientieren. Der Olstinden erhebt sich hinter dem Hafen an dem Punkt, an dem zwei tief eingeschnittene, schmale Fjorde aufeinandertreffen. Der eine ist der Kjerkfjord, der vom höchsten Berg der Lofoten, dem Hermannsdaltinden, überragt wird, der andere ist der Vorfjord, der zwischen den beiden durch Brücken verbundenen Ortschaften Reine und Hamnøy liegt.

Die Fischerboote, die bei meinem ersten Besuch in Reine im Hafen lagen, hatten Namen wie »Reinebuen«, »Ann-Brita«, »Malnesfjord« oder »Leif Junior«. Auf dem Vorderdeck der Boote waren kleine Harpunenkanonen montiert. Auf den Lofoten und den nördlich angrenzenden Vesterålen gibt es nur zwei Dutzend solcher mit Harpunenkanonen ausgerüsteter Walfangboote, ein weiteres Dutzend in den weiter südlich gelegenen Festlandhäfen Norwegens. Man konnte sich fragen, warum ein solches Theater um die paar Boote gemacht wurde. In Reine würde man sich das nicht lange fragen.

Ich hatte mich entschlossen, von Sørvågen nach Reine zu laufen, statt Oddbyrgs Taxidienste in Anspruch zu nehmen. Es war ein Fußweg von gut sieben Kilometern über eine kurvenreiche Küstenstraße, unterbrochen von einer kurzen Tunnelstrecke. Aber in Reine war von der »Trøndergut«, dem Kutter von Bjørn Hugo Bendiksen, einem Walfänger, mit dem ich mich verabredet hatte, weit und breit nichts zu sehen. Es stellte sich heraus, dass er noch draußen auf See war, um seine Fangquote an Schwarzem Heilbutt auszuschöpfen. Ich beschloss daher, erst einmal bei Rune Frøvik, dem Sekretär der High North Alliance, vorbeizuschauen. Die High North Alliance ist der Dachverband, der Walfänger und Robbenfänger aus Kanada, Grönland, Island, Norwegen und von den Färöern vertritt.

Das Zentralbüro des Verbandes liegt in Reine seitlich der Hauptstraße neben der Schule. Es ist in einem alten Postgebäude untergebracht, zusammen mit einem Fußpflegesalon, in dem sich in den Sommermonaten, wenn es auf den steilen Hängen der Lofoten von Wanderern und Mountainbikern nur so wimmelt, die Kunden die Klinke in die Hand geben. Frøvik saß hinter einem Schreibtisch, auf dem sich Zeitungs-

ausschnitte, unerledigte Telefonnachrichten und Aktenord-
ner stapelten. Er war noch einigermaßen aufgewühlt von der
Jahrestagung der IWC in Berlin, von der er gerade zurück-
gekehrt war.

Die Tagesordnung der Konferenz war bestimmt von einem
australischen Antrag, der die IWC noch weiter von ihrem
ursprünglichen Auftrag, den Walfang auf nachhaltige Weise
zu regulieren, entfernen sollte. Die Tagung war ein weiterer
Meilenstein auf dem Weg zur Wandlung der IWC von einem
reinen Lobbyverband der Walfangindustrie zu einer Institution, deren Ziel es war, den Walfang in jeglicher Form zu
unterbinden. Die Mitgliedstaaten wie Norwegen, die den
Walfang befürworten, bezeichneten die australischen Pläne
als den Versuch, aus der IWC eine bloße Forschungsinstitu-
tion mit dem besonderen Schwerpunkt Walbeobachtung zu
machen. Die Befürworterstaaten verloren die Abstimmung
mit 20 zu 25 Stimmen.

»Es war ein Witz«, ereiferte sich Frøvik und blätterte in
den Papieren auf seinem Schreibtisch.

Frøvik war in einem Fischerdorf südlich von Bergen aufgewachsen und über den etwas ungewöhnlichen Umweg
eines Auslandssemesters in Paris zum Walfangbefürworter
geworden. Man schrieb das Jahr 1993, und Norwegen hatte
nach vierjähriger Pause und entgegen dem IWC-Memoran-
dum von 1986, das jeglichen kommerziellen Walfang verbot,
gerade neue Fangquoten für Zwergwale ausgegeben. Die Entscheidung hatte unter anderem eine Gruppe von Tierschützern auf den Plan gerufen, deren Büros Tür an Tür mit
Frøviks Wohnung im 4. Arrondissement lagen.

Frøvik war empört, in welcher Weise Fehlinformationen
zur gängigen Währung der weltweiten Walfangdebatte geworden waren. »Ich habe denen immer gesagt, ihr könnt eine
eigene Meinung haben, aber sie muss auf Fakten basieren«,
erinnerte er sich im Gespräch mit mir und gab bereitwillig
zu, dass er sich beleidigt fühlte durch die Art und Weise, wie

die norwegischen Walfänger mit ihren winzigen Kuttern verteufelt und zu skrupellosen Barbaren erklärt wurden. »Das empfand ich als Ungerechtigkeit«, erklärte er, »und es ärgerte mich. Im Krieg schreiben die Sieger die Geschichte, heißt es, aber die Geschichte, die jetzt von den Siegern geschrieben wird, geht mir gegen den Strich.«

So entschloss sich Frøvik, sein Politikstudium an der Universität Bergen mit einer Doktorarbeit über den Walfang abzuschließen. Anfangs gefiel er sich darin, ob dieser nicht eben karrierefördernden Themenwahl endlose Witze auf seine eigenen Kosten zu reißen, doch am Ende stand er als wichtigster Mann der High North Alliance da. Der Verband war 1991 aus einer gemeinsamen Initiative des Regionalrats der Lofoten und der Vereinigung der Zwergwalfänger der norwegischen Provinz Nordland, zu der auch die Lofoten gehören, entstanden und hatte sich innerhalb kurzer Zeit zu einer breiten Koalition von Walfängergemeinden in zahlreichen Nordatlantikstaaten entwickelt. Dazu gehörten die Grindwalfänger der Färöer, die Wal- und Seehundjäger der kanadischen Inuvialuit, die isländischen Minkwaljäger und die Inuit Grönlands, deren Seehund- und Walfangtraditionen Tausende von Jahren zurückreichen.

Als Frøvik 1996 nach Reine umsiedelte, war er 27 Jahre alt und frisch verheiratet mit Fabianna, die er in Frankreich kennengelernt hatte. Sechs Jahre später war er dreifacher Vater. Mit einem guten Quantum Ironie und einem scharfsinnigen Humor gesegnet, stürzte er sich mit Leib und Seele in seine Arbeit. Zu seinen Aufgaben gehörte es, Beiträge für die *International Harpoon* zu schreiben und zu redigieren, ein von der High North Alliance herausgegebenes Blatt, das sich liest wie eine Mischung aus einer Fachzeitschrift für Walforscher, einer Werbebroschüre des Interessenverbandes der Walfangindustrie und einem Schundmagazin. Wenn Paul Watson der fanatischste Aktivist im Kampf gegen den Walfang ist, dann ist Rune Frøvik sein direkter Gegenpol.

Watson war schon als Jugendlicher von zu Hause wegge-
laufen, um zur See zu fahren, und war bei der Gründung von
Greenpeace in Vancouver ein Mann der ersten Stunde. Doch
1977 trennte er sich von Greenpeace und gründete seine
eigene Initiative. Er fühlte sich als der Anwalt der Wale und
machte es sich ohne Wenn und Aber zur Lebensaufgabe,
unerbittlich gegen jeden anzutreten, der Wale und Seehunde
zu töten beabsichtigte. So einfach war das. Er hatte mir vor
meiner Abreise nach Norwegen seinen Standpunkt noch einmal unmissverständlich dargelegt, als ich ihm auf seinem
Schiff »Farley Mowat«, einem umgerüsteten ehemaligen
Versorgungsschiff für Bohrinseln in der Nordsee, das jetzt im
Hafen von Victoria auf Vancouver Island lag, einen freund-
schaftlichen Besuch abgestattet hatte.

Die »Farley Mowat«, benannt nach dem bekannten kanadischen Schriftsteller und Umweltschützer, war ein besonders
martialisch wirkendes Schiff, das Watson in seinem rundum
glaubwürdigen Kampf gegen die illegale Schildkrötenjagd
und das Langleinenfischen in den Gewässern um die Galà-
pagos-Inseln einsetzte. Ich hatte Watson in einem Artikel
im *Globe and Mail*, Kanadas größter überregionaler Tageszeitung, scharf kritisiert, nachdem er die Weltöffentlichkeit
gegen den im Staat Washington beheimateten Stamm der
Makah aufgebracht hatte, weil dieser auf seinem Recht bestand, nach langer Pause den traditionellen Walfang wieder-
aufzunehmen. Gleichwohl behandelte Watson mich mit aus-
gesuchter Höflichkeit.

Das Recht der Makah, Wale zu töten, ging auf einen Vertrag aus dem Jahr 1855 zurück, und der Stamm wollte nun
zum ersten Mal seit 70 Jahren wieder Gebrauch von diesem
Recht machen. Der Bestand der einstmals kurz vor dem Aussterben stehenden Grauwale vor der Westküste Nordamerikas hatte sich erholt und war jetzt wieder auf mehr als 20 000
Tiere angewachsen, so viele wie seit Einführung des industriellen Fischfangs nicht mehr. Die Internationale Walfang-

kommission gestand den Makah eine Quote von 20 Grauwalen in einem Zeitraum von fünf Jahren zu, eine Menge, die den Gesetzen der Nachhaltigkeit Genüge tat und ethisch gerechtfertigt schien. Als Angehörige des Stammes 1999 gegen den erbitterten Widerstand von Tierschützern demonstrativ ihren ersten Wal fingen, lösten sie damit nicht nur ein gewaltiges Medienecho aus, sondern fanden sich anschließend im absurden Theater US-amerikanischer Gerichte wieder, die dem Stamm fortan die Waljagd untersagte. Watson war hocherfreut über den Gang der Ereignisse.

Um Watson nicht unrecht zu tun, muss gesagt werden, dass er den Makah die gleiche Behandlung zuteilwerden ließ wie jeder anderen Walfängergemeinde, und er war da nicht gerade zart besaitet. Er hatte ausländische Trawler schon von den Neufundlandbänken vertrieben, als die kanadische Regierung solche Schritte noch lange nicht in Erwägung zog. Ich fand, dass er unrecht hatte, wenn er die Makah verteufelte oder die kleine norwegische Walfangflotte angriff, die in den Walbeständen keinen Schaden anrichtete. Watson fand, dass er recht habe, weil für ihn das Töten eines Wals unrecht ist. Punktum. Ende der Geschichte.

Frøvik war nicht minder unbeirrbar. Er war der Anwalt der letzten Walfängerkulturen des Nordatlantiks, und solange die Gebote der Nachhaltigkeit beachtet wurden, so argumentierte er, sollten die Fischer nicht gezwungen sein, ihre Traditionen und Bräuche gegen die unvernünftigen und ungerechtfertigten Forderungen Außenstehender zu verteidigen, die keine Ahnung von den Gegebenheiten hatten. Die Seehund- und Walfanggemeinden, die sich in der High North Alliance zusammengeschlossen haben, besaßen das gleiche Recht, auf nachhaltige Weise aus den natürlichen Ressourcen zu schöpfen, wie jeder andere auch.

Die Walfänger waren vielleicht nicht so faszinierend wie die Penan auf Borneo, die mit ihrem heroischen Kampf gegen die Abholzung ihrer heimatlichen Regenwälder Umweltschützer in aller Welt begeistert haben. Sie waren auch gewiss nicht so exotisch wie die Kayapó im brasilianischen Amazonasbecken, deren Häuptling Paiakan eine solche Berühmtheit erlangt hatte, dass Sting gemeinsam mit ihm eine PR-Reise unternahm und die Firma Ben & Jerry's mit seinem Konterfei für eine Eissorte namens »Rainforest Crunch« warb. Aber deshalb, erklärte Frøvik, haben die Walfangkulturen nicht weniger das Recht, ihre Traditionen zu erhalten.

In Australien werden alljährlich Hunderttausende von Kängurus getötet. Ebenso viele Possums müssen in Neuseeland ihr Leben lassen. Nordamerikanische Jäger erlegen Bären, Hirsche, Elche und andere Wildtiere in nicht minderer Zahl. Jahr um Jahr fristen überall in der Welt Millionen Kühe, Schweine und Hühner ein unwürdiges Leben in den höllischen Gefängnissen der industriellen Mastbetriebe. Frøvik war der Meinung, dass eine Welt wie diese nicht das Recht hat, den norwegischen Walfängern Vorhaltungen zu machen, weil sie an ihren Traditionen festhalten. Punktum. Ende der Geschichte.

Man kann einige Dinge über den Walfang sagen, die unbestritten sind. Dazu gehört beispielsweise die Tatsache, dass Zwergwale vor allem deshalb so zahlreich sind, weil sie nie Ziel der kommerziellen Fangflotten waren. Zwergwale sind ausgesprochen schwer zu jagen. Sie bewegen sich nicht in großen Schwärmen, sondern halten sich lieber für sich oder in kleinen Gruppen. Sie stoßen nicht weithin sichtbar Atemluft aus wie andere Walarten. Sie haben nur eine kleine Rückenflosse, so dass sie, vor allem bei kabbeliger See, nur schwer zu sehen sind. Überdies sind sie mit ihren selten mehr als acht Metern vergleichsweise klein. Der Nördliche Zwergwal kommt in mindestens zwei Beständen vor. Jener im Nordostatlantik umfasst schätzungsweise mehr als 100 000, der im mittleren Atlantik immerhin noch 70 000 Tiere. Aus diesen Beständen töten die Walfänger der Lofoten einige hundert Tiere im Jahr.

Zwergwale sind Bartenwale, sie gehören also zu jener Unterordnung der Wale, deren Maul durch eine Vielzahl von Bartenplatten zu einer Art Seihapparat ausgebildet ist, in dem Krill, Plankton und kleine Fische hängen bleiben, wenn sie Wasser aufnehmen und bei geschlossenem Maul wieder herausdrücken. Zwergwale machen auch Jagd auf größere Fische wie beispielsweise Kabeljau. Der Südliche Zwergwal hat mit rund 750 000 Tieren den bei weitem größten Bestand. Im Nordpazifik, vor allem im Japanischen und im Ochotskischen Meer, gibt es noch einen kleinen Bestand der Unterart *Balaenoptera acutorostrata scammoni*. Und es gibt einen kleinen Minkwal, bei dem es sich entweder um eine eigene Unterart oder einfach nur um eine Form der im Nordatlantik lebenden Spezies handeln könnte. Vertreter dieser Art werden regelmäßig in den Gewässern zwischen dem Great Barrier Reef vor Australien und der Atlantikküste Südamerikas gesichtet.

Wissenschaftler erheben nicht den Anspruch, viel über die Wandergewohnheiten oder das Sozialverhalten der Nördlichen Zwergwale zu wissen. Zum Kalben ziehen sie im Winter vermutlich in südlichere Gewässer, wo sie manchmal vor der Küste Senegals anzutreffen sind. Das restliche Jahr verbringen sie meist in arktischen Gewässern, werden aber auch gelegentlich im Mittelmeer gesichtet. Einmal wurde sogar an der georgischen Schwarzmeerküste ein gestrandetes Jungtier gefunden. Von den Lofotingern erfährt man, dass weibliche Zwergwale mit Beginn des Frühlings im Vestfjord eintreffen. Wenige Wochen später tauchen die männlichen Tiere auf und ziehen an der Küste Richtung Norden. Ihnen folgen dann, wieder ein paar Wochen später, die Jungtiere.

Auf den Lofoten heißt der Minkwal *vågehval*, Buchtwal, was darauf zurückzuführen ist, dass die Wikinger im Mittelalter Zwergwale töteten, indem sie die Tiere in flache Buchten trieben und dann mit Giftpfeilen beschossen. Diese Fangmethode wurde an Norwegens nördlicher Küste noch bis zur

Einführung von Motorschiffen und Harpunenkanonen praktiziert. Es ist das, was die Menschen in diesem Teil der Welt
seit Tausenden von Jahren getan haben.

Keinerlei Meinungsverschiedenheiten gäbe es zwischen
Watson und Frøvik darüber, dass die Geschichte des industriellen Walfangs eine Dokumentation der systematischen
Ausbeutung und Vernichtung von Walbeständen ist. Wo immer man neue Walgründe entdeckte, wurden sie ausgeplündert und dann verlassen. Sobald eine Spezies so selten wurde,
dass es sich nicht mehr lohnte, danach zu suchen, nahm die
Industrie die nächste Art ins Visier.

Die ersten Hochseefischer in der Geschichte der Menschheit,
die auf Walfang gingen, waren zweifellos die Basken, ein
rätselhaftes Volk, dessen Sprache mit keiner anderen Sprache
der Welt verwandt ist. Ihre Heimatregion liegt in den westlichen Pyrenäen im Grenzgebiet zwischen Frankreich und
Spanien sowie an der nordspanischen Küste am Golf von Bis-
kaya. Die Basken waren seit langem ein Volk der Seefahrer
und Fischer, und spätestens vom 11. Jahrhundert an machten
sie, mit langen Speeren ausgerüstet, in ihren kleinen Schiffen
Jagd auf Wale, die sie »Sarkado Balea« nannten.

Der Sarkado Balea war identisch mit dem Fisch, der bei
den Wikingern den Namen »Nordkaper« hatte und von englischen Walfängern später als »richtiger Wal« bezeichnet
wurde, weil er buchstäblich der richtige Wal für die Jagd war.
Er war ein langsamer Schwimmer, und sein Blubber war so
fettreich, dass er nicht unterging, sondern an der Wasseroberfläche schwamm, wenn er tot war. Anfang des 15. Jahrhunderts folgten die Basken den Walen schon bis nach Grönland
und Island, und vom 16. Jahrhundert an gingen sie von Küs-
tenniederlassungen in Neufundland und Labrador aus auf
Waljagd. Es war ein lohnendes Geschäft. Die Basken verkauf-
ten Waltran und Barten für eine Reihe unterschiedlichster

Produkte, und das Fleisch war geschmacklich hervorragend. Da es als »Fisch« galt, durfte Walfleisch auch an Freitagen und den vielen Feiertagen gegessen werden, die in der katholischen Kirche als Fastentage gelten.

Anfang des 17. Jahrhunderts wurde der kommerzielle Walfang von etlichen europäischen Staaten, vor allem aber von England und Holland, betrieben. Neben dem Nordkaper wurde hier hauptsächlich der Grönlandwal, eine im Nordatlantik heimische Spezies der Glattwale, gejagt. Etwa zu dieser Zeit entdeckten auch die ersten Siedler der nordamerikanischen Kolonien das Geschäft mit den Walprodukten. Ihre Beute waren Nordkaper, Grauwale und Pottwale. Anfangs schien der Markt für Walerzeugnisse, vor allem aber für Waltran, so unerschöpflich wie die Walbestände selbst, doch es stellte sich bald heraus, dass die Vorräte des Meeres nicht endlos waren.

Walfänger waren gezwungen, sich in fernere und rauere Gefilde vorzuwagen, in die eisigen Gewässer der Davisstraße, der Frobisher- und der Baffin-Bucht und weiter in den Nordpazifik, den Südpazifik und schließlich bis ins antarktische Meer. Eine Walpopulation nach der anderen ging zugrunde.

Am Ende des 20. Jahrhunderts gab es vom Nordkaper, den die Basken gejagt hatten und der einmal in so großer Zahl die Meere bevölkert hatte, noch etwa 300 Individuen. Eine Population von Grauwalen zog früher vor der nordamerikanischen Ostküste ihre Kreise. Sie ist verschwunden. In den Gewässern um Spitzbergen verbrachten unzählige Grönlandwale den Sommer. Sie gehörten zu den Ersten, die im großen Maßstab gefangen und getötet wurden, so dass ihre Zahl, die vorsichtigen Schätzungen zufolge einmal 30000 betragen hatte, schon Ende des 19. Jahrhunderts auf etwa 100 zurückgegangen war. Die Bestände hatten sich auch 100 Jahre später nicht wieder erholt, obwohl der kommerzielle Walfang inzwischen verboten war. In den Meeren der südlichen Hemisphäre lebten einmal rund eine halbe Million Finnwale. Gegen Ende des 20. Jahrhunderts waren es noch 10000.

Es gab eine Gruppe von Südlichen Glattwalen (Südkaper), die sich alljährlich zum Kalben im Mündungsgebiet des tasmanischen Flusses Derwent einfanden. Sie waren so zahlreich, dass sie als Gefahr für die Schifffahrt betrachtet wurden, und ihre Blasgeräusche waren so laut, dass die Bewohner der Dörfer im näheren Umkreis nachts nicht schlafen konnten. In den 1990er Jahren war es dem tasmanischen Park- und Forstdienst eine öffentliche Bekanntmachung wert, wenn je ein einsamer Wal in der Nähe der Derwentmündung gesichtet wurde – was kaum häufiger als einmal im Jahr der Fall war.

In den Gewässern um Sri Lanka waren Pottwale früher so zahlreich anzutreffen wie Grönlandwale nördlich der Beringstraße. Vor der Nordwestküste Nordamerikas lebten außerdem mehrere hier heimische Buckelwalpopulationen. Schon in den ersten Jahrzehnten des 20. Jahrhunderts waren die Pottwale im Indischen Ozean auf einen Bruchteil der Bestände dezimiert, die es dort gegeben hatte, bevor die Walfänger das Gebiet für sich entdeckten. Die Grönlandwale nördlich der Beringstraße waren nur noch ein trauriges Häuflein, verglichen mit ihrer einstmals so großen Zahl, und ihren Artgenossen, die weiter östlich im Arktischen Ozean nördlich der Hudson- und der Baffin-Bucht lebten, ging es nicht besser. Die Buckelwalpopulationen vor der Nordwestküste Nordamerikas waren ganz und gar verschwunden. Der Golf von Alaska war 30 Jahre lang ein lohnendes Ziel für Walfänger, bis der Pazifische Nordkaper dort gegen Ende des 19. Jahrhunderts so selten geworden war, dass es sich nicht mehr rentierte, Jagd auf das Häuflein Überlebender zu machen. Und so geht es weiter.

Mitte des 19. Jahrhunderts wurde vor allem auf den Pottwal Jagd gemacht; die Vereinigten Staaten beherrschten das Geschäft. Von Nordstaatenhäfen wie Nantucket und New Bedford aus befuhren Walfangschiffe die Meere der Welt vom Nordpazifik bis zur Antarktis und von der eisigen Davisstraße bis zum Arabischen Meer. Um 1850 herum tummelten sich auf den Weltmeeren nicht weniger als 700 US-amerikanische Walfangschiffe. Vier von fünf Walfängern fuhren unter amerikanischer Flagge, und mehr als 18 000 amerikanische Seeleute waren in dieser Branche beschäftigt.

Die Australier begannen im frühen 19. Jahrhundert mit dem Walfang und zeichneten sich bald als einer der verantwortungslosesten Walfangstaaten aus. Sie wüteten unter den Südlichen Glattwalen wie Wölfe in einer Schafherde.

Im Lauf des 19. Jahrhunderts kamen mit Petroleum, Baumwollöl, Rapsöl und Fischöl Produkte auf den Markt, die den Walfischerzeugnissen Konkurrenz machten. Als 1859 das Petroleum erfunden wurde, das für die gleichen Zwecke verwendet werden kann wie Waltran, hätte dies eine Entlastung für die Wale der Welt bedeuten können, doch die Branche fand bald neue Absatzmärkte, da nun auch bei der Produktion von Gebrauchsgütern wie Seife, Margarine, Lippenstiften und Parfüm Waltran zum Einsatz kam. Auch die Nachfrage nach den Barten des Wals stieg, weil der Markt für Modeartikel wie Korsettstangen, Rockreifen, Reitgerten, Pinsel und Sonnenschirme immer größer wurde. Der Preis für Barten verdreifachte sich gegen Ende des Jahrhunderts innerhalb weniger Jahre. In dieser Zeit vollzog sich auch in den Fangmethoden eine grundlegende Veränderung.

Beim traditionellen Walfang hatte man von Segelschiffen Ruderboote zu Wasser gelassen und die Wale mit Handharpunen gejagt. Nun bestanden die Fangflotten aus Dampfschiffen mit fest im Bug montierten Harpunenkanonen. Diese Schiffe waren so schnell und die neuen Fangmethoden so effektiv, dass nun auch Jagd auf die schneller schwimmenden Furchenwale wie Seiwal, Finnwal, Blauwal und Buckelwal gemacht werden konnte. Es wurden immer ausgeklügeltere Methoden des Tötens und der Verarbeitung entwickelt, die den industriellen Walfang von Grund auf revolutionierten. Die Walfangwirtschaft wurde nun angeführt von Pionieren wie dem norwegischen Industriemagnaten Svend Foyn, der mit seiner Flotte schon bald den Walfang im Nordatlantik beherrschte.

Plötzlich waren die Norweger tonangebend im internationalen Walfanggeschäft. Sie jagten Wale in den Gewässern um Spitzbergen, um die Shetlandinseln, die Färöer, Island und Grönland. Und sie errichteten Walfangstationen, wo immer es lohnend erschien. Sie waren an beiden Küsten des südamerikanischen Kontinents vertreten, ihre südafrikanischen Niederlassungen zogen sich um die gesamte Küstenlinie des Kaps der Guten Hoffnung. Es wurde Ernst gemacht mit der endgültigen Vernichtung der Walbestände in den Ozeanen der südlichen Hemisphäre.

Seeleute und Fischer aus der Gegend um den Oslofjord und um die Küstenstadt Sandefjord in der norwegischen Provinz Vestfold in Südnorwegen führten die industrielle Walfangflotte an. Ihr Betätigungsfeld lag vor allem im Südpolarmeer, wo in den 1930er Jahren rund 200 mit Harpunenkanonen ausgerüstete Fangschiffe als Zulieferer für 41 riesige schwimmende Schlachtfabriken dienten. 1931 wurden in antarktischen Gewässern 37000 Wale getötet. In der Fangsaison des Jahres 1937 wurden rund 55000 Walleiber über die Heckrampen der Fabrikschiffe an Bord gezogen. Die Schiffe kamen überwiegend aus Norwegen. Bei den Walen handelte es sich in erster Linie um Blauwale.

Heute sind von den ehemals etwa 150000 Blauwalen unseres Planeten nur noch ein paar Tausend übrig.

Mitte des 20. Jahrhunderts verloren die Vereinigten Staaten das Interesse am krankenden Walfanggeschäft und wurden zur treibenden Kraft beim Beschluss des Internationalen Übereinkommens zur Regelung des Walfangs (ICRW), das 1946 von 46 Staaten unterzeichnet wurde und zwei Jahre später zur Gründung der Internationalen Walfangkommission (IWC) führte. Erklärtes Ziel der Kommission war es, »die gesunde Erhaltung der Walbestände sicherzustellen und zugleich eine geordnete Entwicklung der Walfangindustrie zu ermöglichen«.

Die Walfangkommission war als einzige internationale Organisation befugt, den Walfang und den Schutz der Wale weltweit zu regulieren, bot ihren Mitgliedstaaten jedoch ein breites Spektrum von Möglichkeiten, Ausnahmeregeln geltend zu machen. So konnte ein Staat für sich beanspruchen, unabhängig von Quotenvorgaben Wale zu töten, wenn er damit »wissenschaftliche« Zwecke verfolgte und der Kommission die gewonnenen Daten zur Verfügung stellte. Schutzgebiete wurden eingerichtet und bestimmte Walarten unter Schutz gestellt, zum Beispiel die Buckelwalbestände im Atlantik im Jahr 1955, die im Südpazifik 1964, Blauwale südlich des 40. Breitengrades 1965 und die Buckelwale des Nordpazifiks 1966. Für alle übrigen Walarten galten Fangquoten nach einer »Blauwal-Einheit« genannten Formel (*blue whale unit*, BWU: eine BWU = zwei Finnwale, zwei Buckelwale, sechs Seiwale usw.), die sich als wenig effektiv erwies, weil sie sich nicht an tatsächlich vorhandenen Walbeständen und Walarten orientierte und so unter den Walfangnationen zu einem Wettkampf um den größten Anteil an der Gesamtfangquote führte.[3]

Anfang 1970 wurden die letzten Walfangstationen an den kanadischen Küsten geschlossen, weil es keine Wale mehr gab, die man hätte jagen können. Aus dem gleichen Grund waren Briten und Holländer bereits aus dem Geschäft ausgestiegen. Es gab noch hie und da ein bisschen Küstenwalfang, aber abgesehen von einer Flotte von Piraten, die sich um die ohnehin von wenigen ernst genommenen Regularien der IWC wenig scherten, waren die relativ neu ins Geschäft gekommenen Staaten Russland und Japan die einzigen Nationen, die noch auf Hochseewalfang gingen.

Es waren gigantische Fabrikschiffe, die Jagd auf die letzten großen Wale im Nordpazifik machten. Die japanische Walfangindustrie hatte sich in der Zeit nach dem Zweiten Weltkrieg mit der finanziellen Unterstützung der USA entwickelt. Russland war erst in den 1950er Jahren in das Walfanggeschäft eingestiegen, nachdem die Sowjetregierung die zwei bis dahin größten Fabrikschiffe, Ozeanriesen von der Größe eines Flugzeugträgers, hatte bauen lassen. Russen und Japaner holten eine Gesamtmenge von jährlich 30 000 Pottwalen aus den Meeren.

1971 betrat Greenpeace dann die Bühne des Geschehens, und bald kannte die Weltöffentlichkeit die Geschichte von der Ausrottung der Meeressäuger im industriellen Zeitalter.

Doch die Traditionen des Walfangs, wie sie von der High North Alliance verteidigt werden, sind Teil einer ganz anderen Geschichte. Sie ist so vollkommen anders, dass sie nicht einmal auf den Mythos von der Vertreibung aus dem Paradies eingeht, der in der Legende der Umweltbewegung eine so zentrale Rolle spielt: die Entdeckung eines unberührten, von einer Zivilisation umweltbewusster Jäger und Sammler bewohnten Kontinents durch Christoph Kolumbus im Jahr 1492. Es ist eine Geschichte, die in der Sprache des Umweltschutzes – die zu der Zeit, als Greenpeace aus der Taufe gehoben wurde, zur allgemeinen Verkehrssprache wurde – nicht erzählt werden konnte.

In der anderen Geschichte sind es die Wikinger, die als erste Europäer den Fuß auf den nordamerikanischen Kontinent setzen, nicht Kolumbus und seine Männer. Um diese Geschichte besser verstehen zu können, ist es von Vorteil zu wissen, dass die Wikinger, die Anfang des 11. Jahrhunderts an der Küste Neufundlands die Siedlung L'Anse aux Meadows gründeten, zu einer in Grönland heimischen Gruppe gehörten, die sich von einem isländischen Zweig abgespalten hatte, der wiederum – schließlich waren es ja Nordmänner – aus Norwegen stammte. Das Entscheidende aber ist, dass alle diese Gruppen Walfischfänger waren.

Die Menschen, die sich vor etwa 5000 Jahren im Norden von Norwegen niederließen, gehörten zu einer der ersten

Walfängerkulturen der Geschichte. Sie jagten Sattelrobben, Bartrobben, Eismeer-Ringelrobben, Walrosse, Weißwale und Narwale. Große Ruderboote, deren mehrköpfige Besatzung Jagd auf Wale und Walrosse macht, sind in einer Reihe prähistorischer Felsmalereien dargestellt. Einige dieser frühen Walfänger waren die Vorfahren der Wikinger, aber auch des geheimnisvollen und angeblich elfengleichen Volkes der Sikhirtia und der Küstensamen, jener Untergruppe der Samen, die dem den meisten besser als Lappländer bekannt sind.

Eines der ersten schriftlichen Zeugnisse aus dem nördlichen Norwegen ist ein Bericht aus dem Jahr 892, in dem ein Stammesführer namens Ottar seine Reise entlang der Küste Finnmarks, durch die Barentsee bis zur Halbinsel Kola und ins Weiße Meer beschreibt. Unter anderem erzählt er darin, er habe während der Reise 56 Walrosse erlegt. Ottar war ein wohlhabender Kaufmann und stammte angeblich aus der Gegend von Tromsø nördlich der Lofoten. Er schrieb über die Samen im Norden und über die Finnen und Dänen im Osten und im Süden seiner Heimatregion. Sein Reichtum rührte nach seiner eigenen Aussage von seinen Beziehungen zu den Finnen und Samen her, von denen er Abgaben erhob, aber auch von seinem Geschick bei der Jagd und beim Walfang.

Etwa zu der Zeit, als die Vorfahren der Wikinger begannen, vor der Nordküste Norwegens Bartrobben und Weißwale zu jagen, ließen sich die ersten Einwanderer, Angehörige der Saqqaq-Kultur, in den westlichen, südlichen und östlichen Küstenregionen von Grönland nieder. Auch sie lebten vorwiegend von der Jagd auf große Meeressäuger. Um 500 v. Chr. hatten die Bewohner Grönlands ihre Jagdmethoden wesentlich verbessert, wohnten in halb unterirdischen Behausungen mit Wänden aus Felsbrocken, Treibholz und Grassoden und hatten eine Lebensweise entwickelt, die Archäologen als Dorset-Kultur bezeichnen. Etwa 1500 Jahre später waren es Angehörige der Thule-Kultur, die vor der Küste Grönlands Robben, Walrosse und Wale jagten. Ihre Jagdtechnik war hoch entwickelt und effektiv, und sie benutzten, möglicherweise als Folge der Zuwanderung anderer Inuitstämme aus dem Westen, Hundeschlitten, die das Reisen und den Transport in den Wintermonaten begünstigten.

Die Menschen der Thule-Kultur hatten sich offenbar bereits aus den südlichen Küstenregionen zurückgezogen, als Erik der Rote im Jahr 982 Grönland entdeckte und in den Folgejahren besiedelte, denn erst im 14. Jahrhundert kam es zu Handelsbeziehungen, aber auch zu kriegerischen Auseinandersetzungen zwischen Wikingern und Inuitvölkern. Bis Anfang des 15. Jahrhunderts waren die Wikinger dann aus Grönland verschwunden; über die Gründe, warum dies so ist, wird bis heute gestritten. Die Inuit jedenfalls lebten noch in Grönland, als Dänemark Anfang des 19. Jahrhunderts seine Oberhoheit über Grönland erklärte, und weitere Inuit wanderten noch bis in die 1860er Jahre aus Kanada zu. Und sie lebten noch immer vom Walfang.

Die Wikinger spielen in dieser Geschichte eine besondere Rolle, weil zu den heutigen nordatlantischen Walfängergemeinden einige Zweige der Inuitfamilie gehören, aber auch die Nachfahren einer bestimmten Wikingerlinie, deren kulturelle Traditionen eng mit dem Walfang verbunden sind. Zu den Vorfahren der heutigen Walfänger von Island, den Färöer-Inseln und der Nordlandküste zählen Angehörige einer blühenden Wikingergesellschaft, die vor 1500 Jahren auf den Lofoten angesiedelt war. In Borg auf der Lofoteninsel Vestvågøy begannen Archäologen 1983 die Reste eines Wikinger-Langhauses aus dem 6. Jahrhundert auszugraben, die ein Bauer zwei Jahre zuvor zufällig beim Pflügen entdeckt hatte. Was sie zutage förderten, erwies sich als das größte bisher gefundene Bauwerk der Wikinger. Das als Häuptlingsresidenz gedeutete, mit Grassoden verkleidete und mit Holzschindeln gedeckte Haus war 83 Meter lang und hatte eine 9 Meter hohe Decke. Zu den Außengebäuden des Komplexes gehörte ein 32 Meter langer Stall, in dem bis zu 50 Rinder untergebracht werden konnten. In der altnordischen Literatur wird die Siedlung mit den ersten Einwanderern in Island in Verbindung gebracht.

Die Nordgermanen nahmen unter den Wikingervölkern sowohl kulturell als auch ihrer Sprache nach eine Sonderstellung ein. Spätestens vom 3. Jahrhundert an hatten sie eine eigene Runenschrift und so etwas wie eine gemeinsame Religion, und ihr kriegerischer Geist zeigte sich auf ganz eigene Weise. Bei den Wikingern, die bis weit ins russische Inland vordrangen und deren Handelsnetz bis in den Mittelmeerraum, ins Baltikum und zum Kaspischen Meer reichte, handelte es sich um Schweden. Die Wikinger, die in England einfielen und das Land besiedelten, waren Dänen. Norweger waren es, die sich auf den Shetland- und den Orkneyinseln ansiedelten und sich zur herrschenden Klasse über die dort schon vor ihnen ansässigen Stammesgemeinschaften aufschwangen. Sie breiteten sich bis zu den Färöer-Inseln und Island, dann nach Grönland und später nach Neufundland aus, wo sie L'Anse aux Meadows gründeten. Die Wikinger, die sich auf den Hebriden, auf der Insel Man und in Irland niederließen, waren ebenfalls Nordmänner. Dublin war ursprünglich eine normannische Siedlung, und die Wikinger, die im 10. Jahrhundert den Nordwesten Englands besiedelten und in Northumberland und Yorkshire Königreiche gründeten, waren aus Irland herübergekommene Normannen.

Die große Tradition der norwegischen Kabeljaufischerei wurde erst im 16. Jahrhundert begründet. Ein italienischer Seemann, der Schiffbruch erlitten hatte und auf einer Lofoteninsel an Land gespült worden war, erzählte bei seiner Heimkehr Geschichten über unglaubliche Mengen getrockneten Fischs von der Art, wie er in der Küche Italiens besonders beliebt war. Das war der Anfang der industriellen Produktion von Stockfisch, dem getrockneten Kabeljau, den man im Frühjahr überall auf den Lofoten an Gestellen hängen sieht, und von Klippfisch, dem gesalzenen und getrockneten

Kabeljau, der im 19. Jahrhundert zu einer der wichtigsten Handelswaren wurde. Zeitweise war einer von zehn erwachsenen Norwegern in der Kabeljaufischerei beschäftigt, was zur Folge hatte, dass es im Land Heerscharen erfahrener Seeleute gab.

Zu Beginn des 19. Jahrhunderts war Norwegen skandinavisches Hinterland, dessen wichtigste Stadt, Bergen, gerade einmal 18 000 Einwohner hatte. Ende des Jahrhunderts besaß Norwegen die drittgrößte Schiffsflotte der Welt, 50 000 Bürger des Landes arbeiteten als Seeleute, und im Schiffsbau waren 5000 Menschen beschäftigt.

Jahrhundertelang hatte Norwegen unter der Knute des dänischen und später des schwedischen Königshauses gestanden, und die alten norwegischen Mundarten waren von der eng mit ihnen verwandten dänischen Sprache überlagert worden. In abgelegenen Regionen hatten sich die norwegischen Dialekte erhalten, aber erst nach langen Kämpfen erhielt Nynorsk, ein Gemisch aus mehreren norwegischen Dialekten, 1885 wieder den Status einer dem Dänischen gleichberechtigten Amtssprache.

Die Norweger sind anders. Und sie sind stolz darauf. Das ist einer der Gründe, warum sie der Meinung der Weltöffentlichkeit in der Walfangfrage so bereitwillig getrotzt haben. Aber so, wie nicht alle Wikinger gleich waren, kann man nicht alle Norweger oder alle Walfänger über einen Kamm scheren.

Als Svend Foyn in den 1870er Jahren anfing, seine Walfangstationen entlang der nordnorwegischen Küste aufzubauen, wurde er von den dortigen Fischern nicht mit offenen Armen empfangen. Die Fangmethoden der Einheimischen waren noch weitgehend die gleichen wie in den Tagen der Wikinger im frühen Mittelalter. Von Zeit zu Zeit trieben sie Minkwale in die Enge einer Bucht und richteten ein Blutbad unter den Tieren an, genau wie es ihre Vettern auf den Färöer-Inseln mit den Grindwalen machten. Sie behaupteten außerdem, eine Beziehung zu den Walen entwickelt zu haben, ähnlich den malaiischen Dorfbewohnern, die sich die Gunst ihres Dorftigers, des *Macan Bumi*, durch allerlei Gaben und Wohltaten zu sichern suchen. Zwar töteten die norwegischen Fischer gelegentlich Wale, aber sie sahen in ihnen auch so etwas wie Jagdhunde: Die Meeressäuger trieben die Kabeljauschwärme zur Küste hin. Ein reicher Walbestand wurde als notwendige Voraussetzung für eine ertragreiche Kabeljaufischerei betrachtet.

Die Walfangindustrie, die ihren Hauptsitz in Sandefjord hatte, tat diese Sicht der Dinge als hinterwäldlerisch ab, doch die Einheimischen gaben nicht nach, so dass sich die norwegische Regierung im Jahr 1880 gezwungen sah, den Walfang zwischen Januar und Mai, der Fangzeit für Kabeljau, zu verbieten. Den Fischern in Nordnorwegen war das nicht genug, und als in der Kabeljaufischerei in den ersten Jahren des 20. Jahrhunderts dramatische Einbrüche zu verzeichnen waren, gingen sie auf die Barrikaden. Nacht für Nacht loderten ihre Feuer. Eine Walfangstation ging in Flammen auf. Aus dem Süden wurden Truppen geschickt.

Schließlich gab sich die Regierung geschlagen. Erschrocken über den Zorn der Bürger erließ sie ein absolutes Verbot für den Walfang in den nördlichen Gewässern des Landes. Das Verbot galt ein Jahrzehnt lang, dann wurde es gelockert und galt nur noch für Nordkaper, Jungtiere des Blauwals und alle Wale mit Kälbern.

Auf ähnlichen Widerstand stieß der industrielle Walfang auf den Shetlandinseln. In Island wurde der kommerzielle Walfang 1914 verboten und erst 1935 mit erheblichen Einschränkungen wieder zugelassen.

Diese Ereignisse sind nicht nur ein interessanter Nachtrag in der Geschichte des Walfangs. Sie sind wichtige Meilensteine in der Geschichte des Umwelt- und Naturschutzes, eine Geschichte, die sich oft im Verborgenen abspielte und in der es Protagonisten gibt wie die Neufundländer, die jeden auf Funk Island beim Ausplündern der Riesenalkgelege erwischten Wilderer auspeitschten, oder wie die vielen Freiwilligen, die H.B.Roney in seinem Kampf für die Wandertauben in den Wäldern um Petoskey unterstützten. Was die Protestierenden in Nordnorwegen von den späteren Anti-Walfang-Aktivisten unterschied, war die Tatsache, dass die Menschen in Norwegen auch für den Erhalt einer Kultur kämpften und dass viele der an diesem Kampf Beteiligten selbst Walfänger waren.

Es stimmt, dass die Norweger, wie Greenpeace immer wieder zu betonen beliebt, erst in den 1930er Jahren begonnen hatten, mit Motorschiffen und Harpunenkanonen Jagd auf Wale zu machen. Das heißt jedoch nicht, dass sie bis zu diesem Zeitpunkt keine Minkwale gejagt hätten – ganz im Gegenteil. Nur war ihre Jagd auf Minkwale etwas vollkommen anderes als das, was die Briten, die Holländer und die Nordamerikaner und später die Russen und die Japaner taten.

Den traditionellen norwegischen Walfängern ging es nicht um Rohstoffe für die Produktion von Seife und Margarine oder von Korsettstangen und Reitgerten. In Grönland, Island und Nordnorwegen, auf den Baffin-Inseln und auf den Färöern diente der Walfang vor allem der Nahrungsbeschaffung. Und er kennzeichnete eine Kultur.

Die Treibjagd auf Grindwale wird auf den Färöern praktiziert, seit die Inselgruppe vor tausend Jahren von norwegischen Wikingern besiedelt wurde. Fangmengen sind zurück bis ins Jahr 1584 dokumentiert, womit die Walfangaufzeichnungen von den Färöern die ältesten Jagdstatistiken der Welt repräsentieren dürften. Die von den Färingern *Grindadráp* genannte Treibjagd hat sich bis heute ihren nichtkommerziellen Charakter erhalten und unterliegt seit jeher strengen Regeln bezüglich der Art der gebrauchten Geräte und Waffen, der Buchten, in denen das Töten erlaubt ist, bestimmter Beschränkungen bei der Jagd und der Aufteilung des erbeuteten Fleischs. Aber es ist ein blutiges Spektakel. Und die Färöer ziehen damit die Aufmerksamkeit der Anti-Walfang-Aktivisten und der Medien dieser Welt auf sich.

Wenn in Strandnähe eine Walschule auftaucht, wird Grindalarm gegeben. Mit möglichst vielen im Halbkreis formierten Booten werden die Wale dann in eine seichte Bucht getrieben, wo sie von hüfthoch im Wasser stehenden Inselbewohnern mit Grindmessern getötet werden. Ein in der Waljagd erfahrener Färinger kann einen Grindwal fast auf der Stelle töten, indem er ihm die Halsschlagader und das Rückenmark im Nacken durchtrennt. Dies ist zwar eine vergleichsweise »humane« Art des Tötens, aber es sterben Dutzende Tiere gleichzeitig, ihre zuckenden Leiber wühlen das Wasser auf, und die ganze Bucht färbt sich rot von ihrem Blut. Die Weltöffentlichkeit, mit solchen Bildern konfrontiert, ist empört. Aber man kann den Färingern nicht vorwerfen, dass ihre Art des Walfangs nicht nachhaltig sei. Aus einem fraglos gesunden Bestand von Grindwalen, den die IWC gegenwärtig auf 778 000 Tiere schätzt, erlegen die Färöer-Walfänger pro Jahr etwa 1000.

Obwohl die Färinger ihren Wurzeln nach Norweger sind, hat die Inselgruppe wie Grönland den Status einer gleichberechtigten Nation innerhalb des Königreichs Dänemark. Nun ist Dänemark, was die Dinge nicht einfacher macht, Mitglied der Europäischen Union, die Färöer aber nicht, und Dänemark ist außerdem Mitglied der IWC, aber die Waljagd der Färöer fällt nicht in den Zuständigkeitsbereich der IWC. Grindwale unterliegen nicht den Schutzbestimmungen der IWC, weil sie, streng genommen, große Delphine sind.

Das isländische Wort für einen gestrandeten Wal, *hvalreki*, hat auch eine zweite Bedeutung: »Gottesgabe«. Im 13. Jahrhundert bildete Walfleisch eine der wichtigsten Grundlagen der Wirtschaft in Island. Es wurden vor allem Tiere erlegt, die durch das arktische Packeis in Fjorden festsaßen, und die Fangmethoden glichen denen der Färinger. Niemand fühlt sich von der IWC so verraten wie die Isländer, die Umfragen zufolge zu 90 Prozent der Meinung sind, dass ihnen ein nachhaltiger kommerzieller Walfang auch weiterhin erlaubt sein sollte. Aber die Beziehungen zwischen Island und der IWC sind besonders kompliziert.

Nachdem Island 1935 das Walfangverbot aufgehoben hatte, nahmen isländische Fischer die kommerzielle Waljagd in relativ kleinem Maßstab, vor allem für den Handel im eigenen Land, wieder auf. Im Gegensatz zu Norwegen, das 1986 fristgerecht gegen das Memorandum der IWC Einspruch eingelegt hatte und darum ungehindert weiter kommerzielle Waljagd betreiben konnte, ohne gegen die Bestimmungen der Internationalen Walfangkommission zu verstoßen, hatte Island in einem parlamentarischen Beschluss mit nur einer Stimme Mehrheit dem Memorandum zugestimmt. Das hatte, den widersprüchlichen Bestimmungen der IWC entsprechend, zur Folge, dass Island, wenn es Wale fangen wollte, auf die umstrittenen Quoten des Walfangs zu »wissenschaftlichen Zwecken« zurückgreifen musste, das Schlupfloch, das sich die heftig kritisierte japanische Fischereiindustrie seit vielen Jahren zunutze macht.

Als deutlich wurde, dass die meisten IWC-Mitgliedstaaten aus dem Memorandum ein dauerhaftes absolutes Walfangverbot ableiten wollten, obwohl es möglich war, bestimmte Walarten nachhaltig zu bejagen, trat Island 1992 aus der IWC aus. Schließlich wurde das Land 2002, nach einem zehn Jahre währenden erbitterten Streit, wieder in die Kommission aufgenommen und betreibt seit 2003 wieder Waljagd in kleinem Stil.

⸺

»Hier sehen Sie Revsvik. Und hier Stokkvika. Und hier ist Hermansdalen.«

Bjørn Hugo Bendiksen, der 39-jährige Skipper der »Trøndergut«, ließ den Finger über eine alte Karte der Insel Moskenesøy wandern, die an der Wand des Lokals Gammelbua hing. Bendiksen war einer der Walfänger, mit denen ich mich am Tag meiner Ankunft in Reine verabredet hatte, und das Gammelbua ist einer der beliebtesten abendlichen Treff-punkte der Stadt – ein gemütlicher Raum mit niedriger Balkendecke in einem Gebäude aus dem 18. Jahrhundert, das anfangs als Handelsniederlassung und Lebensmittellager diente und später zum Restaurant umgebaut wurde.

Bendiksen hatte gerade fünf Tage lang 240 Kilometer süd-westlich der Insel Grönland-Heilbutt gefischt. Er mochte den Fisch, der in Wirklichkeit überhaupt kein Heilbutt, sondern eine Steinbuttart ist, nicht besonders. »Wenn man ihn nicht räuchert«, sagte er, »ist er ganz glibberig.« Aber der Preis, der für den Fisch bezahlt wurde, war nicht schlecht, und er hatte damit das Limit seiner Fangquote – etwa 5000 Fisch – ausge-schöpft. Er beklagte sich nicht.

Bevor er zu dieser letzten Fangtour aufgebrochen war, hatte er bereits die Walquote von 22 Tieren, die seinem Schiff zugeteilt war, erreicht. Die 1959 von Stapel gelassene »Trøn-dergut« war ein 21 Meter langer Trawler traditioneller nor-wegischer Bauart. Die Jagd war nicht schwierig gewesen, aber wegen der Zuteilung der Jagdzonen hatte er bis zur 320 See-meilen nördlich des Nordkaps gelegenen Bäreninsel schip-pern müssen. »Sie ziehen unsere Nummern aus einem Hut«, meinte er. »Aber diesen Hut kriegen wir natürlich nie zu sehen.«

Die Minkwale, die im Frühjahr vom nordöstlichen Atlan-tik entlang der norwegischen Küste Richtung Norden wan-dern, steuern die Gewässer vor der Provinz Finnmark an. Hier fischen Walfänger am liebsten im Sommer, wenn das Meer spiegelglatt und träge daliegt. Man kann bei der Jagd keine Sonargeräte benutzen, damit verscheucht man die Wale. Man muss sich auf Jagdqualitäten verlassen, die in der modernen Welt längst in Vergessenheit geraten sind. Man muss beobachten und geduldig warten.

Jeder, der die Harpunenkanone bedient, muss eine ent-sprechende Lizenz besitzen. Er benötigt dafür eine spezielle

Ausbildung, und er muss ein hervorragender Schütze sein. Die Harpune ist mit einem mit Penthrit gefüllten Sprengkopf, ähnlich einer riesigen Gewehrpatrone, ausgerüstet. Die meisten Wale sind sofort tot, die übrigen Tiere sterben im Allgemeinen innerhalb von sechs Minuten. Jedes Walfangschiff wird von einem Regierungsinspektor begleitet, der minutiös die Daten jeder Tötung dokumentiert. Es ist kein besonders angenehmes Geschäft, sagt Bjørn. Das ist das Töten von Tieren nie.

Wenn ein Wal tot ist, wird er an Bord gezogen und geschlachtet und sein Fleisch im Frachtraum gelagert. Zum Ärger der Walfänger müssen sie den Blubber über Bord werfen. In Norwegen gibt es keinen Markt für das Walfett. Die Japaner würden es liebend gern kaufen, aber die Vorschriften der IWC verbieten es Norwegen, vom Wal gewonnene Rohstoffe auf dem Weltmarkt zu verkaufen.

Bjørn hat in diesem Sommer zwei Fahrten zur Bäreninsel unternommen. Beide Male war er zwei Wochen unterwegs. An Bord war die übliche dreiköpfige Crew, zu der auch sein Vater Arne gehört. Arne war der Skipper der Trøndergut, bevor er sich zur Ruhe setzte. In Wirklichkeit kennt er keinen Ruhestand. Jedes Jahr jammert er von neuem, wie sehr ihm das Leben fehlt, dann sagt er: »Na ja, wahrscheinlich bin ich nur im Weg, aber mal sehen, ein allerletztes Mal vielleicht.« In diesem Jahr war es nicht anders. Er hatte Bjørn bis zum letzten Moment im Unklaren gelassen. Am Tag, an dem die Trøndergut auslaufen sollte, war er dann am Ablegeplatz aufgetaucht. Arne steht am liebsten am Ruder.

Bjørn wandte sich wieder der Karte zu.

»Hier ist Horseid«, erklärte er. »Und hier ist Kvalvik. Das heißt ›Walbucht‹. Da liegt derzeit tatsächlich ein gestrandeter Wal.«

Aus diesen kleinen Dörfern an der Außenküste der Lofoten stammten die meisten Vorfahren der Familie Bendiksen. Und viele der alten Geschichten, die auf den Lofoten erzählt werden, spielen an diesen Orten. Es sind Geschichten von einem harten und entbehrungsreichen Leben.

Unser Abendessen bestand aus Kabeljauzunge, Kartoffeln und gebratenem Minkwalfleisch. Das Fleisch war mager und schmeckte vorzüglich, ein bisschen wie Reh, ein bisschen wie Rinderfilet und überhaupt nicht nach Fisch. Beim Essen erzählte Bjørn von einem seiner Großväter, der 105 Jahre alt geworden war und wegen seiner riesigen Pranken bekannt gewesen war. Er hatte in einem kleinen Dorf am Bunesfjord gelebt, in dem der Boden so steinig war, dass die Bewohner die Erde für ihre Gärten von den Bergen herunterschleppen mussten.

Viele Menschen hatten auf der Außenseite der Lofoten gelebt, weil hier die besseren Fischgründe waren, aber auch, weil sie sich in den wohlhabenderen Orten wie Reine wie Leibeigene gefühlt hätten. Die Herren von Reine waren die Sverdrups, die Familie, der die Handelsniederlassung gehörte, aus der jetzt das Gasthaus Gammelbua geworden war. Es gehörte den Sverdrups immer noch. Aber in der zweiten Hälfte des 20. Jahrhunderts hatte den Sverdrups wie allen anderen Inselbewohnern ein rauer Wind ins Gesicht geweht. In den 1980er Jahren waren die Kabeljau-Fangquoten für ganz Norwegen drastisch reduziert worden. Das war in der Zeit, als über das Moratorium zur Aussetzung des kommerziellen Walfangs debattiert wurde, das von den Lofotingern als überflüssig und verheerend empfunden wurde. Aber die Senkung der Fangquote für Kabeljau war notwendig. Sie war der Grund, warum es um die Lofoten, anders als vor der Ostküste Kanadas, überhaupt noch Kabeljau gab. Das Opfer musste gebracht werden, aber es hatte den Lofotingern viel abverlangt.

»In manchen dieser Dörfer ist kein Mann auf dem Friedhof beerdigt«, erzählte Bjørn, »weil sie alle auf See geblieben sind. Aber im Sommer waren es die schönsten Orte der Welt.«

Einer dieser Orte war das Dorf, in dem Bjørns Großmutter

aufgewachsen war. Das Dorf namens Hell, das heute nicht mehr bewohnt ist, liegt an der Südspitze der Insel Moskenesøy, gefährlich nahe am Mahlstrom. Hier soll es oft so gestürmt haben, dass die Türen aus ihren Angeln gerissen wurden. Bjørns Großmutter hatte ihm einmal erzählt, wie sie die Schreie der Fischer auf dem Meer gehört hatte, bevor diese ertrunken waren. Über ihre Kindheit hatte sie nur selten gesprochen.

Wir redeten bis tief in die Nacht. Wir sprachen über den Mahlstrom und über die tiefen, unergründlichen Ströme, die unter der Oberfläche der internationalen Walfangdebatte wirkten. Beides gehört in die gleiche Kategorie.

Olaus Magnus, für den der Mahlstrom zur gleichen Kategorie zählte wie Riesenkraken und schlangenartige Seeungeheuer, hat den Mahlstrom als ein Ding beschrieben, das schlimmer tobte als der Strudel der Charybdis im östlichen Mittelmeer. In der griechischen Mythologie ist Charybdis die Tochter des Poseidon und der Gaia, und sie wird von Zeus in ein Ungeheuer verwandelt und bis in alle Ewigkeit in eine Höhle in der Straße von Messina verbannt. Magnus dagegen mochte den Strudel des Mahlstroms lieber auf natürliche Ursachen zurückführen. Er meinte, es gebe an dieser Stelle einen Abgrund, in den das Meer stürze, eine Schlucht am Meeresgrund, die so tief sei, dass sie den Seefahrer plötzlich und unvermittelt verschlingen könne.

Ein bemerkenswerter Denker des 17. Jahrhunderts, der sich mit dem Mahlstrom befasste, war der deutsche Jesuit und Universalgelehrte Athanasius Kircher, der im Laufe seines Lebens mehr als 40 natur- und geisteswissenschaftliche Werke verfasst hat. Sein Wissensspektrum war so breit gefächert, dass hinter vorgehaltener Hand darüber spekuliert wurde, ob er nicht der schwarzen Kunst der Nekromantie verfallen sei. Als er über den Mahlstrom schrieb, hatte er die Theorie entwickelt – von der er später auch seine zahlreichen Leser überzeugen sollte –, dass die Ursache des Strudels eine Öffnung im Meeresboden sei, durch die das Wasser über eine Reihe unterirdischer Kanäle in die Barentsee und in den Bottnischen Meerbusen in der Ostsee gesogen werde.

Warum der Mahlstrom in der Vorstellung der Europäer zu einem Begriff geworden ist, der für das unbändige Wüten chaotischer Kräfte steht, scheint schlicht eine Frage der Kartografie zu sein. In der altnordischen Sprache, die auf den Lofoten gesprochen wird, heißt der Strudel vor der Südspitze der Insel Moskenesøy, der sein tosendes Entsetzen in Hörweite der Ortschaft Hell herausschreit, »Moskenstraumen«. Das daraus abgeleitete Wort »Maelstrom« scheint im 16. Jahrhundert auf dem Umweg über holländische Seekarten in den englischen Sprachgebrauch gelangt zu sein.

In der »rationalen« Sicht der heutigen Zeit kann der Mahlstrom auf das Zusammenwirken mehrerer geophysikalischer Faktoren zurückgeführt werden. Seltsamerweise wurde erst in den 1990er Jahren der ernsthafte Versuch unternommen, das Phänomen wissenschaftlich zu analysieren. Durchgeführt wurde die Untersuchung von Mathematikern der Universität Oslo, die mit Hilfe einer tiefenintegrierten Strömungssimulation ergründen wollten, was die Ursache war für die entfesselten Kräfte des Mahlstroms.

Um die Lofoten treffen starke Strömungen und Gezeiten auf eine besondere Unterwassergeografie. Wenn die Flut kommt, rauscht das Wasser aus dem Vestfjord über seichtes Gelände, vorbei an einem rechtsdrehenden Strudel vor Lofotodden, wie die Südspitze der Insel Moskenesøy genannt wird. Ein zweiter, sich entgegengesetzt drehender Strudel befindet sich zwischen Lofotodden und den kleinen Inseln Mosken, Værøy und Røst. Bei Ebbe strömt das Wasser in entgegengesetzter Richtung an den gleichen beiden widerstreitenden Strudeln vorbei. Die gegenläufige Drehung der beiden Strudel allein würde nicht ausreichen, um die Kräfte zu entfesseln, über die sich die Gelehrten früherer Zeiten die Köpfe zerbrochen haben. Wenn aber die Nordströmung auf der

Außenseite der Lofoten auf orkanartige, in südliche Richtung wehende Winde und einen starken, aus dem Vestfjord sich herauspressenden Gezeitenstrom trifft, kann die Sache schnell chaotisch werden.

Im Volksglauben der Inselbewohner sind es zwei Trolle, der Værøymann und die Moskenesfrau, die in einem Kessel rühren und so die beiden Strudel im Meer vor Lofotodden verursachen. Der Legende nach verfiel der Værøymann den Lockungen von sieben Meerjungfrauen, denen er zu Hilfe eilte, als sie auf der Suche nach ihrer Mondkrone über das Wasser des Vestfjords wandelten. Und immer wenn der Vollmond seine Frau an die Untreue ihres Gemahls erinnerte, packte sie der Groll, und sie fing an, mit ihrem Kochlöffel gegen den Uhrzeigersinn im Kessel des Meeres zu rühren, worauf er wiederum seinen Stab nahm und in umgekehrter Richtung rührte. So entstanden die fürchterlichen Wirbel des Mahlstroms.

»Die meisten Menschen sehen das rational«, sagte Bjørn. Er sprach jetzt vom Walfang. »Sie hören, dass die Wale fast ausgestorben sind, und darum sind sie gegen den Walfang. Aber es geht darum, ob es von den Tieren, die man jagt, genügend gibt. Darum sollte es gehen.«

⚓

Es gibt eine Reihe rationaler Argumente dafür, den Walfang weltweit zu beenden. Wale sind wandernde Meeressäuger. Die Meere gehören allen und keinem. Es ist die Meinung der Weltöffentlichkeit, die zählt. Der Wal liefert nichts, das wir nicht auch auf andere Weise bekommen können. Als Regulierungsinstanz hat sich die IWC nicht gerade mit Ruhm bekleckert, und es ist ihr nicht zuzutrauen, dass sie den kommerziellen Walfang vernünftig steuert. Die globalen Märkte sind nicht gründlich genug zu überwachen, und daher kann nicht sichergestellt werden, dass nur Wale aus »nachhaltiger« Jagd in den Handel gelangen.

Aber zu jedem dieser rationalen Argumente gibt es ein ebenso rationales Gegenargument. Die »Meinung der Weltöffentlichkeit« wird beherrscht von einer europäisch-nordamerikanischen Einstellung zu den Walen, die sich aufgrund von Halbwahrheiten, Romantisierung und Falschdarstellungen gebildet hat. Die IWC kann sich verändern und hat dies auch bereits getan, indem sie heute strenge und ausgesprochen konservative Maßstäbe bei der Bewertung von Walbeständen und der Festsetzung nachhaltiger Jagdbeschränkungen zugrunde legt. Mit dem modernen Hilfsmittel des genetischen »Fingerabdrucks« kann man einen Wal vom Meer bis in den letzten Winkel des Marktes verfolgen.

In dem, was in den widerstreitenden Strömungen und Strudeln der Walfangdebatte angeschwemmt wird, ist eine wirklich »rationale« Sicht schwer zu erkennen. Vernunft und Emotionen lassen sich in der Auseinandersetzung nicht sauber trennen, so wie man in der Umweltdebatte nicht eindeutig zwischen Natur und Kultur unterscheiden kann. Die Vorstellung einer fast mystischen Intelligenz bei Walen stellt ein besonderes Problem dar. Als die Umweltbewegung in der Popkultur Einzug zu halten begann, setzte sich das Bild tief in den Köpfen von Europäern und Nordamerikanern fest.

Die Vorstellung, dass Wale anders seien als andere Tiere und dass sie mit menschenähnlichen Eigenschaften gesegnet oder gestraft seien, mag archaische Wurzeln haben, aber die Umweltbewegung hat sie erst für sich entdeckt, seit der US-amerikanische Neurophysiologe John Lilly in den 1950er Jahren seine Forschungen zum Verhalten und zur Sprache der Delfine bekannt machte. Mit Hilfe von Tonaufnahmen, Oszilloskopen und im Gehirn der Tiere eingepflanzten Elektroden sammelte er Daten von mehreren Tieren. Anfangs schloss er aus den gewonnenen Informationen, dass Delfine über die Fähigkeit zur Nachahmung verfügen, wie die Papageien, die jedermann liebt, vom Kind am Amazonas über den einbeinigen Piraten bis zum milliardenschweren Scheich von Katar.

Doch Lillys Schlussfolgerungen aus den Daten wurden immer kühner. Am Ende zog er gar die Möglichkeit einer komplexen Sprache und einer an Telepathie grenzenden Verständigung zwischen Delfinen in Erwägung. Hier endet gewöhnlich die kritische Beschäftigung mit Lillys Werk, was schade ist, denn er begann, Experimente an sich selbst und anderen Probanden anzustellen. Bei diesen Experimenten benutzte er einen von äußeren Reizen völlig freien Tank und LSD, um seine Theorien über außerkörperliche Erfahrungen und Kontakte mit außerirdischen Lebensformen zu überprüfen.

Vor der Küste von British Columbia untersuchten Wissenschaftler 1970 im Rahmen eines Projekts zur Erforschung der Kommunikation zwischen Walen mit Hilfe modernster technischer Geräte, was Orcas lieber hörten – Musik aus der Konserve oder die Lifevorstellung der auf einer 16-Meter-Yacht spielenden Rockband Fireweed. Das waren die träumerischen Zeiten, in denen Astronauten aus dem All Bilder vom Blauen Planeten zur Erde schickten. Über die mögliche Existenz einer außerirdischen Intelligenz wurde nun nicht mehr nur in versponnenen Randgruppen, sondern auch in ernst zu nehmenden Kreisen diskutiert.

Der populäre US-amerikanische Astrophysiker, Fernsehmoderator und Umweltaktivist Carl Sagan bezeichnete es im Zusammenhang mit dem Raumfahrtprogramm der Vereinigten Staaten als dringende Notwendigkeit, die Intelligenz der Wale zu erforschen. Er begründete dies damit, dass es für die Menschen eine Vorbereitung auf mögliche Begegnungen mit superintelligenten Außerirdischen sei, wenn sie sich in der Verständigung mit Walen übten. Wir seien, so schrieb er, besser in der Lage, »Botschaften von den Sternen« zu entziffern, wenn wir lernen würden, mit Walen zu kommunizieren. Dies sei auch ein wissenschaftlicher Grund, mit den Walen Frieden im Geiste der, wie er es nannte, »Freundschaft und gegenseitigen Achtung, der Brüderlichkeit und des Vertrauens« zu schließen.[4]

Das Ganze war ziemlich abgehoben.

Auch die Lofotinger haben ihre Vorlieben. Wie andere Nordländer werden sie sentimental, wenn es um die Eiderente geht. Sie können nicht begreifen, wie man auf die Idee kommen kann, einem solchen Tier etwas zuleide zu tun. Oft haben sie für die Enten kleine Nisthäuser aus Stein gebaut, aus denen sie den weichen Flaum holen konnten, wenn die Jungen flügge waren.

Auf der Lofoteninsel Skrova war ich zu einem weiteren guten Abendessen eingeladen, diesmal gab es rohes Walfleisch mit Sojasoße und Wasabi. Ich hörte Ulf Ellingsen, dem Direktor der Walverarbeitungsfabrik vor Ort, zu, wie er einen Lobgesang auf den Killerwal anstimmte. Es sei moralisch nicht vertretbar, einen so großartigen Wal zu töten, meinte er. Allein der Gedanke daran sei schon verwerflich. Mit Minkwalen sei es etwas anderes. Das seien zwar ganz schöne Tiere, aber so, wie sie blindlings ihren alten Wanderrouten folgten und dabei stumpfsinnig Krill und hie und da einen Kabeljau schluckten, seien sie nicht besser als Kühe. Man fragt sich, was ein Brahmane von dem Vergleich halten würde. Aber wir haben eben alle unsere Vorlieben.

Aus Meinungsumfragen geht hervor, dass die Deutschen im Allgemeinen nichts dagegen haben, wenn Rotwild gejagt wird, es aber zutiefst verwerflich finden, Wasservögel zu töten. Skandinavier finden die blutige Kängurujagd in Australien barbarisch, und in den USA ist es gesetzlich verboten, Kängurufleisch zu importieren. Australier können nicht verstehen, was daran falsch ist, Kängurus zu töten. Aber Australien, der Staat, der einmal ein solches Gemetzel unter den Walen angerichtet hat, gehört heute zu den Nationen, die den Walfang am unnachgiebigsten ächten.

Menschen haben schon immer solche Vorlieben gehabt. In der Geschichte der Menschheit hat es, nicht nur in der mystischen Tradition östlicher Religionen, immer wieder Beispiele der Identifikation mit nichtmenschlichen Lebensformen gegeben. So wie in Wirklichkeit nur wenig dafür spricht, dass prähistorische Menschen sich tatsächlich so leicht in der Natur bewegten wie John Muirs »Vögel und Eichhörnchen«, gibt es kaum einen Beleg dafür, dass es in der jüdisch-christlichen Tradition des Westens je eine unverrückbare Abneigung gegenüber nichtmenschlichem Leben gegeben hätte.

Die griechischen Philosophen Plutarch und Porphyrios betonten in ihren Werken die Verantwortung des Menschen für die Tiere, und im Alten Testament gibt es etliche Passagen, in denen die grausame Behandlung von Lasttieren getadelt wird. Die Manichäer des 4. Jahrhunderts, zu denen zeitweise mit Augustinus von Hippo auch einer der bedeutendsten Kirchenlehrer des Christentums gehörte, hielten den Menschen nicht für berechtigt, Tiere zum Essen zu töten, und ernährten sich folglich vegetarisch. Franz von Assisi predigte im 12. Jahrhundert über die Existenz einer Seele bei Tieren. Das war Ketzerei, aber der Mann war so beliebt bei den einfachen Leuten, dass dem Vatikan nichts anderes übrig blieb, als ihn heiligzusprechen.

Den kabbalistischen Rabbinern des 16. Jahrhunderts widerstrebte es, auch nur einen Floh oder eine Schlange zu töten. Und nordamerikanische Siedler erließen, obwohl ihnen wilde Kreaturen so verhasst waren, im 17. Jahrhundert das erste Tierschutzgesetz der Welt. In einem 1641 im späteren Staat Massachusetts verfassten Freiheitskodex heißt es unter anderem: »Kein Mensch soll eine Grausamkeit oder Tyrannei gegen eine tierische Kreatur ausüben, die zum Gebrauch des Menschen gehalten wird.«[5] Der Protestant Thomas Tryon gehörte im 17. Jahrhundert zu den führenden Theoretikern des Vegetarismus. Er vertrat die Auffassung, dass diejenigen, die nichtmenschliches Leben »angreifen und vernichten«, gegen die Gesetze der Natur verstießen. Vom 18. Jahrhundert an drohten in Nova Scotia jedem Bürger, der ein Haustier quälte, strenge Strafen, und im Jahr 1800 verfehlte ein Gesetzesentwurf zum Verbot der Bullenhatz mit nur zwei Stimmen die Annahme im britischen Parlament. Einige Jahre lang stritten Ober- und Unterhaus über den Sinn von Gesetzen gegen Tierquälerei. Im Jahr 1835 wurden Hahnenkämpfe und Grausamkeiten gegen wilde Tiere in Großbritannien verboten. Von dem Dichter John Keats erzählt man sich, er habe einmal einen Metzgergesellen verprügelt, weil dieser eine Katze gequält hatte, und Charles Dickens hielt ein glühendes Plädoyer gegen einen Mann, der angeklagt war, ein Pferd misshandelt zu haben.

Was immer das Phänomen sein mag, das in den 1970er Jahren mit der Umweltschutzbewegung seinen Anfang nahm, Tierliebe war es jedenfalls nicht. Es war nur eine weitere Strömung im Mahlstrom.

Es dauerte bis 1986, bis die IWC das Zehn-Jahres-Moratorium zum industriellen Walfang verwirklichte, das im Juni 1972 auf der ersten UN-Umweltkonferenz in Stockholm angeregt worden war. Eine solche zeitlich begrenzte Aussetzung war längst fällig, und sie war bitter notwendig. Der Wal war mittlerweile zum beliebtesten Totemtier der Umweltbewegung geworden, und die Umweltschützer übten, besonders in den reichsten Ländern der industrialisierten Welt, einen enormen kulturellen Einfluss aus.

So kam es, dass das geplante Zehn-Jahres-Moratorium zur Politik der Lobbyisten mutierte. Die Staaten, die am skrupellosesten unter den Walen gewütet hatten – USA, Holland, Großbritannien und Australien –, standen plötzlich als diejenigen Nationen da, die am entschiedensten gegen den kommerziellen Walfang eintraten. Es war, als sollte hier eine Schuld abgewälzt werden, als sollten die Norweger und Japaner Buße tun für die Sünden der Staaten, die unter den Walen ein solches Gemetzel angerichtet hatten. Als wollten sie die Sünden ihrer puritanischen Vorfahren wiedergutmachen, stellten sich die US-Amerikaner an die Spitze des Angriffs gegen die Walfängerkulturen der Welt, zu denen auch die Norweger und Isländer gehörten, die als Erste mit Protestaktionen und Verboten Maßnahmen zum Schutz der Wale vor industriellen Fangmethoden ergriffen hatten.

Zu den tiefen, widerstreitenden Strömungen, die den Umweltschutz zu dieser Zeit in so unerforschte und gefährliche Gewässer zogen, gehörte die Wiederauferstehung des Mythos vom »edlen Wilden«, der schon John Muirs Blick auf die majestätische Schönheit des Yosemite-Parks getrübt hatte. Um anstelle der komplexen Vielfalt präkolumbischer Kulturen und Gesellschaften den »Indianer« zu erfinden, musste eine »authentische« indigene Lebensweise konstruiert werden. Und die Unterscheidung der IWC zwischen »indigenen Kulturen« und dem Rest der Welt hat, wie vor ihr die willkürliche Unterscheidung zwischen wilden und gezähmten Kreaturen, zwischen Natur und Kultur, zu absurden und kontraproduktiven Ergebnissen geführt.

Die Internationale Walfangkommission definierte 1981 den Subsistenzwalfang der Indigenen als »Walfang zur Deckung des Eigenbedarfs der ortsansässigen Ureinwohner, ausgeführt durch oder im Auftrag von Ureinwohnern oder indigenen Völkern, die durch starke familiäre, soziale und kulturelle Traditionen mit dem Walfang und der Nutzung von Walen verbunden sind«. Die Inuit Circumpolar Conference (ICC) beklagt sich, dass die Völker, deren Interessen sie vertritt, durch diese Definition gezwungen werden, »die Fantasien der Weißen, die diese von den Eskimos haben, auszuleben«.

Die Grönland-Inuit fühlen sich von der IWC, die ihnen das Recht abspricht, einen Teil des Fleischs der von ihren Jägern erlegten Wale zu verkaufen, wie Museumsstücke behandelt. Es kostet Geld, die Anforderungen der Kommission bezüglich humaner Tötungsmethoden zu erfüllen, und die Forschung und Überwachung, die notwendig ist, um nachhaltige Waljagd durchführen zu können, kosten ebenfalls

Geld. »Was glauben die, woher das Geld kommt?«, fragen die Inuit, die oft mit Handharpunen und Gewehren von kleinen Kuttern aus jagen. Manchmal fahren sie auch mit Skiffen oder Kajaks hinaus, um Narwale und Weißwale zu jagen. Meistens erlegen sie jedoch Mink- und Finnwale und benutzen für die Jagd Kutter mit im Bug montierter Harpunenkanone, wie sie auf den Lofoten üblich sind. Obwohl sie von den erbeuteten Tieren nichts verkaufen dürfen, landen Fleisch und Blubber am Ende doch oft in den Geschäften. Die IWC drückt ein Auge zu.

Kanada trat 1982 aus der Internationalen Walfangkommission aus. Die kanadischen Vettern der Grönland-Inuit halten sich bei der Jagd auf Narwale, Weißwale und in geringerem Umfang auch Grönlandwale lieber an die Vorschriften der Inuvialuit- und Nunavut-Behörden, die mit den kanadischen Bundesgesetzen übereinstimmen, als an die von der IWC aufgestellten Regeln des Subsistenzwalfangs für Indigene. So ist es leichter für sie.

Bemüht sich eine indigene Gemeinschaft für ihren Walfang um den Segen der IWC, so muss sie ihre lange und »fortgesetzte« Abhängigkeit von den Walen nachweisen. Die Walfänger von den Küsten und Inseln Norwegens sind von der Ausnahmeregelung für Indigene ausgenommen, obwohl sie dort nicht weniger »eingeboren« sind als die Grönland-Inuit in ihren Heimatregionen. Auch für Japaner gilt die Ausnahmeregelung nicht, vermutlich weil der Walfang in Japan seit mindestens 1500 Jahren Bestandteil einer Art Geldwirtschaft ist. Doch selbst als Japan einen Antrag auf die nicht-kommerzielle Jagd einer beschränkten Zahl von Minkwalen stellte und dieses Anliegen vier Jahre lang immer wieder von neuem einbrachte, lehnte die IWC ab.

Das Volk der Makah auf der anderen Seite der Erdkugel hatte seit 70 Jahren keinen Wal mehr getötet und konnte darum den Nachweis seiner »fortgesetzten Abhängigkeit von den Walen« nicht erbringen. Weil sie aber als »Indianer«

gelten, gestand ihnen die IWC eine jährliche Quote für den Fang einiger Grauwale zu. Und schon hatten sie Paul Watson und eine ausgesprochen feindselige amerikanische Öffentlichkeit gegen sich aufgebracht. Den Leuten von Greenpeace muss man zugutehalten, dass sie die Sache aussaßen, wahrscheinlich weil sie mit wichtigeren Dingen beschäftigt waren. Die Pläne der Makah gerieten in die langsam mahlenden Mühlen der US-amerikanischen Justiz, wo sie vermutlich so lange zerrieben werden, bis nichts mehr von ihnen übrig ist.

Die Tschuktschen in Tschukotka auf der anderen Seite der Beringsee jagen derweil mit dem Segen der IWC jährlich mehrere hundert Grauwale aus den gleichen Beständen, auf die das Volk der Makah ein Auge geworfen hat. Sie versorgen mit ihrer Beute vor allem die Nerz- und Fuchsfarmen der Gegend mit billigem Futter. Wahrscheinlich firmiert das als »Subsistenzjagd«, weil viele Menschen in Tschukotka, Indigene wie Nichtindigene, ihren Lohn von den Pelzfarmen beziehen. Aber man kann nicht sagen, dass die indigenen Gemeinschaften der Region schon immer eine besondere Vorliebe für Grauwale gehabt hätten. In der Sprache der in Tschukotka heimischen Yupik bedeutet das Wort für Grauwal »der dir Durchfall verursacht«.

In den 1990er Jahren hatte die Internationale Walfangkommission ihre Prüfverfahren endlich dem Ziel angepasst, über den Subsistenzwalfang hinaus die kommerzielle Jagd auf Walarten mit gesunden Beständen in geringem Umfang wieder zuzulassen. Mittlerweile waren in der Kommission allerdings diejenigen Nationalstaaten in der Überzahl, die jeglichen Walfang ablehnten, auch wenn er noch so nachhaltig betrieben wurde.

Aus den IWC-Tagungen waren ritualisierte Veranstaltungen geworden, bei denen sich zwei Lager, das eine angeführt von den USA, das andere von den nordischen Nationen, gegenüberstanden und die immer gleichen Argumente austauschten. Die meisten Mitgliedstaaten schickten nur zwei

Vertreter zu der Jahrestagung, oft nur Angestellte ihrer Botschaft aus der Stadt, in der die Tagung gerade stattfand. Die Vereinigten Staaten entsandten dagegen Dutzende von Delegierten, mehrere Berater, Kongressabgeordnete, akkreditierte Vertreter von Umweltorganisationen und Mitarbeiter des Außenministeriums. Die japanische Delegation stand dem in nichts nach.

Zu dem bunten Gemisch von Beobachtern, die bei den Jahrestagungen der IWC immer anwesend waren, gehörten unterschiedliche Organisationen: Freunde der Erde, Freunde der Walfänger, Inuit Circumpolar Conference, Rettet die Kinder, African Wildlife Foundation, Diskussionskomitee für Walfangfragen, Frauenliga für Frieden und Freiheit, Stiftung Tierreich, Internationaler Transportarbeiterverband, Religiöse Gesellschaft der Freunde (auch als Quäker bekannt) und natürlich Greenpeace. Und auch die Größen aus Musikindustrie und Modebranche und sogar prominente Schauspieler nutzten gern die Bühne der IWC-Tagung für einen medienswirksamen Auftritt.

In den Pausen zwischen den Sitzungen rekrutierten die beiden Lager eifrig neue Mitglieder. Zu Beginn des 21. Jahrhunderts war die Zahl der Mitgliedstaaten von 14 im Gründungsjahr 1946 auf über 50 gestiegen, wobei mindestens die Hälfte der Neumitglieder nie ein direktes Interesse am Walfang hatte. Delegationen kamen aus Ländern ohne Meeresküste wie der Mongolei und der Schweiz, aus der winzigen Republik San Marino und dem noch kleineren Zwergstaat Monaco, aus der Volksrepublik China und aus verschiedenen afrikanischen Ländern.

Die IWC sollte Entscheidungen ausschließlich auf der Grundlage wissenschaftlicher Erkenntnisse über die Möglichkeiten nachhaltigen Walfangs treffen, aber das tat sie nicht. Phil Hammond, Vorsitzender des Wissenschaftskomitees der IWC, beklagte sich schon 1993 bitter: »Wozu haben wir ein wissenschaftliches Komitee«, wollte er wissen, »wenn keiner auf dessen einstimmige Empfehlungen hört?« Und schließlich ging die Kommission weiter, als nur ihre eigene Existenzgrundlage (die Regulierung einer nachhaltigen Bewirtschaftung der Walbestände) in Frage zu stellen. Sie unterminierte auch das Washingtoner Artenschutzübereinkommen, das wichtigste internationale Instrument zum Schutz wild lebender Tier- und Pflanzenarten.

Mehr als 150 Staaten hatten das CITES-Übereinkommen unterzeichnet, dessen Ziel es war, den Handel mit Produkten von gefährdeten und vom Aussterben bedrohten Arten zu unterbinden. Natürlich stützte sich die Organisation bei der Einstufung der Wale auf die Informationen der IWC. Folglich setzte sie 1986 nach dem Beschluss des Moratoriums für den kommerziellen Walfang durch die IWC ausnahmslos alle Walarten auf die Verbotsliste.

Als die Bestandsaufnahme der Minkwale im Nordatlantik längst offenbart hatte, dass sich die dort lebenden Populationen der zahlenmäßig stärksten Walspezies der Welt kräftig erholt hatten und weiter im Zunehmen begriffen waren – und unabhängig davon, dass die norwegische Form der Jagd unbestreitbar nachhaltig war –, beharrte die IWC dennoch auf der Einstufung des Minkwals im CITES-Anhang I, nämlich der Liste, auf der die »direkt vom Aussterben bedrohten« Arten geführt werden. Die Glaubwürdigkeit der CITES war zumindest beschädigt.

Im Jahr 1999 warf CITES-Generalsekretär Willem Wijnstekers der IWC vor, seine Organisation zur Komplizin zu machen bei dem Versuch, eine gesunde, aber »besondere« Spezies in die Gruppe der tatsächlich gefährdeten Arten einzuschmuggeln. Etwa zur gleichen Zeit wurde auch die Weltnaturschutzunion IUCN auf die Usurpierung der IWC durch die Anti-Walfang-Fraktion aufmerksam. Besorgt, dass dadurch internationale Bemühungen zur Erhaltung gefährdeter Arten unterlaufen werden könnten, ließ sie die IWC wissen, dass andere internationale Organisationen sich gezwungen sehen könnten, »unabhängig von den Beschlüssen der IWC Entscheidungen über den Walfang zu treffen«.

Viele Mitgliedstaaten der IWC bemühten sich, die Vorstellung aufrechtzuerhalten, dass Minkwale in irgendeiner Weise gefährdet seien, aber die IUCN ließ sich nicht auf das Spiel ein. Im Gegensatz zu CITES war die IUCN nicht an die Empfehlungen der IWC gebunden und ordnete Minkwale unter der Kategorie der gering gefährdeten Arten ein.

So weit war es also gekommen. Die Lobby der »Rettet die Wale«-Fraktion, aus der die Umweltbewegung unserer Tage hervorgegangen war, drohte die elementaren Ziele der CITES zu gefährden, die darin bestehen, die seltensten Lebewesen unseres Planeten davor zu bewahren, dass mit ihnen Handel getrieben wird, bis sie endgültig ausgerottet sind. Das hehre Anliegen, die Wale der Welt zu retten, das einmal die Speerspitze des internationalen Umweltschutzes gebildet hatte, war zu einem reaktionären und schädigenden Element innerhalb der weltweiten Bemühungen geworden, die gefährdeten Arten vor dem Abgrund der Ausrottung zu bewahren.

1987 veröffentlichte die Weltkommission für Umwelt und Entwicklung, auch als Brundtland-Kommission bekannt, ihren wegweisenden Bericht zum Umweltschutz, der die Grundlage bilden sollte für den 1989 beschlossenen und 1992 in Rio de Janeiro abgehaltenen Erdgipfel, die Konferenz der Vereinten Nationen über Umwelt und Entwicklung. Erstmals wurde hier das Konzept einer nachhaltigen Entwicklung formuliert, das entscheidend dazu beitrug, dass die Biodiversitätskonvention, die bis heute von 188 Staaten unterschrieben wurde, internationale Zustimmung fand.

Bei der IWC tat man so, als habe all das nicht stattgefunden.

Gro Harlem Brundtland, die damalige norwegische Ministerpräsidentin, die in der Weltkommission für Umwelt und Entwicklung den Vorsitz hatte, machte aus ihrer Meinung über das Verhalten der IWC keinen Hehl: »Unser Ressourcenmanagement muss auf Forschung und Wissen beruhen, nicht auf Mythen, die suggerieren, dass einige Tiere etwas Besonderes seien und nicht gejagt werden dürfen, egal, ob dies ökologisch begründet ist oder nicht. Es gibt keine Alternative zum Prinzip der nachhaltigen Entwicklung. Sie ist notwendig und folgerichtig. Manche Leute haben nicht begriffen, wie wichtig das ist.«

Brundtlands Argumente stießen beim US-Präsidenten Bill Clinton auf taube Ohren, der nah daran war, Handelssanktionen gegen Norwegen zu verhängen, als sich das Land auf die Ausnahmeregel der IWC berief und den Walfang wiederaufnahm. Der britische Premierminister John Major erklärte die Entscheidung Norwegens als unvereinbar mit der Mitgliedschaft in der EU. Der Labour-Abgeordnete Tony Banks meinte, sich als Sozialdemokrat für die norwegische Parteigenossin Brundtland schämen zu müssen, weil sie den Walfang befürworte. »Für mich ist sie eine Mörderin«, sagte er. Der Aufruhr endete damit, dass die Norweger gegen einen Beitritt zur Europäischen Union stimmten.

In einer Erklärung, mit der sie 1996 das Anliegen der High North Alliance unterstützte, machte Brundtland deutlich, was auf dem Spiel stand. Es ging nicht nur darum, dass die IWC internationale Bemühungen zum Schutz bedrohter Tier- und Pflanzenarten unterlief, sie unterminierte darüber hinaus die Anstrengungen der Welt, menschliche Populationen und Kulturen vor dem Aussterben zu bewahren. »Ich glaube, den wenigsten ist bewusst, dass hier der Kultur anderer Menschen Gewalt angetan wird«, heißt es in Brundtlands Erklärung. Die IWC verwehre mit ihrer kompromisslosen Haltung nicht nur den letzten Walfängerkulturen der Welt den Zugang zu den internationalen Märkten, sie setze sich auch über die internationale Verpflichtung zum Erhalt der kulturellen Vielfalt hinweg. Auf dem Spiel stand auch das Recht der Völker dieser Welt, die natürlichen Ressourcen ihres Lebensumfeldes nachhaltig zu nutzen.

Es ging nicht nur um Walfang und Walfängerkulturen. Es ging auch um das kulturelle und wirtschaftliche Überleben Dutzender Völker, die in den borealen Wäldern im subarktischen Gürtel unseres Planeten beheimatet sind. Über das Schicksal dieser Kulturen wurde von einflussreichen Fraktionen innerhalb der Umweltbewegung entschieden, die das Fangen felltragender Tiere mit Fallen grausam und überflüssig finden. Es ging um Lateinamerika, wo die Regenwälder verschwinden, damit die Nordamerikaner mit Hamburgern versorgt werden können. Und es ging um Afrika, wo der Landschaft die europäisch-amerikanische Vorstellung vom ehernen Unterschied zwischen Wildnis und menschlicher Welt in Form riesiger Wildreservate aufgezwungen wurde, die oft sowohl für die Tiere, die darin leben, als auch für die Menschen in ihrem Umkreis mehr Schaden als Nutzen bringen.

Das Forest Peoples Programme, eine europäische Umweltgruppe, hat festgestellt, dass den Natur-gegen-Entwicklung-Deals, die von der Weltbank und anderen internationalen Organisationen gefördert werden, Elend und Enteignung oft direkt auf dem Fuß folgen. Als der Exxon-Konzern 1999 auf Anregung der Weltbank als Entschädigung für die Zerstörungen, die der zwei Milliarden Dollar teure Bau der Ölpipeline durch Kamerun verursacht hatte, einen riesigen Nationalpark schuf, wurde der Pygmäenstamm der Bagyeli aus dem 2000 Quadratkilometer großen Waldgebiet vertrieben, in dem er bis dahin gelebt hatte. Ähnliche Vertreibungen fanden, einer Dokumentation des Forest Peoples Programme zufolge, in Ruanda, Uganda, Südafrika, Tansania und Kenia statt, wo Eingeborenenstämme, meist Jäger und Sammler oder Hirten- und Bauernvölker, durch die Schaffung neuer Parks ihre Heimat verloren.

Zu Beginn des 21. Jahrhunderts wurden, ungeachtet aller Polemik, aller Kontroversen und allen Geschreis, weltweit nur noch ein paar tausend Wale pro Jahr getötet, und die Walfangindustrie beraubte die Meere nicht mehr im großen Stil ihrer Wale. Das ist gut. Gut ist aber auch, dass Norwegen sich nicht zwingen lässt, das eigene Volk seinen Walfangtraditionen zu entfremden. Norwegen hat bewusst den Kräften die Stirn geboten, die aus der bunten Welt ein blasses Einerlei machen. Die gleichen Kräfte waren im 19. Jahrhundert am Werk, als den Färingern ihr unbändiger Freiheitsdrang ausgetrieben werden sollte und die färöische Sprache, ein eigenartiges Gemisch aus Gälisch und Altwestnordisch, schon so gut wie ausgestorben war. Die Färinger konnten nicht einmal nennenswerte Schriftzeugnisse ihr Eigen nennen. Doch sie waren zäh und überlebten und schafften es schließlich sogar, dass Färöisch den Status einer sterbenden Sprache überwand. Die färöische Sprache lebte wieder auf wie jene kleine Population Hellroter Aras in Curú. Heute ist sie so lebendig wie seit Jahrhunderten nicht.[6]

Es gibt keine wirklich »rationalen« wirtschaftlichen Gründe für Norwegens sture Haltung in der Walfangfrage. Die Lofotinger würden nicht sterben, wenn sie überhaupt keine Wale mehr fangen dürften. Ein paar hundert Arbeitsplätze wären für immer verloren, und es würde der Wirtschaft einen Schlag versetzen. Einige kleinere Inseln wie Skrova, wo Ellingsen mit seiner Fischfabrik der wichtigste Arbeitgeber ist, würden wohl über kurz oder lang nicht mehr bewohnt sein. Aber das Leben würde weitergehen.

Der Welt wäre jedoch etwas verloren gegangen. Es wäre wieder etwas ausgelöscht. Wir wären der Monokultur wieder ein Stück näher gerückt, und die Lofotinger wären ein Stück weiter entfernt von der nachhaltigen Bewirtschaftung der Ressourcen, die ihnen die vielfältigen ökologischen Nischen und der Reichtum in den Gewässern vor ihren Inseln möglich machen. Irgendwann würden auch ihre alten Märchen und Legenden verschwinden.

Heute schon rollen in den wenigen Sommermonaten Reisebusse durch Reine und spucken stündlich Horden deutscher, italienischer, spanischer und russischer Touristen aus. Die Leute schlendern fröhlich durch die Ortschaft und kaufen Andenken in kleinen Läden, die früher, als die Boote noch keine Dieselmotoren und gemütliche Kajüten unter Deck hatten, Fischerhütten waren. Dann steigen sie wieder in ihre Busse, setzen ihre Tour über die Lofoten fort, brausen über die Brücken und durch die Tunnel, die die Inseln miteinander verbinden, und sind wieder verschwunden.

Es heißt, dass manchmal an besonders stürmischen Tagen und bei besonders starken Gezeitenströmungen Minkwale in den Mahlstrom gezogen werden, wo sie an Entkräftung sterben. Wenn das Meer um die Lofoten ruhig und spiegelglatt daliegt, vergisst man leicht, wie das Leben auf den Inseln die meiste Zeit des Jahres über aussieht. Die Urlaubersaison dauert 12 Wochen. Dann zieht der Nebel auf. Der Regen setzt ein, und der Wind fängt an zu heulen.

Solchen Gedanken hing Hallvard Bendiksen, Bjørns jüngerer Bruder, im Steuerhaus des 20-Meter-Kutters »Malnesfjord« nach, während seine Frau Renata mit ihrer Tochter Anna Sophia am Bug des Schiffes in der Sonne saß. Der Kutter verließ den Hafen von Reine und glitt langsam über das ruhige Wasser Richtung Süden. Es war ein herrlicher Tag, im Frachtraum lagerte das Fleisch von sieben Walen, und Hallvard hatte noch ein paar Tage Zeit, bevor er seinen Fang nach Skrova in die Fischfabrik bringen musste. Wir hatten beschlossen, uns einen gemütlichen Nachmittag auf der »Malnesfjord« zu machen und am Rand des Mahlstroms entlangzuschippern.

An Hell, dem Dorf, in dem Hallvards Großmutter die Schreie der ertrinkenden Fischer gehört hatte, fuhren wir mit acht Knoten vorbei. Als wir die Südspitze der Insel erreichten, spürten wir den Sog der Strömung. Es herrschte eine schwache südwärts gerichtete Dünung, und eine leichte Brise kam auf, und dann beschleunigte der Sog des Wassers unser Schiff auf zehn Knoten. Hallvard drehte nach Backbord. Die »Malnesfjord« war dem Einfluss des Sogs entzogen und lag jetzt ruhig an der Stelle, an der manchmal der böse Geist des »Draugen« gesehen wird, ein Mann, der allein in einem leckgeschlagenen Boot dahintreibt, manchmal in Ölzeug gekleidet, manchmal auch ohne Kopf. Wer ihn sieht, muss sterben. So will es die Legende. Hallvards Großvater hat seinen Kutter »Draugen« genannt, um Unheil davon abzuwenden. Das Schiff fuhr immer noch, stach immer noch zum Walfang in See.

Im Steuerhaus der »Malnesfjord« thronte zwischen Echolot, GPS-Display, VHF-Funk, Autopilot und all dem anderen notwendigen Schnickschnack der modernen Navigation eine kleine Stoffpuppe. Hallvards Onkel Roald, von dem Hallvard den Trawler übernommen hatte, hatte sie von einer Samin bekommen. Sie sollte Glück bringen. »Das wird jedenfalls erzählt«, sagte Hallvard. »Und ich werde sie bestimmt nicht wegnehmen.«

Neben den vielen rationalen Argumenten, die Hallvard zugunsten der Jagd der Norweger auf den Minkwal vorzubringen wusste, hatte er auch sonst einige wissenswerte Dinge zu erzählen. Zum Beispiel, dass ein Walfänger immer über Steuerbord aus dem Hafen ausläuft. Das macht man einfach so. Man nimmt nie etwas an Bord, das auch nur im Entferntesten aussieht wie ein Rucksack. Man benutzt niemals eine saubere Harpunenleine, und wenn sie neu ist, muss man darauf herumtrampeln, bis sie schmutzig ist.

Es gibt Käsesorten, die man nicht mit an Bord nimmt. Über Rinder spricht man nicht einmal. Da war einmal ein Walfanginspektor, der hatte eine Zeitschrift des Bauernverbandes mitgebracht, in der Kühe abgebildet waren. Tage vergingen, und kein Wal kam in Sicht. Dann entdeckte Hallvard die Zeitschrift mit den Kuhbildern und warf sie über Bord. Am Ende hatten sie sechs Wale gefangen.

Manchmal sind Walfänger so sehr vom Pech verfolgt, dass der Skipper eine Taschenlampe nehmen und das Schiff bis in den letzten Winkel damit absuchen muss. Wenn eine Krähe auf dem Schiff landet, lässt das nichts Gutes ahnen. Möwen sind die Seelen der Ertrunkenen; wenn drei in einer Reihe fliegen, ist das ein böses Omen. Einmal wollte eine Samin Walfleisch von Hallvards Vater kaufen, aber das war verboten – das Fleisch musste in einer staatlich kontrollierten Fabrik abgegeben werden. Aber die Frau war Samin, und die Frauen der Samen verfügen über geheime Kräfte und müssen zuvorkommend behandelt werden. Schließlich hielt es Hallvards Vater nicht mehr aus. Er stürzte von Bord und brachte der Frau ein Stück Fleisch.

»Heute haben wir keine starke Strömung«, sagte Hallvard. »Es ist ziemlich ruhig.« Die Strömung begann am Rumpf zu zerren und brachte uns näher zu dem Punkt, an dem Jules Verne auf den letzten Seiten seines Romans *20000 Meilen unter dem Meer* die »Nautilus« samt ihrem Kapitän Nemo untergehen lässt. Es ist auch die Stelle, die der alte Mann in Edgar Allen Poes Erzählung *A Descent into the Maelström* von einem entfernten Hügel aus beobachtet: »Hier stürmte die ungeheure Wasserflut in tausend einander entgegengesetzte Kanäle, brach sich plötzlich in wahnsinnigen Zuckungen, keuchte, kochte und zischte – kreiste in zahllosen riesenhaften Wirbeln, und alles stürmte heulend und sich überstürzend nach Osten …«[7]

Wir hatten jetzt elf Knoten erreicht. In der Ferne zog ein starker Oberflächenwind Furchen und Bänder über die Wellen. Dann tauchten ein paar Schaumkronen auf. Wir konnten Værøy und Røst sehen, waren aber noch nicht so weit im Zentrum des Geschehens, dass wir jenes Inselchen auf der anderen Seite des Mahlstroms hätten ausmachen können. Sie heißt Udrost, und manch einer war schon da und weiß nichts davon.

In alten Zeiten kehrten Fischer, die dem Mahlstrom entkommen waren, manchmal in ihre kleine Heimatbucht auf Moskenesøy zurück und entdeckten, zwischen Achtersteven und Ruder eingeklemmt, ein Strohbüschel. Und wenn sie die Dorsche, die sie gefangen hatten, aufschnitten, fanden sie im Magen der Fische Getreidekörner. Und manche Fischer berichteten bei ihrer Heimkehr auch, sie hätten Udrost mit eigenen Augen gesehen. Üppige Gerstenfelder gäbe es dort, und zwischen den Steinen wüchsen merkwürdige Blumen. Ein Mann lebe dort, und seine Söhne seien drei Kormorane. Der Mann sei zu Besuchern freundlich und höflich, und wenn man den Kormoranen folge, so finde man reiche Fischgründe.

Der Mahlstrom zerrte stärker am Rumpf der »Malnes-fjord«. Hallvard drehte nach Steuerbord, und wir ließen Hell an Backbord liegen und nahmen Kurs auf den Hafen von Reine.

Ein Apfel
ist eine Rose

Für die Mehrzahl der Menschen, die in ländlichen
Gemeinschaften leben und die Natur nicht nur
im Fernsehen betrachten, ist der Unterschied
zwischen Nutzen und Schönheit, zwischen Wildem
und Domestiziertem viel weniger klar.
Pat Mooney

Als meine Kinder alt genug waren, in einem verwilderten
Garten in der Nähe unseres Hauses Äpfel zu klauen, tat
ich nichts, um sie daran zu hindern. Auf der Insel, auf der wir
leben, geraten die alten Obstgärten allmählich in Vergessenheit, und ich fand es falsch, der harten Arbeit der frühen Siedler so wenig Anerkennung zu zollen, dass man die Früchte
ihres Schaffens auf dem Boden verfaulen ließ. Nicht geernte-
ten Früchten haftet ein Geruch an, mit dem man Schlimme-
res assoziieren kann als bloßen Diebstahl, und ich weiß nicht,
ob es nicht sogar unsere moralische Pflicht ist, Obstbäume zu
plündern, die dem Besitz nie anwesender Hauseigentümer
anheimgefallen sind.

Mit 13 brachte meine Tochter Zoe eines Tages ihren ersten
Freund mit nach Hause und machte einen Spaziergang mit
ihm. Als sie kurze Zeit später mit einem Beutel voller Äpfel
zurückkam und erzählte, wie sie den Jungen dazu gebracht
hatte, die Äpfel für sie zu stehlen, wurde mir plötzlich bewusst,
dass die Sonne immer noch auf uns scheint und die Vögel
immer noch in den Bäumen zwitschern. Meinen Söhnen war
das Äpfelklauen sozusagen in die Wiege gelegt. Als Eamonn
zehn war und Conall acht, zogen sie schon regelmäßig los, um
über den wackligen Zaun in den vollkommen überwucherten
Garten zu klettern und sich dem archaischen, rechtschaffenen
und ehrenwerten Geschäft des Äpfelklaus hinzugeben.

Eines Abends, als die beiden mit einem ganzen Sack voll nach Hause kamen, backte Zoe einen Apfelkuchen. Er war saftig und säuerlich süß und schmeckte irgendwie nach alten Zeiten. Einen solchen Apfelkuchen hatte ich noch nie gegessen. Wir saßen um den Küchentisch, und die Kinder aßen in fast ehrfürchtigem Schweigen. Ich fragte, woran es liege, dass der Kuchen so mundete. Nach einer nachdenklichen Pause sagten sie ganz plötzlich, es liege an den Äpfeln. Sie seien anders.

Es ist schwer zu erklären, meinte Conall. Und Eamonn pflichtete ihm bei. »Sie sind einfach anders«, sagte er und fügte hinzu, er habe ohnehin beschlossen, in Zukunft nur noch Äpfel aus dem Garten und keine »ekligen« im Supermarkt gekauften Äpfel mehr zu essen.

Ich hatte keine Ahnung, was die Äpfel unserer Insel zu etwas so Besonderem machte. Aber ich wusste etwas über unsere Tomaten. Auf Mayne Island stand einmal die größte Treibhausanlage des gesamten britischen Kolonialreichs, mehr als drei Hektar unter Glas, alles Tomaten.

Die Treibhäuser waren von der japanischen Gemeinde der Insel gebaut worden. Die ersten nicht eingeborenen Bewohner waren die Ehemänner von Frauen der Saanich- und Cowichan-Stämme, die zur Sprachgruppe der Küsten-Salish gehören. Es waren Engländer, Schotten, Deutsche, Portugiesen und Franzosen aus New Brunswick, und sie waren anständige Leute, die meisten von ihnen Bauern. Die Japaner dagegen kamen als Fischer, die es schon zu Wohlstand gebracht hatten, und viele von ihnen waren angesehene Mitglieder der anglikanischen Kirchengemeinde St. Mary Magdalene. Mit der Inbetriebnahme ihrer Treibhäuser begann die Blütezeit der Insel.

Als die US-Flotte 1941 in Pearl Harbor bombardiert wurde, war das für die Inselbewohner ein Anlass zur Hoffnung. Kanada kämpfte schon seit zwei Jahren im Zweiten Weltkrieg, und der Überfall auf Pearl Harbor bedeutete, dass die Vereinigten Staaten nun endlich auch ins Geschehen eingreifen mussten. Doch dann fiel der kanadischen Regierung ein, dass die japanischen Siedler an der Westküste eine Gefahr darstellen könnten, und Anfang des Jahres 1942 wurden die japanischen Bewohner der Insel Mayne darüber informiert, dass man sie bis zum Ende des Krieges in Internierungslagern unterbringen werde. Die Inselbevölkerung protestierte gegen diese Entscheidung, die in ihren Augen eine Schande war, aber ohne Erfolg. Als das Schiff anlegte, das die Japaner abholen sollte, versammelten sich sämtliche Inselbewohner im Hafen von Miners Bay, um sich zu verabschieden. Ohne die Japaner verfielen die Treibhäuser. Selbst die Schule wurde geschlossen.

So viel wusste ich über unsere Tomaten. Über die Äpfel der Insel war mir lediglich bekannt, dass die alten Obstgärten allmählich wieder vom Wald überwuchert wurden. Ich wollte meine Freundin Tina danach fragen. Tina ist Künstlerin und Hobbygeografin, und ich hatte sie ein paar Wochen zuvor auf dem Markt gesehen, wo sie an einem Stand neben der alten Markthalle Stellung bezogen und eine große Landkarte vor sich ausgebreitet hatte. Auf dieser Karte sollten die Leute mit bunten Stickern die alten Obstgärten der Insel markieren. Als ich sie entdeckte, war sie von Inselbewohnern umringt, und ihre Karte war mit bunten Punkten übersät. Ich nahm also an, dass sie vielleicht die Richtige war, mir zu erklären, was diesen Kuchen so wunderbar und anders gemacht hatte, griff zum Telefon und rief sie an.

»Ja, hier auf der Insel Mayne gibt es eine Menge alter Obstgärten«, sagte sie. Und ich erfuhr noch mehr: Früher war die Insel berühmt für ihre Kulturäpfel, auch wenn an der Behauptung, hier seien die ersten Äpfel an der Küste kultiviert worden, vermutlich nicht viel dran war. Die ersten Äpfel, die auf den Golf-Inseln zwischen der kanadischen Westküste und Vancouver Island angebaut wurden, stammten von Orten wie dem Annapolis-Tal in Nova Scotia. Sie waren als junge Zweige, sogenannte Edelreiser, angekommen, die man in Kartoffeln gesteckt hatte, damit sie den Transport überstanden. Diese Zweige wurden dann auf die heimischen Holzapfelbäume gepfropft, und die ersten Kulturapfelbäume waren geboren. Die ersten Kulturäpfel unserer Insel stammten offenbar aus dem Tompkins County im Staat New York.

Ich wusste, dass der Garten, in dem meine Kinder Äpfel klauten, nicht besonders alt war. Aber wer weiß, vielleicht waren die Äpfel, die dort wuchsen, Abkömmlinge der ersten Kulturäpfel der Insel Mayne.

»Vielleicht«, meinte Tina. Ich hörte, wie Schubladen geöffnet wurden, Papier raschelte, und dann begann sie ein paar Namen aufzuzählen. »Auf dieser Seite der Insel gab es Gravensteiner, Jonagold und Boskop«, sagte sie. »Auch Glasäpfel. Und kleine, der Spartan-Sorte ähnliche Äpfel. Ach ja, und die Browns haben ein unglaubliches Sortengemisch auf ihrem Hof. Und in der Nähe des Hardscrabble-Hofs gibt es einen Obstgarten, da wachsen Clairmont, Early Blaise und Kanada-Renette. Und die hier heimischen Holzäpfel, die kleine olivenförmige Sorte, die irgendjemand von der Saltspring-Insel herübergebracht hat. Die waren früher bei den Cowichan-Frauen sehr beliebt. Wir haben auch ein paar Birnbäume der Sorte Winternellis gefunden, die die Japaner gepflanzt hatten. Wusstest du, dass der alte Bennett in den 1940er Jahren Birnen getrocknet und nach Vancouver geliefert hat?«

Nein, das hatte ich nicht gewusst.

»Ja«, sagte sie. »Century-Birnen, glaube ich.«

Später erinnerte mich Zoe daran, dass es auch in »unserem« Obstgarten Birnen von einer ungewöhnlichen bräunlichen, aber wohlschmeckenden Sorte gab. Und Trauben. Mit den Trauben war das eine komische Sache. An einem Tag ging man hin, und sie waren noch vollkommen unreif, und wenn man zwei Tage später kam, war es schon zu spät. Am besten waren jedenfalls die Äpfel.

Mein Anruf bei Tina Farmilo brachte eine Welle weiterer Nachforschungen ins Rollen, in deren Verlauf ich erfuhr, dass die damals 17-jährige Kathy Wafler Madison aus Rochester in New York am 16. Oktober 1976 die mit 52,51 Metern längste Apfelschale der Welt produziert hatte, dass es die Figur des Johnny Appleseed tatsächlich gab, einen Sonderling und Anhänger des schwedischen Mystikers Emanuel Swedenborg mit richtigem Namen John Chapman, und dass Plinius der Ältere in seinem Todesjahr 79 n.Chr. zwanzig Apfelsorten benennen konnte. Ich erfuhr außerdem, dass der Apfel zur Familie der Rosengewächse gehört und dass die Urmutter aller Äpfel *Malus sieversii* heißt und ihren Ursprung offenbar im Tienshan-Gebirge in Kasachstan hat. Die Römer waren es, die den Apfel in ganz Europa verbreiteten, und gegen Ende des 19. Jahrhunderts wurden in Nordamerika mehr als 7000 Apfelsorten kultiviert. Ein Jahrhundert später waren fast alle diese Sorten verschwunden. Armselige 15 Apfelsorten machen 90 Prozent der gesamten nordamerikanischen Apfelernte aus. Die drei Sorten, die zwei Drittel der Gesamternte in Kanada repräsentieren, sind McIntosh, Red Delicious und Spartan, in den Vereinigten Staaten sind es Red Delicious, Golden Delicious und Granny Smith.

Die guten alten Apfelsorten sind verschwunden. Nicht einmal der Taliaferro, den Thomas Jefferson als den besten Apfel für die Herstellung von »champagnerähnlichem« Apfelwein pries und der einmal der Stolz seines Obstgartens in Monticello war, hat überlebt. Verschwunden war auch die Ansault-Birne, die von führenden Sachverständigen Anfang des 20. Jahrhunderts als »die beste aller Birnen« bezeichnet wurde, eine Frucht mit butterweichem Fleisch, vollem, süßem Geschmack und einem köstlichen Duft.

Es waren nicht nur die Früchte der Arbeit der frühen Siedler auf Mayne Island, die auf dem Boden verfaulten. Und wir verloren mehr als nur Äpfel. Das Erbe, das viele Kleinbauern über Jahrtausende geschaffen und gemehrt hatten, wurde achtlos weggeworfen und verrottete überall in den Gärten und auf den Feldern der Welt. Die Folge war ein Artensterben in einem Tempo, das alles überstieg, was man bisher über die Ausrottung wilder Spezies dieser Welt gehört hatte.

Die Slow-Food-Stiftung für Biodiversität schätzt, dass im 20. Jahrhundert insgesamt 300 000 Gemüsearten ausgestorben sind und dass zu Beginn des 21. Jahrhunderts alle sechs Stunden eine Sorte verschwand. In den Tropen wurden alte Bananensorten, die so köstlich waren wie ihre Namen – Sweetheart, Betende Hände, Rajapuri und Tausend Finger –, verdrängt durch langweilige Neuzüchtungen, die sich durch weiter nichts auszeichneten als durch ihre für den Handel günstige genormte Form und ihre lange Haltbarkeit.

Bis in die 1990er Jahre war es üblich, dass die ländliche Bevölkerung in Thailand für ihre Ernährung und medizinische Zwecke auf 400 verschiedene Pflanzenarten zurückgreifen konnte. Auf Borneo standen den Stammesvölkern 800 verschiedene, namentlich bekannte Pflanzenarten zur Verfügung. Das philippinische Volk der Mangyan kannte 1600 verschiedene Pflanzen. Die Swasi im südostafrikanischen Swasiland haben früher 200 »wilde« Pflanzenarten kultiviert. In einigen abgeschiedenen Andendörfern konnte man auf den Feldern noch Ende des 20. Jahrhunderts bis zu 100 verschiedene Kartoffelsorten finden, und in der südafrikanischen Kalahari-Wüste gab es das Volk der !Kung, die zum Erstaunen der Welt mit der Kenntnis von 85 essbaren Pflanzen ein auskömmliches Leben führten. Sie verbrachten täglich zwei bis drei Stunden mit der Nahrungssuche, und was sie in dieser Zeit sammelten, war nährstoffreicher als die durchschnittliche Tagesration eines Menschen in Asien oder in irgendeinem anderen Teil Afrikas.

Aber das über Jahrtausende angesammelte Wissen war im Schwinden begriffen. Und mit allem anderen starben auch Sprachen aus. Angesichts der Tatsache, dass zu Beginn des 21. Jahrhunderts nur noch 5000 Sprachen übrig waren und Englisch sich in einer Welt der globalisierten Wirtschaft und Kommunikation zunehmend zur Universalsprache entwickelt, sind sich die meisten Sprachwissenschaftler darin einig, dass es 2050 die Hälfte der heute gesprochenen Idiome nicht mehr geben wird. Alle zwei Wochen verschwindet eine Sprache. Das ist so, als würden ganze Bibliotheken in Flammen aufgehen. Der Historiker und Sprachwissenschaftler Andrew Dalby vermutet, dass es in spätestens 200 Jahren auf der Erde nur noch 200 Sprachen geben wird.

Eine Sprache stirbt, wenn sie den Menschen in ihrem Arbeitsleben nicht mehr nützt. Kleine Sprachen sind bedroht, wenn sie quasi umzingelt sind von einer großen Sprache wie Mandarin, Englisch, Spanisch oder Hindi. Sie fallen dem gleichen »Artensterben« zum Opfer, das Säugetierpopulationen erleiden, wenn sie in isolierten Parks innerhalb fragmentierter Landschaften leben. Isolierte Sprachen können in Ritualen fortbestehen, bis diese Rituale verschwinden. Sie können sich noch eine Weile an den Feuerstellen halten, bis der Fernseher auf den Plan tritt. Aber eine sterbende Sprache hält sich meist nicht lange. So kann eine uralte Sprache innerhalb eines Menschenlebens verschwinden, und es wird nur noch die Sprache des Reichs gesprochen, wie in Sikatschi-Aljan, jenem kleinen Dorf am Amur, geschehen, wo die Alten noch ausschließlich Nanai sprachen, die mittlere Generation in der Regel zweisprachig war, die Kinder aber ihre eigene Sprache nicht mehr beherrschten und nur Russisch sprachen.

Es ist oft schwierig, eine direkte Kausalität zwischen dem Verschwinden von Pflanzen, Tieren und Sprachen zu erkennen, aber im Allgemeinen führt eines zum anderen. Wenn der »Verlust von Habitaten« als Ursache dafür genannt wird, dass so viele Säugetier-, Vogel-, Amphibien- und Reptilienarten aussterben, heißt das, dass der Verlust der Pflanzen die Bedrohung allen anderen Lebens nach sich zieht. (Mit »Habitat« sind Bäume, Sträucher, Grünpflanzen und Gräser gemeint. Der »Verlust eines Habitats« bedeutet, dass alle Bäume gefällt wurden.) Der Verlust der reichen Vielfalt in der Pflanzenwelt ist direkt verantwortlich für den Stand der Gefährdung bei 75 Prozent der Säugetiere, 65 Prozent der Reptilien, 55 Prozent der Amphibien und 45 Prozent der Vögel, die weltweit vom Aussterben bedroht sind.

Der Bezug zwischen dem Verlust der Pflanzendecke und dem Schwinden einer bestimmten Säugetier- oder Vogelart basiert manchmal auf komplizierten ökologischen Vorgängen – wie bei »trophischen Kaskaden« von der Art, die dem Eskimobrachvogel zum Verhängnis wurde, oder beim »latenten Risiko des Aussterbens« von der Art, die Afrikas Primaten in die Reihen der lebenden Toten verbannt. Manchmal kehrt sich der Verlauf von Ursache und Wirkung beim Aussterben von Pflanzen und Tieren auch um. Das ist beispielsweise der Fall beim Calvariabaum, einem »lebenden Toten« auf der Insel Mauritius. Damit die Samen des Calvariabaums keimen können, müssen sie zuvor das Verdauungssystem eines Vogels passiert haben; der Vogel, der hierfür zuständig war, war der Dodo. Als er ausstarb, konnten auch die Samen des Calvariabaums nicht mehr aufgehen. Meist ist es jedoch das Verschwinden der Dinge, die aus der Erde wachsen, das dem Aussterben der Tiere vorausgeht.

Wenn die Bäume in Lastwagenkolonnen abtransportiert werden, verkümmert das, was zurückbleibt. Und oft führt die Ausrottung einer Pflanze zum Verschwinden vieler anderer, auch der kultivierten Arten, und das wiederum kann dazu führen, dass menschliche Kulturen, Sprachen und Lebensweisen aussterben. Die Grenze zwischen Wildem und Gezähmtem ist erstaunlich durchlässig. Alle gezähmten Wesen waren einmal wild, und wie die Sonora-Wüste, der die Bauern des Hohokam-Volkes ihren Stempel aufgedrückt haben, oder die großen Bisonherden, die Tim Flannery als »von Menschenhand geschaffen« bezeichnet hat, sind die wilden Kreaturen oft viel domestizierter, als wir sie in unserer Vorstellung sehen möchten. Beim Aussterben jedenfalls wird hier kein Unterschied gemacht. Ein Ding führt zum anderen.

Roger Jimmie sah diese direkte Verbindung von Ursache und Wirkung besonders deutlich. Er war der Häuptling des Kluskus-Stammes, einer in der Gegend von Quesnel im Norden der Provinz British Columbia ansässigen Athabaskengemeinde. Er passte in keines der üblichen Klischees eines »Indianers«. Obwohl er in vielen Dingen konservative Ansichten vertrat, galt er als militanter Indianer. Er war weltoffen und altmodisch zugleich. Er war ein Meister der Jagd auf Elch und Hirsch und fühlte sich in der Gesellschaft der Alten seiner Gemeinde am wohlsten. Und er wusste auch die richtige Antwort auf die Ratschläge, die ihm der libysche Staatschef Muammar al-Gaddafi erteilt hatte.

In den 1970er Jahren pflegte Gaddafi von Zeit zu Zeit nordamerikanische Stammesführer in seine Wüstenrepublik zu laden, um ihnen zu erklären, wie man am besten Widerstand gegen imperialistische Unterdrückung leistet. Einmal stand auch Jimmies Name auf der Liste der Geladenen, und bei dieser Gelegenheit stellte er fest, dass Gaddafi zwar ein ganz netter Mensch war, dass ihm aber die nötigen Kenntnisse über die Lebensbedingungen in der Heimatregion des Kluskus-Stammes fehlten, um vernünftige Handlungsstrategien für diesen zu entwerfen.

Ohne jeden Rat von sachkundiger Seite war Jimmie zu der Erkenntnis gelangt, dass man die Kilometer der im Winter tiefer in das Stammesgebiet getriebenen Holzfällerstraßen zählen konnte, um eine ziemlich genaue Vorhersage über die Zahl der Jugendlichen aus der Indianergemeinde treffen zu können, die im darauffolgenden Sommer Selbstmord begehen würden. Es war schwierig, den Zusammenhang zwischen diesen beiden Zahlen konkret nachzuweisen, aber ein solcher Zusammenhang bestand ohne Zweifel.

Zusammenhänge dieser Art wurden auch für die Region nachgewiesen, die der Dichter Charles Lillard Sitka-Biom genannt hat und in deren Mitte die kleine Gruppe der Golf-Inseln liegt, wo ich wohne. Das Sitka-Biom ist die Ökoregion, die man als den gemäßigten Regenwald der nordamerikanischen Westküste kennt – ein breiter Küstenstreifen mit Mammutbaum-, Zedern- und Tannenwäldern, der von Nordkalifornien bis zum Alexanderarchipel vor dem Alaska-Panhandle reicht.

In den 1990er Jahren führte die kanadisch-amerikanische Umweltorganisation Ecotrust eine gründliche Untersuchung durch, deren Ziel es war, den Zusammenhang zwischen dem Verschwinden von Bäumen und dem Aussterben indigener Sprachen an der Westküste Nordamerikas zu erforschen. Am Anfang stand eine rein botanische Analyse, dann verglich man die so entstandene Landkarte mit einer Karte, auf der die Entwicklung der indigenen Sprachen in der gleichen Region dokumentiert war. Es stellte sich heraus, dass die Karten sich glichen, nur dass die Farben unterschiedlich waren.

Auf der Waldkarte verläuft ein dicker roter Strich von einem Punkt nördlich von San Francisco Richtung Norden und verjüngt sich dann in Höhe der Johnstonestraße am Ende des Georgiasundes, wo nur noch ein schmaler Wasserstreifen Vancouver Island vom kanadischen Festland trennt, zu einer gepunkteten Linie. Rot bedeutet, dass die Wälder verschwunden sind. Nördlich der durchgehenden roten Linie findet sich vorwiegend Grün, was bedeutet, dass es hier noch Wälder gibt.

Auf der Sprachenkarte sind 57 Sprachen verzeichnet. Die 19 ausgestorbenen Sprachen, die so klangvolle Namen wie Tillamook, Klatskanie und Siuslaw haben, wurden ausnahmslos von Stämmen gesprochen, die südlich der Johnstonestraße leben, wo die rote Linie am dicksten ist. Im Norden, wo nur noch eine gepunktete Linie ist und wo die alten Wälder zwar zum Teil ausgedünnt, aber im Großen und Ganzen noch vorhanden sind, haben sich die Sprachen erhalten, auch wenn sie manchmal nur noch von den Alten gesprochen werden. Von den 38 »lebenden« Sprachen des gesamten Sitka-Bioms werden 29 nur noch von weniger als hundert Menschen fließend gesprochen. Die Golf-Inseln liegen etwa in der Mitte des langen Küstenstreifens, kurz vor der Stelle, an der die durchgehende in eine gepunktete Linie übergeht. Bei den Saanich und Cowichan im Süden von Vancouver Island spricht kaum noch jemand die alte Sprache.

Wenn man auch nur im Ansatz erforschen möchte, wie auf die Zerstörung der Wälder der Verlust von Sprachen und Kulturen folgte, kann man sich nicht auf die Kategorien der Umweltbewegung oder andere Perspektiven stützen, die eine scharfe Grenze ziehen zwischen »wilden« und »domestizierten« Pflanzen oder zwischen einer Jäger-und-Sammler- und einer Ackerbauwirtschaft. Beispielsweise werden die Saanich und die Cowichan von den meisten Anthropologen als Jäger und Sammler eingestuft, obwohl der Begriff absolut nicht taugt, um deren Lebensweise vor der Ankunft der Europäer zu charakterisieren. Angesichts der Intensität, mit der diese Stämme bestimmte Nahrungsmittelpflanzen kultivierten, ist schwer nachzuvollziehen, warum man sie nicht als »Ackerbauern« bezeichnet.

Das Breitblättrige Pfeilkraut ist eine Pflanze mit callaartigen Blättern und einer Knolle, die aussieht wie eine kleine Kartoffel. Ihr wissenschaftlicher Name lautet *Sagittaria latifolia*. Bei den Cowichan auf der Galiano-Insel heißt sie *ska'us*. Den gleichen Namen benutzen die Saanich auf der benachbarten Insel Mayne für die Pflanze. Es gibt bei den beiden Stämmen ansonsten nur wenige gemeinsame Worte, ihre Sprachen sind etwa so nah verwandt wie Französisch und Portugiesisch. Aus Aufzeichnungen der Hudson's Bay Company geht hervor, dass in den Herbstmonaten des Jahres 1827 mehr als 5000 Menschen in das Mündungsgebiet des Fraser River auf dem Festland gegenüber der Insel Mayne gekommen waren, um den Katzie beim Einbringen der Ska'us-Ernte zu helfen. Die Ska'us-Pflanzen wuchsen in sorgsam bestellten, oft mehr als fußballfeldgroßen Sumpffeldern und Teichen, die der Stamm entlang der Ufer des Fraser River angelegt hatte und die zum Teil der ganzen Gemeinde, zum Teil aber auch einzelnen Familien gehörten.

Die Saanich-Stämme waren berühmt für ihre Camas-Prärien. Die ausdauernde krautige Essbare Prärielilie oder *Camassia quamash* produziert kartoffelgroße Zwiebeln, aber sie erreichen diese Größe nur, wenn man die Pflanze konsequent kultiviert. Die Saanich ernteten sie im Frühjahr, trockneten sie und zerrieben sie dann zu Mehl, das sie ähnlich verwendeten wie die Europäer das Weizenmehl. Sie verkneteten es zusammen mit Beeren und backten daraus Kuchen. Die Anthropologin Erna Gunther stellte 1945 fest, dass es in der Region außer den verschiedenen Lachsarten kein Nahrungsmittel gab, mit dem ein so ausgedehnter Handel getrieben wurde wie mit der Prärielilie. Als die ersten spanischen Entdecker die Camas-Prärien in der Gegend des heutigen Victoria auf Vancouver Island sahen, fühlten sie sich an die Parks im Süden Englands erinnert.

Vor diesem Hintergrund war es kein Wunder, dass sich die Kartoffel relativ schnell auf den Inseln des Georgiasundes verbreiten konnte. Lange bevor die ersten Europäer hier heimisch wurden, waren hier viele Sorten bekannt. Der Snokomish-Stamm züchtete in der Gegend der heutigen Stadt Blaine an der kanadisch-amerikanischen Grenze schon »augenlose« Kartoffeln, und auf der Insel San Juan bauten Salish-Leute schon große runde rote Kartoffeln an, bevor die Einwanderer deren Kultivierung in die Hand nahmen. Etwa zur gleichen Zeit kultivierten die Lummi auf der anderen Seite der Haro Straits »nierenförmige« Kartoffeln.

Alle diese Sorten gibt es heute nicht mehr, und auch die einstmals allgegenwärtige Prärielilie mit ihren wunderschönen dunkelblau-violetten Blüten war Ende des 20. Jahrhunderts ein seltener Anblick geworden. Man findet sie noch vereinzelt an einsamen Stellen an den südlichen Landspitzen der Golf-Inseln, aber die Saanich haben mit ihrer Pflege nichts mehr zu tun. Nachdem der Stamm fast vollständig von den Krankheiten dahingerafft worden war, die die Europäer unwissentlich eingeschleppt hatten, bauten die europäischen Siedler da, wo früher Prärielilien wuchsen, andere Pflanzen an.

Bis ins späte 19. Jahrhundert kannten die vielen Stammesvölker, die in den gemäßigten Regenwäldern an der Westküste lebten, Hunderte von Pflanzenarten, die sie zu den mannigfaltigsten Zwecken nutzten, und es bleibt der Willkür überlassen, hier eine Grenze zwischen Wild- und Kulturpflanzen zu ziehen. Die Klallam benutzten die Rinde der Weide, die in ihrer Sprache *sqwe e'eltc* hieß, zur Behandlung von Halsentzündungen und Tuberkulose. Die Quinault behandelten Schnitt- und Kratzwunden mit *t'tnixlo*, dem Harz der Küstenpinie. Die Lummi wuschen sich mit *su'ktcen*, einem aus Vanilleblättern gekochten Sud, die Haare. Die Quileute rieten ihren Kindern, *kestola'put*, die Wurzeln des Rippenfarns, zu essen, wenn sie sich im Wald verliefen. Bei den Makah legten sich Mütter nach der Geburt eine bestimmte Algenart auf die Brust, um den Milchfluss anzuregen. Die Skykomish verwendeten viel Sorgfalt auf die Pflege von Holunderbüschen – nicht weil sie so gern Holunderbeeren aßen, sondern weil die Hirsche gern Holunderbeeren aßen und ihnen wiederum das Hirschfleisch gut schmeckte.[1]

Die Wälder verschwinden, und die Kulturen verschwinden. In dem Maße, in dem Bäume, Kräuter und Gräser verschwinden, geht auch die reiche Vielfalt der Pflanzen, Kulturen und Sprachen verloren.

Mein Freund John Broadhead lebt auf Haida Gwaii, auch Queen Charlotte Islands genannt, vor der Nordküste von British Columbia. Die Inselgruppe liegt südöstlich des Alexanderarchipels, das auf der Ecotrust-Karte den nördlichen Abschluss bildet. John setzt sich sehr engagiert für die Rechte des Haida-Volkes ein, dessen Sprache nahezu verloren ist, und er beschäftigt sich eingehend mit Karten wie der von

Ecotrust. Darüber hinaus legt er auch selbst Karten an, um das Waldsterben auf den Inseln des Haida-Gwaii-Archipels zu dokumentieren. Ihm kommt bei seiner Arbeit oft ein Satz aus Shakespeares *Julius Caesar* in den Sinn: »O du, verzeih mir, blutend Stückchen Erde, dass ich mit diesen Schlächtern freundlich tat.«

Den Satz spricht Mark Anton am Leichnam seines ermordeten Kaisers.

Zu Beginn des 21. Jahrhunderts waren es die blutenden Stückchen Erde, von denen im größten Massensterben, das die Erde seit 65 Millionen Jahren erlebt hatte, alle Einwohner des Landes und auch die Tiere auf dem Felde und die Vögel unter dem Himmel und die Fische im Meer weggerafft wurden, wie es im Alten Testament bei Hosea geschrieben steht. Im Laufe des 20. Jahrhunderts waren drei Viertel aller Urwälder abgeholzt worden. Die größten noch weitgehend unberührten Urwaldgebiete liegen in Kanada, Brasilien und Sibirien. Die Vereinigten Staaten und Nicaragua haben 95 bzw. 99 Prozent ihrer Primärwälder verloren. Zu den Staaten, in denen Ende des 20. Jahrhunderts weniger als 10 Prozent der ursprünglichen Waldflächen übrig waren, gehören Argentinien, Bangladesch, Burma, Kambodscha, Kamerun und Schweden. Australien, Honduras, Malaysia und Zaire haben etwa 80 Prozent ihrer Wälder verloren. Natürlich können Wälder nachwachsen, und mancherorts tun sie dies auch, aber Urwälder sind komplexe Ökosysteme, die sich oft über Tausende von Jahren entwickelt haben, und wenn sie zerstört werden, sind sie nicht einfach so wiederherzustellen, wie sie früher einmal waren.

Ende der 1990er Jahre waren nach der Feststellung der IUCN 34 000 oder 12,5 Prozent aller der Wissenschaft bekannten Pflanzen vom Aussterben bedroht. Neun von zehn dieser gefährdeten Pflanzen waren endemische Arten, das heißt, sie kamen nur an einem einzigen Ort vor. Die meisten endemischen Arten waren, was nicht verwundern kann, auf

Inseln heimisch, man fand sie auf den Inseln Französisch-Polynesiens, auf Jamaika, Mauritius, Pitcairn, Réunion, den Seychellen oder St. Helena.

Die Vereinigten Staaten nahmen auf der IUCN-Liste der Länder, in denen die Situation am schlimmsten war, Platz vier ein. Hier waren mehr als 4600 oder 29 Prozent aller bekannten Pflanzenarten vom Aussterben bedroht. Es ist schwer zu sagen, wie aussagekräftig diese Statistik wirklich ist. Die USA verfügen über relativ solide Datenbestände; in anderen Ländern sieht es möglicherweise keinen Deut besser aus, aber es ist nicht nachweisbar, weil die notwendigen Daten fehlen. Jedenfalls aber ist der »Verlust von Habitaten« – und das heißt in der Regel großflächige Abholzung von Wäldern – die Hauptursache dafür, dass so viele Pflanzen vom Aussterben bedroht sind.

Die Wälder verschwinden, weil sie dem Anbau von Exportpflanzen wie Baumwolle, Soja oder Ölpalmen weichen müssen, die meist in Plantagen und Monokulturen produziert werden. Sie verschwinden, weil unter den wachsenden Populationen von Bauernvölkern die Brandrodung zunimmt. Und sie verschwinden, weil sich das Klima ändert wie in British Columbia, wo ein kaum merklicher Anstieg der durchschnittlichen Temperaturen eine Borkenkäferplage nach sich zog, der eine Nadelwaldfläche von der Größe Englands zum Opfer fiel. Bis 2003 hatten die gefräßigen Käfer auf der Kenai-Halbinsel in Alaska auf einer Fläche, die doppelt so groß ist wie der Yellowstone-Park, 95 Prozent der alten Fichtenwälder vernichtet. Naturreservate bieten keinen Schutz vor Dingen wie dem Klimawandel, und außerhalb der Reservate werden die Wälder lastwagenweise abtransportiert.

Es lassen sich genügend rationale Argumente finden, die dagegen sprechen, dass wir der Erde solche blutenden Wunden reißen. Beispielsweise die Möglichkeit, dass wir durch die großflächigen Abholzungen ein ungeahntes Potenzial an Arzneimitteln vernichten, dass in einem seltenen Baum aus dem Amazonasbecken das Heilmittel gegen Leukämie stecken könnte und so weiter. Immerhin wird ein Viertel aller Arzneimittel aus Waldpflanzen gewonnen, und 70 Prozent der Medikamente, die bei Krebserkrankungen eingesetzt werden, wurden ursprünglich im Regenwald gefunden. Wir drehen uns also unseren eigenen Strick.

Doch die Argumente, die Derrick Jensen und George Draffan dafür ins Feld führen, dass dies die falschen Begründungen für die Rettung der Wälder seien, klingen nicht weniger vernünftig. Sie sagen, dass uns gerade diese »narzisstische und inhumane Sicht der Dinge« überhaupt erst dahin gebracht habe, wo wir jetzt stehen.[2]

Es ist fraglich, ob die indigenen Völker, die sich im Sitka-Biom angesiedelt haben, je eine solche Unterscheidung zwischen Nützlichkeit und Schönheit getroffen hätten. Für sie steckte in jedem nützlichen Ding auch das Potenzial, ein Kunstwerk zu werden. Aus den Zedern der Regenwälder schufen einige Küstenkulturen Dinge, die zu den schönsten und kunstvollsten Monumenten der Welt gehören. Sie benutzten Holz, Rinde und Zweige der Zedern, um daraus Kanus, Paddel und Schöpfgefäße, Totempfähle zu Ehren der Toten und als Erkennungssymbol eines Clans, Ponchos, Angelleinen, Fischreusen, Hüte, Matten, Körbe und eine Vielzahl anderer Dinge herzustellen. Selbst Angelhaken für den Heilbuttfang waren kunstvoll gefertigte Objekte.

Diese Nähe von Nützlichkeit und Schönheit, die uns am nichtmenschlichen Leben so fasziniert, ist ein Terrain, auf dem sich E. O. Wilson, der »Vater der Biodiversität«, eine Zeitlang bewegt hat. In seiner Biophilie-Hypothese geht er davon aus, dass die Menschen im Verlauf der Hunderttausende von Jahren währenden Evolution eine natürliche emotionale Bindung zu anderen lebenden Organismen entwickelt haben. Das Nützliche und das Ästhetische seien nicht voneinander zu trennen, sagt er, weil Gefühl und Vernunft in unserem Verständnis anderer Lebensformen unlösbar miteinander verbunden seien. Die Empfindung sei »keine Störung der Vernunft, sondern ein elementarer Teil derselben«.[3]

Es ist das gleiche Terrain, auf dem man die Manichäer des 14. und die Kabbalisten des 16. Jahrhunderts findet, auf dem Russen den Schutz des Amur-Tigers im Sichote-Alin-Gebirge fordern und Lofotinger steinerne Bruthäuser für Eiderenten bauen. Es ist der Grund, auf dem milliardenschwere Scheichs vom Aussterben bedrohte Aras züchten und Ornithologen beim Anblick eines Herrgottvogels in Tränen ausbrechen. Auf dem Boden dieses Terrains geloben wir, »keine Grausamkeit oder Tyrannei gegen eine tierische Kreatur auszuüben«, und weigern wir uns manchmal, gar so freundlich mit den Schlächtern dieser Erde zu tun. Das Ästhetische und das Nützliche sind eins, und in allem gleitet ein kopfloser Draugen im Ölzeug in einem leckgeschlagenen Boot dahin. Aber von allen Strömungen, die in den Mahlstrom führen und aus ihm heraus, ist keine so kraftvoll wie die Liebe der Menschen zu den Dingen, die aus der Erde wachsen.

Der Psychologe Steven Pinker, der bekannt geworden ist mit Büchern wie *Das unbeschriebene Blatt* (2003) und *Wie das Denken im Kopf entsteht* (2002), nennt als einen der Gründe für unseren Erfolg als Spezies die Fähigkeit, unterschiedliche Formen pflanzlichen Lebens zu erkennen, wertzuschätzen, zu klassifizieren und zu lokalisieren. Dass wir die Schönheit einer Blume zu würdigen wissen, ist Zeichen einer uralten Überlebensstrategie – ein Charakterzug, der sich im Laufe der Evolution beim Menschen besonders stark ausgeprägt hat.

Die Blüten, die am stärksten duften, ziehen auch die meisten Bestäuber an: Bienen, Vögel, Flughunde, Motten – und Primaten wie den Menschen. Ein evolutionärer Nebenaspekt der Schönheit von Blumen war die Verteilung ungeheurer Mengen Zucker und Proteine rund um den Erdball. Zucker und Proteine sind Nahrungsenergie. Und eine ausreichende

Zufuhr an Nahrungsenergie für Pflanzenfresser, wie sie beispielsweise der Apfel liefert, war eine der wichtigsten Voraussetzungen dafür, dass sich große warmblütige Säugetierarten wie der Mensch entwickeln konnten.

Schon bei den Neandertalern war es üblich, Blumen in die Gräber der Toten zu legen, und im Elisabethanischen Zeitalter waren Blumen aus ganz prosaischen Gründen notwendig: Man konnte kaum durch die Straßen einer englischen Großstadt gehen, ohne sich ein Duftsträußchen vor die Nase zu halten, um den Gestank aus den offenen Abwasserrinnen abzuwehren. Gewürze und Kräuter wurden verwendet, um den Geruch von angegangenem Fleisch zu überdecken, und der Kräutergarten ersetzte die Apotheke. Jahrhunderte später gibt es bei traurigen wie bei freudigen Anlässen in aller Welt, bei Beerdigungen wie bei Hochzeiten, immer noch Blumengebinde in Hülle und Fülle und scheuen Menschen für Blumen keine noch so große Mühe.

Die Hawaii- oder Vulkanpalme ist mein Lieblingsbeispiel für die Mühen, die Menschen auf sich nehmen. Sie ist eine eigenartige und außergewöhnlich schöne Sukkulente und gehört zur Gattung *Brighamia* aus der Familie der Glockenblumengewächse. Ihr Laub bildet sich am Ende des bis zu zwei Meter hohen Stammes als Rosette aus ledrigen grünen Blättern aus, ihre Blüten sind zarte kleine Trompeten. Sie ist eine der seltensten Blumen der Welt.

Zu Beginn der 1990er Jahre gab es außerhalb von botanischen Gärten nur noch 150 Pflanzen dieser Art. Sie wuchsen ausschließlich auf den steilen Felsen der Napali-Küste auf der Hawaii-Insel Kauai, 1000 Meter über der tosenden Brandung. Zehn Jahre später waren nur noch 20 Pflanzen übrig. Die Vulkanpalme drohte unterzugehen, weil das einzige Tier, das ihr zur Bestäubung diente, eine Mottenart, ausgestorben war.

Um die letzten Exemplare am Leben zu erhalten, ließen sich Botaniker mit Seilen an der Felswand herunter und bestäubten die Blüten von Hand. Das taten sie Jahr für Jahr.

Man kann kaum behaupten, dass diese Leute aus bloßem rationalem Eigeninteresse handelten oder dass es ihnen nur um den potenziellen Nutzen der Vulkanpalme ging. Man kann über die Schlechtigkeit der Menschen, die 40 Prozent dessen, was die Erde primär hervorbringt, für sich allein beanspruchen und überall die Wälder abholzen, sagen, was man will. Aber sie tun auch Dinge wie *diese*, und sie setzen ihr Leben dafür aufs Spiel.

Menschen sind zum Glück nicht nur vernunftgesteuert, und es gibt einen Punkt, an dem die Behauptung, die Artenvielfalt erhalten zu wollen, weil man aus irgendeinem Käfer im Amazonasbecken vielleicht ein Wunderheilmittel gewinnen könnte, wie die vorgeschobene Rechtfertigung für etwas vollkommen Unmodernes und zutiefst Atavistisches zu klingen beginnt. Sie hören sich an wie der Satz aus der Johannes-Offenbarung: »Werde wach und stärke das andere, das sterben will; denn ich habe deine Werke nicht völlig erfunden vor Gott.«[4]

Sie beginnen stark nach dem zu klingen, was ich mir zurechtlege, um meine Freude daran zu rechtfertigen, dass meine Kinder Äpfel klauen.

———

Schönheit und der Nutzen haben sich als Aspekte des Pflanzenschutzes im Laufe der Jahre zu einem besonders harmonischen Tanz vereint in den Kew Gardens, Londons berühmtem botanischen Garten, nach dessen Vorbild der Londoner Zoo, das Lebenswerk von Sir Stamford Raffles, gestaltet wurde.

Die Kew Gardens sind eine großartige Einrichtung, und die Londoner sind entsprechend stolz darauf. Mehr als eine Million Menschen besuchen die Anlage in jedem Jahr. Die UNESCO hat sie zum Weltkulturerbe erklärt und damit auf eine Stufe mit dem Taj Mahal in Agra, der Kasbah in Algier, dem kambodschanischen Angkor Wat und der Chinesischen Mauer gestellt.

Zunehmend werden die Kew Gardens zu einer Arche für das gewaltige botanische Erbe der Erde. Auf 121 Hektar findet man Raritäten aller Art, versteckte Wäldchen und Kunstgalerien, Parkanlagen und traumhafte Spazierwege. Man kann sich auf dem Gelände verirren.

Von den vielen alten Bäumen, die es in den Kew Gardens gibt, ist mir der Ginkgo der liebste. Es ist ein knorriges altes Ding, nur ein paar Schritte vom Princess of Wales Conservatory entfernt, das erst 1987 von Prinzessin Diana eröffnet wurde. Wie bei allen Ginkgos hängt sein Dasein vom Menschen ab. Würde er nicht kultiviert werden, wäre der Ginkgo schon vor Jahrhunderten ausgestorben. Im japanischen Shinto-Glauben gilt der Baum als heilig; er soll die Tempel gegen Feuer schützen. In der asiatischen Medizin werden seine Samen zu Heilmitteln für Asthma, Bronchitis, Zahnschmerz und die Nachwirkungen übermäßigen Alkoholgenusses verarbeitet. Seine Schönheit wie sein Nutzen haben ihm zum Vorteil gereicht, und es ist schwer zu sagen, wer hier von wem domestiziert wurde: der Ginkgo vom Menschen oder der Mensch vom Ginkgo.

Die Geschichte der Kew Gardens ist ein Zeugnis für die wunderbare Sehnsucht der Menschen, von schönen, seltenen und fremdartigen Dingen und von lebendiger Vielfalt umgeben zu sein. War eine Pflanze schön oder einzigartig, prachtvoll oder merkwürdig genug, scheuten die Botaniker der Kew Gardens keine Mühe, um in ihren Besitz zu gelangen.

Das 1898 fertiggestellte Temperate House, das Haus der gemäßigten Klimazonen, ist das größte Gewächshaus der Anlage. Im Atrium des Gebäudes steht eine 16 Meter hohe Honigpalme, die größte in einem Innenraum wachsende Pflanze der Welt. Das Temperate House beherbergt auch die vielleicht traurigste Pflanze des botanischen Gartens, einen wunderschönen Palmfarn namens *Encephalartos woodii*, der in der Sammlung der Kew Gardens das seltenste Exemplar überhaupt ist. Er ist der Letzte seiner Art, ein einsamer

männlicher Palmfarn aus Südafrika. Und es gibt eine Königs-
prothea, die vielleicht die glücklichste Pflanze des botanischen Gartens ist. Heutzutage jedenfalls. Die Prothea kam
1826 in den Besitz der Kew Gardens, wo sie 160 Jahre lang
nicht blühte. 1986 trieb sie eine herrliche rosarote Blüte, so
groß wie eine Sonnenblume. Seither blüht sie jedes Jahr.

Das Palm House ist ein höhlenartiges viktorianisches Gebäude, entworfen von Decimus Burton, der auch Stamford
Raffles leitender Architekt beim Bau des Londoner Zoos war.
Das 2000 Quadratmeter große, rundum verglaste Gebäude
ist das älteste noch existierende viktorianische Gewächshaus
und hat nicht zufällig die Form eines umgedrehten Schiffs-
rumpfes. In dem Haus sind mehr als 400 große Palmen untergebracht, darunter ein Palmfarn der Art *Encephalartos alten-
steinii*, der 1775 in die Kew Gardens kam und damit die
älteste Topfpflanze der Welt ist.

Zu den Pflanzen im Palm House gehört auch der berüchtigte Durianbaum, dessen kokosnussartige Frucht mit
der Blüte der von Schmeißfliegen befruchteten Rafflesia, der
wir in diesem Buch schon begegnet sind, um den Titel der
widerwärtigsten Pflanze der Welt wetteifert. Das Fleisch der
Durianfrucht ist angeblich sehr wohlschmeckend, verströmt
aber einen so furchtbaren Gestank, dass man das Gefühl hat,
Vanillepudding in einer Jauchegrube zu essen.

Im Palm House gibt es Papageienblumen, Papayas, wunderbar duftende Tempelbäume, Madagaskar-Immergrün, eine
Riesenbambusart, die am Tag 45 Zentimeter wächst, und die
Seychellenpalme, die größere Samen produziert als jede
andere Pflanze der Welt.

Die Schalen solcher Samen, die man auch Seychellennuss
oder Meereskokosnuss nennt, wurden in früheren Jahrhunderten nur an Stränden im Indischen Ozean gefunden, und
es hieß, es seien die Früchte eines Zauberbaums am Grunde
des Meeres. Als eine niederländische Flotte im Jahr 1602 die
Phalanx portugiesischer Schlachtschiffe durchbrach, die das

javanesische Sultanat Bantam belagerten, schenkte der dankbare Sultan dem Flottenadmiral Wolfert Hermanszen sein kostbarstes Besitztum: eine 23 Kilogramm schwere Meereskokosnuss. Den Samen wurden Zauberkräfte zugeschrieben, sie machten ihren Besitzer unempfindlich gegen Gifte und schenkten ihm Weisheit, Gesundheit und Glück. Für Meereskokosnüsse wurde ein Vermögen bezahlt, und sie wurden oft mit kostbaren goldenen Einlegearbeiten und Edelsteinen verziert. Die Nuss wurde offensichtlich ihrer Schönheit wegen geschätzt, aber mehr noch wegen ihrer Nützlichkeit, auch wenn die ihr nachgesagten Zauberkräfte sicher reine Fantasie waren. Als französische Seeleute 1742 auf den Seychellen große Palmen entdeckten, an denen Meereskokosnüsse hingen, war es aus mit der schönen Geschichte von der Zauberpalme, die auf dem Meeresgrund wächst. Heute sind die Nüsse nicht mehr viel wert.

Die Pagode ist ein 1757 fertiggestelltes zehnstöckiges Kuriosum, das der damaligen Chinoiserie-Mode in der Gartengestaltung Genüge tat. Immer wieder stößt man auf dem weitläufigen Areal unerwartet auf solche fernöstlichen »Tempel«. Es gibt Azaleen- und Rosengärten, und das ganze Jahr über wetteiferte die Funktionalität, die der von seinem Zeitgenossen Raffles so hochgeschätzte Joseph Banks bevorzugte, mit der zarten Empfindsamkeit von Schirmherrinnen wie Marianne North, deren 832 hauptsächlich botanische Motive zeigenden Ölgemälde in Kew Gardens in der nach ihr benannten Galerie ausgestellt sind, oder Königin Victoria, die dem botanischen Garten 1896 ihre Sammlung »gewöhnlicher« Pflanzen und Blumen vermachte.

Banks' Initiative war es zu verdanken, dass Botaniker der Kew Gardens 1787 in die Südsee aufbrachen, um Stecklinge des Brotfruchtbaums von Haiti zu den Antillen zu bringen, ein Abenteuer, das mit der berühmten Meuterei auf der »Bounty« endete, weil die Besatzung des Schiffes der Meinung war, dass die Pflanzen eine bessere Behandlung erfuhren als sie selbst. Banks war es auch zu verdanken, dass die wissenschaftliche Welt von der botanischen Vielfalt des Sitka-Bioms erfuhr. Er beauftragte den Arzt und Botaniker Archibald Menzies, als dieser im Jahr 1791 George Vancouver auf seiner Expeditionsreise zur nordamerikanischen West-küste begleitete, von allen Bäumen, Sträuchern, Blumen, Gräsern, Farnen und Moosen, die er finden konnte, ein lebendes Exemplar oder Samen mitzubringen. Und Menzies machte seine Sache ziemlich gut.

Mitte des 19. Jahrhunderts waren die Interessen und Akti-vitäten der Botaniker in Kew Gardens vom Kolonialgeist jener Tage und vom potenziellen wirtschaftlichen Wert der Pflanzen dieser Welt bestimmt. Auch William Hooker, der 1841 die Leitung des botanischen Gartens übernahm und 1847 das Museum für Wirtschaftsbotanik eröffnete, verfolgte vor allem utilitaristische Ziele.

Die Bestände des Museums umfassen ein abenteuerliches Sammelsurium von Dingen, die aus Pflanzen gemacht wur-den: einfache Arzneimittel, pflanzliche Plattenspielernadeln, bizarre Hüte, künstliche Gebisse, Körbe, Kürbiskastagnetten, Opiumpfeifen, Schneeschuhe, Armreifen, Giftpfeile, Haar-waschmittel, Ohrringe, Zahnpasta und so weiter. Aber im Museum ist nur ein Bruchteil der Sammlung ausgestellt.

Julia Steele, die stellvertretende Leiterin des Museums, die mich in dem großen klimatisierten Gewölbekeller herum-führte, in dem der größte Teil der wirtschaftsbotanischen Sammlungen untergebracht ist, kam wiederholt darauf zu sprechen, wie viel vom angesammelten Wissensschatz der Menschheit durch das Artensterben verloren geht. Es gehört zu den Hauptaufgaben des Museums zu dokumentieren, in wie vielfältiger Weise sich Menschen im Laufe der Geschichte Pflanzen zunutze gemacht haben. »Es gerät so leicht in Ver-gessenheit«, sagte Julia. »Wissen wird von Generation zu Ge-neration weitergegeben, und wenn man es nicht vernünftig dokumentiert, geht es vielleicht verloren.«

Julia stieß eine Tür auf, und wir standen in einem großen, hell erleuchteten Raum, in dem in langen Reihen platzsparende Schränke auf Rollen standen. »Die kleinsten Informationsfetzen können wirtschaftlich von Bedeutung sein«, meinte sie. »Vor allem die Dinge, die im Allgemeinen als primitiver Aberglaube abgetan werden, wie beispielsweise die Überzeugung, dass eine bestimmte Ampferart gut zur Behandlung von Nesselstichen ist oder dass man Tuberkuloseerkrankungen vorbeugen kann, indem man Zwiebelscheiben in die Socken legt.« Außer den kleineren Archiven, in denen solche Randinformationen gesammelt werden, gibt es auch schier unüberschaubare Bestände, die verwaltet werden müssen, wie etwa die 32000 Muster von Holzarten. Unter ihnen sind Hölzer, die einmal zur Produktion von Treibstoff genutzt werden könnten, und solche, die als Baumaterialien zum Einsatz kommen könnten, wenn bisher verwendete Holzarten rar werden oder ganz und gar verschwinden.

Als wir aber in den Gängen auf und ab gingen und hier und da eine Schublade öffneten, ließ sich kein so eindeutiger Unterschied zwischen Nützlichkeit und Schönheit feststellen. Da gab es kleine Musikinstrumente, einen teetischartigen Gegenstand aus gewebtem Gras aus Äthiopien, ein aus einem Kürbis gefertigtes Sakekännchen aus Japan, eine Kalebassenpfeife aus der alten Kapkolonie in Südafrika. Eine ganze Abteilung war Objekten gewidmet, die aus noch lebenden Pflanzen gefertigt worden waren. Dazu gehörte unter anderem ein chinesischer Heuschreckenkäfig, der aus einem in einer Lehmform gewachsenen Flaschenkürbis gemacht war, deren Form er – einschließlich eines kunstvollen Reliefs aus chinesischen Schriftzeichen – beim Wachsen angenommen hatte.

»Wirklich wunderschön, finden Sie nicht?«, fragte Julia, und ich bestätigte bereitwillig, dass dies der schönste Heuschreckenkäfig sei, den ich je gesehen habe. Sie las mir vor, was auf dem kleinen Zettel stand, der an dem Käfig befestigt war: »Wenn sie an den Wänden hochkrabbeln, fallen sie

herunter und kämpfen unter heftigem Zirpen miteinander.«
Als wir in einer anderen Schublade eine hölzerne Schnupf-
tabakdose aus Ladakh entdeckten, die dem Museum 1873
von Dr. A. E. T. Aitcheson gestiftet worden war, sagte Julia:
»Ich glaube, wir haben auch ein paar Schnupftabakdosen aus
Afghanistan« und öffnete eine weitere Schublade. Doch statt
der afghanischen Dosen kam ein Stapel Maulbeerbaumpapier
zum Vorschein, das ein gewisser Sir Harry Parkes dem
Museum im 19. Jahrhundert nach einem Aufenthalt in Japan
gestiftet hatte. »Sehen Sie sich das an, es ist wie Seide«,
sagte Julia. »Schön, finden Sie nicht?« Ja, sagte ich. Wunderschön. Hier in der wirtschaftsbotanischen Abteilung der Kew
Gardens, der weltweit größten Sammlung von Objekten, die
wegen ihres ökonomischen Nutzens aus Pflanzen gefertigt
worden waren, begegnete mir so viel Schönheit.

In den Kew Gardens liegt die Spannung zwischen Nutzen
und Schönheit fast greifbar in der Luft, und der eigenartige
Tanz, den die beiden vollführen, war nicht immer so erbau-
lich gewesen wie bei meinem Besuch in den Kellergewölben
des wirtschaftsbotanischen Museums mit Julia Steele. Was
der eine als schön empfindet, erscheint dem anderen vielleicht als geschmacklos, und 1840 war es nur einem für das
britische Parlament verfassten Gutachten zu verdanken, dass
der Plan, in einer Reihe von Gewächshäusern Weintrauben
für die Tafel König Georgs III. zu pflanzen, nicht verwirklicht
wurde. Ansonsten wären Pflanzensammlungen, die man in
sechs Jahrzehnten zusammengetragen hatte, für immer verloren gewesen. Und obwohl das der Zeitpunkt war, zu dem
die Kew Gardens offiziell zu einem botanischen Garten im
eigentlichen Wortsinn wurden, reicht ihre Geschichte viel
weiter zurück.

Kew war schon seit Beginn der Neuzeit ein Ort, an dem
Könige, Grafen und andere Mitglieder der besseren Gesell-
schaft ihrer Leidenschaft für die Gärtnerei frönten. William
Turner, der »Vater der englischen Botanik«, legte im 16. Jahr-

hundert einen Garten in Kew an, hundert Jahre später ließ ein gewisser Sir Henry Capel hier Treibhäuser für seine Orangenbäume bauen. König Georg II. und Königin Caroline zogen 1718, als sie noch Prinz und Prinzessin von Wales waren, im Kew Palace am Südufer der Themse ein, nachdem der Vater des Prinzen, König Georg I., das Paar aus dem St. James's Palace hinausgeworfen hatte.

Waren die beiden schon begeisterte Gartenliebhaber, so waren ihr Sohn Friedrich Ludwig und seine Frau Augusta wie viele ihrer Landsleute geradezu verrückt nach Gärten. Friedrich schwebten ganz fantastische Pläne für die Gestaltung des Anwesens vor, unter anderem eine Nachbildung des Berges Parnassos. Glücklicherweise gerieten seine Pläne wieder in Vergessenheit, als er an den Folgen der Komplikationen starb, die sich ergaben, nachdem er von einem Cricketball getroffen worden war.

Die meisten Quellen nennen Prinzessin Augusta als eigentliche Gründerin der Kew Gardens. Das Ziel, das sie sich gesetzt hatte, war ausgesprochen ehrgeizig: Sie wollte einen Garten schaffen, der ein Exemplar aller auf der Erde wachsenden Pflanzen enthalten sollte. Das Ziel war damals so wenig zu verwirklichen wie heute, aber das Sammeln möglichst vieler verschiedener Pflanzenspezies ist bis heute eines der wichtigsten Anliegen der Kew Gardens auf dem Gebiet der Erhaltungsbiologie.

Es ist ein ausgesprochen dringendes Anliegen geworden, dem der Gedanke zugrunde liegt, für die Arche der Artenvielfalt auf Erden ein Herbarium zu schaffen – ein ähnliches Unterfangen wie das Projekt des Naturgeschichtlichen Museums in London, wo die genetischen Informationen aller gefährdeten Arten gesammelt werden sollen für den Fall, dass die Wissenschaft einmal in der Lage sein sollte, ausgestorbene Spezies wieder zum Leben zu erwecken.

Zu den Sammlungen in Kew Gardens gehören Vertreter von 15000 verschiedenen Pflanzenfamilien, darunter 15 Arten, die in freier Natur ausgestorben, und 2000, die unmittelbar vom Aussterben bedroht sind. Das Herbarium umfasst Exemplare von 98 Prozent aller bekannten Pflanzengattungen. Zentrale Aspekte der Arbeit in Kew Gardens sind das Anlegen einer Samenbank und das Sammeln genetischer Fingerabdrücke, aber auch die Dokumentation und Katalogisierung der verschiedenen Anwendungsgebiete bestimmter Pflanzen bei indigenen Völkern. Diese Dinge können so leicht verloren gehen. Es ist ein Wettlauf gegen die Zeit.

***

Genetische Vielfalt sorgt dafür, dass durch tierische Schädlinge oder Viren, Bakterien und Pilze verursachte Krankheiten, die wichtige Nahrungsmittelpflanzen häufig befallen, besser abgewehrt werden können. Im Laufe des 20. Jahrhunderts ist das Reservoir dieser Vielfalt gefährlich geschrumpft, weil die industrielle Landwirtschaft auf ein immer kleineres Spektrum kommerzieller Hybridpflanzen zurückgreift. Der Schrumpfungsprozess ging über Jahre vonstatten, ohne dass die Welt Notiz davon nahm.

Einer der Ersten, die das Problem erkannten und ernst nahmen, war Nikolai Iwanowitsch Wawilow, ein russischer Botaniker, Genetiker, Pflanzenzüchter und Forschungsreisender. In den bewegten Jahren, bevor Stalin das Ruder übernahm, war er ein hoher Funktionär der Kommunistischen Partei und unternahm als Leiter des Allunionsinstituts für Angewandte Botanik Forschungsreisen in alle Teile der Welt, um Samen und lebende Pflanzen zu sammeln. Er bereiste über 60 Länder und hatte am Ende die sowjetischen Samenbanken um mehr als 250 000 Spezies bereichert.

Einmal wurde Wawilow bei seiner Rückkehr von einer Iranreise als Spion verhaftet. Er erkrankte in Syrien an Malaria, setzte sich in Äthiopien erfolgreich gegen einen räuberischen Überfall zur Wehr und überlebte einen Flugzeugabsturz in der Sahara. 1940 wurde er aufgrund von Denunziationen von Stalins berüchtigter Geheimpolizei verhaftet und starb drei Jahre später an Unterernährung im sowjetischen Gulag. Erst 1968 wurden seine Leistungen auf dem Gebiet der Botanik offiziell anerkannt. In diesem Jahr brachte die Sowjetunion eine Briefmarke mit seinem Porträt heraus. Obwohl Wawilows Name außerhalb der kleinen Gemeinde der Pflanzengenetiker nur wenigen ein Begriff ist, nahm ihn die UNESCO 1987 in die Liste der großen Wissenschaftler des 20. Jahrhunderts auf.

Eine seiner wichtigen Leistungen war die Entdeckung, dass genetische Variation bei den Kulturpflanzen auf wenige Zentren konzentriert ist, ein Thema, das beispielsweise Jared Diamond in seinem Werk *Arm und Reich*[5] aufgenommen und weitergeführt hat. Wawilow war der Erste, der solche Zentren genetischer Vielfalt bei Kulturpflanzen kartografierte, und auch wenn seine Methoden mittlerweile weiterentwickelt und verfeinert wurden, war sein Ansatz doch grundsätzlich richtig.

Jedes dieser Genzentren zeichnet sich durch bestimmte topografische und klimatische Bedingungen und durch geophysikalische Faktoren aus, die seine Isolation begünstigen. Gegen Ende des 20. Jahrhunderts wurden andere wissenschaftliche Bereiche wie Linguistik, Archäologie und Anthropologie herangezogen, um Wawilows kartografisches Werk zu erweitern. Zentren genetischer Vielfalt finden sich oft da, wo die Pflanzen ihren Ursprung haben. Und genau an diesen wichtigen Orten in Indien und Mexiko, im Nahen Osten, in Afrika und Asien wird die genetische Vielfalt am gründlichsten durch Monokulturen verdrängt und sterben die alten Sorten am schnellsten aus.

Schon 1949 erkannte die Welternährungsorganisation der Vereinten Nationen (FAO) die Notwendigkeit, Samenbanken für die Kulturpflanzen dieser Welt anzulegen. Zwanzig Jahre später waren die meisten alten Gemüsesorten vom Aussterben bedroht. Aber erst 1979 wurde man sich in der FAO wirklich bewusst, dass die genetischen Ressourcen der Kulturpflanzen dramatisch im Schwinden begriffen waren. Dass diese Gefahr auf den Radarschirmen der internationalen Fachleute für Nahrungsmittelsicherheit überhaupt sichtbar wurde, ist vor allem den unermüdlichen Bemühungen des irisch-kanadischen Technikkritikers Pat Mooney zu verdanken, der für die Sache der Kulturpflanzenvielfalt das verkörpert, was E. O. Wilson für das gesamte Feld der Biodiversität ist.

Anfang der 1980er Jahre prangerte Mooney, zu dieser Zeit Mitarbeiter des renommierten Dag-Hammerskjöld-Zentrums, den Schwund genetischer Ressourcen an und warnte vor einer »Seuche der Einförmigkeit« unter den Pflanzen dieser Welt. Er ging aufgrund seiner Forschungsarbeit davon aus, dass drei Viertel der Genvielfalt bei allen wichtigen Kulturpflanzen schon Mitte des 20. Jahrhunderts verloren gegangen war. Eine Pandemie breitete sich aus, und sie bedrohte die wichtigen Nahrungsmittelpflanzen der Welt, die immer anfälliger wurden für Krankheiten und Schädlinge. Es war eine Wiederholung dessen, was sich im Osten der Grafschaft Clare abgespielt hatte, bevor die große Hungersnot ausgebrochen war. Und keiner merkte es.

Bis heute sind die Genbänke für Kulturpflanzen auf eine Reihe aus unterschiedlichen Quellen finanzierter und wenig beachteter Institutionen verteilt. Zwischen den einzelnen Organisationen, die Pflanzensamen sammeln, konservieren und aufbewahren, gibt es keine nennenswerte Zusammenarbeit. Institutionen wie die Kew Gardens tun, was sie können, aber es existiert bis heute keine umfassende Datenbank für Samenplasma von Kulturpflanzen. Nach dem Ende der Sowjetunion herrschte im Wawilow-Institut – dessen Mitarbeiter während der 900-tägigen Belagerung im Zweiten Weltkrieg lieber verhungert waren, als die Kartoffeln und den Reis in den Kellergewölben zu essen – ein heilloses Chaos. Das war besonders kritisch, weil 25 Prozent der hier gelagerten

330 000 Pflanzen mittlerweile in der Natur ausgestorben waren. Äthiopiens Weizenanbau konnte 1991 nach Jahren des Krieges und der Hungersnot nur mit Hilfe der 3000 Samen alter äthiopischer Weizensorten wiederbelebt werden, die Wawilow 70 Jahre zuvor gesammelt hatte. Dennoch wäre das Institut 2003 um ein Haar aufgelöst und seine Bestände in alle Winde zerstreut worden, weil die neokapitalistische Regierung Russlands die Gebäude abreißen und Wohnhäuser auf dem Gelände bauen lassen wollte.

Es ist praktisch unmöglich zu sagen, wie viele Kulturpflanzen tatsächlich ausgestorben sind. Es ist das gleiche Problem, mit dem auch Erhaltungsbiologen konfrontiert sind, wenn sie verlässliche Informationen über die Aussterbensrate von Tier- und Pflanzenarten in tropischen Gebieten sammeln wollen – Daten, die man hierfür koordinieren und analysieren könnte, stehen in keiner irgendwie brauchbaren Form zur Verfügung. Aber der Rural Advancement Fund International (RAFI) hatte mit seiner Forschungsarbeit viel dazu beigetragen, die Probleme, die das Aussterben der Kulturpflanzen mit sich brachte, zu verdeutlichen. Die in den 1980er Jahren veröffentlichten Forschungsergebnisse waren ebenso aussagekräftig wie die Studie, die Barry Brook, Navjot Sodhi und Peter Ng 2003 durchgeführt hatten und die sich mit der Dimension des Artensterbens unter den wild lebenden Tieren der tropischen Regionen befasst hatte.

Die RAFI-Studie konzentrierte sich auf die Vereinigten Staaten, in denen die Daten über die Geschichte der Kulturpflanzensorten ebenso lückenlos sind wie in Singapur die Archivierung der indigenen Pflanzen und Tiere. Die in den USA vorhandenen Aufzeichnungen ermöglichten es den Wissenschaftlern, den Verlust der Nahrungsmittelvielfalt in einem einzigen Land einigermaßen umfassend zu dokumentieren.

In den ersten Jahren des 20. Jahrhunderts hatte das US-Landwirtschaftsministerium Listen sämtlicher Pflanzensorten aufgestellt, die in den Vereinigten Staaten von Saatgutanbietern verkauft wurden. Die RAFI-Mitarbeiter verglichen diese Aufzeichnungen mit den Produktangeboten der Saatgutfirmen und mit den Bestandslisten des staatlichen Samenlabors und ähnlicher Einrichtungen in den USA und in Europa und stellten fest, dass etwa 90 Prozent aller Obst- und Gemüsesorten, die man Anfang des Jahrhunderts in den Vereinigten Staaten angebaut hatte, verschwunden waren.

Die RAFI-Studie dokumentiert den Verlust all der Äpfel und Birnen: das Verschwinden von 86,2 Prozent der ursprünglich 7098 Apfel- und von 87,7 Prozent der 2683 Birnensorten, die im 19. Jahrhundert in Nordamerika angebaut wurden. Bis 1903 hatten amerikanische Bauern 34 verschiedene Rosenkohlsorten gezüchtet, per Zufall entdeckt oder durch systematisches Ausprobieren entwickelt; keine davon hat die erzwungene Einförmigkeit überlebt, die mit dem Siegeszug der kommerziellen Hybridzüchtungen einherging. Von 544 Kohlsorten, die 1903 in den USA bekannt waren, fanden sich 80 Jahre später nur noch 28 in den Beständen des staatlichen Samenlabors. Von 307 Maissorten blieben nur 12 übrig. Zu Beginn des Jahrhunderts konnten US-Bürger zwischen 287 Karottensorten wählen, 80 Jahre später standen nur noch 21 zur Auswahl. Bei den Zwiebeln blieben von 357 nur armselige 21, bei den Radieschen von 463 nur 27, bei den Blattsalaten von 486 nur 36 und bei den Wassermelonen von 223 nur 20 Sorten übrig.

Wie es dazu kam, ist kein Geheimnis. Im Laufe des 20. Jahrhunderts verzichteten die Saatgutproduzenten der Vereinigten Staaten zunehmend auf die alten Sorten zugunsten einiger weniger ertragreicher Hybridzüchtungen. Das geballte Potenzial der Wissenschaft wurde eingesetzt, um die eine Hybridsorte – das pflanzliche Äquivalent des Merlion in Singapur – zu entwickeln, die am besten für die kommerzielle Produktion und Verteilung geeignet war. Gesucht wurde diejenige Hybridzüchtung einer jeden Gemüseart mit der längsten Haltbarkeit, die Sorte, die keine faulen Stellen bekam, die gleichförmig im Wuchs war und die innerhalb eines kurzen Zeitraums geerntet werden konnte.

Dann gingen die Firmen eine nach der anderen in den Besitz weniger petrochemischer Großkonzerne über, von denen die für den Gedeih der Hybridpflanzen notwendigen Düngemittel und Pestizide produziert wurden. In den 1990er Jahren hatten multinationale Unternehmen wie Monsanto, Dupont, Dow Chemical, Cargill, Novartis und Pioneer Hi-Breed das Geschäft mit Hybridsorten, Samenpatenten, Düngemitteln, Pestiziden und Ackerflächen sowie den Getreidehandel und die Lebensmittelproduktion fest im Griff. Fast die Hälfte der schrumpfenden Samenressourcen befand sich im Besitz von zehn Konzernen.

Es ist nur logisch, wenn ein Unternehmen immer weniger Sorten anbietet, die überdies so beschaffen sind, dass sie die Düngemittel dieses Unternehmens benötigen, um zu gedeihen. Genetisch veränderte Sorten machen einen immer größeren Anteil des Pflanzenangebots aus, und die wissenschaftlichen Mitarbeiter der Konzerne arbeiten mit Hochdruck an der Entwicklung sogenannter Terminator-Samen, die kein keimfähiges Saatgut mehr hervorbringen und nur wachsen können, wenn sie mit den Herbiziden des Unternehmens behandelt werden.

Während diesem erbarmungslosen Verdrängungskrieg Tausende regionaler Obst- und Gemüsesorten zum Opfer fielen, bestand natürlich immer die Möglichkeit, dass die eine oder andere davon irgendwo noch existierte, sei es als Samen in irgendwelchen Schubladen oder in der vernachlässigten Sammlung einer Universitätsfakultät oder eines Museums oder gar als lebende Pflanze in irgendeinem verwilderten Obstgarten. Aber die vielen Sorten, die einmal das abwechslungsreiche und fruchtbare Bild der nordamerikanischen Landschaft geprägt hatten, waren faktisch verschwunden.

Obwohl außerhalb der USA keine annähernd so vollständigen Daten über das Verschwinden von Kulturpflanzen verfügbar sind, kann kein Zweifel daran bestehen, dass die Situation dramatisch ist. Den Menschen in allen Teilen der Welt stehen für ihre Ernährung nur noch erstaunlich wenige Pflanzen zur Verfügung. Die Hälfte aller Lebensmittel basiert auf Getreide; in den 1970er Jahren gehörte bereits die Hälfte des Weizens in den Ländern, in denen er seit Tausenden von Jahren angebaut wurde, zu den neuen »Wundersorten«. Lediglich ein Dutzend Pflanzen bildete die Grundlage für etwa 75 Prozent der weltweiten Nahrungsmittelproduktion, und überall wurden traditionelle, altbewährte Sorten durch die neuen Hybridzüchtungen verdrängt. In der Türkei zum Beispiel fanden sich alte heimische Weizensorten, die früher überall im Land verbreitet waren, nur noch in abgeschiedenen Bergregionen.

Die 30 Prozent der Pflanzen, die 95 Prozent der menschlichen Ernährung ausmachen, haben ihren Ursprung in Lateinamerika, Afrika und Asien, und gerade dort ist die Verdrängung der alten Sorten durch Hybridzüchtungen besonders besorgniserregend, denn das sind die Kontinente, in denen Wawilow seine Zentren genetischer Vielfalt entdeckt hat. Sie liegen alle in einem schmalen Gürtel, in dem sich die Pflanzen entwickeln konnten, während weite Teile der gemäßigten Zonen der Erde im kalten Griff der Eiszeit erstarrt waren.

Als sich die Ackerbauvölker im Laufe der Jahrhunderte auch in den gemäßigten Regionen auszubreiten begannen, nahmen sie ihre Getreidesamen mit, aus denen sich in den neuen Siedlungsgebieten weitere Sorten entwickelten. Die erfolgreiche und nachhaltige Kultivierung von Pflanzen war immer von der Sortenvielfalt abhängig und auch vom Erhalt der »wilden« Vorfahren dieser Pflanze in ihrem Urzustand, in welchem sie ihre genetische Komplexität und Widerstandskraft noch besaß – also aus der Zeit ihrer Entstehung in den von Wawilow definierten Zentren genetischer Vielfalt. Dem Tanz von Schönheit und Nützlichkeit gleich, vollführten das

Wilde und das Gezähmte ihren harmonischen Tanz über die Jahrhunderte hinweg. Doch die Vorfahren, die »wilden« und die primitiven Getreidearten, sind im Verschwinden begriffen. Im Gefolge der rasch um sich greifenden industriellen Bewirtschaftung der Felder und der Globalisierung der landwirtschaftlichen Produktion und Verteilung gehen mit den alten Sorten Aromen, Philosophien, taxonomische Klassifikationen, Methoden der Arzneimittelherstellung, Kulturen und Bräuche verloren. Wie die Sprachen können auch alte Getreidesorten innerhalb einer einzigen Generation verschwinden, wenn sie drei oder vier Jahre hintereinander nicht mehr angebaut werden. Ihre charakteristischen Merkmale, ihre besonderen Vorzüge, die Geschichten, die sich um sie ranken, und sogar ihr Geschmack geraten in Vergessenheit. Die Techniken, die angewandt wurden, um sie zu kultivieren und zu ernten, werden überflüssig, und die Mythen und Lieder, die sich um sie herum bildeten, verschwinden.

Für die Erdenbewohner, deren Existenz unmittelbar von der Landwirtschaft abhängt, hat sich im 20. Jahrhundert alles verändert. Nicht alle Veränderungen waren schlecht, so viel steht fest, aber das tägliche Leben war zunehmend ausgefüllt mit landwirtschaftlichen Aktivitäten, die in keiner Weise in der Geschichte verhaftet waren. Die Landwirtschaft war plötzlich so entwurzelt und geschichtslos wie Singapur. Selbst bei den Tieren verschwanden alte Kulturrassen. Alle Welt war dazu übergegangen, Schimären zu züchten und aufzuziehen.

Die Welternährungsorganisation der Vereinten Nationen (FAO) ging 1990 davon aus, dass die Artenvielfalt unter den wichtigsten Haus- und Nutztierrassen um jährlich 5 Prozent zurückging. Die Vögel hatten das schlechteste Los gezogen: 63 Prozent waren vom Aussterben bedroht. Der Hälfte aller Ziegenrassen in Indien stand das gleiche Schicksal bevor. Die Hälfte der europäischen Nutztierrassen war im Laufe des 20. Jahrhunderts von der Bildfläche verschwunden, und 43 Prozent der noch existierenden Rassen waren bedroht. Im

Fernen Osten Russlands war der Bestand der besonders zähen Yakut-Rinder, die Temperaturen von bis zu minus 60 Grad überstehen konnten, auf 900 Tiere geschrumpft. Das Arvana-Kazakh-Dromedar war nahezu ausgerottet, und von den Banabo-Hühnern der Philippinen, die einmal zu Hunderttausenden gelebt hatten, waren nur noch wenige tausend Tiere übrig. Von den vietnamesischen H'Mong-Rindern gibt es nur noch 14 000 Tiere.

Schätzungen der FAO zufolge existierten zu Beginn des 20. Jahrhunderts etwa 4000 Nutztierrassen, von denen Ende des Jahrhunderts 618 ausgerottet und 475 ernsthaft bedroht waren. Es waren Rassen, die Abwehrkräfte gegen regionale Belastungen, Krankheiten und Parasiten entwickelt und sich ihrem örtlichen, vom Menschen beeinflussten Umfeld angepasst hatten. Ende des 20. Jahrhunderts starben durchschnittlich zwei Rassen pro Woche aus.

⊷⊶

An dieser Stelle tritt die Knollenfäule, von der im Prolog dieses Buches die Rede war und die in Irland die Kartoffelernte eines ganzen Jahres vernichtete, wieder auf den Plan. Die Geschichte des aggressiven kleinen Eipilzes *Phytophthora infestans*, der die Seuche verursacht hatte, endete nicht in dem Massengrab von An Casaoireach in der Nähe von Tuamgraney. Und sie nahm dort auch nicht ihren Anfang.

Wie bei allen Vertretern der Klasse Oomycetes ist die Herkunft von *Phytophthora infestans* ziemlich unklar, doch scheint es den Schädling lange Zeit in den Wäldern des Toluca-Tals in Mexiko gegeben zu haben, wo er die wichtige Aufgabe erfüllte, verschiedene Nachtschattengewächse zu zersetzen, wenn sie abgestorben waren. Die Tomate ist ein Nachtschattengewächs, genau wie die Kartoffel. Wann genau *Phytophthora infestans* anfing, lebende kultivierte Kartoffelpflanzen zu befallen, ist nicht bekannt, aber dieser große evolutionäre Schritt vollzog sich vermutlich irgendwann im

16. Jahrhundert. Das war der Zeitpunkt, zu dem Cortés die indigenen Völker der Otomí und der Huaxteken aus dem Toluca-Tal vertrieben und dort ausgedehnte Kartoffeläcker angelegt hatte.

Sein Potenzial, ganze Kartoffelernten zu vernichten, stellte der Pilz erstmals 1843 in der Nähe von Philadelphia, Pennsylvania, unter Beweis. Im August 1845 trat er dann in Irland in Erscheinung, und plötzlich sahen sich über drei Millionen Menschen – mehr als ein Drittel der irischen Bevölkerung – mit der Tatsache konfrontiert, dass sie fast nichts mehr zu essen hatten. Die Kartoffelfäule trat in ganz Europa auf, aber nur in Irland war die Ernährung der Menschen so einseitig auf die Kartoffel ausgerichtet. Die apokalyptischen Hungerreiter galoppierten durchs Land. Als der Spuk vorbei war, waren zwei Drittel der irischen Bevölkerung verhungert oder hatten aus Not die Flucht ergriffen, und das Land hatte fast alle Benutzer seiner gälischen Muttersprache verloren. Erst als unter den alten Kartoffelsorten in Mexiko und den südlichen Anden solche gefunden wurden, die resistent waren gegen den Erreger der Knollenfäule, konnte die Kartoffelzucht in Europa nach der großen irischen Hungersnot wiederbelebt werden.

Die apokalyptischen Reiter, die Mitte des 19. Jahrhunderts das Bergland im Osten der Grafschaft Clare heimgesucht hatten, hießen Entwaldung, Übervölkerung, Monokultur und soziale Ungleichheit. Eineinhalb Jahrhunderte später trieben sie rund um den Erdball ihr Unwesen.

Als die Kartoffelfäule die Ernten zu vernichten begann, war dies das erste Mal in der Geschichte unserer Zeit, dass eine Kreatur aus dem Reich der Wildnis in die Gefilde der gezähmten Welt eindrang und eine wirtschaftlich bedeutende Kulturpflanze zerstörte. Es war auch das erste Mal, dass eine solche Kulturpflanze mit Hilfe der Abwehrkräfte in den genetischen Anlagen ihrer fernen Vorfahren wieder zur Blüte gebracht werden konnte. Aber es war nicht das letzte Mal.

Eine Blume

Im Jahr 1870 führte Kaffeerost in Indien, Ceylon und in Teilen Afrikas und Ostasiens zum Totalverlust der Kaffeeernten, in den Vereinigten Staaten wurden 1890 die Baumwollernten vernichtet. Ebenfalls in den Vereinigten Staaten fielen im Jahr 1904 die Weizenernten dem Schwarzrost zum Opfer, einer Pilzerkrankung, die im Jahr 1917 erneut auftrat. In Bengalen brach Anfang der 1940er Jahre eine Hungersnot aus, als die Reisernten durch die Braunfleckenkrankheit zerstört wurden. Im gleichen Jahrzehnt ging in den Vereinigten Staaten fast eine ganze Jahresernte Hafer durch Pilzbefall verloren. In jedem dieser Fälle wurde zur Gesundung der Pflanzenbestände auf die genetischen Abwehrkräfte wenig bekannter oder »primitiver« Sorten unter den wilden Vorfahren der Pflanzen zurückgegriffen, die aus Wawilows Entstehungszentren genetischer Vielfalt stammten. Spinat, Zuckerrohr, schwarzer Pfeffer, Erdnüsse, Sonnenblumen, Erdbeeren, Tabak und Tomaten – das alles waren Pflanzen, die irgendwann einmal mit Hilfe der genetischen Anlagen ihrer fernen nichtkommerziellen Verwandten gerettet werden mussten.

Aber überall in der Welt breitete sich in den Zentren genetischer Vielfalt, in denen diese rettenden Sorten beheimatet sind, Mooneys »Seuche der Einförmigkeit« aus, und in diese schutzlose Welt kehrte 1976 der verhängnisvolle Pilz aus den Tagen der großen Hungersnot zurück. Wieder kam er aus dem Toluca-Tal, aber inzwischen hatte sich *Phytophthora infestans* weiterentwickelt und war wesentlich aggressiver geworden. Während der 1980er und 1990er Jahre trat die Kartoffelfäule in der Schweiz und den Niederlanden, in Deutschland, England, Ägypten, Polen, Japan, Brasilien, Israel und Ruanda, in Korea, Taiwan und Bolivien, auf den Philippinen und auch wieder in Irland auf.

Aber für *Phytophthora infestans* war das Ende des Darwinschen Zeitalters noch lange nicht gekommen: Bis zu den 1990er Jahren hatte sich eine noch raffiniertere Population

entwickelt, die sich nun nicht mehr wie bisher nur unge-
schlechtlich vermehrte, indem sie quasi identische Kopien
ihrer selbst erzeugte, sondern durch geschlechtliche Ver-
mehrung aus alten und neuen Stämmen gemeinsame Nachkommen hervorbringen konnte. Pharmariesen wie Ciba-
Geigy hatten Fungizide gegen die ursprünglichen Formen
entwickelt, die aber gegen die neuen hochvirulenten Stämme
wirkungslos waren. Kaum kamen neue, wirksamere Fungizide auf den Markt, passte sich der Pilz an und entwickelte
seinerseits neue Verteidigungs- und Angriffsstrategien. Bis
zum Jahrtausendwechsel setzte sich dieser Krieg ungebrochen fort, der die Bauern in Asien, Afrika und Lateinamerika
schätzungsweise drei Milliarden Dollar im Jahr kostete.

US-amerikanische und polnische Wissenschaftler von der
Cornell-Universität und vom Forschungszentrum Mlochow
machten sich gemeinsam mit einer Gruppe russischer Experten auf die Suche nach resistenten Sorten in der 10 000 Ein-
träge umfassenden Sammlung des Wawilow-Instituts. Andere sahen sich in den Bergdörfern der peruanischen Anden
um. Gegen Knollenfäule resistente Sorten fand man schließlich auf den Feldern der Nachfahren jener Völker, die vor 7000
Jahren die ersten Kartoffeln kultiviert hatten.

Niemand erwartete, dass die Wissenschaftler die Seuche
mit Stumpf und Stiel ausrotten würden. Schließlich war es
nicht nur die Vielfalt der Kulturpflanzen, die verschwand,
sondern auch das Wissen über diese Pflanzen ging verloren.
Und so mussten die Forscher in den Überresten und kaum
noch sichtbaren Spuren von Sprachen, regionalem Wissen
und alten Lebensweisen suchen, um Abwehrkräfte gegen
Fäule- und Rostpilze und andere mikroskopische Krankheits-
erreger zu finden, die für die Kreisläufe des pflanzlichen
Lebens notwendig sind. Als Pat Mooney, der Kreuzritter
gegen die genetische Erosion, noch einmal über diese Suche
nachdachte, machte er eine Feststellung, mit der niemand gerechnet hatte: »Es könnte sein«, bemerkte er, »dass unsere

Generation die erste ist, in der die Menschheit mehr Wissen verliert als dazugewinnt.«

In der Zeit des Kalten Krieges gingen regionales Wissen und Gedankengut sowie regionale Lebensweisen mit wachsender Geschwindigkeit verloren. Die beiden Großmächte zwangen die Welt, zwischen zwei Formen der Gleichmacherei zu wählen. Die Vereinigten Staaten hatten ganz recht, wenn sie meinten, die Bauern der Dritten Welt dazu bringen zu müssen, dass sie sich in den vielen von ihnen finanzierten Stellvertreterkriegen gegen Verbündete der Sowjetunion und sogar gegen indigene demokratisch-sozialistische Bewegungen auf die Seite der kapitalistischen Macht schlugen.

Initiativen unter der Führung US-amerikanischer Institutionen wie der Rockefeller-Stiftung führten zur »Grünen Revolution«, die mit der raschen Einführung moderner Agrartechnik und der Umstellung des traditionellen Ackerbaus auf Monokulturen mit ertragreichen Hybridsorten verbunden war. Wo früher Kleinbauern ihre Felder bestellt hatten, wurde jetzt in großem Stil mit Maschinen, Düngemitteln und Pestiziden gearbeitet. Organisationen wie das Internationale Zentrum zur Verbesserung von Mais und Weizen oder das Internationale Reisforschungsinstitut stellten die Bauern der Dritten Welt als Verbraucher und Individuen vor die Wahl. Ihnen wurden Saatgut, chemische Düngemittel, landwirtschaftliche Maschinen und Kredite angeboten. Dafür wurde von ihnen erwartet, dass sie ausschließlich dieses Saatgut verwendeten, das ebenjene Düngemittel benötigte und mit ebenjenen Maschinen bearbeitet werden musste.

Die Revolution erreichte ihre Ziele: Die Zahl der unterernährten Menschen in der Dritten Welt ging zurück, und viele arme Länder konnten eine positive Handelsbilanz bei der Ausfuhr von Lebensmitteln verzeichnen. Aber sie löste auch einen rasanten Bevölkerungsanstieg in der Dritten Welt aus und machte viele zuvor unabhängige Bauern zu Knechten der globalen Marktwirtschaft. Und sie dirigierte einen gewaltigen Transfer von Reichtümern von den Bauen auf multinationale Saatgutkonzerne, Maschinenproduzenten und Düngemittelhersteller. Und sie löste regionale Probleme nur, um sie auf einen nie da gewesenen globalen Maßstab zu übertragen. Wie der Umweltjournalist Richard Manning betont, hat sich die Weltbevölkerung auch aufgrund der »Grünen Revolution« in der Zeit zwischen den 1960er und 1990er Jahren verdoppelt und dazu geführt, dass in den Großstädten der Welt eine gewaltige Unterschicht von Menschen entstanden ist, die von den Feldern ihrer Vorfahren vertrieben wurden, weil nun Maschinen ihre Arbeit verrichten.

Mannings Urteil über die »Grüne Revolution« ist eindeutig, er hält sie für »das wahrscheinlich Schlimmste, das unserem Planeten je passiert ist«.[6] Abgesehen von der Ausrottung von Lebensformen, Kulturpflanzen, Sprachen und Kulturen, zu der sie ziemlich unmittelbar beigetragen hat, gehört sie auch zu den Hauptverursachern vermehrter Emissionen von Treibhausgasen, die schuld sind am globalen Klimawandel und an Phänomenen wie dem massenhaften Auftreten der Borkenkäfer, die von Alaska bis New Mexico die Wälder kahl gefressen haben. Noch in den 1940er Jahren verbrauchte ein Bauer eine Wärmeeinheit an fossiler Energie, um 2,3 Wärmeeinheiten Nahrungsenergie zu erzeugen. Zwanzig Jahre später betrug das Verhältnis eins zu eins.

Bauern in aller Welt sind zunehmend auf Saatgut, Maschinen, Pestizide, Herbizide und Düngemittel angewiesen, die sie kaufen müssen. Ihr Leben wird von Entscheidungen bestimmt, die anderswo gefällt werden. Die Pflanzen, die sie anbauen, enthalten den Schlüssel zur Vernichtung ihrer Kultur, und sie selbst werden dazu nicht gefragt. Ihre Kinder wenden sich von den bedeutungslos gewordenen Bräuchen ihrer Heimat ab, und die Anweisungen, aus denen sie erfahren, wie viel Unkrautvertilgungsmittel sie für ihre Reisfelder verwenden müssen, stehen in englischer Sprache auf der Verpackung.

Die alten Nutztierrassen verschwinden aus den gleichen Gründen wie die alten Sprachen und Kulturpflanzen. Die Einführung der globalen Marktwirtschaft hat dazu geführt, dass nur noch eine geringe Zahl von Huftier- und Geflügelarten zur Vermarktung taugen. Es ist nicht so, dass die Bauern die alten Rassen nicht mehr haben wollen – der Markt liefert nur keinen Anreiz mehr für ihre Haltung. Die kaufkräftigen Abnehmer in den industrialisierten Ländern sind nicht an ihnen interessiert. Sie wollen Hühner aus gigantischen Zuchtfabriken, in denen die Tiere ihr ganzes elendes Leben lang – was zum Glück nicht allzu lange ist, da ein Huhn dank moderner Zuchtmethoden 33 Tage nach dem Schlüpfen geschlachtet werden kann – in winzigen Käfigen eingesperrt sind. Und so verschwindet eine alte Rasse nach der anderen, unerwünscht wie die regionalen Getreidesorten, die nur noch auf Friedhöfen, zwischen den Trümmern von Klosterruinen und in abgeschiedenen Bergdörfern anzutreffen sind.

Nach dem Ende des Kalten Krieges gibt es nur noch eine Form der Gleichmacherei, unter der wir uns plagen müssen. Und vor uns liegt die Verheißung einer neuerlichen Revolution. Es ist die Verheißung eines Abbilds der wirklichen Welt, das in jeder Hinsicht so überzeugend ist wie die nachgebildete Wirklichkeit im Zoo von Singapur. Sie kommt in Gestalt noch besserer Schimären, nanotechnologischer Erzeugnisse, transgenetischer Tiere und genmanipulierter Pflanzen. Sie wartet mit Techniken auf, mittels derer man einem Papierklümpchen den Geschmack von Marshmallows (»Mäusespeck«) geben kann, indem man ihm winzige Mengen zweier einfacher chemischer Verbindungen beigibt. Sie gaukelt uns vor, dass es nie wieder eine Hungersnot in der Welt geben wird. Der Weg »Märkte zuerst« öffnet den Blick auf Horizonte, die hinter dem Hügelland des Darwinschen Zeitalters liegen mit all diesen lästigen kleinkarierten Feldern und all den Geschichten und dem Gerede von einem Bach, der sich rot färben wird von Blut. Es ist eine Verheißung, die noch viel aufregender ist als das, was den Bauern der Dritten Welt in den 1960er Jahren versprochen wurde. Es klingt nach einem wirklich guten Geschäft.

Und die multinationalen Großkonzerne haben von dem Geschäft gar nicht viel. Ihnen gehören lediglich die Nahrungspflanzen dieser Welt durch Patentrechte an allen Samen, und sie haben uneingeschränkte Kontrolle über die komplexen Prozesse, die mit dem Anbau dieser Pflanzen verbunden sind, sie haben das Monopol über die Chemikalien, die zu ihrer Aufzucht notwendig sind, und das Recht, jeglichen Wettbewerb auszuschließen. Sie können darüber entscheiden, was Artenvielfalt ist und was »Aussterben« bedeutet. Sie beherrschen das Wilde und das Gezähmte und alles, was dazwischen liegt.

Wer sich der Vorstellung hingibt, dass der *Homo sapiens* eine Pest auf Erden ist und die Menschheit Vögel und Säugetiere wissentlich und willentlich in den Abgrund der Ausrottung getrieben hat, dem fällt es vermutlich auch leicht, sich vorzustellen, dass es den Menschen in Kambodscha, Honduras, Malaysia und Zaire überhaupt nichts ausmacht, fast all ihre Urwälder zu verlieren. Dann müsste man allerdings auch bereit sein, sich vorzustellen, dass wir anderen es zufrieden sind, tagaus, tagein die gleichen fischig schmeckenden Fabrikhähnchen, die gleichen geschmacklosen Wassermelonen, die gleichen faden Salate und die gleichen genormten Maiskolben zu essen.

Dann müsste man auch annehmen, dass die indischen Bauern damit einverstanden waren, wenn man ihnen 2003 über 40 Prozent weniger für ihren Weizen und ihre Sojabohnen und 40 Prozent weniger für ihre Baumwolle zahlte als noch Mitte der 1990er Jahre. Und man wäre vollkommen überrascht zu hören, dass in Andhra Pradesh 300 dieser Bauern innerhalb von sechs Wochen Selbstmord begangen haben.

Eine Blume

Wenn man die Autobahn nimmt, die von Vancouver nach San Francisco führt, fährt man durch einen Korridor monotoner, mit Hybridpflanzen bestandener Felder, der ungefähr parallel zu der dicken roten Linie verläuft, mit der auf den Karten der Sitka-Biom-Studie der Verlust von Wäldern und Sprachen markiert ist. Etwa alle 50 Kilometer taucht einer der immergleichen Fastfood-Läden auf: Wendy's, Taco Bell, McDonald's, Denny's, Burger King, Pizza Hut oder Subway. Je tiefer man ins Hinterland des Sitka-Bioms eindringt, umso mehr gleichen die Raststätten Obdachlosenasylen mit Autoschalter. Manchen ist sogar eine Suppenküche der Erweckungskirche angeschlossen.

Wenn man glaubt, dass dies die Welt ist, die sich die Amerikaner wünschen, kann man sich vermutlich auch einreden, sie seien froh darüber, dass der von Thomas Jefferson so geliebte Taliaferro-Apfel verschwunden ist, und es mache ihnen nichts aus, dass sie pro Jahr für Fastfood nicht 6 Milliarden Dollar ausgeben wie noch in den 1970er Jahren, sondern heute 110 Milliarden Dollar, und es bereite ihnen keine großen Sorgen, dass ihre Kinder die dickste und am ungesündesten lebende Generation ist, die es je in den Vereinigten Staaten gab. Man könnte sagen, dass die Menschen ja die Wahl haben und darum selbst schuld seien. Und man könnte sagen, dass es keinen Zusammenhang gebe zwischen dem Anstieg des Fastfood-Konsums und dem inflationsbedingten Absinken der Mindestlöhne um 40 Prozent im gleichen Zeitraum.

Aber nichts deutet darauf hin, dass es das ist, was einer von uns wirklich will. Und die Geduld der Menschen mit Zuständen wie diesen hat ihre Grenzen.

In den 1990er Jahren kam es zu gewalttätigen Reaktionen auf das, was Greenpeace im Kampf gegen die Verbreitung genmanipulierter Lebensmittel als »tödliche Banalität des Kapitalismus« bezeichnet hatte. In Athen, Antwerpen, Colombo, London, Rio, Sankt Petersburg und – sehr spektakulär – im französischen Millau wurden McDonald's-Filialen angezün-

det oder demoliert. Dort hatte der Schafzüchter und Umweltaktivist José Bové gemeinsam mit seinen Mitstreitern die
McDonald's-Filiale, die er gern als »McMerde« beschimpfte,
fachgerecht in ihre Einzelteile zerlegt. Die Slow-Food-Bewe-
gung war geboren, und Bové wurde als Volksheld gefeiert.

In Kanada stellten sich 2001 die Präriebauern geschlossen
hinter den Landwirt Percy Schmeiser aus Saskatchewan, als
dieser vom Monsanto-Konzern wegen Patentverletzung ver-
klagt wurde. Eine gentechnisch veränderte, pestizidresistente
Rapssorte hatte Schmeisers Felder in einem solchen Maße
kontaminiert, dass fast die gesamte Ernte betroffen war, eine
Sorte, die er in jahrzehntelangen Versuchen selbst gezüchtet
hatte. Nach einem erbitterten Kampf durch alle gerichtlichen
Instanzen verlor Schmeiser mit der Begründung, er habe
wissen müssen, dass die Samen, die er im Folgejahr angebaut
habe, zu einer patentierten Sorte gehörten und damit Eigen-
tum der Firma Monsanto seien. Doch der Fall erregte die
Gemüter der kanadischen Bauern und bestärkte sie in ihrer
Abneigung gegen die zunehmende Abhängigkeit von agro-
chemischen Konzernen wie Monsanto.[7]

Unter den Armen dieser Welt nahm diese Abhängigkeit
besonders dramatische Formen an. In Indien gerieten Bauern,
die seit alters her nach der Ernte Samen als Saatgut für das
nächste Jahr aufbewahrt hatten, zunehmend in Schulden gegenüber den multinationalen Konzernen, nachdem die Weltbank Indien 1998 gezwungen hatte, den Umgang mit den
Samen gentechnisch veränderter Pflanzen zugunsten der
Konzerne zu regulieren. Da die Bauern nun jedes Jahr neues
Saatgut sowie die dafür notwendigen teuren Düngemittel
und Pestizide von den Firmen kaufen mussten, waren sie bald
vollkommen verschuldet. Manch einer verkaufte eine seiner
Nieren, um seinen Hof halten zu können. Die Umweltaktivis-
tin und Bürgerrechtlerin Vandana Shiva, die mit ihren Kam-
pagnen die Weltöffentlichkeit auf die Misere der indischen
Bauern aufmerksam machte, stellte einen direkten Zusam-

menhang her zwischen dem Selbstmord von 25 000 Bauern zwischen 1998 und 2003 und den neuen Regulierungen bei der Aussaat patentierter Samen.

Im Jahr 2002 versammelten sich 100 000 taiwanesische Bauern in der Hauptstadt Taipeh, um gegen die Beschränkungen der Kreditvergabe an Landwirte zu protestieren. Die Bauern hatten schwer zu kämpfen wegen der neuen Bestimmungen, die Taiwan von der Welthandelsorganisation aufgezwungen worden waren und das Land für den Import billiger Landwirtschaftsprodukte öffneten. Manche der demonstrierenden Bauern hatten Weizengarben mitgebracht. Andere trugen Spruchbänder mit der Parole: »Wenn die Landwirtschaft stirbt, stirbt auch das Land.« Der Sitz des Präsidenten war mit Stacheldraht verbarrikadiert und wurde von der Polizei vor den Demonstranten geschützt.

In Großbritannien, einem Land, das sich nicht gerade durch seine raffinierte Küche auszeichnet, formierte sich Widerstand, als am Trafalgar Square eine McDonald's-Filiale eröffnet wurde. Angeführt wurde der Protest von der Aushilfskellnerin Helen Steel und dem arbeitslosen alleinerziehenden Vater David Morris. McDonald's schickte Spione aus, die sich in die kleine Aktionsgruppe einschleusten und in deren Büroräume einbrachen, um Dokumente zu stehlen. Sie suchten nach Beweisen für die Behauptung, dass McDonald's in einem Greenpeace-Flugblatt, für das Steel und Morris verantwortlich zeichneten, verleumdet worden sei.

In dem Flugblatt wurde dem McDonald's-Unternehmen vorgeworfen, ungesundes Essen zu verkaufen, seine Mitarbeiter schlecht zu behandeln und für die Abholzung der Regenwälder verantwortlich zu sein, die den riesigen Rinderfarmen in der Dritten Welt weichen mussten, damit der grenzenlose Fleischbedarf des Konzerns gedeckt werden konnte. Der Verleumdungsprozess, den McDonald's gegen die beiden Aktivisten anstrengte, sollte das längste Verfahren in der britischen Rechtsgeschichte werden. Über 20 Jahre nach seinem

Beginn urteilte der Europäische Gerichtshof für Menschenrechte am 15. Februar 2005, dass Steel und Morris das Recht
auf einen fairen Prozess verweigert und ihr Recht auf Rede-
freiheit verletzt worden war. Mittlerweile hatten die Briten
Genforschungslabors gestürmt, ganze Felder mit genmanipu-
liertem Getreide zertrampelt und insgesamt einen so erfolgreichen Feldzug geführt, dass britische Lebensmittelgenetiker
in Scharen das Land verließen. In ganz Europa wurde die
Frage, ob genmanipulierte Lebensmittel in den Handel gelangen dürfen, zu einem der wichtigsten Wahlkampfthemen.

Wie es so oft bei solchen Veränderungen der Fall ist, sah es
irgendwie niemand wirklich kommen.

Im Jahr 1975 fing Kent Whealy an, Samen all jener Obst-
und Gemüsesorten zu sammeln, die nach und nach aus den
Katalogen der Anbieter verschwunden waren. Er rechnete
damit, dass hier und da noch Samen dieser Sorten vergessen
in der Schublade eines alten Schreibtischs herumlagen oder
dass die eine oder andere Pflanze noch im Verborgenen eines
verwilderten Gartens blühte. Wie sich herausstellte, gab es
jede Menge solcher Schubladen und Gärten, und das Sammeln alter regionaler Obst- und Gemüsesorten weitete sich
unter dem Namen »Seed Savers«, Saatgutretter, zu einem
internationalen Phänomen aus. Die eingangs dieses Buches
erwähnte Cousine Christine, mit der ich einen Spaziergang
unternahm, ist Mitglied der Irish Seed Savers. Aus den An-
fängen im Jahr 1975 war 2004 eine von Whealy und seiner
Frau Diane geleitete Organisation geworden, die in den
Randbezirken der Stadt Decorah in Iowa über Büros, Anbau-
flächen und Lagerräume verfügte und dort 11000 verschiedene Blumen-, Obst-, Getreide-, Kräuter- und Gemüsesorten
aufbewahrte und ausstellte.

Als Reaktion auf das Pflanzensorten- und Saatgut-Regu-
lierungsgesetz, das den Verkauf nichtregistrierter alter Sorten verbot und Gebühren für deren Registrierung vorschrieb,
die für kleinere Saatguthersteller und -händler viel zu teuer

Eine Blume

waren, entwickelte sich ein schwarzer Markt für alte Obst-
und Gemüsesorten. Der illegale Handel fand so viele Anhänger, dass er bald ganz offen betrieben wurde. Die Beamten, die
Verstöße gegen das Gesetz ahnden sollten, waren oft »Einheimische«, die ein Auge zudrückten. Der Autor und BBC-
Moderator Bob Flowerdew machte sich öffentlich über das
Gesetz lustig. In einer seiner Rundfunksendungen erklärte
Alan Phillips, der Vorsitzende des Vereins für ökologischen
Gartenbau von Brighton & Hove: »Wir verkaufen Saatkartof-
feln von vielen alten Sorten … Die Idee stammt aus Kanada,
findet aber überall Nachahmer. Hier in Großbritannien be-
geistern sich immer mehr Leute dafür.«

Einer der Ursprungsorte der »aus Kanada stammenden
Idee« war das Seed and Plant Sanctuary for Canada, ein Netzwerk kanadischer Biogärtner, die sich dem Erhalt und der
Züchtung alter Pflanzensorten verschrieben haben. Den Vorsitz der Organisation hat Dan Jason von der Insel Saltspring
inne, die an der Mündung des Trincomali-Kanals gegenüber
der Insel liegt, auf der ich wohne. Saltspring hat sich im Laufe
der Jahre zu einer regelrechten Pirateninsel für Saatgutretter,
Ökogärtner und Retter alter Apfelsorten entwickelt. Allein in
einem der Inselgärten namens Apple Luscious wachsen mindestens 125 verschiedene Apfelsorten. Der besondere Stolz
der Besitzer, die keinen Kunstdünger, sondern ausschließlich
Algen, Austernschalen, Dung und Heumulch verwenden, ist
eine ungewöhnliche rotfleischige Sorte.

Auf Saltspring ist auch ein Bär von einem Mann beheimatet, der sich manchmal einen Spaß daraus macht, sein Brust-
haar anzuzünden und zu beobachten, wie die Leute reagieren.
Sein Name ist Brian Brett, und meine äpfelstehlenden Kinder konnten noch eine Menge von ihm lernen. Brett stammt
aus einer englisch-italienischen Familie und verbrachte seine
Jugend damit, im frisierten Lkw seines Vaters geschmuggelte
Kartoffeln auszuliefern und dem Wirtschaftsverband der
Kartoffelproduzenten auf rasanten Fahrten durch die dunk-

leren Gassen von Vancouver mit solchem Geschick ein Schnippchen zu schlagen, dass er seiner Familie damit ein vernünftiges Einkommen sichern konnte.

Irgendwann in dieser Zeit verlor er durch einen Irrläufer bei einer Schießerei den rechten Zeigefinger. Er ist außerdem einer der besten Dichter Kanadas und beobachtet die Welt aus dem Adlerhorst seiner kleinen Ökofarm an den bewaldeten Hängen über Cusheon Creek, von wo aus man einen herrlichen Blick auf den Swanson-Kanal hat.

Brett züchtet Schweine, Hühner und Schafe sowie eine erstaunliche Vielzahl von Gemüsesorten und Schmuckweiden. Ihm entging die Welle der Gleichmacherei nicht, die sich durch das Hinterland des Sitka-Bioms unaufhaltsam nach Norden fortpflanzte. Den Weg frei gemacht hatten ihr das Freihandelsabkommen zwischen Kanada und den USA und sein Nachfolger, das Nordamerikanische Freihandelsabkommen NAFTA, in dessen Folge kein kanadisches Rindfleisch mehr in die Vereinigten Staaten importiert werden durfte, weil eine Übertragung des Rinderwahnsinns ausgeschlossen werden sollte. Dieselbe Sammlung von Vorschriften sorgte dafür, dass US-Produzenten ihre genveränderten Lebensmittel nicht mehr entsprechend kennzeichnen mussten, damit die Verbraucher nicht scharenweise in die Bioläden abwanderten. In British Columbia sorgten die Bestimmungen des Freihandelsabkommens dafür, dass die »historisch gewachsenen Unterschiede« zwischen Kleinbauern und landwirtschaftlichen Großbetrieben nivelliert wurden. Kleinbauern hatten ihr Fleisch und Gemüse bis dahin immer direkt vermarktet. Landwirtschaftliche Großbetriebe lassen ihr Fleisch in zentralen Schlachthöfen verarbeiten, und diese unterliegen den im Paket der globalisierten industrialisierten Landwirtschaft mitgelieferten Bestimmungen zur Abwehr von »Biorisiken«.

Für Leute wie Brian Brett bedeuteten die Vorschriften für Biobauern – die sicherlich dazu beitragen sollten, die Ausbreitung von Seuchen wie Rinderwahnsinn und Vogelgrippe zu verhindern –, dass sie ihre Lämmer, Schweine, Rinder und Hühner nicht mehr selbst schlachten durften. Stattdessen waren sie gezwungen, ihre Tiere in die zentralen Schlachtfabriken zu karren, in denen die vielen »Biorisiken« überhaupt erst entstanden waren. Die neuen Vorschriften zur Lebensmittelsicherheit zwangen den Stamm der Katzie, der einmal so berühmt für die Kultivierung von *ska'us* gewesen war, sogar, auf ihr traditionelles jährliches Lachsgrillen zu verzichten.

»Die Regierung steckt nicht unter einer Decke mit Monsanto«, bemerkte Brett. »Die Leute denken nur wie Monsanto, und wir passen nicht in ihre Schublade, darum müssen sie versuchen, uns zurechtzustutzen.«

Brett fand das in Ordnung. »Dann gehen wir eben in den Untergrund«, sagte er.

Mark Lauckner, der auf der Insel Mayne wohnt, passt definitiv nicht in die Schublade von Monsanto. In seinem kleinen Glasatelier fertigt er schöne und ausgesprochen gut verkäufliche Kunstobjekte aus Glas, das er in seinem Brennofen aus Scherben gewinnt. Lauckner ist ein drahtiger Typ mit Bärtchen, und wenn er nicht in seinem Atelier arbeitet oder technische Hilfestellung für Anrufer leistet, die nach den auf seiner Website zur Verfügung gestellten Plänen einen Glasrecycling-Ofen bauen wollen, ist er in seinem Garten mit den Pflanzbeeten oder dem von ihm selbst entworfenen solarbetriebenen Treibhaus beschäftigt.

Lauckners große Leidenschaft ist der Erhalt und Verkauf von vergessenen, seltenen und alten regionalen Gemüsesorten. Keine davon ist eine Hybridzüchtung. Er bezieht sein Saatgut vorwiegend von den Whealys, den Seed Savers aus Iowa. Als ich Lauckner eines Tages in seinem Garten besuchte, zeigte er mir fünf Sorten Knoblauch, zwei seltene Zuckererbsensorten, vier Sorten Krauskohl und ein halbes Dutzend Bohnensorten, von denen eine den Namen Drachenzunge trägt. Sie ist hellgrün-gelblich mit violetten Flecken und nicht zu verwechseln mit der Drachenkarotte, die ebenfalls violett gefleckt ist. An einer Stelle brach eine dicke kürbisartige Knolle aus dem Boden hervor, und Lauckner beeilte sich, darauf hinzuweisen, dass es sich nicht um einen Kürbis, sondern um eine Karotte der Sorte Oxheart handelte. Die Sorte wurde 1898 im Katalog der W. W. Rawson Company und 1900 in dem der Firma John Lewis Child angeboten, und dann verschwand sie einfach von der Bildfläche, und man hielt sie allgemein für ausgestorben. Doch dann stellte sich heraus, dass sie an irgendeinem Ort unter anderem Namen angepflanzt wurde.

In Lauckners Garten wuchsen überdies vier verschiedene Artischocken-, zwei Spargel-, sechs Paprika-, zwölf Blattsalat- und drei Rübensorten, nämlich die Rote Rübe Burpee Golden, die in Nordamerika seit 1828 bekannt ist, eine Albinorübe, die keine Flecken bekommt, und die Rote Rübe Chioggia, die in den 1840er Jahren aus Italien nach Nordamerika kam und mit ihren rotweiß abgesetzten Ringen außerordentlich dekorativ ist. Von den zehn Tomatensorten in seinem Garten war nicht eine rot. Vor der Zeit der Supermärkte waren nur wenige Tomaten rot. Tomaten sind Lauckners Lieblingsgemüse.

Unter den 2500 Tomatillopflanzen, die in Lauckners Treibhaus wachsen, gab es eine Physalis, die erstmals in den 1940ern in North Carolina beschrieben wurde. Sie ist gelb und kaum größer als eine Weintraube, wächst an einer Pflanze, die aussieht wie eine chinesische Lampionblume, und schmeckt wie Kirscheis. Und es gab Tomaten der Sorte Nebraska Wedding, die dickhäutig, saftig und leuchtend orange ist, süß schmeckt und sich im Kühlschrank ohne weiteres mehrere Wochen hält. Es gab grün gefleckte Tomaten in der Größe und Form einer Gurke und Johannisbeertomaten, die so heißen, weil sie kleiner sind als Kirschtomaten. Die erste Tomatenpflanze dieser Sorte wurde in Indianapolis entdeckt, wo sie an der Ecke 56ste und College Street aus einem Riss im Bürgersteig wuchs. Aunt Ruby's German Green ist ein Koloss von einer Tomate. Weil sie auch im reifen Zustand grün bleibt, muss man aufpassen, dass man den Zeitpunkt der Ernte nicht verpasst.

Zu Lauckners Stammkunden gehören meine Freunde Don und Shanti McDougall, deren 39 Hektar große Farm Deaconvale von meinem Haus aus hinter einem dicht bewaldeten Hügel liegt. Deaconvale ist eine Farm mit Bio-Zertifikat. Der Boden dort ist schwer und lehmig vom Dung der Weidekühe und von den Algen, die von den Stränden der Insel herbeigeschafft werden. Die Vielfalt der Früchte, die dort angebaut werden, bildete unter anderem die Grundlage für die Wiederbelebung des Erzeugermarktes, wo ich Tina Farmilo mit ihrer großen Karte begegnet war, auf der sie die verwilderten Gärten der Insel mit farbigen Punkten markiert hatte. Deaconvale ist der Ort, den Don und Shanti zu ihrem Zuhause gemacht haben. Sie werden nie von dort weggehen.

Nur wenige Dinge sind stärker als die Liebe der Menschen zu dem, was aus dem Boden wächst. Brian Brett auf seinem Berg, Mark Lauckner in seinem Garten, Don und Shanti auf ihrer Farm, Julia Steele in Kew Gardens, Tina Farmilo mit ihrer Karte, Alan Phillips in Brighton & Hove – jeder und jede von ihnen führt auf ganz eigene Weise das Werk fort, das in der Offenbarung des Johannes gepriesen wird. Ihr Ziel ist es, die Dinge zu stärken, die geblieben sind. Es ist ein ehrliches und nützliches Werk in der Tradition von Prinzessin Augusta und Joseph Banks, von Nikolai Iwanowitsch Wawilow und Pat Mooney, der Whealys in Iowa und jener Botaniker, die sich mit Seilen an den Felswänden von Kauai herunterlassen.

Keiner der Menschen, mit denen ich in diesem Zusammenhang gesprochen habe, geht davon aus, dass sein Werk bald vollendet sein wird. Don McDougall beispielsweise lachte ein wenig spöttisch bei dem Gedanken.

»Man kann die Leute nur bis zu einem gewissen Punkt bringen«, sagte er.

Der singende Baum von Chungliyimti

Eine Welt

Ich habe Hirsche und Wildschweine und Leoparden gejagt. Als ich ein Kind war, konnten wir diese Tiere manchmal mit Steinen töten oder mit Ästen von einem Baum. Heute ist das nicht mehr so.
Ngowang IV., Angh von Longwa

Ich hatte keinen Besuchstermin mit dem Angh von Longwa gemacht, war aber des ungeachtet entschlossen, ihn kennenzulernen. Alle in den vorangegangenen Kapiteln dieses Buches beschrittenen Wege führen unweigerlich nach Longwa, dem Mutterdorf eines Naga-Stammesgebiets im Patkai-Gebirge, das im Osten des Himalaja liegt. Man hatte mir gesagt, der Angh sei sehr zuvorkommend zu Besuchern und ich solle mich nicht von den Geschichten abschrecken lassen, die über ihn erzählt wurden. In einer dieser Geschichten geht es um die Art, wie er einmal ein heikles diplomatisches Problem geregelt hatte. Eines der 42 Dörfer in seinem Stammesgebiet hatte ihm den jährlichen Tribut an Hirse und Fleisch von Wildrindern verweigert. Angeblich kehrte er mit den Köpfen von fünf Ältesten aus dem Dorf der Ungehorsamen zurück – als Geschenk für seine dreizehn Frauen.

Ich war nicht bereit, mich jetzt von solchen Geschichten aus der Ruhe bringen zu lassen. Immerhin hatte ich es schon bis nach Khonoma, der alten Bergfestung der Angami-Nagas, geschafft. Die letzten 25 Kilometer waren eine einstündige Tortur auf einer holprigen, kurvenreichen Schlammpiste, auf der wir durchgerüttelt wurden, bis wir lange nach Einbruch der Dunkelheit vollkommen kreuzlahm ankamen. Ich hatte in Assam drei Tage auf meine Reisegenehmigung für das normalerweise für Touristen gesperrte Gebiet gewartet. Es hatte mehrere Wochen gedauert und der freundlichen Unterstützung eines pensionierten indischen Generals bedurft, eine Reiseroute auszuhandeln, die zwar nicht ganz den Vorschriften entsprach, aber auch nicht direkt gegen sie verstieß. Die Nagaberge waren in den vergangenen 130 Jahren für die Außenwelt weitgehend verschlossen. In dieser Zeit hatten die Nagastämme einen blutigen Krieg gegen ebenjenen Ablauf der Ereignisse geführt, um die es in diesem Buch geht. Neu-Delhi hatte erst zwei Jahre zuvor einen Waffenstillstand mit der führenden Rebellengruppe vereinbart, der die längsten Freiheitskämpfe beendete, die es je in Asien gab. Ich hatte es bis nach Khonoma geschafft. Alles würde gut gehen.

Der Waffenstillstand mit den Nagarebellen kurbelte den Tourismus an, aber noch sind ausländische Besucher in ihrer Bewegungsfreiheit beschränkt. Sie dürfen nur mit staatlich autorisierten Reisebegleitern in Gruppen von mindestens vier Personen reisen und bestimmte freigegebene Gebiete mit hoher militärischer Präsenz besuchen. Ich dagegen hatte vor, auf eigene Faust in einem Jeep mit einem Fahrer und einem Übersetzer zu reisen, wohin ich wollte, und mir vor Ort einen Reiseführer zu suchen. Der General hatte gesagt, alles sei geregelt, aber als ich in Gauhati, der größten und schmutzigsten Stadt im Bundesstaat Assam, ankam, hatte ich immer noch keine Reisegenehmigung. Ich hatte drei Tage Zeit, herumzulaufen und mir auszumalen, was alles schief gehen könnte. Aber jetzt machte ich mir keine Sorgen mehr.

Als ich meine Genehmigung endlich bekam, wurde sie mir von keinem Geringeren ausgehändigt als von Neisatuo Keditsu, dem Leiter des Tourismusverbandes von Nagaland. Der Schein war vom Innenministerium ausgestellt worden, und mein Name stand darauf. Er berechtigte mich, bei der 280 Kilometer nordöstlich von Gauhati gelegenen Grenzstadt Dimapur nach Nagaland einzureisen. Neisatuo hatte die Aufgabe, mich durch die militärischen Kontrollen ins Land zu bringen, mir einen Jeep, einen Fahrer und einen Übersetzer

Eine Welt

zu verschaffen und dafür zu sorgen, dass mir für die Reise nach Longwa auf dem Berg Tainyai an der burmesischen Grenze einheimische Führer zur Verfügung standen.

Neisatuo hatte anhand der komplizierten Reiseroute, die ich mit Hilfe von Jimmy Singh, dem pensionierten General, ausgehandelt hatte, bereits alles Notwendige arrangiert. Die Sicherheitskontrollen schienen mir zwar ein bisschen lästig – ich sollte mich in jedem Nagabezirk, durch den wir kamen, auf einer Polizeistation anmelden –, aber wenigstens würden die Straßen durch das Patkai-Gebirge bis nach Longwa befahrbar sein, solange es nicht regnete. Meine Reiseerlaubnis war auf zehn Tage befristet. Da wir die Strecke von Dimapur durch die Berge und über die Buckelpisten nach Kohima und schließlich das letzte Stück bis nach Khonoma an einem einzigen Tag geschafft hatten, blieben mir zwei Tage für den Besuch in Khonoma, wo mich ein Schlafquartier im ersten Stock und eine warme Zudecke für die kalte Nacht erwarteten.

Khonoma, eine alte Festungsstadt mit einem Labyrinth schmaler, von Steinmauern begrenzter Gässchen, war bis ins 19. Jahrhundert von der Außenwelt abgeschottet. Die Briten belagerten die Stadt drei Mal, konnten sie aber nie auf Dauer einnehmen. Khonoma ist im Übrigen die Geburtsstadt von Angami Zapu Phizo, dem charismatischen Nagaführer, der den Widerstand der Nagas in den letzten Jahren der britischen Kolonialherrschaft angeführt und später die zersplitterten Nagastämme im Kampf gegen die indische Regierung vereint hatte.

Khonoma war von Anfang an ein wichtiger Stützpunkt im Freiheitskampf der Nagas gewesen. Nun begannen die Naturschutzprojekte, die hier, auf alten, tief in der Geschichte der Angami-Stämme verwurzelten Kulturtechniken basierend, durchgeführt wurden, internationale Beachtung zu finden. Das war auch der Grund, warum ich diesen Abstecher nach Khonoma eingeplant hatte.

Das Patkai-Gebirge liegt innerhalb einer der letzten großen Biodiversitätszonen der Welt. Es ist eine der Regionen, in denen sich laut UNESCO »Zonen ethnolinguistischer und biologischer Vielfalt überlagern«[1], und man findet hier genau die vielen unterschiedlichen Topografien und Bodenbeschaffenheiten, die Nikolai Iwanowitsch Wawilow als Merkmale der Zentren genetischer Vielfalt bei Kulturpflanzen beschrieben hat. Es ist einer dieser magischen Orte, an denen Biosphäre und Ethnosphäre, sichtbare und unsichtbare Welt, das Wilde und das Gezähmte aufeinandertreffen.

Eine der Karten, die mich auf Nagaland aufmerksam gemacht haben, wurde von der Umweltorganisation Conservation International herausgegeben. Sie zeigt die sogenannten Hotspots der Welt, jene Flecken Erde, die des besonderen Schutzes bedürfen, weil ihre Verwundung so offenkundig ist. Um auf dieser Karte verzeichnet zu werden, muss eine Region mindestens 1500 endemische Arten aufweisen, Pflanzen also, die nur an dieser Stelle und nirgendwo sonst auf der Erde vorkommen. Es ist wie bei der Triage: Wenn mindestens 70 Prozent des ursprünglichen Habitats verloren sind, wird die Region in die Karte aufgenommen. Dem liegt zugrunde, dass Habitat gleichbedeutend ist mit Bäumen, und wenn die Bäume verschwinden, folgt massenhaftes Artensterben auf dem Fuß. Zu der Zeit, als ich dieses Buch schrieb, gab es 25 solcher Patienten auf der Triage-Station. Einer davon war die indisch-burmesische Region, zu der die abgelegenen Berge gehören, in denen die Nagas leben.

Wo eine so schwindelerregende Artenvielfalt unter den Tieren, Bäumen, Vögeln, Amphibien, Insekten und Blumen herrscht, findet man gewöhnlich auch eine erstaunliche Fülle verschiedener Sprachen, Lebensgewohnheiten, Früchte, Kulturpflanzen und Nutztiere. Solche Regionen bezeichnet man als Zentren der Megadiversität. Sie sind dort angesiedelt, wo es einerseits viele Möglichkeiten des Austauschs zwischen den Ökosystemen und zwischen Mensch und Tier gibt, anderserseits aber auch Möglichkeiten der Isolation – der evolutionäre Schmelztiegel für Spezies, Sprachen und Kulturpflanzensorten.

Dass solche Orte existieren, mag erstaunlich scheinen, ist oft aber nur eine Frage der geografischen Bedingungen. Wo es Berge und tief eingeschnittene Flusstäler gibt, gibt es auch abrupt wechselnde Höhenniveaus, eine Fülle verschiedener Mikroklimata und unterschiedliche Ökosysteme, die sich gegenseitig überlagern. Oft sind dies tropische Bergwälder, in denen die Wachstumsperioden lang, die Böden fruchtbar und die Regenfälle reichlich sind, in denen die Voraussetzungen dafür, zu töten und getötet zu werden, bestens sind und in denen es viele interessante Sprachen gibt, um über all das Gedichte zu machen. Höchstwahrscheinlich wird man hier auch eine reiche Vielfalt an Käfern finden, denn »Gott scheint eine übermäßige Vorliebe für Käfer« zu haben, wie der britische Genetiker John Haldane einmal auf die Frage, welche Schlüsse man über Gott aus der Schöpfung ziehen könne, antwortete.

Zu Beginn des 21. Jahrhunderts konnte man fast sicher sein, diese Zentren der Megadiversität auf den Landkarten der traurigen Abschiede wiederzufinden. Auf diesen Karten sind Orte verzeichnet wie der Gebirgszug Sierra Madre del Sur im Süden Mexikos, die Nordküsten von Papua-Neuguinea, die Inseln von Taiwan und die indonesischen Banda-Inseln. In solchen Regionen sterben auch die Sprachen aus. Auf der Hochebene des Bauchiplateaus und in den Flusstälern von Niger und Benue in Nigeria sind mehr als 80 Sprachen vom Aussterben bedroht. Schon Luri wurde in den 1970er Jahren nur noch von 30, Holma in den 1980er Jahren nur noch von 4 Personen gesprochen. Einige der fast toten Sprachen wie Bukwen, Doka, Dugaza und Nyam wurden jeweils nur noch in einem einzigen Dorf verwendet.

Was mich veranlasste, ins Patkai-Gebirge zu reisen und nicht in eine dieser anderen Regionen, war eine Karte, die dem von UNESCO, Terralingua und WWF herausgegebenen Buch *Sharing a World of Difference* beiliegt. Auf der Karte waren ungewöhnlich viele Farben, Schraffierungen und Punkte zu sehen. Die Farben markieren die Biome der Welt, Gebiete also mit einem einheitlichen Spektrum von Habitattypen, Nahrungspflanzen, Tieren und so weiter. Die Schraffierungen repräsentieren Ökoregionen – Gebiete mit spezifischeren Arten von Pflanzen- und Tiergemeinschaften. Sprachen sind durch schwarze Punkte markiert; rote Punkte kennzeichnen nahezu ausgestorbene Sprachen. Auf der Karte gibt es eine Region, in der sich zwar Farben und Schraffierungen drängen, aber keine roten Punkte zu sehen sind; stattdessen eine dichte Ansammlung schwarzer Punkte, die auf das Vorhandensein kleiner, aber lebender Sprachen hindeuten. Am dichtesten geballt waren die Punkte in jenem Gebirgsausläufer, der sich vom östlichen Himalaja in einer Bogenlinie Richtung Süden und dann wieder nach Westen zieht. Im hintersten Winkel dieses Ausläufers liegt auf dem Berg Tainyai das Konyakdorf Longwa. Dort oben spielte sich etwas ganz Eigenes ab.

In der Region, zu der das Patkai-Gebirge gehört, leben nach offiziellen Angaben der indischen Regierung 160 Stämme, die 30 Hauptsprachen sprechen. Daneben sind jedoch eine Vielzahl kleinerer Sprachen und Hunderte von unterschiedlichen Dialekten zu hören. Beispielsweise kennen die Konyak-Nagas 31 Dialekte, und es gehören sieben Konyak-Sprachen zu den 20 Sprachen der Konyak-Bodo-Garo-Gruppe, die den Hauptanteil an der 24 Sprachen umfassenden Bodo-Konyak-Jingpho-Gruppe stellt, die zur tibetobirmanischen Sprachfamilie mit ihren 351 Sprachen zählt, die wiederum einen der beiden Hauptzweige der sinotibetischen Sprachen bildet.

Nicht weniger kompliziert sind die Gemüsegärten der Nagas mit ihren schmalen Graten zwischen Wildem und Gezähmtem, zwischen natürlicher und künstlicher Auslese, was daran liegt, dass die kultivierten Pflanzen von nahen Verwandten umgeben sind, die rundum auf den Berghängen wild wachsen. In den Gärten der Nagas findet man Dutzende endemischer Arten von Straucherbsen, Flügelbohnen, Saubohnen und Schwertbohnen und mehr als 50 Zitrusfruchtsorten. In den Dschungeln der Bergtäler wachsen unzählige Arten von Wildbananen, so viele, dass die Region allgemein als die evolutionäre Wiege aller Bananen dieser Welt gilt. Einer Kurzstudie der indischen Stiftung für angewandte Umweltforschung zufolge wachsen 150 verschiedene Nahrungspflanzenspezies allein in den Gärten von drei Nagadörfern, deren Bewohner in der Lage waren, aus dem Stegreif 14 Hirse- und 32 Reissorten aufzuzählen.

Im Allgemeinen fällt die gesamte Region aus der Wahrnehmung der westlichen Welt heraus. Das liegt daran, dass man, wirft man einen Blick auf eine herkömmliche Weltkarte, den Eindruck hat, die Republik Indien sei ihrer Form nach eine auf dem Kopf stehende, am Himalaja-Gebirge aufgehängte Pyramide mit Pakistan zur Linken, Bangladesch zur Rechten und Sri Lanka vor der Spitze im Indischen Ozean treibend. Was dabei oft übersehen wird, ist ein Gebiet von der Größe der Britischen Inseln, das sich rechts oben anschließt, verbunden mit dem Indischen Subkontinent nur durch einen schmalen Korridor, in dem Shiliguri liegt und der sich wie eine Schlange zwischen Bangladesch im Süden und Nepal im Norden windet.

Wenn man diesen Korridor hinter sich hat und in östlicher Richtung weiter durch das Tiefland von Assam fährt, kommt man irgendwann im Patkai-Gebirge heraus. Dort kann man, umringt von Bergketten, auf einem Gipfel stehen und ist doch nicht weiter als 200 Kilometer von einigen der großen Ströme Asiens wie dem Jangtse, dem Chindwin, dem Irrawaddy, dem Mekong und dem Brahmaputra entfernt. Die großen Kulturen, die den Indischen Subkontinent im Laufe der Jahrtausende bewohnten, hatten nur eine vage Vorstellung von der Region. In den Wäldern im Quellgebiet des Brahmaputra begegnete Krishna der Legende nach seiner

Gefährtin und Geliebten, und in den Tälern soll es von sonderbaren Kreaturen nur so wimmeln. Es ist wie ein Land hinter den Spiegeln.

Zu den Kreaturen, die hier leben, gehört der Mishmi-Takin (*Budorcas taxicolor taxicolor*), ein Paarhufer, der entfernt mit dem Moschusochsen verwandt ist. Seinem goldenen Fell verdankt sich angeblich der griechische Mythos vom Goldenen Vlies. Zwei weitere seltene Vertreter aus der Unterfamilie der Ziegenartigen leben in diesen Wäldern, der Serau und der Goral sowie der Tahr, ein zotteliger entfernter Verwandter der Schneeziege. In den Tälern kann man dem Panzernashorn begegnen, einem eigenbrötlerischen Ungetüm, das nur noch hier in freier Wildbahn lebt. Es hat die Größe eines Orcas. Ein erwachsenes männliches Tier kann bis zu 2,2 Tonnen schwer werden.

In den Wäldern leben unglaublich seltene Tiere, darunter das Putao-Muntjak, mit knapp 45 Zentimetern Schulterhöhe und zehn Kilogramm Gewicht der kleinste Hirsch der Welt. Er kommt nur an den Südosthängen des Patkai-Gebirges vor, aber selbst da müsste man sich schon anstrengen, wenn man ihn finden wollte – er wurde erst 1997 für die Wissenschaft entdeckt. Ein anderer Hirsch, der Manipur-Leierhirsch, der auch als »Tanzender Hirsch von Manipur« bekannt ist, lebt ausschließlich auf den schwimmenden Phumdi-Inseln im Loktak-See.

In den immergrünen Laubwäldern tummeln sich neun Primatenarten, darunter der Plumplori, der aussieht wie eine Mischung aus Dachs und Buchhalter, und ein winziges Baumäffchen, der Hulock-Gibbon, der ungefähr so groß ist wie eine Hauskatze. Im 19. Jahrhundert kamen immer wieder Gerüchte über einen »weißen Affen« auf, der nur einigen Stämmen im Bergland zwischen den beiden Flüssen Sankosh und Manas nordwestlich des Brahmaputra bekannt zu sein schien. Manchmal wurde sein Fell als gelblich beige beschrieben. Erst 1956 konnte seine Existenz durch den britischen

Teepflanzer Edward Gee bestätigt werden, der dem von ihm entdeckten Tier den Namen »Goldlangur« gab.

Da gibt es Riesengleithörnchen, deren wissenschaftlicher Name allein wunderschön ist: *Petaurista nobilis* und *Petaurista magnificus*, was so viel heißt wie »edler Seiltänzer« und »prachtvoller Seiltänzer«. Und es gibt äußerst seltene Rote Pandas und Moschushirsche in den Bambuswäldern und hoch oben in den alpinen Zonen Blauschafe und Schneeleoparden. Schweinshirsch und Muntjak, Lippenbär und Tiger, Sumpfluchs, Marmorkatze und Goldkatze teilen sich den Lebensraum mit einigen der seltensten Vögel der Welt – Graubrusttrogon und Rosenschwanztrogon beispielsweise oder Chinasittich, Spitzenschuppentimalie und Horsfieldsäbler. Drei der fünf Nashornvogelarten kommen nur hier und nirgendwo sonst auf der Erde vor. Im Schatten von Erlen, Kiefern, Wacholder- und Banyanbäumen und zwischen dichten Rhododendronsträuchern einer endemischen Art breiten sich 100 verschiedene Pilz- und 600 Orchideenarten aus. Es gibt 60 verschiedene hier heimische Bambusarten, darunter einen Riesenbambus, der so hoch werden kann wie ein achtstöckiges Gebäude.

Die meisten dieser Tiere und viele der Pflanzengemeinschaften sind gefährdet. Wie auf der Karte mit den Hotspots der Erde so deutlich zu sehen, hatte Nagaland schwere Wunden davongetragen. Aber wenn es irgendwo einen Ort gab, an dem die Möglichkeit bestand, dass er die zunehmende Dunkelheit der Gleichförmigkeit überlebte, dann war das in meinen Augen hier. Davon war ich überzeugt. Und das war der Grund, warum ich mich jetzt in der kalten Nacht von Khonoma frierend zusammenrollte.

Am Morgen, als wir in Gauhati losgefahren waren, war über dem breiten Strom des Brahmaputra die Sonne langsam aus dem dichten Nebel aufgestiegen, der über den Reisfeldern lag und im Bambusdickicht auf den Bergen hing. Neisatuo fuhr schnell, und wir unterhielten uns, während die Dörfer vorbeiflogen. Am Himmel über uns zogen Reiher und Tauben dahin, Schweineherden kreuzten die Straße, und um uns breitete sich im Herzen des berühmten Teeanbaugebietes von Assam eine Parklandschaft aus. Es war schön hier im Frühling: das saftige Grün untadelig gepflegter hüfthoher Teesträucher, Lehmziegelhäuser in sauberen Dörfern und Blumengärten unter Palmen. Aber als wir in Dimapur ankamen, wurde mir klar, warum in diesem Teil der Welt so vieles vom Aussterben bedroht ist.

In alten Zeiten, lange bevor die Briten kamen, war Dimapur die Hauptstadt des kleinen Königreichs Kachari gewesen, beherrscht von einer Stammesdynastie, die sich einer Nagaprinzessin in der Reihe ihrer Ahnen rühmte. Noch in den 1970er Jahren war Dimapur ein verschlafenes Städtchen mit Ruinen des alten Königreichs und rätselhaften Steinmonumenten. Aber das Dimapur, in das wir jetzt kamen, war eine lärmende, übervölkerte und im Verkehr erstickende Stadt. Die Bevölkerungsexplosion, die Dimapur erlebte, war einer der Hauptgründe dafür, dass sich die Einwohnerzahl des Bundesstaates Nagaland innerhalb von 20 Jahren auf 1,8 Millionen Menschen nahezu verdreifacht hatte.

Zurückzuführen war die Bevölkerungsexplosion vor allem auf die Heerscharen von Flüchtlingen aus Bihar, Bangladesch und Westbengalen, die der wirtschaftliche Zusammenbruch und die politischen Unruhen aus ihrer Heimat vertrieben hatten. Der Zustrom von Flüchtlingen hatte auch zur Folge, dass die am Brahmaputra heimischen Stämme wie Bodos und Rajbonshis für einen eigenen autonomen Staat kämpften und die Mizos zunehmend radikalisiert wurden, als sie hilflos zusehen mussten, wie aus dem Nachbarland Burma immer mehr Angehörige des Tschinvolkes in ihrem Stammesgebiet Zuflucht suchten. In manchen Gegenden der Region verdoppelte sich die Bevölkerung alle paar Jahre.

Am Grenzübergang nach Nagaland standen Soldaten der paramilitärischen Regierungstruppen der Assam Rifles in

Kampfuniform und mit geschultertem Sturmgewehr träge in der Nachmittagshitze herum. Andere hockten mit verhülltem Gesicht, das Gewehr auf dem Schoß, auf dem Boden. Eine halbe Stunde nachdem wir den Kontrollpunkt hinter uns gelassen hatten, rumpelten wir durch das steil ansteigende Chathe-Tal. Und alles veränderte sich wieder einmal.

Wir folgten der kurvenreichen Gebirgsstraße, vorbei an Ananaswäldchen und an Dörfern mit bambusgedeckten Häusern, und alles schien merkwürdig, sogar die Straßenschilder: »Nach dem Whisky droht Gefahr«, »Fahren bei Nacht ist gefährlich«, »Assam Rifles, Freunde der Bergbewohner« oder »Sicherheit vor Tempo«. Wir fuhren durch das Dorf Medziphema, dann durch Zubza. Als die Abenddämmerung hereinbrach, kamen Frauen mit Feuerholz auf dem Kopf aus dem Wald und liefen die Straße entlang, und Hühner machten sich flatternd vor uns aus dem Staub.

Ich machte Neisatuo auf ein Schild aufmerksam, auf dem stand: »Fahr keine Rally, genieß das Tal«, worauf mir als Nächstes »Stör den Fahrer nicht mit deinem Geschwätz« ins Auge fiel. Also machte ich mir still meine Gedanken über »Selbstvertrauen ist die Mutter des Heldentums«, bis wir das 70 Kilometer von Dimapur entfernte Kohima erreichten. Die Sonne war längst untergegangen, als wir nach der letzten halsbrecherischen Stunde Fahrt durch pechschwarze Dunkelheit in Khonoma, der alten Festung der Angami-Nagas, ankamen. Ich hatte das Land hinter den Spiegeln erreicht.

Als ich am nächsten Morgen aufwachte, hätte ich schwören können, dass ich mich in Machu Picchu befand.

⸺⸺

Der Morgen war klar und frisch, und Khonoma erwachte mit Hahnengeschrei und Vogelgezwitscher zum Leben. Junge Frauen liefen schweigend und lächelnd durch mauergesäumte Straßen. Junge Männer schlurften verschlafen durch schmale Gassen hinaus aus dem Dorf, dem Sonnenaufgang entgegen.

Khonoma liegt in 1500 Metern Höhe auf einem Gebirgs-kamm, von wo aus man einen Panoramablick über das Land hat. In dem Ort leben etwa 3000 Menschen. Ihren Lebens-mittelpunkt bildet die Feuerstelle in ihren Häusern, die eine Einheit bilden mit den Gewölbegräbern ihrer Verstorbenen. Überall ragen große Gedächtnissteine auf, die an die Siege und Feste vergangener Zeiten erinnern. Es gibt Schweine- und Hühnerställe und blumengeschmückte Innenhöfe, und unterhalb der Stadtmauern ziehen sich gleichmäßige Reister-rassen den Hang hinunter wie Stufen, die von einem längst vergangenen Volk von Riesen in den Berg gehauen wurden.

Die Aufgabe, mich herumzuführen und mir die Dinge zu erklären, die ich sah, war Kevi Meyase zugefallen, er war ein gut gelaunter 29-jähriger Teilzeitschreiner und gehörte zu einer in Khonoma stationierten Truppeneinheit. Die Frauen, die ich gesehen hatte, waren auf dem Weg in den Wald, um Wildbananen zu pflücken, und die verschlafenen jungen Männer strebten ihren rituellen Badeplätzen zu. Es war der erste Tag des Sekrenyifestes, des ersten von acht großen Festen des Angami-Kalenders.

Kevi hatte mir in dem Gästehaus am Dorfrand, in dem ich untergebracht war, beim Frühstück aus gekochten Eiern und Gemüse Gesellschaft geleistet. Außer mir wohnten dort ein paar Experten aus Bangalore, die hier im Auftrag der indi-schen Regierung ein solarbetriebenes Straßenbeleuchtungs-system installieren sollten, ein Projekt, das die Dorfbewohner mit grenzenloser Heiterkeit zu erfüllen schien. Gefolgt von einer Meute kichernder Kinder machten wir einen Spazier-gang durch das Dorf. Am *rukhuba*, dem höchsten steinernen Turm von Khonoma, angelangt, deutete Kevi Richtung Nor-den in ein Tal, das zum Fluss Chathe hin abfiel.

»Da unten«, sagte er. »Unsere Feinde kommen immer aus dieser Richtung.«

Der Chathe tritt bei Dimapur aus dem Gebirge. Aus dieser Richtung waren wir, der Hauptverbindungsstraße zwischen

Assam und Nagaland folgend, am Vortag gekommen. Es war auch die Richtung, aus der im Frühjahr 1850 eine britische Infanterieeinheit gekommen war und ihre Feldartillerie die schmalen Bergpfade hinaufgeschleppt hatte.

Zwanzig Jahre lang hatten die Stammeskrieger von Khonoma den Briten und ihren Verbündeten schwer zugesetzt. Begonnen hatte alles 1832, als 700 Soldaten aus Manipur unter dem Kommando britischer Offiziere einen blutigen Feldzug in das südliche Bergland der Angami-Nagas unternahmen, um eine Verbindungsschneise von der Assam-Ebene zum Tiefland von Manipur zu schaffen. Die Soldaten mieden klugerweise die Festung Khonoma, wurden aber im Laufe der Jahre bei jeder sich bietenden Gelegenheit von Dorfkriegern aus dem Hinterhalt überfallen. Die britische Kolonialregierung in Assam beschloss, den Rebellen in ihrer Bergfestung auf den Leib zu rücken und dem Spuk ein für alle Mal ein Ende zu machen.

Während der ersten Belagerung im Jahr 1850 konnten die Briten mit ihrem Mörserfeuer nur wenig gegen die Wehrmauern der Festung ausrichten. Zudem war der Waldboden im Umkreis des Dorfes mit angespitzten Bambusstöcken gespickt, die sich durch die Stiefelsohlen der Soldaten bohrten, und der schmale Weg, auf dem man sich Khonoma über den Bergkamm näherte, war mit tiefen Gräben unpassierbar gemacht worden. Auf die wenigen Soldaten, die es schafften, auch nur in Sichtweite der Dorfmauern zu kommen, regneten Pfeile, Speere, Steine und Gewehrkugeln herunter. Humpelnd zogen sich die Briten in die Ebene zurück.

Neun Monate später kehrte Major Foquette mit zwei Leichtinfanterie-Einheiten aus Assam, einer paramilitärischen Kompanie und einer Geschützbatterie zurück. Nach zehn Tagen waren die Festungsmauern überwunden, und aus der Belagerung wurde ein blutiger Straßenkampf in dem unübersichtlichen Labyrinth der engen Gassen. Den meisten Verteidigern der Stadt gelang es allerdings, sich durch Geheimgänge, unterirdische Tunnel und auf versteckten Pfaden in die Berge zu schlagen.

Die Briten zogen aus den Ereignissen von 1850 die Lehre, dass es für sie das Beste sein würde, einen eigenen befestigten Stützpunkt in Kohima einzurichten und von da aus gelegentlich mit schwer bewaffneten Patrouillen durchs Land zu marschieren und den Union Jack zu schwenken. Die Stammesführer in Kohima zogen daraus die Lehre, dass sie bessere Waffen benötigten. Nach und nach kehrten die Bewohner in ihr geliebtes Heimatdorf zurück. Sie bauten wieder auf, was zerstört worden war, und nahmen ihr altes Leben wieder auf. Die Krieger, vor allem die jungen Männer vom Merhuma-Clan, beschäftigten sich damit, ein Arsenal alter Vorderlader und Enfield-Gewehre anzulegen, die sie im Tauschhandel von den weiter südlich beheimateten Bergstämmen der Kukis erworben hatten.

Im Oktober 1879 gab es bei einem Überfall der Krieger aus Khonoma auf eine britische Militärpatrouille 33 Tote und 19 Verwundete. Zwei Wochen später griffen die Stammesführer mit einer 6000 Mann starken Nagatruppe die britische Garnison in Kohima an. Nachdem auf beiden Seiten viel Blut geflossen war, begann man mit Waffenstillstandsgesprächen, doch noch während der Verhandlungen trat eine 2000 Mann starke, aus britischer Infanterie und Schützeneinheiten aus Manipur bestehende Truppe auf den Plan. Die Nagas beeilten sich, in ihre Dörfer zurückzukehren. Einen Monat später bliesen die Briten erneut zum Angriff auf Khonoma. Nach schweren Verlusten auf beiden Seiten ergriffen die Dorfbewohner zum zweiten Mal die Flucht und zogen sich in die Berge zurück. Die Festung wurde noch einmal niedergebrannt, aber auch dieses Mal kehrten die Menschen zurück und bauten ihr Dorf wieder auf.

Dann wurde am 16. Mai 1904 ein Kind in Khonoma geboren. Seine Eltern nannten den Jungen Zapu Phizo, und seine Geburt markierte den Punkt, an dem die Nagas den gleichmacherischen Kräften der modernen Welt begegneten. Was diese Kräfte außerhalb ihrer Welt bewirkten, konnten die Nagas sehen – sie brauchten den Blick nur von ihrer Berghöhe über die Assam-Ebene schweifen zu lassen.

In den Wäldern der tiefer gelegenen Regionen ihres Stammesgebietes wuchs ein Strauch, der bei den Singphos in hohem Ansehen stand. Sie pflegten aus seinen Blättern zu Heilzwecken ein wohlschmeckendes fermentiertes Getränk zu bereiten. Als der schottische Handelsreisende und Abenteurer Robert Bruce im Jahr 1823 in die Gegend kam, schenkte ihm der Häuptling der Singphos ein paar Blätter des Strauchs, die auf Umwegen in den Botanischen Garten von Kalkutta gelangten. Dort stellte man fest, dass die Blätter zu einer Spezies der Gattung *Camellia* gehörten, einer Verwandten des Strauches, der in China seit Jahrhunderten kultiviert wurde. Die Chinesen machten daraus ihren berühmten grünen Tee, mit dem eine Reihe britischer Kaufleute immense Reichtümer verdient hatte. Es stellte sich heraus, dass die wilde Sorte der Singphos einen besonders kräftigen Tee mit angenehm malzigem Geschmack ergab.

Mitte des 19. Jahrhunderts nahmen britische Teeplantagen bereits große Flächen der Assam-Ebene ein, deren saure Böden ideale Bedingungen für die Teepflanzen boten. Und die Monokultur griff weiter um sich. Anfang des 20. Jahrhunderts wurde in Indien mehr Tee produziert als in China. Gegen Ende des Jahrhunderts nahmen die Teeplantagen im Hügelland und in der Ebene Assams eine Fläche von 150 000 Hektar ein. Die Urwälder mussten den lieblichen Plantagenanlagen weichen, und auch die Singpho mussten ihr angestammtes Gebiet räumen. Aus ihren Reihen sollte sich später die Guerillagruppe rekrutieren, die sich Arunachal Dragon Force nennt.

»Ach ja, Zapu Phizo«, sagte Kevi und blickte über das Tal hinaus, »er war von hier, ein guter Mann. Und da oben« – Kevi deutete zu einem Berggipfel, auf dem sich eine Art

Obelisk erhob – »hatten sich 1850 die Frauen und Kinder versteckt.«

Wir beschlossen, noch ein Stückchen weiter zu gehen.

Wie alle Nagadörfer ist Khonoma in *Khels* unterteilt – Viertel, die jeweils von einem autonomen Clan bewohnt werden. Nachdem wir den Khel des Theromo-Clans passiert hatten, kamen wir zu einem steinernen Denkmal, vor dem Kevi stehen blieb. Das Monument sah aus wie ein riesiger Grabstein. Es war 1995 errichtet worden, und auf der Vorderseite hat man die Namen von 45 Männern und Frauen aus Khonoma eingraviert, die bei den jüngsten Unruhen »ihr Leben für den Traum einer freien Naganation gegeben haben«. Wir gingen an einem Erinnerungsstein für Zhudelie Punyu, einen angesehenen Krieger, vorbei, durchquerten den Khel des Merhuma-Clans, zu dem Kevi gehört, und anschließend den des Semo-Clans.

In Khonoma hat jeder Khel sein eigenes Steintor. Jeder Khel ist wie eine Festung angelegt mit eigenem *Morung* und *Kwhirheu*. Ein Morung ist eine Art Langhaus, das den jungen Männern des Clans als Aufenthaltsort dient. Ein Kwhirheu ist ein kreisförmiger Platz, einem kleinen Amphitheater ähnlich, auf dem wichtige Versammlungen und Gerichtsverhandlungen abgehalten werden. Auf Diebstahl steht gewöhnlich eine Strafe im siebenfachen Wert dessen, was gestohlen wurde, es sei denn, es handelt sich bei dem Diebesgut um ein Schwein. In diesem Fall muss der Übeltäter mit einer mehrmonatigen Verbannung rechnen. Mord wird mit mindestens sieben Jahren Verbannung geahndet.

»Wir regeln diese Dinge selbst«, erklärte Kevi. »Wir brauchen dazu weder Indien noch sonst ein Land.«

Wir kamen wieder an eine Stelle, an der man einen weiten Ausblick hatte. »Da«, sagte Kevi. Er deutete mit weit ausholender Geste auf die Riesentreppe, die in breiten Stufen aus der Tiefe des Tals unter uns bis zu den Mauern von Khonoma aufstieg. »Und da.« Nun zeigte er auf die Berghänge hinter dem Dorf. »Überall dort sind unsere Felder.« In den Höhen der Berghänge schienen die Terrassen in Urwald überzugehen. Aber es war kein Urwald.

Und aus diesem Grund war ich nach Khonoma gekommen.

⸺⸺

Man erkannte es nicht auf den ersten Blick, aber die Reisfelder, die in Terrassen aus dem Tal aufstiegen und sich hinter dem Dorf weiter die Berghänge hinaufzogen, setzten sich in den Wäldern fort und veränderten dort ihren Charakter. Es sah aus, als würden die Terrassen in den Wäldern verschwinden, aber weder verschwanden sie, noch waren das dort oben richtige Wälder. Etwas anderes spielte sich da ab.

Dies war die Grenze zwischen dem Wilden und dem Gezähmten, zwischen natürlicher und künstlicher Auslese, zwischen Wildnis und Kultur. In Khonoma ist diese Grenze keine Linie und kein Streifen. Es ist eine Unterwelt unter einem sattgrünen Gewölbedach aus Bäumen, in die vom Dorf aus eine alte steingepflasterte und von Pflanzen überwucherte Straße führt.

Eine Stunde vom Dorf entfernt laufen die Wege an Tehou-Bäumen vorbei, die alles liefern – von Samen für Halsketten bis zu den Holzplanken für Särge, an Teishu-Bäumen mit ihren dünnen Stämmen, aus deren weichem Mark Schmuck hergestellt wird, der nur zu festlichen Anlässen getragen wird, und an den herrlich weiß blühenden Tuzu-Bäumen, die sich besonders bei den Singvögeln großer Beliebtheit erfreuen. Den Kevi-Baum, dessen Rinde man essen kann und dessen rosarote Blüten wie Tigerbalsam riechen, hatten die Eltern meines Begleiters sicher im Sinn, als sie ihm seinen Namen gaben. Die meisten Bäume, die hier wachsen, sind Erlen von der Art *Alnus nepalensis*. Am dichtesten wachsen sie oberhalb der Terrassen, wo die Reisfelder dafür Platz lassen.

Aber an manchen Stellen sah es aus, als seien alle Äste von den Bäumen entfernt worden. Hier, wo das Blätterdach fehlte, konnte man sehen, dass auch das steile Gelände weit oberhalb der Reisfelder noch in künstlichen Terrassen angelegt ist, die oft nicht breiter als zwei Meter sind und von Steinmauern gehalten werden. Die seien schon immer hier gewesen, erklärte Kevi. Er konnte sich nicht erinnern, jemals gesehen zu haben, wie jemand eine Terrasse anlegte.

Auch den Feldern wohnt ein verborgenes architektonisches Prinzip inne. Zu jedem Khel des Dorfes gehört ein größerer Trakt, und jeder Trakt ist in kleinere, bis zu 4000 Quadratmeter große Familienparzellen unterteilt. Jede Familie besitzt vier, höchstens fünf solcher Parzellen. Aber das System war kompliziert, und Kevi meinte, auf der anderen Seite des Tals, das hinter Khonoma steil abfällt, könne er es mir besser erklären. Wir setzten also unseren Weg fort. Eine Stunde später überquerten wir einen Bach, der sich aus einer kleinen Schlucht ergoss. Etwas bewegte sich zwischen den Erlen jenseits des Weges. Etwas Großes, Schwarzes. Und dann noch etwas. Und noch etwas.

»Mithan«, sagte Kevi mit einem Lächeln.

Nicht viele Kreaturen überschreiten so selbstverständlich diese Grenze zwischen der wilden und der gezähmten Welt wie dieses Tier, das Kevi »Mithan« nennt. In der Sprache der Umweltschützer und der konventionellen Taxonomie herrscht keine Einigkeit über seine Charakterisierung. Oft als Wildbüffel bezeichnet und eng mit dem Dulong-Rind verwandt, das man heute noch in der chinesischen Provinz Yunnan findet, ist das Tier in der Taxonomie unter dem Namen *Bos frontalis* bekannt. Es gehört der gleichen Gattung an wie das Yak, das Hausrind und der ausgestorbene europäische Auerochse. Der Mithan grast nicht wie das Rind, sondern er äst wie der Hirsch. Mithane sind meistens schwarz, manchmal auch braun oder gefleckt. Es sind ochsengroße Geschöpfe mit mächtigen Hörnern, scheu, sanftmütig und träge. Früher waren sie in ganz Südostasien verbreitet. Vorsichtigen Schätzungen zufolge gibt es heute in freier Wildbahn noch 1000

Eine Welt

dieser Tiere (wobei sich allerdings die Frage stellt, was man unter »freier Wildbahn« versteht).

»Sehen Sie, an seinem Ohr«, sagte Kevi und zeigte auf das größte Tier.

Was er mir zeigen wollte, war eine kleine Kerbe – die Markierung eines Dorfbewohners, die den Mithan als seinen Besitz kennzeichnete. Die Jungen aus dem Dorf haben ein Auge auf die im Wald umherstreifenden Tiere, die jemandem »gehören«, und legen manchmal so etwas wie Zäune an, um sie daran zu hindern, ein bestimmtes Tal zu verlassen oder die Kulturpflanzen in den Feldparzellen und Gärten zu zertrampeln. Manchmal streuen sie auch Salz aus und blasen in ein Horn. So lernen die Tiere, die Salzleckstellen mit dem Hornsignal in Verbindung zu bringen und zu kommen, wenn man sie sozusagen ruft. Was immer das offizielle Verständnis eines »wilden« Mithans sein mag, hier bei den Nagas leben sicher Tausende dieser Tiere in den Wäldern. Sie führen das Leben eines Wildrindes, bis ihr Besitzer beschließt, sie zu schlachten. Es ist keine leichte Entscheidung, und das Schlachten selbst ist mit einer Reihe von Ritualen und gesellschaftlichen Verpflichtungen verbunden. Ein männlicher Mithan kann bis zu einer Tonne wiegen. Davon werden viele Menschen satt.

Als wir auf der anderen Talseite auf einer Lichtung oberhalb eines Felshangs herauskamen, begann ich das System besser zu begreifen.

Tief unter uns, wo die Terrassenfelder anzusteigen beginnen, sah man hier und da entlang der Reisfelder Bambusdickicht. Die Bambuspflanzen, die hier an den Hängen wachsen, repräsentieren zehn Spezies, die bei den Dorfbewohnern unterschiedliche Verwendung finden. Sie werden als zarte Bambussprossen gegessen, es werden Löffel und Körbe, Zäune oder Matten zum Reistrocknen daraus gemacht, und sie werden als Baumaterial genutzt. Sie dienen außerdem als Rohmaterial für eine raffinierte Bewässerungsanlage aus Bambusrohren und gemauerten Kanälen, über die das Wasser von den Gebirgsbächen auf den Gipfeln über die Reisterrassen nach unten geleitet wird.

Auf verschiedenen Höhenebenen bauen die Dorfbewohner von Khonoma erstaunliche zwei Dutzend verschiedene Reissorten an. Sie führen keine ausufernden Diskussionen über die Schönheit oder Nützlichkeit der Pflanzen, und sie bauen sie auch nicht an, um eine Lanze für die Vielfalt der Kulturpflanzen zu brechen. Sie tun es, weil sie es können, wie Kevi mir erklärte. »Und weil die Nagas einen sehr feinen Geschmackssinn haben«, fügte er hinzu.

Auf dem Rückweg nach Khonoma sah ich, dass es in dem Erlenwald, wo die Bäume um die Terrassen herum keine Äste mehr hatten, von Frauen wimmelte, die damit beschäftigt waren, Zweige auf gleiche Länge zu schneiden und aufzuschichten. Die Bäume wurden hier so gekappt, dass alle neuen Zweige oben aus dem Stamm austrieben und senkrecht in die Höhe wuchsen. Diese Methode des Kappens erfordert, dass die Wunden, die beim Abschneiden der Äste entstehen, mit Lehm versiegelt werden, damit keine Schädlinge eindringen können.

Was hier geschah, war erstaunlich: jede Menge Feuerholz – und es war kein einziger Baum gefällt worden. So viel Nahrung – und kein Düngemittel und keine blutende Erde. Das war der Grund, warum man in der Welt auf Khonoma aufmerksam geworden war. Khonoma liegt an der Frontlinie des Artensterbens auf der Erde, aber die Menschen hier machen weiter wie gewohnt. Sie experimentieren mit verschiedenen Kulturpflanzensorten, um die Wachstumsperioden zu verlängern und auf ihre Weise an der Geldwirtschaft teilzuhaben. Es ist schwere Arbeit, die sie verrichten, und nun hat der Ältestenrat auch noch die Jagd auf Wildtiere im weiteren Umkreis des Dorfes verboten. Das ist besonders schwer für die Nagas angesichts ihrer Leidenschaft fürs Schießen. Die Nagas sind von alters her Jäger. Im Patkai-Gebirge ist es keine Seltenheit, dass man Männern begegnet, die mit schweren altmodischen Musketen bewaffnet sind. Hier in den Bergen ist man den Anblick von Gewehren gewohnt.

Das kanadische Zentrum für Entwicklungsforschung verfolgt aufmerksam, was sich in Khonoma tut, und das kanadische Amt für Entwicklungshilfe (CIDA) unterstützt das Dorf, damit sein Beispiel bei anderen Nagastämmen Schule macht. Die indische Regierung hat den Ort in das landesweite Projekt »Grünes Dorf« aufgenommen. Was Khonoma so hervorhebt, ist die Tatsache, dass man hier auf die Art von Brandrodung verzichtet, die zur großflächigen Entwaldung führt und im Nordosten Indiens und anderswo in den tropischen Wäldern der Erde – den blutigen Zentren der sechsten großen Welle des Massenaussterbens – so immense Schäden angerichtet hat.

In den 1990er Jahren wurden im Nordosten Indiens mindesten 4000 Quadratkilometer Wald durch Brandrodung vernichtet. Und das war nur ein Jahrzehnt. Es ist schwer, das wahre Ausmaß des Verlustes im Osten des Himalaja abzuschätzen, weil die Grenze zwischen unberührtem und von Menschenhand verändertem Wald fließend sind. Es gibt Sekundär- und Sukzessionswälder, die sich im Gefolge des hier praktizierten Wanderfeldbaus entwickelt haben. Die Menschen sind schon so lange Teil des Ganzen, dass man keine klare Unterscheidung treffen kann. Doch das FSI-Institut, das im Auftrag der indischen Regierung Veränderungen des Waldbestandes und seiner natürlichen Ressourcen erfasst und entsprechende Daten aufbereitet, hat diese fließenden Grenzen schon in den 1990er Jahren berücksichtigt und festgestellt, dass zwei Drittel der Bergregionen im Nordosten des Landes noch bewaldet, diese Wälder aber ernsthaft gefährdet sind. Immergrüne Laubwälder und Nadelwälder wurden vom Bambus verdrängt, und der Bambus wiederum musste einer krautigen Vegetationsdecke weichen. In Nagalands Nachbarstaat Meghalaya war die Hälfte der Waldfläche in Ödland verwandelt.

Ende des 20. Jahrhunderts wurden alljährlich Millionen von Hektar Wald, hauptsächlich tropische Wälder in Regionen wie Nagaland, vernichtet. Die vordergründigen Ursachen waren oft leicht zu erkennen: Wenn man alle Bäume abholzt, ist kein Wald mehr da. Aber die tiefer liegenden Gründe waren nicht so leicht zu benennen. Es waren kulturelle und demografische Kräfte, die hier wirkten.

Jahrelang hatte man den negativen Einfluss der Brandrodung auf die Wälder der Erde für so unbedeutend gehalten, wie John Muir es in seinem »Vögel und Eichhörnchen«-Vergleich formuliert hat. Natürlich hatten die durch die industrielle Waldwirtschaft verursachten Schäden die Folgen der Brandrodung längst in den Schatten gestellt, aber wie überall sonst in der Landwirtschaft veränderte das 20. Jahrhundert auch hier alles. Jahrhundertelang waren die Bevölkerungszahlen in den tropischen Regionen so niedrig, dass Brandrodung und Wanderfeldwirtschaft nachhaltig betrieben werden konnten. Aber das ökologische Gleichgewicht begann in weiten Teilen der tropischen Regionen zu kippen, als sich die Weltbevölkerung Mitte des 20. Jahrhunderts verdoppelt hatte. Dass die alte Ordnung zu bröckeln begann, war besonders deutlich im Patkai-Gebirge zu sehen.

Die Nagas hatten seit Jahrhunderten von der Brandrodungswirtschaft gelebt. Doch in den 1980er Jahren wuchs die Bevölkerung bereits um vier Prozent pro Jahr. Das scheint auf den ersten Blick nicht viel, heißt aber, dass sich die Bevölkerung etwa alle 20 Jahre verdoppelt.

Brandrodungswirtschaft ist heute eine der Hauptursachen für die weltweite Zerstörung der tropischen Wälder. Wenn man dann noch illegales Abholzen, außer Kontrolle geratene Brände und Klimawechsel hinzunimmt, zeichnet sich ein noch verheerenderes Bild ab. Als 1997 und 1998 die Wälder Indonesiens in Flammen standen, erstickten weite Teile Südostasiens von den Philippinen und Malaysia bis Thailand im Smog. Mehr als zwei Millionen Hektar Wald brannten ab, weil die Feuer bei illegalen Brandrodungen außer Kontrolle geraten waren. Schulen und Flughäfen mussten geschlossen werden. Hunderte von Menschen starben an den Folgen des Smogs. Im Jahr 2000 verbrannten allein in der Südhälfte des afrikanischen Kontinents 200 Millionen Hektar Wald.

Die größten Waldflächen werden in den Staaten Argentinien, Brasilien, Demokratische Republik Kongo, Indonesien, Mexiko und Burma vernichtet. Aber in den Bergen von Nagaland und dessen Nachbarstaaten Mizoram, Arunachal Pradesh und Manipur ist die Situation nicht weniger dramatisch.

Wenn die Menschen in Khonoma hier ein Zeichen setzen, so sind sie damit nicht allein. Einige ihrer Nachbarn jenseits der burmesischen Grenze praktizieren die gleiche Art der Baumbewirtschaftung mit derselben Erlenart. Bei den Stämmen der Lisu, Dai und Hui in der chinesischen Provinz Yunnan 400 Kilometer weiter östlich reicht diese Tradition bis in die graue Vorzeit zurück, und sie verwenden ebenfalls dieselbe Erlenart wie die Angami in Khonoma. Im Norden der Philippinen-Insel Luzon bewirtschaften die Menschen Erlen der Spezies *Alnus japonica*, im Hochland von Uganda ist es die Spezies *Alnus acuminita*, die in gleicher Weise wirtschaftlich genutzt wird.

Aber was in Khonoma geschieht, ist besonders beeindruckend.

Als ich mit Kevi im Wald oberhalb von Khonoma spazieren ging, hatten überall da, wo die Erlen beschnitten waren, kleine Feuer geschwelt, deren Asche die Böden der Terrassengärten düngt. Wo die Brandrodung schon ein oder zwei Jahre zurücklag, wuchsen im Schatten der nachgewachsenen Erlenzweige schon wieder Senf und Hiobsträne, Tee und Hirse. Auf den schmaleren Terrassenstufen, wo die Erlen schon dichtere Kronen hatten, wuchsen Yams, Paprika, Kürbis, Knoblauch und Kardamom. Wenn die Erlen wieder ein vollkommen dichtes Laubdach bildeten, ließ man die Felder darunter brachliegen. Ein paar Jahre später, wenn sich die Nährstoffvorräte der Erde aufgefüllt hatten, kamen die Frauen erneut, um das Unterholz abzubrennen, die Bäume zu kappen und das Feuerholz aufzuschichten, und der Kreislauf fing wieder von vorn an. Zuerst waren es vielleicht ein paar Maispflanzen oder einige der zahllosen Bohnenarten, die bei den Angami so beliebt waren. Oder es wurde eine bestimmte Wildtomatenart angebaut, die nur in dieser Gegend wächst und eigentlich gar nicht »wild« ist – sie wird nur nicht auf dem Markt angeboten, weil es diese Sorte nicht in großen Mengen gibt und die Einwohner von Khonoma sie lieber selber essen.

Es gibt einen Wildapfel hier, den die Dorfbewohner neuerdings kultivieren. Ich habe ihn probiert. Er schmeckte kräftig und sauer, ich hatte noch nie etwas Ähnliches gegessen. Aber dieser Apfel löste in mir ähnlich nostalgische Gefühle aus wie die Äpfel, die meine Kinder in jenem verwilderten Garten auf unserer Insel geklaut hatten.

Am letzten Abend meines Aufenthaltes in Khonoma aß ich einen Hund. Nun ja, ein Stück vom Hund zumindest. Es war ein bisschen scharf gewürzt, ansonsten aber nicht schlecht. Nagas essen gern Hundefleisch, und sie lieben Gewürze, und sie sitzen gern in Gesellschaft ums Feuer. Neisatuo war aus Kohima zu Besuch gekommen. Gemeinsam aßen wir reichlich und erzählten uns bis tief in die Nacht Geschichten.

Als ich von Khonoma zu der langen Fahrt nach Longwa aufbrach, war ich zuversichtlicher Stimmung. Meine neuen Begleiter waren Visevor Nagi am Steuer eines bulligen Geländewagens und Khrienuo Kense, eine intelligente junge Frau aus dem Angamidorf Tuophema, als meine Dolmetscherin. Khrienuo sprach fließend Englisch und Angami und ein wenig Hindi, und sie beherrschte, was das Wichtigste war, perfekt Nagamesisch, die Kreolsprache, die es Nagas erlaubt, über die Grenzen ihrer Stammessprachen hinweg miteinander zu kommunizieren. Grenzen gibt es viele.

Am ersten Tag unserer Fahrt kamen wir durch das Gebiet der Lhota-Nagas, dann überquerten wir den Fluss Doyang und erreichten das Bergland der Sema-Nagas. Die Tage vergingen, und jedes Mal, wenn wir die Grenze von einem Stammesgebiet zum nächsten, von einem Sprachraum zum anderen passierten, änderten sich mit einem Schlag die Muster auf den Tüchern und dem Umhang der Frauen, die in Scharen unterwegs waren zu oder von ihren kleinen Feldern im Wald. Manchmal erkannte man das Überschreiten einer Grenze auch an der vollkommen anderen Bauweise der Bambushäuser in den Dörfern.

Die Straßen, sofern man sie überhaupt als solche bezeichnen konnte, folgten den Bergkämmen, weil die Nagas ihre Dörfer stets auf Höhenzügen und Bergkuppen errichten. Tiger laufen beim Angriff selten bergauf, sagen sie, und Höhensiedlungen waren in alten Zeiten leichter gegen Feinde zu verteidigen. Die meisten Nagadörfer liegen auch heute noch abseits der Straßen, aber hier und da trafen wir auf einen Straßenbautrupp aus Bihar. Die Arbeiter, die in regelrechten Dörfern aus provisorisch zusammengezimmerten Wellblechhütten wohnten, zertrümmerten Steine mit bloßen Händen; sie verrichteten diese Arbeit, die für einen Naga nicht im Traum in Frage gekommen wäre, für einen Hungerlohn von umgerechnet zwei Dollar am Tag. Alle paar Wochen packten die Bihari-Trupps ihre Sachen zusammen und zogen weiter, und die Straße, die ein paar Nagadörfer mit Kohima und Gauhati verbinden soll, bohrte sich wieder ein Stück tiefer ins Bergland.

So kurvten wir also mit einer Durchschnittsgeschwindigkeit von höchstens 25 Stundenkilometern bergauf und bergab. Unterwegs begegneten wir nur selten einem anderen Auto, und wenn doch, war es in der Regel ein Militärfahrzeug. Alle paar Stunden passierten wir einen militärischen Kontrollpunkt, bestehend aus einem kleinen Zelt, einem Armeejeep und einem unverbindlich höflichen Offizier der

Assam Rifles, der unsere Papiere prüfte und einen flüchtigen Blick in unseren Geländewagen warf.

Je weiter wir kamen, umso deutlicher machte sich die destruktive Brandrodungswirtschaft durch Rauch- und Aschewolken bemerkbar, die der Wind über die Hänge trieb. Wann immer wir in die Nähe einer noch so kleinen Siedlung kamen, bot sich uns im Umkreis das gleiche Bild einer trostlosen Landschaft, in der Flammen an den kahlen Berghängen hochzüngelten. Manchmal hatte ich das Gefühl, die ganze Welt stehe in Flammen.

Die Ursachen sind leicht zu ergründen. Mit der raschen Zunahme der Nagabevölkerung wurden die Rotationszyklen immer kürzer. Die Säuglingssterblichkeit war durch bessere medizinische Versorgung erheblich gesunken, und die Menschen lebten länger. Hatten die Felder früher nach der Brandrodung und der Anbauphase 30 Jahre und länger brachgelegen, wurden sie nun oft schon nach fünf Jahren erneut gerodet und bepflanzt. In der Umgebung von Khonoma, wo die Menschen Terrassen anlegten und auf das stabile Wurzelwerk und die stickstoffbindenden Eigenschaften der Erle setzen, sind solcherart verkürzte Zyklen noch vertretbar. Wenn man aber ständig Bäume abholzt und alles in Brand steckt, muss das früher oder später unweigerlich zum Kollaps führen. Der Wald verschwindet, dem Boden werden die Nährstoffe entzogen, die Asche wird vom Wind verweht und vom Regen abgespült, und was bleibt, ist Unkraut.

Im großen Strudel des Artensterbens gibt es immer Zyklen innerhalb der Zyklen. Es gibt ökologische, kulturelle und demografische Kräfte.

Politische Unruhen trieben Flüchtlinge aus Bihar und Bangladesch nach Dimapur, aber auch die Nagabevölkerung wuchs stetig. Das lag nicht nur an der besseren medizinischen Versorgung, sondern auch daran, dass die Nagas Baptisten sind, auch wenn ihr christlicher Glaube immer noch in den alten animistischen Traditionen verwurzelt ist. Der Glaubenswechsel wurde von nordamerikanischen Missionaren angestoßen, die im 19. Jahrhundert ins Land kamen. In den 1950er Jahren verhängte die indische Regierung in Nagaland ein striktes Einreiseverbot für Missionare, doch das konnte die Nagas nicht daran hindern, in ihren Terrassen und Feldern und Wäldern auch weiterhin ihre Vorstellung vom Christentum zu leben.

Als aus den Nagas Christen wurden, wurden einige der Faktoren, die ein Bevölkerungswachstum verhindert hatten, obsolet. Der wichtigste Beschränkungsfaktor, der mit dafür gesorgt hatte, dass Brandrodung in so langen Rotationszyklen und damit nachhaltig praktiziert werden konnte, lässt sich nicht gerade der Kategorie ökologischer Klugheit archaischer Kulturen zuordnen. Die Nagas waren eine Kopfjägerkultur und vertrieben sich ihre Zeit damit, Krieg gegen ihre Nachbarstämme zu führen. Bevor sie Baptisten waren, glaubten sie, die Fruchtbarkeit ihrer Felder mit den abgetrennten Köpfen ihrer Feinde mehren zu müssen. Solche Gewohnheiten können ein sehr wirksames Mittel der Bevölkerungskontrolle sein.

Diese Gewohnheiten waren auch der Grund, warum die Briten vor den Nagas, die in den größeren Gefechten mit den Kolonialherren wenig Neigung zeigten, klein beizugeben, so sehr auf der Hut waren. In den 1870ern waren die Briten zu der Entscheidung gekommen, dass es das Beste war, die Stammesgebiete der unbotmäßigen Einheimischen von der Außenwelt abzuriegeln. Durch ihren Übertritt zum Christentum wurden die Nagas keinen Deut besser beherrschbar, denn als Baptisten waren die vorher zersplitterten Stämme nun mehr oder weniger vereint. Und als die Briten endlich das Land verließen, nahmen die Nagas statt ihrer eben die Regierung in Neu-Delhi aufs Korn und forderten einen unabhängigen Staat. Der lange und blutige Freiheitskampf der Nagas nahm seinen Lauf.

Für die Außenwelt passten die Nagarebellen in keine der üblichen Schubladen. Sie konnten nicht zu den vielen Unabhängigkeitsbewegungen der Dritten Welt gerechnet werden, die gegen die alten Kolonialmächte gerichtet waren: Sie kämpften ja gegen den indischen Staat, der selbst gerade erst die Unabhängigkeit von einer Kolonialmacht erlangt hatte. Zapu Phizo, der kriegerische Rebellenführer vom Stamm der Angami, war zu der Zeit, als er sich der Bewegung anschloss, bei der Niederlassung der kanadischen Versicherungsgesellschaft Sun Life in Kalkutta beschäftigt. Man konnte den Kampf der Nagas auch nicht der Kategorie der von Washington und Moskau in aller Welt angezettelten Stellvertreterkriege zuordnen. Die Programme der »Grünen Revolution« fanden anderswo statt. Die Rebellen zogen durch die Berge, und es gab Hinterhalte, Angriffe und Gegenangriffe und auch Massaker, aber es gab kein marxistisches Manifest, in dem die Nagas den Besitz der Produktionsmittel gefordert hätten. Sie schienen nicht einmal wirklich einen unabhängigen Staat zu fordern. Der wichtigste Satz in ihrem Grundsatzpapier, in dem die vereinigten Nagastämme ihre Forderungen formuliert hatten, lautete: »Jedes Nagadorf bildet eine eigene Republik.«

Die Reaktion der Regierung in Neu-Delhi war eine Mischung aus blutiger Unterdrückung und Abschottung der Nagastämme. Die indischen Soldaten, die zeitweise Nagadörfer besetzt hielten, waren nicht zimperlich; immer wieder kam es zu Gräueltaten, die nie geahndet wurden. Um indische Staatsbürger von den Stammesgebieten der Aufständischen fernzuhalten, wurden diese zu Sperrgebieten erklärt, für die auch Inder eine Einreisegenehmigung benötigten. Ausländer durften die Region überhaupt nur bereisen, wenn sie in offiziell genehmigten Geschäften unterwegs waren, und auch dann beschränkte sich die Erlaubnis auf die wenigen größeren Städte. Selbst die Genehmigung, die mich berechtigte, durch das Patkai-Gebirge nach Longwa zu fahren, war auf der Grundlage der Schutzzonen-Verordnung für Ausländer von 1958 ausgestellt worden, die auf das Sperrbezirksgesetz der Briten von 1935 zurückging, in dem wiederum die 1876 entworfene Abriegelungsstrategie der Briten ihren Niederschlag gefunden hatte. In den blutigsten Tagen des Unabhängigkeitskampfes pflegte der Schriftsteller Graham Greene regelmäßig Leserbriefe an die *Times* zu schicken, in denen er dagegen protestierte, dass ausländischen Journalisten die Einreise in das Bergland der Nagas verweigert wurde.

Es war schon immer schwer, die Nagas irgendeiner Kategorie zuzuordnen. Man konnte ja noch nicht einmal mit Sicherheit sagen, woher der Name »Naga« stammt oder was er bedeutet. Die einen sagen, er leite sich von dem Sanskrit-Wort für Schlange ab, andere meinen, er gehe auf das birmanische Wort für durchlöcherte Ohren zurück, weil viele Nagas große Ohrstecker tragen. Zu den Nagas zählen mindestens 18 namentlich unterschiedene Stammesgruppen; deren wichtigste sind: Angami, Ao, Konyak, Sangtam, Rengma, Chang und Chakhesang. Manche haben eine autokratische Stammesordnung wie die Konyak, andere eine republikanische wie die Angami. Die Angehörigen einiger Stämme haben leicht mongolische Züge, andere ähneln dem vietnamesischen Volk der Hmong.

In seinem dicken Wälzer über die Angami-Nagas, der 1921 erschien und bis heute als ethnografisches Standardwerk gilt[2], macht sich der Kolonialbeamte John H. Hutton über die wilden Spekulationen zur Herkunft der Stämme im Nordosten Indiens lustig. Er könne sich vorstellen, schreibt er, dass eines Tages ein Witzbold daherkommen und behaupten würde, die Nagas seien die Nachfahren eines der zehn »Verlorenen Stämme« Israels. Tatsächlich trieb der Jerusalemer Rabbi Eliahu Avichail in den 1990er Jahren 3500 Angehörige des Mizovolkes auf, die genau diesen Anspruch erhoben. Bis 2003 hatten mehr als 800 Menschen aus Mizomar in Israel eine neue Heimat gefunden.[3]

Als der Vielvölkerstaat Indien sich aus dem British Empire löste und eine Republik mit 28 Bundesstaaten mit jeweils eigener Regierung und Verwaltung, 7 Unionsterritorien und insgesamt 603 Distrikten bildete, stellte sich schnell heraus, dass besonders die nordöstlichen Bundesstaaten jenseits des schmalen Korridors zwischen Nepal und dem heutigen Bangladesch der Regierung in Neu-Delhi Probleme bereiteten. 1962 kam es wegen des Grenzverlaufs im östlichen Himalaja zu einer sinnlosen und glücklicherweise kurzen kriegerischen Auseinandersetzung mit China, mit der Folge, dass der gesamte Nordosten des Landes als Risikozone der Alarmstufe Rot eingestuft wurde. Der ursprüngliche Grenzverlauf wurde nie wiederhergestellt, und es sollte bis in die 1980er Jahre dauern, bis die Grenze zu Burma von beiden Seiten offiziell anerkannt war und kartografisch erfasst werden konnte. Zur selben Zeit begann die Regierung in Neu-Delhi den örtlichen Regionen Verwaltungsrechte zu übertragen. Die Nagas kamen dabei nicht besonders gut weg.

Am Ende lag die Hälfte ihres Stammesgebiets auf burmesischem Gebiet im Staat Kachin und in der Division Sagaing. Die Hälfte von dem, was auf indischer Seite übrig blieb, wurde zersplittert und auf die sieben Bundesstaaten verteilt, die aus dem Territorium der ehemaligen sogenannten Northeast Frontier Agency (NEFA) der Briten und den von Assam aus regierten britischen Verwaltungsbezirken im Nordosten entstanden – willkürlich gebildete Staaten, deren Grenzen wenig Rücksicht auf die Sprachen und Kulturen der Region nahmen. Nagaland umfasste schließlich, im Süden von Manipur und im Norden von Arunachal Pradesh begrenzt, das Patkai-Gebirge und mehrere kleinere Gebirgszüge.

Dieses traurige Schicksal war nicht nur den Nagas beschieden. In den 1990er Jahren kämpften mindestens 30 bewaffnete Rebellengruppen in der Region. Die National Democratic Front of Bodoland (NDFB) forderte einen unabhängigen Staat in einem Gebiet nördlich des Brahmaputra. Die separatistische Kamatapur Liberation Organisation (KLO) verübte aus ihren Verstecken in den unzugänglichen Grenzregionen von Bhutan heraus immer wieder Blitzangriffe auf Regierungstruppen. Die Separatisten der Arunachal Dragon Force (ADF), der sich hauptsächlich junge Männer der Khamti-, Singpho- und Tangsastämme angeschlossen hatten, fanden Rückzugsmöglichkeiten und Unterstützung bei ihren Stammesverwandten jenseits der chinesischen Grenze. In Mizoram im Südwesten kämpfte die Bru National Liberation Front (BNLF) für die Unabhängigkeit der Reangstämme. Die Kuki Liberation Army (KLA) hatte es sich zur Gewohnheit gemacht, im Nachbarstaat Manipur Menschen zu entführen.

Wenige Monate vor meiner Ankunft in Gauhati war ein Minister des Bundesstaates Meghalaya unter dem Vorwurf der »Anstiftung zur Militanz« verhaftet worden, weil er Mitgliedern der militanten Gruppe Achik National Volunteer Council (ANVC) Unterschlupf gewährt hatte. Der Mann hieß Adolf Lu Hitler Marak. Man fragt sich, was sich seine Eltern dabei gedacht haben. Kaum hatte man sich die Namen der vielen Gruppierungen gemerkt, benannten diese sich auch schon wieder um. So änderte die All-Tripura Tiger Force (ATTF), der bewaffnete Arm der Tripura Peoples' Democratic Front (TPDF), ihren Namen kurz nach Maraks Verhaftung in Revolutionary Peoples' Army (RPA) um. Ein paar Wochen später nannte sich die verbotene National Liberation Front of Tripura (NLFT) um in »Plungers and Rangers«, vermutlich, um sich irgendwie von der Masse der Namenskürzel abzuheben.

Aus diesem unüberschaubaren Wirrwarr konnten die Nagas auf 130 Jahre unermüdlicher Plackerei, kulturellen Wandels und blutiger Kämpfe zurückblicken und immer noch sagen, dass sie sich nicht hatten kleinkriegen lassen. Sie hatten tapfer Widerstand geleistet und ihr zentrales Stammesgebiet verteidigt. Aber Tausende von Menschen hatten dabei ihr Leben gelassen, und am Ende waren die Freiheitskämpfe zu Bruderkriegen unter zerstrittenen Fraktionen verkommen. Als die Stammesführer der Nagas einen Frieden mit Neu-Delhi aushandelten, hatte sich die Welt grundlegend verändert: Die Rotationszyklen beim Wanderfeldbau waren kürzer geworden, die Wälder verschwanden samt der Tiere und Pflanzen, denen sie einen Lebensraum geboten hatten. Der Stammesrat der Nagas sah in den Klauseln des 2003 geschlossenen Waffenstillstandsabkommens eine historisch einmalige Gelegenheit, die alten Musketen und sohlendurchlöchernden Bambusspitzen auszurangieren und auf eine ganz neue Art von Schutzwällen zu bauen. Schon strömten Dorfbewohner in Massen zu den Wehren, die in Khonoma verteidigt wurden.

Von 1995 bis 1997 bauten 800 Dörfer in Nagaland nach dem Vorbild von Khonoma mehr als fünf Millionen Bäume in Waldparzellen an. Mehr als 100000 dieser Bäume gehörten zu einheimischen Spezies, die vermutlich nicht einmal Forstexperten kennen würden. Einige Dörfer pflanzten Erlen, andere Gomari- oder Hollockarten an. Die einen übernahmen die Pflanzmethoden von Khonoma, andere entwickelten eigene Techniken. Im Jahr 1999 ließ die Regierung von Nagaland mehr als zehn Millionen Setzlinge in die Nagadörfer bringen, was angesichts der Tatsache, dass die meisten Ortschaften noch nicht einmal ans Straßennetz angeschlossen waren, keine geringe Leistung war. Der Erfolg all dieser Bemühungen war, dass eine Landfläche von 32000 Hektar, die ansonsten weitgehend kahl wäre, nun mit Bäumen bewachsen ist.

Während der Fahrt nach Longwa gab es Tage, da waren die Dschungeltäler grün und voller Leben, durchzogen von schnell dahinfließenden Bächen und Flüssen mit klarem, kaltem Wasser, und die Berghänge waren mit dem dichten Grün der Wälder bedeckt. Ständig tauchten wie aus dem Nichts diese absurden Straßenschilder auf: »Gebt denen Bier, die zu verdursten drohen«, »Liebe ist wichtiger als Mode«, »Früh aufbrechen, langsam fahren, sicher ankommen«, »Ruhe bitte, hier wird nicht politisiert«. Die Grenzen zwischen den Stammesgebieten machten sich durch andere, ältere Zeichen be-

merkbar. Hier trugen die Männer nur ein Dao, den traditionellen Säbel der Nagas; wir befanden uns im Gebiet des
Phomstammes. Dort trugen die Männer das Dao in einer
Scheide auf dem Rücken: das war Sangtamterritorium. Nun
waren alle Männer mit Musketen bewaffnet, und ihre Um-
hangtücher hatten eine andere Farbe; wir mussten im Land
der Konyak sein.

Auch wenn kein Aschestäubchen den klaren blauen Himmel trübte und die Berge in üppigem Grün strahlten und
Habichte über den tief eingeschnittenen Tälern ihre Kreise
zogen, selbst in den abgeschiedensten Bergdörfern rückte die
Außenwelt näher und veränderte die alte Ordnung der
Dinge. In manchen Dörfern wie beispielsweise in Longkhum
geschah dies langsam und auf kaum merkliche Weise.

Longkhum ist ein Dorf des Ao-Stammes mit etwa 2500
Einwohnern. Es liegt am Ende einer holprigen und kurvenreichen Straße durch dichte Wälder in 1850 Metern Höhe,
und es heißt, dass sich hier die Seelen aller Toten des Stammes versammeln und ihren Weg ins Jenseits antreten. Dass
man sich in einem Ao-Dorf befindet, erkennt man daran,
dass die Häuser in den älteren Ortsteilen auf Bambusstelzen
stehen. Das Dorfleben spielt sich zu einem großen Teil auf
wackligen Veranden ab, und auf einer solchen Veranda im
Khel des Chongli-Clans saß ein 83-jähriger Mann namens
Tingmapa allein und schälte Bambus, um daraus eine Matte
von der Art zu fertigen, wie sie die Leute in Khonoma zum
Reistrocknen benutzen. Tingmapas 72-jährige Ehefrau Saya-
menla war in den Wald gegangen, um Brennholz zu sammeln.

Tingmapa war der Letzte seines Clans, der dem alten animistischen Glauben der Nagas anhing, alle anderen Bewohner des Khels waren entweder Baptisten oder Methodisten.
Im christlichen Glauben nahmen die Seelen der Toten einen

etwas anderen Weg als den, den Tingmapa sich für sie vorstellte. Aber das war es nicht. Das Christentum sei schon in Ordnung, meinte Tingmapa. Es waren auch nicht die Straßen oder das Radio oder das Fernsehen. Einige der Dorfbewohner besaßen ein Fernsehgerät, aber mal hatten sie Strom, mal hatten sie keinen Strom, und es lief ohnehin nie etwas in der Ao-Sprache im Fernsehen, wie Tingmapa meinte.

Er fuhr fort, mit seinem Dao Bambushalme in immer schmalere Streifen zu schneiden und die innere von der äußeren Rinde zu trennen. Der Haufen neben ihm wurde immer höher. Man braucht fünf Tage, um eine Matte zum Trocknen der Reispflanzen zu fertigen: einen, um den Bambus im Wald zu ernten, noch einen, um die Halme auf die richtige Länge zu kürzen, zu schälen und in Streifen zu schneiden, und drei, um die Streifen zu einer Matte zu verweben.

Eines Tages hatte jemand im Dorf eine blaue Plastikplane ausgebreitet und einen Korb Reispflanzen darauf ausgeschüttet, um sie in der Sonne zu trocknen. Andere waren seinem Beispiel gefolgt. Es schien ihnen so modern und fortschrittlich. Offenbar waren sich zwar alle darin einig, dass Tingmapas Matten besser waren, aber das änderte nichts daran, dass sich die blauen Plastikplanen großer Beliebtheit erfreuten.

In anderen Dörfern wie Tuensang machte sich der Einfluss der Außenwelt in raffinierteren Dingen bemerkbar.

Tuensang ist mit 10 000 Einwohnern das größte Dorf des Chang-Stammes. Von einem Bergrücken aus überblickt es ein Tal, und die Dorfbewohner vom Clan der Kungsho, Lomo, Pilashi oder Chongbo waren lange Zeit sehr stolz auf ihre schönen Häuser mit den ausladenden Palmblattdächern und Giebeln, die fast bis auf den Boden reichten. Geschützt unter den Frontgiebeln, die sich vorschoben wie ein mächtiger Schiffsbug, lagen gemütliche Eingangsveranden. Solche Häuser gibt es immer noch in Tuensang. Manche davon sind aufwendig geschmückt mit Wildschwein- und Hundeschädeln, und in den wohlhabenderen Vierteln des Dorfes prangen um den Eingang die Schädel von Mithanen, Elefanten und Antilopen.

In einem dieser traditionellen Häuser, bescheiden, aber doch nach altem Brauch mit Palmblättern gedeckt, war der Eingang nur mit einer langen Kette aus Eierschalen gedeckt, die den 20 Hühnern in einem kleinen eingezäunten Hof Glück bringen sollten. Chongsen, das 44-jährige Oberhaupt des Chongbo-Clans, saß auf dem blitzsauber gekehrten Boden an einem Feuer in der Mitte des Hauses, das er mit seiner Frau Mokjing, ihren fünf Kindern, seiner jüngeren Schwester und einer Cousine bewohnte. Er hielt seine dreijährige Tochter Junglumla auf dem Schoß und versuchte mir zu erklären, wie es dazu gekommen war, dass vier Fünftel aller Häuser innerhalb von 20 Jahren ihre ursprüngliche Schönheit verloren hatten und anstatt mit Palmblättern nun mit aneinandergenieteten verrosteten Wellblechstücken gedeckt waren.

Die nackte Glühbirne, die an einem Kabel von dem Fleischtrockengestell über der Feuerstelle herunterhing, begann zu flackern, dann ging das Licht aus. »Alles verändert sich«, sagte Chongsen. »Sie wollen, dass wir unsere Häuser mit Blech decken, damit es nicht so altmodisch aussieht und wir uns nicht schämen müssen, wenn Touristen ins Dorf kommen.«

Es war eine komplizierte Geschichte, in der es auch um Subventionen ging, die Neu-Delhi an die Staatsregierung von Nagaland zahlte, die das Geld wiederum an Clanoberhäupter in Chang-Dörfern wie Tuensang weitergab, sofern diese bereit waren, ihre prachtvollen, weit ausladenden Palmdächer abzureißen. Regierungsbeamte kamen in regelmäßigen Abständen ins Dorf, um zu prüfen, ob das Geld auch hierfür verwendet wurde. Sie behaupteten, die neuen Blechdächer hätten eine Haltbarkeitsdauer von 50 Jahren, aber da sie noch nicht so lange eingeführt waren, konnte niemand so genau sagen, ob das stimmte. Die alten Dächer hielten etwa 40 Jahre, wenn sie fachgerecht und im Einklang mit den erforderlichen Ritualen gemacht waren, eine Arbeit, mit der mindestens 20 Helfer drei volle Tage beschäftigt waren.

Als Clanoberhaupt hatte Chongsen dafür zu sorgen, dass die alten Palmdächer entsprechend den Zeitvorgaben im Rahmen der für den Bundesstaat geltenden Fünfjahrespläne gegen Blechdächer ausgetauscht wurden. Ihm gefiel das nicht, aber es gehörte zu seinen Pflichten. Auch der Ältestenrat des Clans beklagte den Verlust der schönen alten Dächer und beschloss eine Änderung der Pläne zur Einrichtung eines kleinen Touristendorfes. Sie wurden dahin gehend geändert, dass alle Gästehäuser eines dieser schönen, weit ausladenden Palmdächer mit einem Frontgiebel wie einem mächtigen Schiffsbug bekommen sollten.

In Langmeang hatte man keine Pläne, ein Touristendorf einzurichten. In Langmeang hatte man ein Problem.

Langmeang, ein abgeschiedenes Konyak-Dorf mit etwa 1200 Einwohnern, liegt in den Chompangbergen am Ende einer von Schlaglöchern und Spurrillen gezeichneten Straße, die in den 1980er Jahren fertiggestellt wurde. Die Ankunft eines Geländewagens mit einem Weißen und zwei Nagas aus fernen Regionen war ein aufsehenerregendes Ereignis. Die Sonne ging gerade blutrot hinter den Bergen im Westen unter, und wir sahen uns im Nu umringt von etwa 150 lachenden und schreienden Kindern, die uns zum höchsten Punkt des Dorfes führten, wo im Schatten einiger Bäume das Hauptmorung steht. Auf dem Rundplatz des Morungs hatten sich die Dorfältesten versammelt. Die alten Männer saßen schweigend neben einem hohen Obelisken und einem steinernen Altar um ein offenes Feuer, die mit breiten Zickzack-Tätowierungen geschmückten Gesichter zu einem Lächeln verzogen. Es sah aus, als hätten sie auf uns gewartet.

Zufällig hatte sich Dujai, der 32-jährige Angh von Langmeang, zu den alten Männern gesellt. Mit Hilfe meiner Übersetzerin Khrienuo begrüßten wir uns auf Nagamesisch.

Gleich darauf sagte Dujai etwas zu einem Jungen, der wie der Blitz davonrannte und wenig später mit einer Taschenlampe zurückkam. Der Junge und zwei seiner Freunde gaben mir mit Gesten zu verstehen, ich solle ihnen ins Innere des Morungs folgen. Die Alten feuerten mich mit aufmunternden Rufen an.

Der im Dunkel liegende Eingang des Langhauses war mit Mithanschädeln und Hirschgeweihen geschmückt. In die Dachbalken und die dicken Stützpfeiler waren Tierfiguren geschnitzt, aber ich konnte nicht erkennen, was sie darstellen sollten. Die Jungen führten mich in eine kleine Kammer, eine Art Vorraum. Der Strahl der Taschenlampe erhellte die undurchdringliche Finsternis hinter einem Bambusschirm und fiel auf einen offenen, mit menschlichen Schädeln gefüllten Sarkophag.

Die Jungen nahmen drei der Schädel, brachten sie in den Hauptraum des Morungs und legten sie dort auf den Boden.

Einer der Schädel trug eine Farbzeichnung, die den Tätowierungen der alten Männer auf dem Versammlungsplatz glich. Ein paar Männer kamen herein und betrachteten die Schädel im Schein der Taschenlampe, und die Jungen fingen an zu kichern. Als ich wieder nach draußen ging, wurde ich mit Hochrufen empfangen.

Langmeang war etwa um die Zeit, als die Straße fertig wurde, als letztes Dorf der Region christianisiert worden. Jetzt brauche man dringend Touristen, erklärte Dujai, habe aber als Attraktion nichts weiter zu bieten als diese schaurigen Köpfe. In den Nachbardörfern, deren Bewohner schon seit langem Baptisten waren, hatte man die alten Schädelreliquien längst vergraben oder verbrannt.

Khrienuo hörte aufmerksam zu, wenn Dujai sprach, und übersetzte nach jedem Satz, was er gesagt hatte.

»Wir wollen so sein wie ihr in den fortschrittlichen Ländern«, sagte Dujai. »Wir wollen unsere Kinder in gute Schulen schicken. Und sie sollen Englisch lernen. Die Tierschädel, die Sie hier überall sehen, und die Bärentatzen und Tigerzähne, die stammen von Tieren, die wir hier nicht mehr haben. Also wollen wir, dass Touristen kommen. Aber es gibt da ein Problem.«

Khrienuo und Dujai wechselten ein paar Sätze, dann erklärte mir Khrienuo die Sache mit den Schädeln.

Einerseits fürchteten die Dorfbewohner von Langmeang, von der Welt für rückständige Wilde gehalten zu werden. Andererseits wurden sie von der Regierung ermuntert, die Schädel nicht zu vergraben, wie es in den anderen Dörfern geschehen war, sondern sie im Gegenteil auszustellen, weil das Touristen anlocken würde. Doch die Schädel waren über Generationen hinweg gesammelt worden. Sie stammten von lange zurückliegenden Angriffen auf die Dörfer benachbarter Stämme wie der Totok, Chunyu, Chen und Chinkao. Die Bewohner dieser Dörfer, Verwandte der Menschen, deren Schädel noch in Langmeang aufbewahrt wurden, hatten gehört, dass ein deutscher Tourist diese Schädel gesehen habe und dass dann andere Touristen gekommen seien, um sie sich auch anzusehen. Das hatte die Totok und die Chunyu, die Chen und die Chinkao geärgert, und sie hatten davor gewarnt, dass die Seelen der Toten großes Unheil über Langmeang bringen würden, wenn ihre Schädel je ins Licht der Sonne gelangten.

Also hatte man einen Kompromiss gefunden, der darauf hinauslief, dass die Schädel Besuchern vorerst nicht bei Tageslicht, sondern nur innerhalb des Morungs und bei Dunkelheit gezeigt wurden.

Dujai redete nachdrücklich auf Khrienuo ein. Die alten Männer hörten schweigend zu.

»Ich soll Ihnen sagen«, erklärte Khrienuo, »dass seine Kinder das haben sollen, was Ihre Kinder in den Industrieländern haben. Er sagt, darum wollen sie, dass Touristen nach Langmeang kommen.«

Wieder lauschte er auf Dujais Worte, dann fuhr er fort: »Er sagt, sie wollen Teil der großen Welt sein. Und darum werden sie die Schädel zeigen und abwarten, ob etwas Schlimmes passiert.«

In Ungma war es wieder eine ganz andere Geschichte.

In diesem ältesten und größten Dorf des Ao-Stammes, das sich oberhalb des Dikhutals über mehrere Bergkuppen des Mokukchunggebirges erstreckt, leben die Menschen, die zu den Clans der Pongener, Longkumer und Jamer gehören, in den typischen Pfahlhäusern der Ao. Die Stützpfähle der Häuser sind tief ins Gestein der Felsen getrieben, die steil zum Tal hin abfallen. Im Vergleich zu anderen Nagadörfern wirkt Ungma geradezu großstädtisch und weltoffen, das heißt, es gibt sechs Straßenzüge mit gepflasterten Wegen, und in der riesigen, 1912 erbauten Baptistenkirche finden tausend Menschen Platz. Aber mit den Häusern auf ihren dicken Bambusstelzen und den Schweinekoben und Hühnerställen wirkt das Dorf auch ein bisschen, als habe es die Steinzeit noch nicht lange hinter sich.

Die Bewohner von Ungma waren immer noch Subsistenzbauern, die ihre Häuser mit Tierschädeln schmückten und ihren Tee über dem offenen Feuer bereiteten, wenn sie im frühen Morgengrauen aufstanden, und die ihre Daos umgürteten, wenn sie mit ihren Körben in die Wälder zogen. Sie blieben immer noch stehen, um sich im melodischen Chongli-Dialekt mit ihren Nachbarn zu unterhalten, und sie verbrannten, pflanzten und ernteten auf ihren kleinen Feldparzellen noch genauso wie ihre Vorfahren. Aber innerhalb eines Zeitraums von 20 Jahren war Ungma auch mit der Außenwelt verbunden worden: erst durch Straßen, dann durch eine Telefonleitung und dann durch die 60 Fernsehsender, die, wenn nicht gerade wieder einmal Stromausfall ist, zumindest die Haushalte empfangen können, die ein Fernsehgerät besitzen und die es sich leisten können, 150 Rupien für den Anschluss an die Satellitenschüssel des Dorfes zu bezahlen.

Dann wurde auf einer der Bergkuppen, über die sich Ungma erstreckt, ein kegelförmiges Gebäude errichtet, das als

Gästehaus für die Touristen dienen sollte, die allmählich vermehrt nach Nagaland kamen. Von weitem sah es aus wie ein mittelalterlicher Leuchtturm, und auch im Innern erinnerte es mit seiner Wendeltreppe, die vom Erdgeschoss bis auf das Dach führte, an einen solchen. Ich war der erste ausländische Gast, der hier abstieg, und wurde daher am Morgen meiner Ankunft von etlichen Dorfbeamten begrüßt, die mich herumführten und mit weiteren Dorfbewohnern bekannt machten. Am nächsten Tag brachten sie mich zum Dorfplatz, wo eine lärmende, farbenfreudige Schau wilder Kriegstänze aufgeführt wurde. Junge barfüßige, mit langen Speeren und Schildern bewaffnete Männer, die einen Kopfputz aus Nashornvogelfedern, Brustpanzer aus rot gefärbter Baumrinde, Ketten aus Keilerzähnen, Armbinden aus Elefantenrüsselhaut und um die Hüften schwarze, mit rasselnden Porzellanschneckenhäusern behängte Wickeltücher trugen, drehten sich in einem wahren Farbenfeuerwerk johlend um sich selbst. Es war ein großartiges Schauspiel.

Hauptorganisator und Koordinator dieser touristischen Attraktion war Sangyusang Pongener, Dichter, Sänger und Komponist in der Tradition der alten Nagaweisen und weit über die Grenzen des Ao-Stammes hinaus bekannt und beliebt. Eines Abends lud mich der drahtige, vor Leben sprühende Mann, der größten Wert auf die bei den Ao gültigen Regeln der Gastfreundschaft legt, in sein Haus ein. Der 55-jährige Vater von fünf Kindern hatte ein paar Sänger aus dem Dorf um sein Feuer versammelt, und wir saßen bis tief in die Nacht zusammen, tranken Mapok Yi, den Reiswein, der hier bei festlichen Gelegenheiten die Runde macht, debattierten über weltpolitische Fragen, erzählten uns Geschichten und sangen Lieder.

»Tourismus ist gut für uns«, sagte Sangyusang, »er erinnert unsere jungen Leute daran, wer wir sind. Sie tanzen wieder und tragen die alten Stammeszeichen. Von der Landwirtschaft allein können wir nicht mehr leben. Das Land, das bebaut werden kann, ist begrenzt, und es sind viele Menschen.«

Einer Volkszählung der britischen Kolonialbehörden zufolge lebten 1920 verstreut in mehreren Dutzend Bergdörfern zwischen den Flüssen Dikhu im Westen und Disai im Osten 30599 Angehörige des Ao-Stammes. Ende des 20. Jahrhunderts hatte sich die Zahl mit 141000 Menschen mehr als vervierfacht.

Der Tourismus müsse Teil einer neuen Wirtschaft sein, meinte Sangyusang, und er sei gut für die jungen Leute. Zu viele Kinder saßen einfach nur vor dem Fernsehen und kannten die alten Geschichten und Lieder nicht mehr. Weil die Geschichte der Nagas nur in der mündlichen Überlieferung lebt, gehen diese Dinge allmählich verloren. »Aber mit dem Tourismus«, sagte Sangyusang, »lernen die jungen Leute auch wieder etwas über ihre Kultur. Sie sehen, dass sie wichtig ist.«

Aber jetzt müssten wir wieder ein Lied singen:

Badest du jetzt? Welche Vögel außer dir kommen mich noch besuchen?

So ging es immer weiter, bis tief in die Nacht, gelegentlich ging ein alter Mann oder es kam wieder einer dazu und setzte sich zu uns ans Feuer. Sangyusang gab den Ton an bei den Liedern, und manchmal machte das auch seine Frau Rongsenpenla. Es waren Balladen, Liebeslieder, lebhafte Wechselgesänge und Klagelieder.

Du bist wie ein Vogel im Haus eines Königs. Warum stellst du mich so auf die Probe?

Meist waren es reine Gesänge, aber von Zeit zu Zeit begleitete Sangyusang ein Lied auf der *Kongki*, einem einsaitigen Streichinstrument aus einem Flaschenkürbis und Bambusholz und einem Pferdeschwanzhaar als Saite.

Die Lieder der Ao werden dreistimmig gesungen. Es gibt die Stimme des Vaters, die Stimme der Mutter und die Stimme des Kindes. Die meisten Lieder bestehen aus drei Teilen. Ein Teil wird vom *Tetenyur* gesungen, der – meist in der Stimme der Mutter – die Geschichte erzählt und die erste Strophe singt. Dem antwortet der *Tenerok*, dessen Part im Allgemeinen von der Stimme des Kindes gesungen wird. Beide Stimmen werden, meist in der Stimme des Vaters, vom *Tazungsemers* begleitet.

Ja, lass uns heute Morgen nicht auf die Felder gehen.

Die Lieder sind fast immer für einen Tetenyur und einen Tenerok komponiert, und den Part des Tazungsemers übernehmen alle Übrigen, die um das Feuer versammelt sind. Sangyusang übernahm meist die Tetenyur-Rolle. In den Pausen zwischen den Liedern wurde viel darüber debattiert, welcher Stamm der Nagas die besten Lieder und die besten Sänger habe. Die an diesem Abend anwesenden Angami und Ao waren einhellig der Meinung, dass dies der Chekasang-Stamm sei. Aber bei den Ao war es üblich, dass ein Lied, wenn es irgendwie nicht richtig klang, auch auf vielerlei andere Weise gesungen werden konnte.

Vielleicht hat dich ein anderer Vogel im Schlaf besucht, und du hast mich darüber vergessen.

Bei den Ao hat jedes Lied zwölf Varianten, je nachdem, in welcher Stimmung oder Situation es gesungen wird: Wenn man das Lied lernt. Wenn man im Haus sitzt. Wenn man vor dem Haus sitzt. Wenn man es seiner oder seinem Liebsten vorsingt. Wenn man allein auf dem Feld ist. Wenn man mit anderen auf dem Feld arbeitet. Wenn man sich nach seiner oder seinem Liebsten sehnt. Wenn man im Wald unterwegs ist. Wenn man Reis stampft. Wenn man mit seinen Freunden zusammen ist. Wenn man tanzt. Wenn das Lied mit der Kongki begleitet wird.

Du bist wie eine Blume vor einem Königspalast.

»Und da ist noch etwas«, sagte Sangyusang. »Wir singen die alten Lieder in einer Sprache, die nur beim Singen benutzt wird.«

Wie diese Sprache entstanden ist, wird in einer Legende vom Anbeginn der Zeit erzählt, als die ersten Ao aus ihrem unterirdischen Reich emporstiegen. Diese Stelle im Wald, die von den Ao *Lungterok*, »sechs Steine«, genannt wird, ist heute noch durch Obelisken gekennzeichnet. Sie liegt auf der anderen Seite des Flusses Dikhu am Hang des Chungliyimti, jenes hohen Berges, den ich vom Dach meines leuchtturmartigen Gästehauses aus sehen konnte.

Jeden Morgen ging eine schöne junge Frau vom Clan der Jamer in den Wald hinaus, um in einem kleinen See zu baden. Sie hängte ihr schwarzes Umschlagtuch an einen Sangwabaum, der seine Äste über den See ausstreckte.

Das Tuch, das du trägst, ist das schönste von ganz Chungliyimti.

Eines Morgens, als sie nach dem Baden aus dem Wasser stieg und nach ihrem Tuch griff, legte der Baum seine Äste um sie und begann ein Lied zu singen.

Du bist die schönste aller Frauen von Chungliyimti. Du bist der schönste aller Gärten von Chungliyimti.

Jeden Morgen ging die junge Frau zum See, und jeden Morgen nahm der Baum sie in die Arme. Die jungen Männer des Dorfes entdeckten, was vor sich ging, und sie schlichen herbei und lauschten den Liedern des Baums. Schließlich fanden die Eltern das Geheimnis ihrer Tochter heraus. Ihr Vater geriet in Wut. Er befahl seiner Tochter, im Haus zu bleiben, und wies die jungen Männer des Dorfes an, den Baum zu fällen.

Sei nicht mehr traurig, ich werde mich verwandeln.

Als das Mädchen durch ein Loch im Dach ihres Hauses blickte, kam ein Splitter des umstürzenden Baums geflogen und tötete sie. Ihre Eltern wehklagten, und die jungen Männer des Dorfes wehklagten, und bis heute schlafen die Frauen von Ungma aus Ehrfurcht nicht auf einer Bank, die aus dem Holz des Sangwabaumes gemacht ist. Und die Ao singen ihre alten Lieder in der Sprache, die sie der singende Baum von Chungliyimti gelehrt hat, als das Land noch jung und die Welt noch neu war.

Zwei Tage später standen wir, über und über mit Schlamm bespritzt, neben dem Geländewagen, dessen Räder in der aufgeweichten Erde durchdrehten. Bilong Nagi, ein Konyak-Führer, der vor zwei Tagen zu uns gestoßen war, gab unserem Fahrer Visevor mit Handzeichen zu verstehen, er solle aufhören.

»Wir schaffen es nicht bis nach Longwa«, sagte Bilong.

Wir waren vor fast zwei Stunden in der kleinen Marktstadt Mon losgefahren und hatten noch keine zehn Kilometer zurückgelegt. Bis Longwa waren es noch 32 Kilometer.

»Wir versuchen es noch einmal«, sagte ich.

Bilong und ich stellten uns hinter den Wagen, stemmten uns mit der Schulter gegen das Fahrzeug und schoben mit aller Kraft. Khrienuo stand daneben und sah uns zu. Sie versuchte klugerweise erst gar nicht, ein tonnenschweres Gefährt mit Zweiradantrieb und abgefahrenen Reifen einen vom Regen aufgeweichten Berg hinaufzuzwingen. Es hatte in der Nacht zuvor geregnet, und die Straßen in ganz Nagaland hatten sich in Schlammpisten verwandelt. Wir versuchten es dennoch und schoben ächzend und stöhnend, und die Räder drehten durch, bis wir von oben bis unten verdreckt waren und keuchend nach Atem rangen. Dann erst machten wir kehrt.

Auf der Rückfahrt nach Mon sah ich viele Gespenster am Straßenrand. Zum Beispiel das einhörnige Elasmotherium, das Ahmad Ibn Fadlan in den Wäldern an der Wolga begegnet war. Den Karolinasittich. Den sizilianischen Zwergelefanten. Den irischen Wolf, der 1786 zum letzten Mal gesehen wurde. Den letzten Iberiensteinbock, der am 6. Januar 2000 tot aufgefunden wurde. Das letzte Haubenmainapärchen in Vancouver, das im Februar 2003 überfahren wurde. Den Po'ouli, diesen kleinen Naschvogel, der als Letzter seiner Art am 26. November 2004 in seinem Käfig starb. So ging es, bis wir wieder in Mon ankamen.

Ich war ins Patkai-Gebirge gekommen, weil dies hier eine eigene kleine Welt war, die – an einer der geheimnisvollen Wegkreuzungen dieser Erde liegend, an denen auf den Karten diese vielen Striche und Farben und Punkte zusammentreffen – zufällig in den Lichtkegel der Scheinwerfer geraten war. Ich war zu der Überzeugung gelangt, dass dieses Bergland das Potenzial hatte, das sich auf die Welt herabsenkende Dunkel der Gleichförmigkeit zu überleben. Darüber machte ich mir viele Gedanken während der Rückfahrt nach Mon. Und ich machte mir noch einmal viele Gedanken darüber, als wenige Monate später Dutzende von Menschen bei einem Bombenanschlag in Dimapur starben. Ich bin immer noch überzeugt.

Von den berühmten »Tanzenden Hirschen« von Manipur gab es nur noch eine einzige, kaum lebensfähige Population von 150 Tieren auf den schwimmenden Phumdi-Inseln im Loktak-See, die wegen des 1983 gebauten 103-Megawatt-Wasserkraftwerks am Abfluss des Sees immer kleiner werden. Von dem Wald, der für Edward Gees »weißen Affen«, den Goldlangur, seit jeher der einzige Lebensraum ist, wurde in den 1990er Jahren ein Drittel abgeholzt. Die Languren saßen in der Falle isolierter Waldstücke am Nordufer des Brahmaputra und waren dazu verdammt, das Leben von Dorfbettlern zu führen und Früchte aus den Gärten zu stehlen. Das Gleiche widerfuhr den Männern der Konyak, die einmal als stolze Jäger Wildschweine und Hirsche gejagt hatten. Zwar gingen die Männer nach wie vor ohne ihre Muskete keinen Schritt vor die Tür, aber alles, was ihnen vor die Flinte kam, waren kleine Singvögel, die sie aus den Bäumen schießen konnten, wenn sie wollten.

Von Longwa aus reicht der Blick bis zum Sangpan-Gebirgszug, der innerhalb eines Gebietes liegt, in dem die burmesische Regierung ein Tigerreservat einrichten will. Das Reservat wird größer sein als der gesamte Bundesstaat Nagaland. In Arunachal Pradesh, nur ein paar Tage strammen Fußmarschs von Mon entfernt, sind noch 70 Prozent der ursprünglichen Wälder intakt. Dort hält sich wacker der Mishmi-Takin mit dem goldenen Fell. Von den Panzernashörnern, denen als Lebensraum nur noch das Sumpfland der östlichen Himalaja-Ausläufer geblieben war, gab es Ende des 19. Jahrhunderts nur noch 300 Tiere, doch die Spezies hielt den Bedrohungen des 20. Jahrhunderts stand, und ihre Zahl stieg sogar wieder an. Die meisten Nagakinder sprechen die Sprache ihres Stammes. Eineinhalb Jahrhunderte nachdem britische Truppen ihre Geschütze vom Chathe-Tal heraufgeschleppt hatten, steht die alte Angami-Festung immer noch, und in Hunderten von Nagadörfern werden Bäume so gepflanzt und beschnitten, wie es die Menschen in Khonoma, in dieser Unterwelt zwischen Wildem und Gezähmtem, nach alter Sitte tun.

Vor allem aber glaube ich, dass es noch Grund zur Hoffnung für dieses Bergland am Brahmaputra gibt, weil sich die Menschen dort oben nicht so leicht unterkriegen lassen und man nie genau weiß, welche Rolle Zufall und pures Glück in solchen Dingen spielen. Und auch deshalb, weil Bilong auf dieser unglückseligen Rückfahrt nach Mon mit all ihren Gespenstern am Straßenrand plötzlich meinte, er kenne jemanden mit einem Auto, mit dem wir es vielleicht schaffen könnten. Drei Stunden später hatten wir die Stelle wieder erreicht, an der wir umgekehrt waren, und krochen rutschend die Schlammpiste hinauf, die der Geländewagen nicht bewältigt hatte. Wir hatten uns alle in einen winzigen, uralten Mahindra mit Allradantrieb gequetscht – das heißt, alle außer Visevor, der bereitwillig in Mon zurückgeblieben war, um dort auf uns zu warten. Wir schafften die Steigung. Wahrscheinlich hatten wir mehr Glück als Verstand, aber wir waren zurück auf dem Weg nach Longwa.

Unser neuer Fahrer war der Besitzer des Mahindra, ein kleiner Typ, der schwer auf Draht war. Er hatte einen stattlichen Preis ausgehandelt für einen Mahindra ohne Türen, dafür aber einem roten Benzinkanister als Tank; der Behälter rutschte, verbunden mit einem Schlauch, der unter der Motorhaube verschwand, auf dem Fahrzeugboden herum. Die Fahrt nach Longwa verbrachte ich halb im Fahrzeug, halb auf dem Trittbrett hockend, geduckt, um mir den Kopf nicht zu stoßen, durchgerüttelt, dass ich jeden Knochen spürte; ich krallte mich so fest, dass meine Handknöchel weiß hervortraten. Es ging östlich von Mon aus dem Tal heraus, dann wieder abwärts und über den Tegee-Fluss, über die Kuppe der Veda-Kette, hinunter ins Taphital und über den Taphi und noch steilere Wege hinauf in die Berge – ein vier Stunden währendes Auf und Ab, bis wir Longwa hoch oben über den Wolken auf der Anhöhe des Berges Tainyai in den späten Nachmittagsstunden erreicht hatten. Eine Horde Kinder lief uns zur Begrüßung entgegen.

Das letzte Stückchen Weg zu einem etwa 40 Meter langen und 15 Meter breiten eindrucksvollen Gebäude, das auf dem windgepeitschten Gipfel stand, legten wir zu Fuß zurück. Der Angh von Longwa erwartete uns in seinem Thronsaal, einem Raum mit Lehmfußboden, irgendwo in dem höhlenartigen Inneren des Hauses. Nach den Geschichten, die mir über ihn zu Ohren gekommen waren, hatte ich einen anderen Mann erwartet als den, der uns jetzt begrüßte. Er war ein junger, modern gekleideter Mann in blauer Windjacke, hellblauem Hemd, grauen Hosen und Sandalen. Der Raum, in dem er in einem alten assamesischen Sessel am Feuer saß, war mit Mithan-, Elefanten- und Stachelschweinschädeln sowie mehreren großen vergoldeten Messinggongs geschmückt. Wir machten uns miteinander bekannt. Er hieß Donyei und war 26 Jahre alt. Es stellte sich heraus, dass er nicht der Angh aus all den abenteuerlichen Geschichten war, und, nein, er habe keine 13 Ehefrauen. Donyei sprach langsam und artikuliert in der Stammessprache der Konyak, und Bilong übersetzte das meiste von dem, was er erzählte.

Der Erste war Taiwang. Das war wohl gegen Ende des 16. Jahrhunderts. Taiwang war ein Konyak-Prinz aus Pungchow im heutigen Arunachal Pradesh. Nach Taiwang kam Lemwang, dann kamen Ngowang, Phowang, Ngowang II., Phowang II., Ngowang III., Phowang III. Und Ngowang IV. Donyeis eigentlicher Titel lautet Phowang IV.

Der Angh mit den 13 Ehefrauen – derjenige, der angeblich die fünf unbotmäßigen Edelleute geköpft hatte, war Ngowang IV., Donyeis Vater. Donyei, von den 30 Kindern seines Vaters der Lieblingssohn, hatte den Thron erst kürzlich bestiegen, und er hatte nur zwei Ehefrauen. Er sagte etwas und lachte, und Khrienuo, die aus dem Nagamesischen übersetzte, meinte, er habe gesagt, eines Tages werde er vielleicht mehr Frauen haben, aber für den Augenblick seien ihm zwei mehr als genug.

Ich hatte auf der langen, holprigen Fahrt so sehr die Orientierung verloren, dass ich nicht einmal mehr sagen konnte, wo Norden war. Darum fragte ich nach der Grenze zu Burma. Wie nah sie sei. Bilong sah mich verständnislos an. »Burma«, wiederholte ich, »Sie wissen schon, Myanmar.« Bilong gab die Frage an Donyei weiter, worauf dieser verständnislos dreinblickte. Es folgte ein Hin und Her auf Nagamesisch, in das sich Khrienuo von Zeit zu Zeit einmischte.

Dann sagte Bilong: »Also, wir sind hier in Burma.«

Es stellte sich heraus, dass der 1963 festgelegte Grenzverlauf zwischen Indien und Burma im Umkreis des Tainyai erst Anfang 1970 kartografiert worden war. Da die Grenze der Höhenlinie folgte und quer über die Kuppe des Tainyei und durch das Dorf Longwa verlief, wurde der Hauptstützpfeiler des Palastes offiziell zum Grenzpfosten 158 der indisch-burmesischen Grenze erklärt. Zufällig lag der Thronraum auf burmesischer Seite, der Richtung, in der die Sonne aufgeht. Zwei Kilometer weiter nördlich hatte die indische Armee einen Beobachtungsturm auf einer Anhöhe, und von Zeit zu Zeit schauten die dort stationierten Posten vorbei, um hallo zu sagen. Alle paar Wochen kam eine burmesische Patrouille ins Dorf und blieb ein paar Tage, aber das alles wurde nicht besonders ernst genommen. Dies hier war Nagagebiet, das Territorium der Konyak.

Die nächstgelegenen Konyak-Dörfer auf burmesischer Seite hießen Langkho, Longkhai und Khonmoi, und um die nächste burmesische Straße zu erreichen, wäre man sieben Tage zu Fuß unterwegs gewesen. Auf indischer Seite waren die nächsten Nachbarn die Dörfer Pukha, Weting und Nyanyu, mit denen Longwa durch Fußwege verbunden war. In mindestens 30 weiteren Dörfern wurde der Longwa-Dialekt gesprochen. Sie alle waren dem Angh von Longwa gegenüber theoretisch zu Abgaben verpflichtet. Die meisten dieser Dörfer lagen auf burmesischem Gebiet, einige gehörten zum benachbarten Bundesstaat Arunachal Pradesh. Aber solche Grenzen haben nichts zu bedeuten, meinte Donyei.

An diesem Punkt der Unterhaltung betrat Donyeis Vater, der berüchtigte Ngowang IV., den Thronraum. Er trug ein von fünf Keramikköpfen umrahmtes Amulett am Hals und hatte das Haar am Hinterkopf zu einem festen Knoten gebunden, der von einem Affenknochen gehalten wurde. Wir verlegten unseren Platz auf die Veranda des Langhauses, um das Licht der untergehenden Sonne noch ein wenig zu nutzen.

»Ja«, sagte Ngowang IV. und klapperte mit seinem Amulett, »ich habe diese Köpfe mitgebracht. Sie sind aus Langkho. Ich musste dort einen Stellvertreter einsetzen. Ich glaube, das war um 1970. Es gab territoriale Auseinandersetzungen, und im Übrigen haben die sich auch von hier Köpfe geholt.«

Es war wieder Bilong, der den größten Teil der Unterhaltung in dieser herrlichen Birr-Wing-Bingbong-Lautfolge, die so viele Nagasprachen auszeichnet, übersetzte. Wir kamen auf die Veränderungen in der Welt zu sprechen.

Donyei äußerte die Meinung, dass man sich keine Sorgen zu machen brauche. Die Konyak-Sprache würde weiter bestehen, seine Sippe würde weiter bestehen, die Menschen in Longwa würden sich von der Welt nehmen, was sie brauchten, und ansonsten würde das Leben im Großen und Ganzen weitergehen wie gehabt.

Sein Vater schien sich da weniger sicher zu sein. Er mache sich keine Sorgen, aber er sei sich eben auch nicht so sicher, meinte er. »In den alten Zeiten hatten die Menschen Angst voreinander. Sie versteckten sich voreinander. Aber jetzt herrscht Frieden. Es stimmt, dass es nicht mehr so viele Tiere gibt und dass sich der Wald verändert, aber früher haben die wilden Tiere unsere Haustiere gerissen und die Menschen angefallen. Heute können die Menschen durch die Wälder gehen und brauchen keine Angst mehr vor wilden Tieren zu haben«, sagte er.

»Mir gefällt es, von vielen Menschen umgeben zu sein«, fuhr er nach einer Pause fort. »Aber wenn es Tiger gibt, ist das auch eine gute Sache. Unsere Seelen, die Seelen der Könige der Konyak, werden zu Tigern. Unsere Seelen wohnen in den Tigern. Einerseits mögen wir sie nicht. Wir wollen nicht, dass sie Mithane und Menschen töten. Aber wenn der Tiger verschwindet, verschwinden auch unsere Seelen.«

Das hatte ich nicht erwartet. Plötzlich waren wir mittendrin in den alten malaysischen Geschichten von den Tigern und den Menschenseelen oder den Geistern der Ahnen, die in Tigergestalt umherwandern.

Ngowang IV. nahm den Faden seiner Erzählung wieder auf, und jetzt sprach er im Tonfall unerschütterlicher Überzeugung. »Früher einmal hatten wir viele Tiere«, sagte er, »Wildschwein, Hirsch, mächtige Zwölfender, Chok und Maya – sie alle lebten in unseren Wäldern. Und die Dorfbewohner jagten sie und brachten das Fleisch zu mir. Ich habe Hirsche und Wildschweine und Leoparden gejagt. Als ich Kind war, konnten wir diese Tiere manchmal mit Steinen töten oder mit Stöcken von einem Baum. Heute ist das nicht mehr so.

Es macht mir Sorgen, denn wenn der Tiger verschwindet, wird auch unser Leben verschwinden.

Das Leben der Könige wird verschwinden.«

Eine Göttin   Epilog: Die Rache der Kali

> Der ungeheure Einfluss des religiösen Triebes gründet sich ... nicht nur auf die Bestätigung moralischer Werte. Ein gewaltiger unterirdischer Geistesstrom, wird er mit Kraft aus einem ganzen Netz zufließender Gefühle gespeist, deren stärkstes der Selbsterhaltungstrieb ist.
> Edward O. Wilson, Die Einheit des Wissens,
> [Siedler, Berlin 1998]

In ihrer letzten epischen Schlacht mit den Dämonen, die die Welt zu verschlingen drohten, sandten die Götter Feuerströme von den Gipfeln des Himalaja zur Erde. Aus dem Feuer ging die Göttin Durga hervor, und Kali entsprang ihrer Stirn und besiegte die Dämonen. Im Laufe der Jahrhunderte entstand im Umkreis einer steinernen Statue der Kali auf einem abgelegenen, bewaldeten Tempelgelände am Ufer eines der Seitenarme des Ganges eine Vielzahl von Schreinen. Man nannte den Tempel Kalighat. Um ihn herum entwickelte sich die stinkende und glanzvolle Stadt Kalkutta, die wuchs und wuchs und schließlich zur Hauptstadt des britisch-indischen Reiches wurde. Dann änderte der Fluss seinen Lauf, und nun schwärt Kalighat am Ufer eines schmutzverseuchten Kanals namens Adi Ganga. Am ersten Tag meines Besuchs trieb ein toter Hund zwischen Unrat im Wasser.

Ein junger Mann hielt sein kleines Kind fest an seine Brust gedrückt und schob sich behände durch das Gewimmel der Pilger auf den Wegen und in den Gängen, die zum Tempel führen. Die Menge bewegte sich nur träge vorwärts. Einige der Pilger standen am Rande einer Hysterie, andere waren die heitere Ruhe selbst. Alle waren mit Girlanden aus roten Hibiskusblüten geschmückt. Eine Welle der Aufregung ging von den Heerscharen von Schmuckverkäufern aus und setzte sich langsam zu dem Punkt hin fort, wo Kali, eine Girlande aus Menschenschädeln um den Hals, allein in einer halb verborgenen Kammer sitzt.

Der Name des jungen Mannes war Sibu Das. Er war 23 Jahre alt und lebte von Almosen. Das Kind war sein sechs Monate alter Sohn Rahul. Er und seine Frau Kalpana hatten noch eine dreijährige Tochter namens Sukla, und ihr gemeinsames Heim war ein kleines Stück Pflaster auf der Straße vor dem Haupttor des Tempels, wo sie nachts ungestört schlafen durften.

Die wenigen Wohltaten, die seine Familie für sich verbuchen konnte, wie beispielsweise die paar Rupien, die sie am Tag erbettelten, schrieb er der schützenden Hand der Kali zu. Ein weniger gläubiger Mensch hätte die armseligen Reste des Glücks, das der Familie beschieden war, eher darin gesehen, dass sie zu den mindestens 500 Bettlern zählten, die täglich um vier Uhr nachmittags eine warme Mahlzeit von den Tempelpriestern bekamen, und dass die mobilen Einsatztruppen der Polizei davor zurückschrecken, Bettler zu verscheuchen, die an den Toren eines Tempels schlafen.

Als ich Sibu Das kennenlernte, führten er und seine Familie dieses Leben schon seit zwei Jahren. Ich hatte einen Tempelpriester gefunden, der für die Dauer meines Besuchs in Kalighat gegen ein Entgelt als Dolmetscher für mich arbeitete. Ich verstand so viel, dass Sibu Das als jüngstes von fünf Kindern eines Klempners jenseits von Tollygunge, der Endstation einer der Straßenbahnlinien von Kalkutta, aufgewachsen war. Nachdem der Vater arbeitslos geworden war, hatten sich die Eltern getrennt. Sibu hatte nie eine vernünftige Arbeit gefunden, weshalb er nun sein Leben als Bettler in Kalighat fristete.

In den zwei Jahren, seit er mit seiner Familie auf der Straße vor dem Eingangstor des Tempels lebte, waren in Kalighat 25 000 Ziegen Opfer ritueller Schlachtungen geworden, hatten Hunderttausende von Menschen in Kriegen im Kongo, im Irak, in Afghanistan und anderswo ihr Leben verloren und waren 15 Millionen Menschen an Hunger, Mangelkrankheiten und anderen Folgen der Armut gestorben. Zugleich war die Weltbevölkerung in diesen zwei Jahren um 150 Millionen Menschen angewachsen. Das ist fast ein Drittel der Menschen, die im ausgehenden 16. Jahrhundert, als Kalighat noch eine einsame heilige Stätte in den Wäldern war, die ganze Erde bevölkerten.

An guten Tagen schaffte es Sibu manchmal, umgerechnet bis zu vier Dollar zu erbetteln. Das waren Tage, an denen er fast doppelt so viel verdiente wie ein Drittel der Menschheit, und er dankte Kali dafür. Über so viel Frömmigkeit mögen wir, die wir durch die Schule der Vernunft gegangen sind, insgeheim lächeln, aber wenn man bedenkt, wie offensichtlich unsere Moderne Menschen wie Sibu Das in aller Welt im Stich gelassen hat, steht uns das absolut nicht zu. Wir haben keinen Grund, uns lustig zu machen, nicht einmal angesichts der Quacksalberei jener Priester in Kalighat, die Gläubigen über das Internet anbieten, stellvertretend für sie Pujas zu Füßen der Göttin Kali für läppische 674 Rupien pro Puja zu zelebrieren. Wir haben den Ton angegeben, und Descartes, Darwin, Voltaire oder Hobbes haben die Welt nicht gerettet.

Im 20. Jahrhundert haben die gebildeten, weltlich orientierten jungen Menschen in aller Welt über die abergläubischen Ängste der Armen gelächelt, und das gewaltige Totenschiff der Erde ist weitergesegelt, gesteuert von der geheimnisvoll verborgenen Hand der Marktkräfte. Die Hand sandte ihre rätselhaften Signale nach unten, und die Technokraten im Maschinenraum nahmen die entsprechenden Veränderungen an den Einstellungen der internationalen Handelskodizes vor. Ein aggressiver Stamm des Islam breitete sich in weiten Teilen der Welt von den Säulen des Herkules bis zur Bandasee aus, und Kali findet ihre treueste Gefolgschaft auch weiterhin bei den Dieben, den Gaunern und den Armen.

Aus der Gefolgschaft Kalis rekrutiert auch eine Partei namens Shiv Sena ihre glühendsten Anhänger. Noch in den 1980er Jahren war Shiv Sena ein obskures und bedeutungsloses Überbleibsel aus der Zeit der Konflikte zwischen Hindus und Muslimen, die auf die Teilung Indiens nach der Entlassung in die Unabhängigkeit folgten. Zwanzig Jahre später hatte die Shiv Sena in Bombay mehr oder weniger das Heft in der Hand. Ihre kriminellen Handlanger beherrschten das politische Geschehen in weiten Teilen des indischen Subkontinents. Der Aufstieg der Shiv Sena war eines dieser Dinge, die niemand hatte kommen sehen. Es war wie die abrupte Veränderung der Welt nach dem 11. September 2001, wie das plötzliche Verschwinden unzähliger Kulturpflanzen und wie die Pläne, den Beutelwolf mittels der DNA eines konservierten Fetus der Spezies von den Toten wiederauferstehen zu lassen. Vieles ist ungewiss in der Welt, aber eines können wir mit einiger Sicherheit sagen: Wir leben in einer Zeit, in der wir endlich die Antwort auf die Frage finden werden, mit der sich Philosophen seit alters beschäftigt haben, die Frage nämlich, ob es der Menschheit möglich ist, ihr eigenes Schicksal zu bestimmen. Wir werden diese Frage vermutlich um 2030 beantworten können, heißt es. Viel länger wird es nicht dauern.

Für Menschen wie Sibu Das lässt sich das Erbe der Aufklärung direkt aus der Bibel, Jeremia 8,20, herauslesen: »Die Ernte ist vergangen, der Sommer ist dahin, und uns ist keine Hilfe gekommen.« Für die Armen dieser Welt hat sich die Ernte der Moderne als genau die »falschen Verheißungen von Himmel und Meer« erwiesen, von denen Jewgeni Jewtuschenko in seiner Ballade von den trügerischen Leuchtfeuern spricht. Für Indiens Landbevölkerung kamen die falschen Verheißungen in Gestalt von Hybridsamen und der Vernichtung Tausender heimischer Reissorten. Als die Last der Schulden, die sie bei multinationalen Saatgutkonzernen angehäuft hatten, Bauern massenhaft in den Selbstmord trieb, hieß es in einem Leitartikel der *Indian Times*, was indische

Bauern wirklich brauchten, sei eine »Behandlung mit Antidepressiva unter fachkundiger ärztlicher Aufsicht«. Das nennt man dann den Segen der Moderne.

Wenn man nach Parallelen für die Maß- und Skrupellosigkeit sucht, die gegenwärtig das globale Geschehen beherrschen, muss man sich Irland in der Zeit vor der großen Hungersnot im 19. Jahrhundert ansehen oder die letzten Tage im Reich der Sumerer, der Römer oder der Maya. Man muss sich die verzweifelten Momente in der Geschichte der Menschheit ansehen, die Momente, bevor alles zusammenbrach. Man kann aber auch nach vorn blicken und sich vorzustellen versuchen, wohin das alles führt. Man kann sich die Szenarien noch einmal ansehen, die in der 3. Globalen Umweltvorausschau der Vereinten Nationen beschrieben werden.

Wohin man auch schaut, es gibt immer eine Wahl. Aber das Spektrum der Alternativen wird jeden Tag kleiner, und sie bekommen zunehmend ein ähnliches Gewicht wie die Wahlmöglichkeiten, vor denen wir in den dunkelsten Momenten des 20. Jahrhunderts standen: zwischen Faschismus, Totalitarismus, Demokratie und Sozialismus. Damals ging unsere Wahl mit unglaublich viel Blutvergießen einher. Es wäre schön, sich vorzustellen, dass die Wahl, vor der wir jetzt stehen, ohne Blutvergießen vonstattengehen kann. Aber Blutvergießen hin oder her, eine Wahl treffen müssen wir. Immerhin haben wir noch die Wahl. Das ist die gute Nachricht.

Die Frage ist nicht, ob der Mensch als Spezies überlebt. Während der Arbeit an diesem Buch habe ich keine Indizien gefunden, die den allgemeinen Konsens darüber stützen würden, dass das menschliche Verhalten unweigerlich zum Aussterben der Menschheit führen wird. Selbst die schlimmsten Szenarien vom Verschwinden der Ökosysteme, vom Verlust der Wälder, vom massenhaften Artensterben, vom Klimawandel und von der weltweiten Monokultur der Nahrungspflanzen müssen nicht automatisch zu dem Schluss führen, dass das Ende der Menschheit bevorsteht. Wir sind eine erstaunlich widerstandsfähige Spezies. Der amerikanische Schriftsteller David Quammen bezeichnet uns gemeinsam mit Kakerlaken und Tauben als eine »Unkraut«-Spezies, die einen nur für Unkraut bewohnbaren Planeten schafft. Aber wir sind auch Kopernikus und Galileo. Wir sind wie Pumas. Wir haben Wege gefunden, auch den unwirtlichsten Winkel der Erde noch zu besiedeln. Wir werden überleben. Es ist also nicht alle Hoffnung verloren.

Bei der Wahl, die wir haben, geht es darum, *wie* wir überleben wollen, wie der Planet aussehen soll, den wir uns und für alle lebendigen Geschöpfe wünschen. Es reicht nicht mehr, nur davon zu reden, dass wir der Natur ihren Lauf lassen müssen.

Die Menschheit steht vor wichtigen Entscheidungen, und wichtige Entscheidungen setzen voraus, dass man an etwas glaubt, dass man ganz fest an etwas glaubt. Wie unsere Liebe zu den lebendigen Geschöpfen und die Prädestination unseres Gehirns für das Geschichtenerzählen ist auch unser Wunsch zu glauben ein archaisches Bedürfnis. Tiefe Überzeugung, Glaube, Ideologie, Religion, Hingabe – all das sind fundamentale und substanzielle Bestandteile unseres Wesens. Wir haben uns dahin entwickelt; die natürliche Auslese hat dieses Potenzial in uns gefördert. Wir können die Marktfundamentalisten dieser Welt mit Hohn betrachten, die Faschisten verabscheuen, die im islamischen Teil denselben Terror säen, und über die Pilger lachen, die in Kalighat ihre harmlosen Opfer bringen, aber was die Menschen in Zeiten großer Gefahr immer bewegt hat, was es Menschen möglich gemacht hat, ihr Schicksal selbst in die Hand zu nehmen, ist ihre Fähigkeit, an Dinge zu glauben.

Ohne Glauben werden wir die Verluste nicht ausgleichen, die das Artensterben unter den Geschöpfen der lebendigen, atmenden Welt für sich verbucht. Ohne ein Glaubenssystem, dem eine archaische, zwingende und blutige Kraft innewohnt, etwas so Furchterregendes wie die Göttin im Brennpunkt der religiösen Verzückung in Kalighat, werden wir das Erbe der Sprachen, der Literaturen und der Lieder dieser Welt nicht bewahren.

Edward O. Wilson, einer der großen Denker des 20. Jahrhunderts, hat eine Vorstellung davon, wie sich das Ringen um Glauben in kommenden Jahren äußern wird: »Das Ringen um die Seele des Menschen wird sich im nächsten Jahrhundert als Entscheidung zwischen Transzendentalismus und Empirismus äußern.«[1] Die stärksten Überzeugungen gründen sich jedoch auf jene offensichtlichen Wahrheiten, die Transzendentalismus und Empirismus miteinander versöhnen. Und das Artensterben führt uns eine solche Wahrheit vor Augen, etwas, von dem wir im tiefsten Innern wissen, dass es wahr ist – nämlich, wie der Dichter William Blake sagt: »Alles Leben ist heilig.« Man kann diesen Satz mit glühender Inbrunst sagen, man kann den Gedanken aber auch in nüchterne und vollkommen sachliche Worte fassen. In der Weltcharta für die Natur (UN-Beschluss A/RES/37/7), die am 28. Oktober 1982 verabschiedet wurde, heißt es: »Jede Lebensform ist einzigartig und muss unabhängig von ihrem Nutzen für die Menschheit geachtet werden, und um anderen Organismen diese Achtung zu gewähren, muss sich der Mensch von ethischen Handlungsgrundsätzen leiten lassen.«

Für das, was hier ausgedrückt wird, gibt es in allen Sprachen und in allen Kulturen der Welt Worte. Man muss kein Lexikon der Nachhaltigkeit konsultieren, um den uralten Wunsch der Menschen, in einer lebendigen, atmenden Welt verschwenderischer Fülle und Vielfalt zu leben, erklären zu können. Es ist unser Recht, und wir sollten dieses Recht einfordern, denn die Menschheit *ist* tatsächlich fähig, ihr Schicksal selbst zu bestimmen. Wir dürfen diese These nur nicht auf die Probe stellen, indem wir abwarten und sehen, ob das Schiff sinkt.

Wir müssen das Ruder in die Hand nehmen. Wir müssen das Erbe der Aufklärung für alle und überall zurückfordern.

Wir müssen die Menschen- und Bürgerrechte wieder einfordern, die so vielen Bewohnern der Erde vorenthalten werden. Wir müssen die Reichweite der Demokratie so ausdehnen, dass wir den Kräften die Stirn bieten können, die hinter Monokultur, Umweltzerstörung und all den Dingen stehen, die jene Felder hervorbringen, an denen die Menschen ein Kreuz schlagen, wenn sie vorübergehen. Es wird harte Arbeit sein, die uns Opfer, Disziplin und möglicherweise auch Gewalt abverlangt. Wir dürfen uns der moralischen Verpflichtung nicht entziehen, weil wir uns davor fürchten. Es wird schwer werden, und es gehört nicht zu den Aufgaben, die man allein den Umweltschützern überlassen sollte.

Es gab schon kurze Momente, in denen die Menschheit das Ruder in die Hand genommen hat. Am 10. Dezember 1948 verabschiedeten die Gründerstaaten der Vereinten Nationen die Allgemeine Erklärung der Menschenrechte. Sie bildet ein solides Fundament, auf das man bauen kann, vor allem in einer Zeit, in der die schwierige Frage nach dem Schutz kultureller Vielfalt zunehmend an Bedeutung gewinnt. Als man feststellte, dass Stoffe wie FCKWs, Halone und Bromide riesige Löcher in die Ozonschicht rissen, kam es zu mehreren internationalen Verträgen zum Schutz der Ozonschicht, die im 1987 unterzeichneten Montreal-Protokoll gipfelten. Bis zum Jahr 2002 hatten 183 Staaten den Vertrag unterzeichnet. Das Kyoto-Protokoll von 1997 war nur ein lächerlich winziger Schritt in dem Bemühen, den Ausstoß von Treibhausgasen weltweit zu reduzieren. Aber die Bereitschaft, Dinge zu ändern, hat immer ihre Grenzen. Auch das ist eine Erkenntnis, zu der ich gekommen war, als ich Kalighat erreichte. Es gibt immer einen Punkt, an dem die Sache kippt. Es ist nur schwer vorherzusagen, wann dieser Punkt erreicht sein wird oder wen es trifft, wenn das Fass überläuft.

Was ich auch gelernt habe, ist die Antwort auf die allgegenwärtige Frage: »Aber was soll ich denn tun?« Sie lautet: »Du musst tun, was du kannst.«

Ich habe keine großen Weisheiten zu verkünden. Alles, was ich weitergeben kann, ist die Erkenntnis, dass die tiefen Einsichten in der großen Vielfalt der Geschichten, der besonderen und einzigartigen Geschichten, und in der Vielfalt unserer Ideen und Vorstellungen zu finden sind. Unsere größte Hoffnung liegt darin, dass wir den Boden bereiten, auf dem die unterschiedlichsten Formen des Lebens, die mannigfaltigsten Ideen und das größtmögliche Spektrum an Wahlmöglichkeiten gedeihen können.

Das Artensterben entzieht ebenjenem Boden die Kraft. Greifen wir also ein in die epische Schlacht mit den Dämonen, die unsere Welt verschlingen, und tun wir alles, was wir können. Mehr kann man nicht von uns erwarten, als dass wir tun, was wir können.

Dank

Ich stehe tief in der Schuld meiner Familie – meiner Frau Yvette und meiner Kinder Zoe, Eamonn und Conall –, die nie die Geduld und den Humor verloren haben. Robert Harlow und Ben Parfitt danke ich dafür, dass sie mir bei ein paar schwierigen Passagen des Manuskripts geholfen haben. Susan Folkins von Penguin war eine wunderbare und geduldige Lektorin, und meine Agentin Jackie Kaiser hat mich nie im Stich gelassen. Ich danke dem British Columbia Arts Council für die Unterstützung, und ich danke ganz besonders Louise Pedersen für ihre Hilfe bei den vorbereitenden Recherchen für dieses Buch. Teile davon wurden vorab veröffentlicht in *The Vancouver Review*, *Canadian Geographic*, *The Georgia Straight* und *Adbusters*, und ich danke den Herausgebern dieser Zeitschriften dafür, dass sie mir die Möglichkeit gegeben haben, einige der Gedanken, aus denen dieses Buch geworden ist, zu überprüfen.

In Irland hat meine Cousine Christine Gurnett mir mehr Erkenntnisse vermittelt, als sie je ahnen wird. Mein alter Freund Marc Edge hat dafür gesorgt, dass ich mich in Singapur wie zu Hause gefühlt habe. Janice D. Boyd von der US-Sektion der Amigos de las Aves hat mich auf die Fährte der Aras im Naturschutzpark Curú in Costa Rica gebracht, und Greg Matuzak hat mich dort mit offenen Armen aufgenommen. Ohne Dave Martin und Xan Augerot hätte ich es nie in den Fernen Osten Russlands geschafft, und ohne Vera Kharbergers Verdienste als Dolmetscherin wäre ich dort verloren gewesen. Auf den Lofoten habe ich sehr viel Herzlichkeit von den Familien Frovik und Bendiksen aus Reine erfahren, ebenso wie von der Familie Ramberg im Lofoten Sjøhus og Rorbuer in Sørvågen.

David Parker aus Port Alice hat mir für das Kapitel »Der Geist aus den Wäldern« großzügig seine Zeit geopfert, und ich war ihm besonders dankbar für die Bereitschaft, das Trauma des Pumaangriffs noch einmal zu durchleben. Paul Beier von der Universität Arizona, Mark Pulsifer von der Forst- und Naturschutzbehörde Nova Scotia, David Shackleton von der Universität British Columbia und seine Studenten sowie Doug Janz und Gerry Brunham von der Naturschutzbehörde British Columbia haben mit vielen Hintergrundinformationen zu diesem Kapitel beigetragen.

Mark Lauckner, Tina Farmilo, Jennifer Iredale und Brian Brett haben großzügig geholfen, Material über die Vielfalt der Kulturpflanzen zusammenzutragen. Auch das Team des Museums für Wirtschaftsbotanik in Kew Gardens war mir dabei eine große Hilfe.

Ewigen Dank schulde ich in Nagaland Reverend C. Walu Walling aus Impur, General »Jimmy« Singh und dem Team des Reiseveranstalters Gurudongma, dem Leiter des Tourismusverbandes von Nagaland Neisatuo Keditsu, Kevi Meyase von der Army of Khonoma, meinen FreundInnen, DolmetscherInnen und FremdenführerInnen Khrienuo Kense, Bilong Nagi und Visevor Nagi und dem Sänger und Tänzer Sangyusang Pongener. Der Sprachwissenschaftler Alec Coupe von der australischen Universität La Trobe hat seine knapp bemessene Zeit geopfert, um mir die »Singsprache« der Ao-Nagas zu erklären.

Und zum Schluss: In Gedanken bin ich immer bei Sibu Das und seiner Familie in Kalkutta.

Anmerkungen

PROLOG: DAS TAL DES SCHWARZEN SCHWEINS 9

1 Hosea, 4,3
2 *The Guardian*, »The Way We'll live in 2032«, 23. Mai 2002

DIE NACHT DER LEBENDEN TOTEN 25

1 William Blake, *Gedichte*, dt. von Alexander von Bernus und Walter Schmiele, Verlag L. Schneider, 1958
2 William Lim, »Architecture and Identity in Singapore«, Referat für die internationale Tagung der TU Berlin »Architecture and Identity« vom 6. bis 8. Dezember 2004
3 Rem Koolhaas, »Singapore Songlines: Portrait of a Potemkin Metropolis, or, Thirty Years of Tabula Rasa« in: M. Miles, T. Hall und I. Borden (Hrsg.), *The City Cultures Reader*, London 2000, S. 22–25
4 Die Firma musste allerdings Ende 2006 wegen mangelnder Rentabilität ihre Pforten schließen.
5 *The Scientist*, 10. Dezember 2002
6 *Technology Review*, März 2005
7 H. G. Wells, *Doktor Moreaus Insel*, dt. von Felix Paul Greve, Minden 1904, S. 205 f.
8 Linda MacDonald Glenn, »When Pigs Fly? Legal and Ethical Issues in Transgenics and the Creation of Chimeras«, Rede vor der American Physiological Society anlässlich der Verleihung des Walter C. Randall Lecture Award für biomedizinische Ethik in der experimentellen Biologie, San Diego 2003
9 Peter Boomgaard, *Frontiers of Fear. Tigers and People in the Malay World, 1600–1950*, New Haven und London 2002
10 Susanne Knecht, *Lady Sophia Raffles auf Sumatra*, Hamburg 2000
11 Ivor H. N. Evans, *Studies in Religion, Folk-Lore, and Custom in British North Borneo and the Malay Peninsula*, Cambridge 1923
12 Eine Liste der Geschenke an die englische Krone zählt der englische Dichter Richard Hakluyt auf in *The Principal Navigations,*

Voages, Traffiques and Discoveries of the English Nation, Glasgow
1903–05

[13] Thomas Hardy in: *The Times*, 19.12.1913

[14] John Galsworthy, *Die Forsyte Saga*, dt. v. Luise Wolf, I. Buch »Der
reiche Mann«, 2. Teil, Kap. 6 »Der alte Jolyon geht in den Zoo«,
Wien und Hamburg 1972, S. 148

WARTEN AUF DIE ARAS 71

[1] Antonio de Dios aus dem philippinischen Quezon, Inhaber der
Firma Birds International Inc., ist der wichtigste private Halter
von Spix-Aras und machte dadurch von sich reden, dass er immer
wieder gegen die auch von ihm unterzeichnete Abmachung mit
der brasilianischen Regierung verstieß und Vögel aus seinen Beständen ohne Rücksprache mit dem Komitee an Dritte verkaufte.

[2] Rachel Carson, *Der stumme Frühling*, dt. von Margaret Auer,
München 1963

[3] David Quammen, *Der Gesang des Dodo. Eine Reise durch die Evolution der Inselwelten*, dt. von Ulrich Enderwitz, München 2001

[4] Christopher Cokinos, *Hope Is a Thing with Feathers. A Personal
Chronicle of Vanished Birds*, New York 2000

DIE LETZTEN RIESEN
IM FLUSS DES SCHWARZEN DRACHEN 113

[1] Sergej F. Zolotukin und Anatoli Sementschenko, *Taimens and
Lenoks of the Russian Far East*, Chabarowsk 2000

[2] Ein ausführlicher Bericht über die Studie findet sich unter www.
zeit.de/2003/21/Abschied_von_dicken_Fischen

[3] Collins, Perry McDonough, *Siberian Journey: Down the Amur to
the Pacific, 1856–57*, University of Wisconsin Press, Madison 1962

DER GEIST AUS DEN WÄLDERN 151

[1] Die Ergebnisse der Studie finden sich in englischer Sprache unter
http://users.frii.com/mytymyk/lions/beier.htm

[2] Spiegel Online berichtete am 5. Januar 2001 unter der Überschrift
»Puma-Angst im Nationalpark« über den Zwischenfall www.
spiegel.de/reise/fernweh/0,1518,110713,00.html

[3] Informationen über die Arbeit der Ontario Puma Foundation finden sich in englischer Sprache unter www.ontariopuma.ca

4 Der Florida-Panther, der eigentlich kein Panther ist, sondern ein Puma, galt lange Zeit als eigene Unterart des *Puma concolor*, eine Annahme, die durch neueste Untersuchungen jedoch widerlegt ist.

IM SOG DES MAHLSTROMS 189

1 Petter Dass, *Die Trompete des Nordlandes und andere Gedichte.* Aus dem Norwegischen von Ludwig Passarge, Gotha 1897, S. 153

2 Teile des Werkes einschließlich der Karte erschienen 2006 in der Reihe Die Andere Bibliothek bei Eichborn unter dem Titel *Die Wunder des Nordens*, erschlossen von Elena Balzamo und Reinhard Kaiser, Werksauswahl, mit einem Nachdruck der »Carta marina« von 1539, Frankfurt/M 2006. Die Karte selbst kann man unter dem entsprechenden Eintrag bei Wikipedia einsehen und herunterladen.

3 Ausführliche Informationen zur Geschichte der IWC liefert Greenpeace unter www.greenpeace.at/4624

4 Die Forschungen zur Intelligenz der Wale und Delfine stellt Joan McIntyre vor in *Der Geist in den Wassern, Ein Buch zu Ehren des Bewusstseins der Wale und Delphine*, aus dem Englischen von Reinhard Kaiser, Zweitausendeins, Frankfurt/Main 1982.

5 Zitiert aus »Honoring our history of kindness to animals« in *The Boston Globe*, 25. Oktober 2008

6 Das Färöische ist auf den Färöer-Inseln Amtsprache und wird von etwa 44 000 Einwohnern und 15 000 im Ausland lebenden Färingern gesprochen. Es gilt heute als diejenige Sprache, in der jährlich die meisten Bücher pro Muttersprachler weltweit erscheinen (1 Buchtitel auf etwa 325 Einwohner).

7 Edgar Allan Poe, »Hinab in den Maelstrom«, aus: Ders. Werke. Gesamtausgabe der Dichtungen und Erzählungen, Band 5: *Phantastische Fahrten.* Hg. von Theodor Etzel, Berlin 1922, S. 117–141

EIN APFEL IST EINE ROSE 241

1 Elsa Gunther, *Ethnobotany of Western Washington, The Knowledge and Use of Indigenous Plants by Native Americans, University of Washington Press*, Washington 2003

2 Derrick Jensen und George Draffan, *Strangely Like War, The Global Assault on Forests*, Totnes 2004

3 Stephen Kellert und Edward O. Wilson, *The Biophilia Hypothesis*, Island Press, Washington 1993

4 Die Offenbarung des Johannes 3, zitiert aus der Luther-Bibel 1912

5 Jared Diamond, *Arm und Reich. Die Schicksale menschlicher Gesellschaften*. Fischer Taschenbuch Verlag, Frankfurt/Main 1999

6 Richard Manning, *Against the Grain, How Agriculture Has Hijacked Civilization*, Farrar, Strauss & Giroux, New York 2004

7 Manfred Grössler (Hg.): *Gefahr Gentechnik, Irrweg und Ausweg*, Concordverlag, Neumarkt 2005. In dem Buch schildert Percy Schmeiser seinen Fall. Im Januar 2008 verklagte Schmeiser seinerseits die Firma Monsanto wegen der Kontaminierung seiner Felder mit gentechnisch verändertem Raps. Zur Verhandlung kam es dann jedoch nicht, weil Monsanto sämtliche Forderungen Schmeisers außergerichtlich akzeptierte.

DER SINGENDE BAUM VON CHUNGLIYIMTI 293

1 Tove Skutnabb-Kangas, Luisa Maffi, und David Harmon: *The Earth's Linguistic, Cultural, and Biological Diversity*, herausgegeben von UNESCO, Terralingua und WWF, 2003

2 John H. Hutton, *The Angami Nagas, With Some Notes on Neighbouring Tribes*, London 1921

3 Siehe dazu www.livenet.de/index.php/D/print/68/15421

EPILOG: DIE RACHE DER KALI 343

1 Edward O. Wilson, *Die Einheit des Wissens*, Siedler Verlag, Berlin 1998

Bibliografie

Abley, Mark: *Spoken Here. Travels among Threatened Languages*, Totonto 2003

Blake, William: *Gedichte*, dt. von Alexander von Bernus und Walter Schmiele, Verlag L. Schneider, 1958

Bové, José: *Die Welt ist keine Ware. Bauern gegen Agromultis*, Kiepenheuer & Witsch, Köln 2002

Bundesamt für Naturschutz: vgl. unter www.bfn.de/0321_rote_liste.html die Roten Listen für Tiere (Stand 1998, 196 Seiten), für Pflanzen (Stand 1996, 224 Seiten), für Pflanzengesellschaften (Stand 2000, 27 Seiten) und Biotope.

Carson, Rachel: *Der stumme Frühling*, dt. von Margaret Auer, München 1963

Dalby, Andrew: *Language in Danger. How Language Loss Threatens Our Future*, Toronto 2003.

Dass, Petter: *Die Trompete des Nordlandes und andere Gedichte*, dt. von Ludwig Passarge, Gotha 1897

Eldredge, Niles: *Wendezeiten des Lebens. Katastrophen in Erdgeschichte und Evolution*, dt. von Erich Lange, Frankfurt am Main 1997

Etholoque-Report: vgl. unter www.ethnologue.com/nearly_extinct.asp. Eine Liste (engl.) der in Europa gefährdeten und ausgestorbenen Sprachen (UNESCO Red Book on Endangered Languages) bietet www.helsinki.fi/~tasalmin/europe_index.html#endangered.

Fagan, Brian M.: *Das frühe Nordamerika. Archäologie eines Kontinents*, dt. von Wolfgang Müller, München 1993

Fagan, Brian M.: *Die ersten Indianer. Das Abenteuer der Besiedlung Amerikas*, dt. von Christine Goetz, München 1990

Frerichs, Regine, und Daniel Oliver Bachmann: *Im Fadenkreuz der Walfänger. Bordtagebuch einer Greenpeace-Aktivistin*, Stuttgart 2008

Fromme-Bechem, Annemarie: *Der Grindwal kommt*, Düsseldorf 1954

Fürer-Haimendorf, Christoph von: *Die nackten Nagas. 13 Monate unter Kopfjägern Indiens*, Leipzig 1947

Fürer-Haimendorf, Christoph von: *Glückliche Barbaren. Bei unbekannten Völkern an der Nordostgrenze Indiens*, Wiesbaden 1956

Galsworthy, John: *Die Forsyte Saga*, dt. v. Luise Wolf, Wien und Hamburg 1972

Ganguli, Milada: *Reise zu den Naga*. Mit 16 Farb-, 40 Schwarzweißtafeln, 28 Textillustrationen und einer Übersichtskarte auf der Innenseite des Schutzumschlages, dt. von Ernst und Helene Hamburger, 2. Aufl., Leipzig 1978

Geist, Valerius: *Life Strategies, Human Evolution, Environmental Design. Toward a Biological Theory of Health*, New York, Heidelberg, Berlin 1978

Grainger, R. J. R., und S. M. Garcia: *Chronicles of marine fishery landings (1950–1994). Trend analysis and fisheries potential*, (FAO) Rom 1996

Grössler, Manfred: *Gefahr Gentechnik. Irrweg und Ausweg*, Neumarkt 2005

Heller, Peter: *Wir schreiten ein. Der Kampf des Paul Watson gegen die Walfangflotten der Welt*, dt. von Harald Stadler, Hamburg 2008

Hunter, Robert, und Rex Weyler: *Rettet die Wale. Die Fahrten von Greenpeace*, dt. von Uli Scheele und Marliese Kübler, aktualisierte und erweitere Ausgabe, Berlin 1994

IUCN: *Rote Listen* der Weltnaturschutzunion (Stand 2008, engl.) sind abrufbar unter www.iucnredlist.org/static/stats.

Jensen, Derrick: *Das Öko-Manifest. Wie nur 50 Menschen das System zu Fall bringen und unsere Welt retten können*, dt. von Marion Schweizer und Thomas Pfeiffer, München 2009 (angekündigt)

Jensen, Derrick: *Endgame. Zivilisation als Problem*, dt. von Marion Schweizer und Thomas Pfeiffer, München 2008

Knecht, Susanne: *Lady Sophia Raffles auf Sumatra*, Hamburg 2000

Krupnik, Igor I.: *Anpassungsstrategien in der Arktis. Indigene Walfänger und Rentierhirten in Nordeurasien*, dt. von Reinhold Schletzer, Berlin 1999

Lilly, John C.: *Delphin – ein Geschöpf des 5. Tages*, München 1969

MacIntyre, Joan (Hg.): *Der Geist in den Wassern. Ein Buch zu Ehren des Bewusstseins der Wale und Delphine*, dt. von Reinhard Kaiser, Frankfurt am Main 1982

Matthiessen, Peter: *Die Könige der Lüfte. Reisen mit Kranichen*, dt. von Birgit Brandau und Hartmut Schickert, München 2007

McKibben, Bill: *Das Ende der Natur. Die globale Umweltkrise bedroht unser Überleben*, dt. von Udo Rennert, München 1992

Bibliografie

Mooney, Pat: *Saat-Multis und Welthunger. Wie die Konzerne die Nahrungsschätze der Welt plündern*, Reinbek bei Hamburg 1981;

Mooney, Pat: *Die Saat des Hungers. Wie wir die Grundlagen unserer Ernährung vernichten*, Reinbek bei Hamburg 1991.

Mowat, Farley: *Der Untergang der Arche Noah. Vom Leiden der Tiere unter den Menschen*, dt. von Jochen Frei, Reinbek bei Hamburg 1987

Mowat, Farley: *Verlorene Wege. Das Schicksal einer Inuit-Familie*, dt. von Konrad Dietzfelbinger, München 2002

Pinker, Steven: *Das unbeschriebene Blatt. Die moderne Leugnung der menschlichen Natur*, dt. von Hainer Kober, Berlin 2003

Pinker, Steven: *Wie das Denken im Kopf entsteht*, dt. von Martina Wiese und Sebastian Vogel, München 1998

Poe, Edgar Allan, »Hinab in den Maelstrom«, aus: *Werke. Gesamtausgabe der Dichtungen und Erzählungen*, Band 5: *Phantastische Fahrten*, hg. von Theodor Etzel, Berlin 1922

Pollan, Michael: *Die Botanik der Begierde. Vier Pflanzen betrachten die Welt*, dt. von Christiane Bucher und Martina Tichy, München 2002

Pollan, Michael: *Lebens-Mittel. Eine Verteidigung gegen die industrielle Nahrung und den Diätenwahn*, dt. von Rita Höner, München 2009 (angekündigt)

Quammen, David: *Das Lächeln des Tigers. Von den letzten Menschenfressern der Welt*, dt. von Thorsten Schmidt, Berlin 2004

Quammen, David: *Der Gesang des Dodo. Eine Reise durch die Evolution der Inselwelten*, dt. von Ulrich Enderwitz, München 1998

Quammen, David: *Die zwei Hörner des Rhinozeros. Kuriose und andere Geschichten vom Verhältnis des Menschen zur Natur*, dt. von Ulrich Enderwitz, München 2001

Rabinowitz, Alan: *Auf verbotenen Pfaden. Durch den hohen Norden Myanmars*, dt. von Frank Auerbach, München 2007

Reichholf, Josef H.: *Ende der Artenvielfalt? Gefährdung und Vernichtung von Biodiversität*, hg. von Klaus Wiegandt, Frankfurt, M. 2008

Sachs, Jeffrey: *Das Ende der Armut. Ein ökonomisches Programm für eine gerechtere Welt*, dt. von Udo Rennert und Thorsten Schmidt, München 2005

Sachs, Jeffrey: *Wohlstand für viele. Globale Wirtschaftspolitik in Zeiten der ökologischen und sozialen Krise*, dt. von Helmut Dierlamm, München 2008

Schlosser, Eric: *Fast-food-Gesellschaft. Fette Gewinne, faules System,* dt. von Heike Schlatterer, München 2003

Skutnabb-Kangas, Tove: *Linguistic human rights, overcoming linguistic discrimination,* hg. von Robert Phillipson und Mart Rannut, Berlin, New York 1995

Thomas, Keith: *Vergangenheit, Zukunft, Lebensalter. Zeitvorstellungen im England der frühen Neuzeit,* dt. von Robin Cackett, Berlin 1988

Tudge, Colin: *Letzte Zuflucht im Zoo. Die Erhaltung bedrohter Arten in zoologischen Gärten,* dt. von Andreas Held, mit einem Vorw. zur dt. Ausg. von Gunther Nogge, Reinbek bei Hamburg 1998

UNEP: 3. *Globale Umweltvorschau* (GEO-3, 2002) mit den vier Szenarien, vgl. Bundeszentrale für politische Bildung unter: www.bpb.de/veranstaltungen/3ZOS3G,0,0,Die_dritte_Globale_Umwelt vorausschau_%28GEO3%29.html. Der gesamte Text *Four Scenarios for Europe* (engl.) ist als PDF verfügbar unter: www.unep.org/GEO/pdfs/four_scenarios_europe.pdf, ebenso der 4. *Global Environment Outlook* (GEO-4, 2007).

UNESCO: *Atlas of the World's Languages in Danger of Disappearing,* aktualisierte Ausgabe von Stephen A. Wurm, Karten von Ian Heyward

Watson, Paul: *Ocean Warrior. Mein Kreuzzug gegen das sinnlose Schlachten der Wale,* dt. von Barbara Schaden, München 1995

Wells, H.G.: *Doktor Moreaus Insel,* dt. von Felix Paul Greve, Minden 1904

Wilson, Edward O., Hg.: *Ende der biologischen Vielfalt? Der Verlust an Arten, Genen und Lebensräumen und die Chancen für eine Umkehr,* dt. von Brigitte Dittami, Heidelberg, Berlin, New York 1992

Wilson, Edward O.: *Der Wert der Vielfalt. Die Bedrohung des Artenreichtums und das Überleben des Menschen,* dt. von Thorsten Schmidt, München 1997

Wilson, Edward O.: *Die Zukunft des Lebens,* dt. von Doris Gerstner, München 2004

Wright, Ronald: *Eine kurze Geschichte des Fortschritts,* dt. von Monika Niehaus-Osterloh, Reinbek bei Hamburg 2006

Yeats, William Butler: »The Valley of the Black Pig«, in: *The Wind Among the Reeds* (1899), abrufbar unter: www.bartleby.com/146/22.html

Register

Hulock- oder Weißbrauengibbon (*Hoolock hoolock*) 300
Humanoid 44
Humanzee (human/chimpanzee hybrid) 42
Humboldtpinguin (*Spheniscus humboldti*) 27, 30
Hungersteppe, Kasachstan 140
Huronen (Volk) 98
Hutias oder Baumratten 165
Hutton, John H. 321
Hyazinthara (*Anodorhynchus hyacinthinus*) 27, 30 f., 76, 78, 80
Hybridzüchtung 271 ff., 279, 283, 346

Iberiensteinbock (*Capra pyrenaica*) 166, 336
Ibis 92
Ibn Fadlan, Ahmad 166, 336
Ignatiewa, Nina 145 f., 148 ff.
Igoroten 60
Indochinesischer Tiger 28, 49
Infektionskrankheiten 172, 174
Inka 91, 171
Institute for Advanced Studies, Princeton 42
International Council for Bird Preservation → BirdLife International
Internationale Walfangkommission (IWC) 192 f., 198, 206 f., 215 f., 218, 222 f., 227–234
Internationales Übereinkommen zur Regelung des Walfangs (ICRW) 206

Inuit Circumpolar Conference (ICC) 228, 231
Inuvialuit 197, 229
Irland 13, 19, 21 ff., 211, 276, 347
Irrawaddy 299
ISIS (International Species Information System) 53
Island 215 f., 228
Isleffsson, Sigurdur 98
Israel 277, 321
IUCN (International Union for the Conservation of Nature) 29, 33, 73, 75, 105, 142 f., 192, 232, 254
Iwan der Schreckliche 59
IWC (Internationale Walfangkommission) 196

Jackson, Jeremy 144
Jackson, Peter 50
Jäger und Sammler 156, 158, 168, 170, 235, 251
Jaktorów, Polen 64
Jakutien (Sacha) 121
Jamaika 255
Jamaika-Leguan (*Cyclura collei*) 52
Jangtse 299
Japan 207 f., 218, 229, 277
Jason, Dan 287
Java 28, 46 ff.
Java-Tiger 28
Jefferson, Thomas 245, 283
Jelzin, Boris 120 f., 123, 138
Jensen, Derrick 256
Jeremia 346
Jewtuschenko, Jewgeni 113

Register